Charles Fort
GESAMMELTE WERKE

Charles Fort

DA!

Aus dem Amerikanischen übersetzt
von Jürgen Langowski

Mit einem Vorwort von
Ulrich Magin

Zweitausendeins

1 Zoll = 2,54 cm
1 Fuß = 12 Zoll = 0,3048 m
1 Meile = 1,6093 km
1 Faden = 6 Fuß = 1,829 m
1 Acre = 4046,8 m^2
1 Quadratmeile = 259 ha; 1 ha = 10000 m^2
1 Pfund = 16 Unzen = 453,59 g

Deutsche Erstausgabe.
1. Auflage, Juni 1997.

Die amerikanische Originalausgabe erschien 1931 unter dem Titel »Lo!«.

Lektorat Dr. Hans J. Becker.
Das Umschlagbild machte Kriki.
Umschlaggestaltung Angelo Marabese.
Satz und Herstellung Dieter Kohler & Bernd Leberfinger, Nördlingen.
Druck Buch- und Offsetdruckerei Wagner GmbH, Nördlingen.
Gebunden bei G. Lachenmaier, Reutlingen.
Printed in Germany.

Dieses Buch gibt es nur bei Zweitausendeins im Versand (Postfach, D-60381 Frankfurt am Main, Telefon 01805-232001, Fax 01805-242001) oder in den Zweitausendeins-Läden in Berlin, Düsseldorf, Essen, Frankfurt, Freiburg, Hamburg, Köln, München, Nürnberg, Saarbrücken, Stuttgart.

In der Schweiz über buch 2000, Postfach 89, CH-8910 Affoltern a. A.

ISBN 3-86150-191-0

Biographische Anmerkung

Charles Fort wurde am 6. August 1874 in Albany, New York, geboren. Er starb am 3. Mai 1932 in der Bronx. Den größten Teil seines Lebens verbrachte er in New York, doch in den zwanziger Jahren lebte er mehrere Jahre in London. 1919 erschien *The Book of the Damned*, dessen deutsche Übersetzung *Das Buch der Verdammten* 1995 bei Zweitausendeins herauskam. *New Lands* wurde 1923 veröffentlicht und ist 1996 ebenfalls bei Zweitausendeins in deutscher Übersetzung erschienen. *Lo!* kam 1931 heraus und liegt hiermit erstmals in deutscher Übersetzung vor. *Wild Talents* erschien 1932 (deutsche Ausgabe in Vorbereitung). Neben seinen Datensammlungen veröffentlichte Fort auch den Roman *The Outcast Manufacturers*.

Charles Fort (1874–1932) zu Besuch bei seinem Freund und Förderer Theodore Dreiser (links) im September 1931.

Ulrich Magin
Von des Kaisers neuen Kleidern

In Bibliotheken kann man ganz erstaunliche Funde machen. Malcolm Lowry jedenfalls war begeistert: »Ich betrachte den Tag, an dem ich ›Lo!‹ in einer öffentlichen Bücherei zum ersten Mal zufällig entdeckte, als einen der Glückstage in meinem Leben«, schrieb der englische Schriftsteller, den Kinogänger kennen, weil John Huston seinen fiebrigen Roman »Unter dem Vulkan« und Billy Wilder sein Entzugsdrama »Das verlorene Wochenende« verfilmt hat. Literaturkritiker vergleichen Lowrys halluzinatorischen Stil gerne mit dem von James Joyce. Lowry selbst verglich sich mit Charles Fort: Man könne gegen seinen Roman »Oktoberfähre nach Gabriola« einwenden, er »ähnelte Mr. Fort«, aber, verteidigte er seine Originalität, das träfe nur für die ersten paar Seiten zu.

Auch Charles Fort (1874–1932) war ein Schriftsteller, der auf Entdeckungsreisen in Büchereien ging. Er fand dabei phantastischere Welten als jeder Forschungsreisende in Afrika. Zeit seines Lebens sammelte er »Daten« über ungewöhnliche und unerklärliche Ereignisse in Büchern und Zeitschriften – bis er zum Schluß über 60000 davon zusammengetragen hatte. Fein säuberlich in Schuhschachteln nach Kategorien sortiert, stapelten sich diese »Daten« in Forts Wohnung. In seinen Büchern – von denen »Lo!« das dritte ist – breitet er sie vor seinen Lesern aus. Die Wissenschaft ignoriert diese Daten, meint er, und daher muß ihr Anspruch, die Realität zu beschreiben, als nicht gerechtfertigt gelten. Die Wissenschaft nimmt von der Wirklichkeit nur das Skelett wahr, weil sie die flirrenden Phänomene, die dieses Gerüst umgeben, als nicht integrierbar aussortiert.

Des Kaisers neue Kleider

In einem Märchen von Hans Christian Andersen geht der Kaiser in einer Stadt spazieren. Zwei windige Händler haben ihm aufgeschwatzt, daß nur die Klügsten und Gebildetsten die »neuen« Kleider sehen würden, die sie für ihn gewoben haben. Nur ein kleines Kind läßt sich nicht blenden und wagt auszusprechen, was alle sehen: Der Kaiser ist nackt.
Es streckt seine Finger aus und deutet auf den entblößten Kaiser – Da! »Er hat ja gar nichts an.«
»Lo!«, zu deutsch »Da!«, ist auch der Titel von Forts drittem Buch. Tiffany Thayer, einer der größten Verehrer Forts, hatte ihn vorgeschlagen. Astronomen, meinte Thayer, deuten immer zum Himmel, wenn sie eine ihrer Deutungen beweisen wollen. Sie sagen »Da!« – und dann gibt es dort nichts zu sehen!
In »Da!« geht es, wie in allen Büchern von Fort, darum, wie die Wissenschaft sich selbst den Blick auf die Welt verstellt, indem sie all das ausgrenzt und beschneidet, was ihrer Weltsicht widerspricht. Und wo das reine Leugnen nicht hilft, da schneidert sie sich Fakten und Erklärungen zurecht.
Aber – auch wenn sich die Wissenschaftler noch so oft das Mäntelchen der Allwissenheit umhängen – Fort ist unbekümmert wie das kleine Kind im Märchen: In einer großen Menge schweigsamer Beobachter steht er auf und zeigt mit dem Finger auf den nackten Kaiser Wissenschaft. »Da!«
Für Fort ist die Astronomie, die er exemplarisch für alle anderen »exakten Wissenschaften« unter die Lupe nimmt, nackt. Ihre Trefferquote sei ebenso gut – oder ebenso schlecht – wie die der Astrologie.
Fort schrieb an die Literaturkritikerin Miriam Allen deFord, daß es ihm nicht leichtfalle, all die absurden Schnitzer der Wissenschaftler in »Lo!« zu beschreiben. Aber: »Vielleicht muß es einfach jemand tun. Vielleicht ist es mein Schicksal, daß ich derjenige bin.«

Nackte Tatsachen

»Ein nackter Mann schockiert eine Menschenmenge – und im nächsten Moment, falls ihm nicht irgendwer mit einem Mantel aushilft, wird jemand anfangen, Taschentücher zu sammeln und um seine Blöße zu knoten. Eine nackte Tatsache erschreckt die Versammlung einer wissenschaftlichen Gesellschaft – und was immer sie an Lenden hat, wird rasch in Windeln aus konventionellen Erklärungen gewickelt.«

Fort versammelt viele nackte Tatsachen in »Lo!«. Anderen reißt er das Mäntelchen von Erklärungen ab, das die Wissenschaftler um die anstößigen Teile drapiert haben. Vor unseren Augen entsteht ein wirres, absurdes Universum.

Fort sah voraus, daß man aufgrund seiner Sammlung unglaubwürdiger Berichte behaupten würde, er selbst sei leichtgläubig. Aber er glaube doch nicht alles, protestierte er:

»Ich sage zu mir selbst: ›Du bist ein wohlwollender Leichenfledderer, daß du die Toten ausgräbst, diese alten Legenden und abergläubischen Geschichten, und versuchst, ihnen Leben einzuhauchen. Aber warum hast du den Weihnachtsmann vergessen?‹

Nun, ich bin nun einmal, was die Daten oder die angeblichen Daten angeht, etwas eigen. Und mir ist keine Aufzeichnung oder angebliche Aufzeichnung über Fußabdrücke im Schnee untergekommen, die sich am Heiligabend über Hausdächer hinweg zu Schornsteinen gezogen hätten.« Fort läßt nur Daten zu, die von »wiederholten Wundern« sprechen. Seltsame Daten, die aber immer wieder berichtet werden.

Nackte Tatsachen sind peinlich, und in ihrer glanzlosen Nacktheit langweilig, auch wenn sie von einem meisterlichen Schriftsteller wie Charles Fort in seiner unnachahmlichen Art vorgeführt werden. Um sie für den Leser etwas schicklicher und attraktiver zu machen, entwirft auch Fort Erklärungen, hängt auch er ihnen ein Mäntelchen aus Theorien um. Kleider machen Leute, und Fort schneidert seinen eigenen Schleier, mit dem er barmherzig die nackten Tatsachen verhüllt: die Teleportation.

Statt der Naturgesetze der Physiker, über die er nur lachen kann, postuliert Fort in »Da!« eine vollkommen neue Ursache von Phänomenen, die Teleportation.

Die Sicherheit, mit der Fort die Existenz der Teleportation vertritt, verblüfft den Leser. Hat Fort nicht im »Buch der Verdammten« behauptet, das Vorhandensein einer Super-Sargassosee erkläre ungewöhnliche Phänomene? Hat er nicht in »Neuland« von bewohnten Inseln jenseits der Schale gesprochen, in der sich die Löcher befinden, die wir für Sterne halten? Und jetzt – schon wieder eine neue allumfassende Erklärung?

Für Fort ist die Teleportation, die er aus den gesammelten Berichten herausliest, eine noch unbekannte Naturkraft. Ihr Wirken offenbart sich im Regen von Insekten und Eis, im Auftauchen von ungewöhnlichen Wesen, von wilden Menschen, von UFOs.

Diese Teleportation sei einst die wichtigste Kraft bei der Entstehung der Welt gewesen, doch heute sei sie etwas aus dem Takt gekommen. »In der Natur«, schreibt er, »existiert die Teleportation als Verteilungsmittel für Dinge und Materialien«. Wo eine Dürre herrscht, wird die Teleportation für Regen sorgen. Wo ein neuer See entsteht, wird es Fische regnen. Regen von Fels und Gestein habe einstmals die Gebirge aufgetürmt. Heute jedoch sei die Welt mit Leben bevölkert, Gebirge existierten zur Genüge. »Oder, daß am Anfang die ganze Erde aus einem Strom von Steinen entstanden ist, die aus anderen Bereichen der Existenz herbeiteleportiert worden sind. Das Krachen niederstürzender Inseln – und der kosmische Humor hinter all dem – oder eine spektakuläre Kraft am Werk, die schwindet und als bloßer Schatten ihrer selbst weiterexistiert – oder, daß die Kraft, die einst die Rocky Mountains aufgetürmt hat, heute in der Nähe von Trenton, New Jersey, mit Kieselsteinen nach Farmern schmeißt.«

Fort war kein religiöser Mensch, aber er zog in Betracht, daß diese Teleportation, die die Welt erschaffen habe, so etwas wie

Gott sein könnte. »Es ist, als hätte sich irgend etwas, das Intelligenz oder etwas ähnliches wie Intelligenz besitzt, darauf spezialisiert, noch nicht ausgereifte Lebensformen und solche im Larvenstadium zu transportieren.«

Worauf der zynische Kommentar folgt: »Wären wir Rotkehlchen, dann wäre es ein netter Zug der Götter, uns Würmer zu schicken.«

Fort leitet aus der von ihm postulierten Existenz der Teleportation herrlich absurde Szenarien ab. Poetisch und surreal beschreibt er Regen aus Mammuts, die auf Sibirien herabstürzen.

Viele der Daten, die man in »Da!« nachlesen kann, sind bei weitem nicht so mysteriös, wie Fort den Leser glauben machen will. In ihren eifrigen Nachforschungen haben die Fortianer Mike Dash, Francis Hitchins und der kanadische Fort-Experte X nachgewiesen, daß viele davon auf Mißverständnissen, Fehldeutungen, Zeitungsenten und Schwindeln beruhen – darunter das Verschwinden von Benjamin Bathhurst, die Seeschlange von Stronsa, der Froschregen von Chalon-sur-Saône oder die Riesenschildkröte vor Neufundland.

Ist Fort damit widerlegt?

Sind seine »neuen Kleider«, seine »Teleportationen«, ebenso sinnlos wie die Erklärungen der Wissenschaft, wenn es darum geht die »nackten Tatsachen« zu kleiden?

Modefragen

Mit dieser Frage sind wir wieder bei einem fortianischen Paradox angelangt. Forts Kritik an der Selbstsicherheit und Selbstzufriedenheit der Wissenschaft findet schnell Zustimmung – sogar Kritiker der Esoterik wie Martin Gardner haben Fort dafür stets verehrt – aber gerade dann, wenn der Leser Fort als Autorität akzeptiert, mischt der ein allzu unglaubliches Datum unter seine Fakten, oder strapaziert die Geduld seiner Bewunderer mit so absurden Erklärungsszenarien, daß man

eigentlich nur die Hände über dem Kopf zusammenschlagen kann. Mammuts? Vom Himmel gefallen? Sterne – nur Öffnungen in einer Schale, die die Erde umgibt? Was soll das?
Fort selbst ermuntert seine Leser immer wieder zu solch skeptischen Ausrufen. Einmal zitiert er einen Augenzeugen und meint dann lakonisch, »es gibt keinen Anlaß zu glauben, daß es ihn wirklich gibt«.
Tatsächlich gibt es keinen Anlaß, sagt Fort, ihm zu glauben, so wie er keinen Anlaß hat, an die Erkenntnisse der Wissenschaft zu glauben. Er kritisiert die Wissenschaft, weil ihre Heilslehren – wie etwa der Darwinismus – auf simplen Zirkelschlüssen beruhen. Doch dann wendet er selbst immer wieder Zirkelschlüsse an, um damit dem Leser zu signalisieren, daß man auch ihm nicht glauben soll. Auch ich bin ein Hochstapler, sagt Fort, genau wie all die anderen, die euch die Welt erklären.
Denn Fort hielt es für unmöglich, die Welt zu begreifen. Die Versuche der Wissenschaft, die Welt zu messen und zu verstehen, waren absurd. Aber: »Sie können einer Absurdität nur mit einer neuen Absurdität begegnen.« Und so schuf er Theorien, die noch absurder waren als jene der Wissenschaft, um den Prozeß deutlich zu machen. Fort stellte fest, »daß nichts je bewiesen wurde, weil es nichts zu beweisen gibt«.
Fort war ein radikaler Skeptiker. Sein Unglauben bezog sich nicht nur – wie der mancher seiner Anhänger – auf die Wissenschaft. Fort bezweifelte den Erkenntnisprozeß als solchen. Es gibt – zumindest für uns Menschen – keine erkennbare Wahrheit, nur subjektive Wahrnehmung.
»Ich glaube nichts«, schreibt Fort in einem berühmt gewordenen Absatz in »Da!«. »Ich glaube kein Wort von all dem, was ich geschrieben habe. Ich kann nicht akzeptieren, daß Produkte des Bewußtseins die Grundlage eines Glaubens sein sollen.«
Und in »Wild Talents«, seinem nächsten und letzten Buch, geht er noch weiter. Die Vorstellung von Wahrheit, abgegrenzt von Unwahrheit, von Realität, abgegrenzt von Imagination, erscheint dort vollends absurd. »Vielmehr biete ich offenbar alles in diesem Buch als Fiktion an. Das heißt, falls es über-

haupt so etwas wie Fiktion gibt. Dieses Buch ist Fiktion in dem gleichen Sinne, wie die *Pickwick Papers*, die *Abenteuer des Sherlock Holmes* und *Onkel Toms Hütte*, Newtons *Principia*, Darwins *Vom Ursprung der Arten*, die *Genesis*, *Gullivers Reisen*, mathematische Sätze, die Geschichte der Vereinigten Staaten und alle anderen Geschichten fiktive Werke sind. Was mich in Bibliotheken stets am meisten ärgert, ist der fromme Glaube, man könne zwischen ›fiktiven‹ und ›nicht fiktiven‹ Werken unterscheiden.«

Es mag – hinter dem bunten Vorhang aus Phänomenen, den wir wahrzunehmen imstande sind – eine endgültige Wirklichkeit geben. »Aber für uns«, faßt der amerikanische Wissenschaftsjournalist Martin Gardner Charles Forts Philosophie zusammen, »für uns kleine Käfer und Mäuse, gibt es nur gebrochenes Licht, nur Halbwahrheiten und eine Phantomrealität«.

Die Lehre vom Wissen, die Wissenschaft, ist ein absurdes Konstrukt – und ebenso absurd wie Forts Idee, es könnte einmal Gebirge und Mammuts geregnet haben. Denn die Teleportation ist ja – wie wissenschaftliche Theorien auch – abgeleitet von empirischem Datenmaterial. Und gerade dessen Existenz bestreitet Fort vehement. Für ihn gibt es keine objektive Wahrnehmung. Alles Wissen ist subjektive Deutung. Die Welt ist unerkennbar, und jedes Wissen, jede Lehre, die »Wissen schafft«, ist nur ein vorläufiges und fehlerhaftes Modell.

Weil es keine endgültige Wahrheit gibt, geht die Wissenschaft von falschen Voraussetzungen aus. Sie weiß im Verlauf ihrer Geschichte nicht mehr als zuvor, sie ändert nur ihre Ansichten. Jedes Weltbild, jede Erklärung, ist nur ein Mäntelchen, eine Verkleidung, die eine Zeitlang modisch, eine Zeitlang praktisch ist, bis sie unbequem wird und man in ein bequemeres Weltbild schlüpft. In »neue Kleider« eben. Bis jemand mit dem Finger deutet und »Da!« ruft. Dann wird es Zeit, die Wäsche zu wechseln. Die neuen Kleider sind dabei nur zeitgemäßer – nicht »wahrer«.

Weil Fort so oft mißverstanden wurde, fürchtete er sich vor seinen Anhängern mehr als vor den Skeptikern. Die Idee, jemand könnte an Teleportation glauben, erschreckte ihn zutiefst. Es war eine Metapher für den Unsinn, der automatisch daraus resultiert, daß jemand an so etwas wie eine »objektive Realität« glaubt.

Es ist nicht erstaunlich, daß Fort weder begeistert noch amüsiert war, als anläßlich des Erscheinens von »Lo!« eine »Fortean Society«, eine »Fortianische Gesellschaft«, gegründet wurde. Er ahnte voraus, daß seine Fans die Metaphern wörtlich nehmen würden. Er wußte, daß viele, die laut jubelten, nicht begriffen, worum es ihm ging.

Sie waren Zuschauer, die von des Kaisers neuesten Kleidern begeistert waren. Sie wollten nicht sehen, daß auch Forts Kaiser nackt war. Die Mode hatte sich geändert. Die nackten Tatsachen nicht.

Die Fortianer

Fort hatte an »Lo!« länger als an irgendeinem anderen seiner Bücher gearbeitet. Das Manuskript trug viele Titel und wurde oftmals überarbeitet. Ursprünglich sollte es ein 1000 Seiten langes Monstrum werden und »nur wenig stilistische Bearbeitung« zeigen, wie Fort 1925 seinem Briefpartner John T. Reid mitteilte. »Lo!« war als nüchterne, wissenschaftliche Arbeit geplant, die die in »New Lands« (»Neuland«) präsentierten Vorstellungen weiter entwickeln sollte.

Aber es kam – zum Glück des Lesers – anders. Der Verlag Boni & Liveright, der »The Book of the Damned« (»Buch der Verdammten«) und »New Lands« (»Neuland«) herausgebracht hatte, wollte das Manuskript 1926 nicht annehmen. Fort arbeitete es um. Da schlüpfte ihm schon der ein oder andere ironische Satz in das Buch. Vier Jahre und zahllose Verlage später hatte er noch immer niemanden gefunden, der das vollkommen umgeschriebene »Lo!« haben wollte.

Da stieß Fort auf Tiffany Thayer – oder besser gesagt, Tiffany Thayer, der Fort abgöttisch verehrte, stieß auf sein Idol.

Thayer arbeitete in einer Werbeagentur, und einer seiner Kollegen, Aaron Sussman, hatte zusammen mit Claude Kendall einen Verlag gegründet. Thayer steckte Sussman und Kendall mit seinem Enthusiasmus für Fort an. Die drei beschlossen, »Lo!« zu veröffentlichen.

Wenn Werbeleute einen Verlag gründen, dann wissen sie auch, wie man für Publicity sorgt. »Lo!« erschien mit einem Klappentext, auf dem die bedeutendsten Autoren Amerikas Charles Fort priesen. »Ich bin ein Jünger Charles Forts«, schrieb der populäre Journalist Ben Hecht. Theodore Dreiser, damals bereits berühmt, nannte Fort »die faszinierendste literarische Persönlichkeit seit Poe«.

Die Autoren formierten sich zu einer Gesellschaft, deren Ziel die Verbreitung von Forts Werk und Philosophie war. Der Literaturpapst Alexander Woollcott, ein enger Freund der Marx-Brothers, war ebenso mit von der Partie wie Theodore Dreiser, Ben Hecht, der Romancier Booth Tarkington, der Kritiker Burton Rascoe und natürlich Sussman und Thayer. Sie nannten sich nach ihrem Idol »Forteans«, »Fortianer«, ein Begriff, den Ben Hecht erfunden hatte.

Nur Fort weigerte sich, der »Fortean Society« beizutreten. Er hielt sie für eine dumme Idee. Die einzigen, die einem solchen Verein beitreten würden, seien wohl jene, »die wir nicht haben wollen: Spiritisten, Fundamentalisten, Menschen, die gegen die Wissenschaft opponieren, weil sie von den Wissenschaftlern nicht ernst genommen werden«.

Forts Angst war begründet. Die meisten Leser seiner Bücher interessierten sich mehr für die Phänomene, die er gesammelt hatte, als für seinen radikalen Skeptizismus. Er hatte die Teleportation erfunden, um zu zeigen, daß auf subjektiven Wahrnehmungen begründete Weltbilder automatisch zu absurden Ergebnissen führen müssen. Seine Anhänger gingen auf spiritistische Sitzungen, um Teleportationen zu beobachten. So wurde aus einem der pessimistischsten Autoren dieses Jahrhunderts ein harmloser Spinner.

Fort kommt in Mode

Die Werbetrommel, die führende amerikanische Literaten in der »Fortean Society« für »Lo!« schlugen, führte zu immer größerer Bekanntheit des Buches: In der »New York Times« bejubelte der angesehene Literaturkritiker Maynard Shipley das Buch. Sogar »TIME« besprach »Lo!« auf seiner Literaturseite, meinte allerdings, Fort sei ein »Ketzer«, seine Ablehnung aller Gewißheit nur »haltlose Verneinung«. »Daß so ein Buch heute möglich ist«, empörte sich der Schreiber, »zeigt nur, daß mittlerweile wirklich alles geht!«

Daß Wissenschaftler sauertöpferisch auf »Lo!«, die »Fortean Society« und Forts Gesamtwerk reagierten, verwundert kaum. Anders die Literaten. Als 1941 die »Fortean Society« Forts gesammelte Bücher herausgab, schlossen die modernen Dichter der Avantgarde Fort um so fester in ihre Herzen. Von Malcolm Lowry war schon die Rede. Henry Miller schrieb atemlos an Anaïs Nin, sie müsse sich unbedingt »Das Buch der Verdammten« beschaffen. »Ein höchst seltsames Buch ... Lies es ganz.« Aldous Huxley zitierte in seinen Briefen an Christopher Isherwood ganz selbstverständlich Fort, gerade so, als müsse ihn ein an Literatur interessierter moderner Mensch einfach kennen. Sogar Ezra Pound widmete der »Fortean Society« einige Zeilen in seinem Hauptwerk, den »Cantos«.

Doch bevor Fort in die Literaturgeschichte eingehen konnte, erklärten ihn die Science Fiction-Autoren zu einem der Ihren. »Lo!« erschien von April bis November 1934 als Serie im SF-Magazin »Astounding Stories« des John W. Campbell junior. Fast alle späteren SF-Größen haben Fort so kennengelernt, und Forts Begriff »Teleportation« wurde zu einem Allgemeinplatz in der Zukunftsliteratur. Sogar in der deutschen Heftserie »Perry Rhodan« kommt er vor, und das »Beamen« im Raumschiff Enterprise ist ja nichts anderes als Teleportation.

So ist »Lo!« in gewissem Sinne sogar Forts erfolgreichstes Buch. Noch Jahrzehnte später hat es SF-Autoren und Esoterikern Material für Geschichten, Aufsätze und Bücher geliefert.

Dabei wird leicht vergessen, daß es einmal avantgardistische Literatur war, daß es viele Schriftsteller beeinflußt hat.

»Im Stil von Mr. Fort«

Der Grund für diese Hochschätzung ist klar – »Lo!« war eine völlig neue Art der Literatur. Es ist noch heute eine ungewöhnliche künstlerische Leistung.
Fort nimmt vieles vorweg, das man heute als »postmodern« bezeichnet und als ungeheuer innovativ empfindet. Er führt eine damals verblüffende und verwirrende Collagetechnik ein, gibt uns im Buch Einblick in seine Arbeitsweise, läßt also den Leser am Prozeß des Schreibens unmittelbar teilhaben. Er könnte über einen Regen von Geldscheinen berichten, meint er einmal, doch habe er vergessen, die Meldungen auf einem Index zu erfassen, daher seien sie in den 60000 Notizzetteln verloren gegangen. Solche postmodernen Nachrichten vom allmählichen Verfertigen eines Kunstwerkes, im Buch selbst berichtet, solche persönlichen Mitteilungen des Verfassers im Lauftext werden dann in seinem nächsten und letzten Buch, »Wild Talents«, häufiger vorkommen.
Es steckt also mehr in »Lo!« als nur eine originelle Idee für Romanautoren und Filmemacher. Forts Vorstellung eines Universums, in dem alles mit allem in Verbindung steht, das sich in einem komplexen Zustand des Gleichgewichts befindet, ähnelt heutigen Vorstellungen zur Ökologie. Forts Skeptizismus – auch den eigenen Ideen gegenüber – ist heute wie damals eine gewichtige Waffe im Kampf gegen übertriebene Gewißheit – ob sie von Politikern, Ideologen, Wissenschaftlern oder Esoterikern stammen.
Und es gilt nach wie vor, einen der bedeutendsten, experimentierfreudigsten amerikanischen Dichter dieses Jahrhunderts zu entdecken, der die Technik des *stream of consciousness* unabhängig von James Joyce erfand und dessen Aphorismen und Zynismen sich mit denen von Ambrose Bierce messen können.

Und daß Fort in »Lo!« bereits vorhergesagt hat, daß irgendwann einmal Zigarettenfirmen mit der Raumfahrt Werbung machen werden, weist ihn tatsächlich als Propheten aus.
Wenn man die Welt als Einheit betrachtet, muß man immer zum richtigen Ergebnis gelangen, ganz gleich, ob man soziologische Vorgänge oder Regen von Fröschen untersucht. Als »Lo!« bereits in der Druckphase war, zeigte der Verleger Aaron Sussman Fort eine Seite, auf der noch eine Zeile fehlte. Ohne längeres Nachdenken ergänzte Fort: »Man mißt einen Kreis, indem man irgendwo beginnt.«

ERSTER TEIL

KAPITEL 1

Ein nackter Mann auf der Straße einer Stadt – die Hufspur eines Pferdes in vulkanischem Schlamm – das Geheimnis der Ohren von Rentieren – eine riesige schwarze Gestalt am Himmel, einem Wal ähnlich, von dem es rot herabtropft, als wäre er von himmlischen Schwertfischen angegriffen worden – ein entsetzlicher Cherub erscheint im Meer –
Verwirrungen.
Schauer von Fröschen und Schneegestöber von Schnecken – Sturzbäche von Uferschnecken ergießen sich vom Himmel –
Das Unmögliche, das Groteske, das Unglaubliche – aber warum, wenn ich von Hunderten solcher Fälle berichten kann, gilt das ganz Alltägliche als abwegig?
Ein nackter Mann schockiert eine Menschenmenge – und im nächsten Moment, falls ihm nicht irgendwer mit einem Mantel aushilft, wird jemand anfangen, Taschentücher zu sammeln und um seine Blöße zu knoten.
Eine nackte Tatsache erschreckt die Versammlung einer wissenschaftlichen Gesellschaft – und was sie an Lenden hat, wird rasch in Windeln aus konventionellen Erklärungen gewickelt.
Chaos und Schlamm und Dreck – das Unbestimmbare und das Unregistrierbare und das Unerkennbare – und alle Menschen sind Lügner – aber dennoch –
Wigwams auf einer Insel[1] – Funken in den Rauchsäulen, die aus den Wigwams aufsteigen.
Jahrhunderte später – die unsteten Säulen sind jetzt Türme. Was einstmals stiebende Funken waren, sind nun hell leuch-

[1] Anspielung auf Manhattan, siehe auch Anm. 2.

tende Fenster. Nach den Kritikern von Tammany Hall[2] hat es eine ungeheure Korruption auf dieser Insel gegeben. Dennoch ist inmitten von alldem die Ordnung entstanden. Ein Stück Waldland wurde mit Steinen bebaut und macht von sich reden.

Prinzessin Caraboo[3] erzählt in einer unbekannten Sprache eine Geschichte aus ihrem Leben, und Leute, die selbst Lügner waren, haben behauptet, sie hätte gelogen, auch wenn niemand je verstanden hat, was sie sagte. Die Geschichte von Dorothy Arnold wurde tausendfach erzählt, aber die Geschichte von Dorothy Arnold und dem Schwan[4] wurde noch nie erzählt. Eine Stadt verwandelt sich in einen Krater, und lichterloh brennende Lebewesen werden ausgespuckt wie aus einem Vulkan – und wo Cagliostro[5] herkam und wohin er ging, diese Fragen sind so geheimnisvoll, daß nur Historiker behaupten, sie wüßten die Antwort – Giftschlangen kriechen über Londons Bürgersteige – und ein Stern funkelt –

Aber die tiefere Einheit trotz aller Verwirrungen.

Eine Zwiebel und ein Klumpen Eis – was haben sie gemeinsam?

Eisschlieren bildeten sich vor Millionen Jahren auf einem Teich – später werden sich die gleichen Formen mit Hilfe von anderem Material botanisch ausdrücken. Hätte jemand den vorzeitlichen Reif untersucht, er hätte Dschungel voraussagen können. Es gab Zeiten, in denen kein Lebewesen auf Erden wandelte – aber im Pyrolusit gab es Gravuren von Formen, die später, nach der Entwicklung der Zellulose, in Gestalt

[2] Ursprünglich Versammlungshaus einer amerikanischen patriotischen Bruderschaft. Später Sammelbegriff für korrupte Seilschaften in den Verwaltungen amerikanischer Großstädte, besonders New Yorks. »Tammany« ist dort auch der Name für die örtliche demokratische Partei.

[3] Siehe auch S. 182ff.

[4] Siehe auch S. 84.

[5] Cagliostro, Alexander, Graf von, eigentlich Giuseppe Balsamo (1734 bis 1759), italienischer Abenteurer, Spiritist und »Goldmacher«. Siehe auch S. 190ff.

von Bäumen wiederkehren sollten. Verästelte Zeichnungen in Silber und Kupfer nahmen Farne und Ranken vorweg. Gesteinsproben, die heute in Museen liegen – Kalkspat, der aussieht wie einander überlagernde Blütenblätter – oder, daß die Entwürfe für eine Rose schon vor langer Zeit entstanden sind. Schuppen, Hörner, Stacheln, Dornen, Zähne, Pfeile, Speere, Bajonette – lange bevor sie als Bestandteile und Waffen von Lebewesen auftauchten, gab es sie als Gesteinsformationen. Ich weiß von einer alten Zeichnung, die heute in einem Museum ausgestellt wird – ein buntes, kleines Massaker, das lange bevor die Religion auf den Plan getreten ist, komponiert wurde – rosafarbene Umrisse sind da auf malvenfarbige Speere gespießt, besprenkelt mit magentafarbenen Tupfen. Ich weiß von einer Komposition aus Baryten, die entstand, lange bevor die Israeliten Geschichte schrieben – blaue Wogen türmen sich zu beiden Seiten eines eintönigen Stroms von Körpern, in dem man die Hörner von Vieh, die Köpfe von Eseln, die Höcker von Kamelen, Turbane und hochgereckte Hände zu erkennen meint.

Die tiefere Einheit –

Ein neuer Stern erscheint – aber wie weit ist er nun von den Wassertropfen entfernt, die aus einer unbekannten Quelle auf eine Baumwollpflanze in Oklahoma niederfallen? Was haben der Baum und der Stern mit dem Mädchen aus Swanton Novers gemeinsam, auf das Sturzbäche von Öl niedergingen? Und warum wurde auch ein Priester beschmutzt? Erdbeben und Dürren, der Himmel wird vor Spinnen schwarz, und in der Nähe von Trenton, New Jersey, warf etwas mit Steinen nach Farmern. Wenn die Lichter, die am Himmel gesehen wurden, zu den Fahrzeugen von Forschern gehörten, die von anderen Welten zu uns kamen – dann leben in New York City oder vielleicht in Washington, D. C., Leute vom Mars, die heimlich Berichte über unsere Welt an ihre Regierung schicken.

Eine Theorie tastet sich durch die allgegenwärtige Ignoranz voran – die Fühler einer Ranke ertasten den richtigen Weg auf einem Spalier – die Leute in einem Planwagentreck tasten sich durch eine Prärie –

Die tiefere Einheit –
Vorsprünge von Limonit in einer Suffusion aus Rauchquarz – es wird Ewigkeiten dauern, bis sich diese kleine mineralische Zeichnung in die Stornsteine und den Qualm von Pittsburgh verwandelt. Aber sie wird auch reproduziert, wenn ein Vulkanausbruch die Vegetation von einem Berg fegt und Rauchfahnen um Baumstümpfe wabern. Die zerstörten Türme einer uralten Stadt in der Wüste – Vorsprünge in den abgerissenen Windstößen eines Sandsturms. Es ist wie Napoleon Bonapartes Rückzug aus Moskau – eine zerlumpte Schar im beißenden Schnee, die zwischen aufgegebenen Kanonen einherstolpert.
Vielleicht nur Zufall – oder war doch etwas dran an Napoleons Überzeugung, er würde von einer höheren Macht geleitet? Angenommen, im November 1812 war Napoleons Arbeit als Faktor bei der Umgestaltung Europas getan. Es gab keine militärische Macht auf Erden, welche die seine hätte bezwingen können, nachdem die Arbeit getan war. Dann kam eine grimmige Kälte und zerstörte die Grande Armée.
Menschliches Wissen – und seine Schwächen und Fehlleistungen. Ein in seiner Eitelkeit gefangener Astronom, scheinbar erhaben über die Fehler und Irrtümer anderer Menschen, steht womöglich doch nicht so weit über ihnen, wie er glaubt. Er berechnet, wo ein noch unentdeckter Planet zu sehen sein wird. »Siehe!« wie die Astronomen gern sagen – der Planet wird gesichtet. Ein paar beunruhigende, um nicht zu sagen köstliche Einzelheiten können Sie später einem Bericht über Lowells Planeten entnehmen. Sterne sind angeblich Billionen Meilen entfernt, aber in vielen Fällen sind die Entfernungen kleiner, als allgemein behauptet wird.
Die Überschwemmung von Johnstown, die Katastrophe in Peru und der kleine Nigger, der auf eine Polizeiwache geschleppt wurde –

* * *

Verstörte Pferde bäumen sich auf und wehren mit den Hufen einen Schauer von Fröschen ab.
Durchgedrehte Springböcke hüpfen panisch herum, weil sie ein Froschregen kitzelt.
Geschäftsleute in London glotzen Frösche an, die an ihre Schaufenster prasseln.
Wir werden eine Existenz bei ihren Fröschen packen.
Weise Männer haben es auf andere Weise versucht. Sie haben versucht, unser Dasein zu verstehen, indem sie nach den Sternen griffen oder sich den Künsten oder der Wirtschaft zuwandten. Aber wenn es eine tiefere Einheit aller Dinge gibt, dann spielt es keine Rolle, wo wir beginnen – mit den Sternen, mit dem Gesetz von Angebot und Nachfrage, mit Fröschen oder mit Napoleon Bonaparte. Man mißt einen Kreis, indem man irgendwo beginnt.
Ich habe 294 Angaben zu Schauern von Lebewesen gesammelt.
Tatsächlich?
Nun ja, ohne Fleiß kein Preis.
Die meisten Menschen sind zutiefst überzeugt, daß es noch nie Lebewesen geregnet hat. Aber manche, durch Überraschungen wenigstens ein bißchen klug geworden, sind ein gutes Stück über die Dinge hinausgewachsen, die wir für »absolut« sicher halten, und beäugen manche Gedanken schon deshalb mißtrauisch, weil sie als gesichert gelten.
Die Geschichte über die Pferde, die von einem Schauer von Fröschen aufgeschreckt wurden, habe ich von Mr. George C. Stoker aus Lovelock, Nevada. Mr. John Reid aus Lovelock, den ich von seinen Schriften über geologische Themen her kenne, legt für Mr. Stoker die Hand ins Feuer, und ich verbürge mich für Mr. Reid. Mr. Stoker verbürgt sich für mich. Ich habe noch nie etwas gehört – ob Bekanntmachung, Dogma, Verkündung oder Verlautbarung –, das besser abgesichert gewesen wäre.
Was ist eine Gerade? Eine Gerade ist die kürzeste Verbindung zwischen zwei Punkten. Nun denn, was ist also die kürzeste Verbindung zwischen zwei Punkten? Das ist eine Gerade. Nachdem sie seit so langer Zeit geprüft worden ist, kann die

Definition, daß eine Gerade eine Gerade ist, nicht weiter verbessert werden. Ich beginne mit einer Logik, die so scharf ist wie die des Euklid.

Mr. Stoker fuhr einmal durch das Newark Valley, eins der größten Wüstengebiete Nevadas. Ein Gewitter. Frösche fallen runter, Pferde bäumen sich auf.

Die panischen Springböcke. Die Geschichte wurde in den *Northern News* aus Vryburg in Transvaal am 21. März 1925 aufgrund der Angaben von Mr. C. J. Grewar aus Uitenhage veröffentlicht. Außerdem besitze ich einen Brief von Mr. Grewar.

Die Flats – ein etwa 50 Meilen von Uitenhage entferntes Gebiet – Springböcke springen herum und schütteln sich aus unbekannten Gründen. Aus der Ferne konnte Mr. Grewar sich nicht erklären, warum sie sich so seltsam benahmen. Er forschte nach und sah, daß ein Schauer aus kleinen Fröschen und Fischen auf die Springböcke niedergegangen war. Mr. Grewar hörte, daß es eine Weile vorher am gleichen Ort schon einmal einen ähnlichen Schauer gegeben habe.

Särge sind vom Himmel gefallen, und wie jedermann weiß, auch Seidenhüte und Pferdegeschirre und Schlafanzüge. Aber diese Dinge sind während eines Wirbelsturms heruntergekommen. Die beiden Feststellungen, mit denen ich beginnen will, lauten, daß es keinen Bericht über einen Schauer gibt, der ausschließlich aus Särgen oder Heiratsurkunden oder Weckern bestanden hätte, daß aber Schauer, die ausschließlich aus Lebewesen bestehen, recht häufig vorkommen. Dennoch sehen Wissenschaftler, die solche Schauer akzeptieren, auch hierin nur die Folge von Wirbelstürmen. Wenn zum Beispiel kleine Frösche, zwischen die nichts anderes gemischt ist, vom Himmel fallen, dann lautet die Erklärung, daß der Wirbelsturm verschiedene Lebewesen voneinander getrennt habe, weil sie unterschiedlich schwer seien. Wenn aber ein Wirbelsturm eine Stadt heimsucht, dann nimmt er bewegliche Dinge in gräßlicher Mischung mit sich, und ich kann keine Angaben dazu finden, daß alle Badewannen an einer Stelle heruntergekommen wären, während die Katzen der Stadt als großer Haufen an

einer anderen Stelle herunterprasselten und sämtliche kleinen Kätzchen, nach ihrem Katzenmutterhaufen miauend, wieder an einer anderen Stelle vom Himmel gefallen wären.
Siehe dazu die Londoner Zeitungen vom 18. und 19. August 1921 - unzählige kleine Frösche sind am 17. August 1921 während eines Gewitters im Norden Londons aufgetaucht.
Ich habe in fast allen Londoner Zeitungen, in vielen Provinzblättern und in wissenschaftlichen Publikationen nachgeschlagen. Ich kann beim besten Willen keine Hinweise auf einen Wirbelsturm am 17. August finden, und wenn es trotzdem einen gab, dann ist jedenfalls nirgends von einem weiteren sauber getrennten Absturz die Rede.
Ein Wirbelsturm, erfüllt von Verwirrtheiten, läuft Amok: und trotzdem hat man einem so verdrehten Ding die Fähigkeit zu sauberem Sortieren attestiert. Ich will nicht behaupten, daß noch nie ein Wind irgendwelche Dinge wissenschaftlich klassifiziert hätte. Ich habe durchaus gesehen, wie der Wind Dinge ordentlich oder logisch voneinander getrennt hat. Ich bitte nur um Angaben, ob das auch Wirbelstürme können; denn sieht man, wie ein Wirbelsturm die mitgeschleppten Dinge verstreut, dann kann von Wissenschaft nicht mehr die Rede sein. Ohne Unterschied stößt er Bäume, Türen, Frösche und Teile von Kühen aus. Aber es sind Lebewesen vom Himmel gefallen oder auf sonstwie unbekannte Weise erschienen und als homogene Gruppe angekommen. Wenn sie nicht von Winden ausgesondert wurden, dann muß etwas anderes sie herausgepickt haben.
Die Niederschläge haben sich wiederholt. Auch das Phänomen der Wiederholung ist mit dem, was wir über Wirbelstürme wissen, nicht vereinbar. In der Londoner *Daily News* vom 5. September finde ich einen Bericht über kleine Kröten, die zwei Tage zuvor in Chalon-sur-Saône in Frankreich vom Himmel gefallen seien.
Lüge, Seemannsgarn, Schwindel, Irrtum - welches spezifische Gewicht hat eine Lüge, und wie kann ich sie von allem anderen trennen?

Das könnte man nur anhand eines Maßstabs tun, aber ich habe noch nie von einem Maßstab gehört – sei es in der Religion, in der Philosophie, in der Wissenschaft oder in Fragen der Hauswirtschaft –, den man nicht beliebigen Erfordernissen hätte anpassen können. Wir definieren die Maßstäbe anhand unserer Vorurteile, wir brechen jedes Gesetz, wenn es uns nützlich erscheint, und wir ziehen als Ausrede für den Gesetzesbruch ein anderes Gesetz heran, das angeblich höher stehe und wichtiger sei. Unsere Schlußfolgerungen sind die Produkte von Senilität oder Unfähigkeit oder Leichtgläubigkeit, und wir argumentieren von ihnen aus rückwärts zu den Voraussetzungen. Dann vergessen wir, was wir getan haben, argumentieren von den Voraussetzungen aus und reden uns ein, wir hätten dort begonnen.

Es gibt Berichte über Niederschläge von Dingen, die aus weit entfernten Gegenden gekommen sind und die an den Orten, an denen sie niedergingen, vorher nicht bekannt waren.

Wenn sich aber außer Pferden und Springböcken niemand über so etwas aufregt, dann können wir uns in aller Ruhe vorstellen, daß womöglich Lebewesen von anderen Welten auf unsere Erde transportiert worden sind.

Philadelphia Public Ledger, 8. August 1891 – ein gewaltiger Schauer von Fischen ging in Seymour, Indiana, nieder. Es waren Fische von einer unbekannten Art. *Public Ledger*, 6. Februar 1890 – ein Schauer von Fischen fiel im Montgomery County in Kalifornien vom Himmel. »Die Fische gehörten einer Art an, die hierzulande nicht vorkommt.« *New York Sun*, 29. Mai 1892 – aus Coalburg, Alabama, wird der Niederschlag einer großen Menge von Aalen gemeldet, die in Alabama nicht heimisch sind. Jemand sagte, er hätte Aale dieser Art einmal im Pazifik gesehen. Aalhaufen auf der Straße – die Leute erschrocken – Farmer kommen mit Karren und holen sie sich als Dünger.

Unser Thema ist wissenschaftlich oder viel zu wissenschaftlich behandelt worden. Es hat Experimente gegeben. Ich denke über die Wissenschaft nicht schlechter als über alles andere,

aber ich habe auch selbst Experimente durchgeführt, und ich habe meine Erfahrungen mit der unterwürfigen Höflichkeit wissenschaftlicher Versuche. Sie haben etwas Dienstbeflissenes, Zuvorkommendes an sich. Man darf diesen Schmeichlern nicht trauen. Im *Redruth Independent* aus Cornwall haben am 13. August 1886 und in den folgenden Ausgaben Mitarbeiter über Schauer von Schnecken berichtet, die in der Nähe von Redruth niedergegangen seien. Man hat Experimente durchgeführt. Einer der Korrespondenten, der glaubte, es handle sich um Meeresschnecken, legte ein paar Tiere in Salzwasser. Sie überlebten. Ein anderer, der glaubte, es seien keine Meeresschnecken, legte ein paar Tiere in Salzwasser. Sie starben.
Ich weiß nicht, wie ich etwas Neues herausfinden kann, ohne beleidigend zu werden. Für den Unwissenden sind alle Dinge unschuldig. Etwas zu wissen bedeutet oder schließt ein, etwas anderes zu entwerten. Da lernt einer etwas über den Stoffwechsel, sieht eine Venus und erkennt, daß sie ein bißchen verdorben ist. Aber dann lächelt sie ihn an, und er flieht zurück in seine Unwissenheit. Alles Himmlische ist unschuldig, solange man kein Vergrößerungsglas benutzt. Aber Sonnenflecken und Buckel auf den Planeten – und da ich auch selbst ein gebildeter, oder sagen wir lieber belesener Mensch bin, muß ich irgend etwas anschwärzen, weil man mir sonst meine Belesenheit nicht abkaufen wird – und so ersetze ich den klaren, blauen Himmel durch einen verwurmten –
Der Londoner *Evening Standard*, 3. Januar 1924 – rote Objekte fallen im schwedischen Halmstad zusammen mit Schneeflocken vom Himmel.
Es waren rote Würmer von einem bis vier Zoll Länge. Tausende rieselten zusammen mit den Schneeflocken herab – rote Streifen in einem Konfettischauer – eine Szene wie aus dem Karneval, die meine Erkenntnis stützt, daß die Meteorologie eine viel buntere Wissenschaft ist, als die meisten Menschen, die Meteorologen eingeschlossen, glauben würden – aber ich fürchte, mein Versuch, etwas anzuschwärzen, war doch nicht so erfolgreich, weil die Würmer vom Himmel anscheinend ein

kunterbunter Haufen waren. Ich tröste mich mit der Aussicht auf die Gelegenheiten, die ich dank der menschlichen Natur noch bekommen werde.
Doch wie kann ich wissen, ob die Würmer in Schweden wirklich vom Himmel gefallen sind, oder ob man sie sich in Schweden nur eingebildet hat?
Ich will wissenschaftlich vorgehen. Es sprach Sir Isaac Newton, oder er könnte gesprochen haben: »Wenn sich die Bewegungsrichtung eines sich bewegenden Körpers nicht verändert, dann bleibt die Bewegungsrichtung des sich bewegenden Körpers unverändert. Aber«, so fuhr er fort, »wenn sich etwas verändert, dann verändert es sich in dem Maße, wie es sich ändert.« Also sind in Schweden rote Würmer vom Himmel gefallen, weil rote Würmer in Schweden vom Himmel gefallen sind. Wie bestimmen Geologen das Alter von Gestein? Anhand der Fossilien darin. Wie bestimmen sie aber das Alter der Fossilien? Anhand des sie umgebenden Gesteins. Ich habe begonnen mit der Logik des Euklid und fahre fort mit der Weisheit eines Newton.
New Orleans Daily Picayune, 4. Februar 1892 - gewaltige Mengen unbekannter brauner Würmer sind in der Nähe von Clifton, Indiana, vom Himmel gefallen. *San Francisco Chronicle*, 14. Februar 1892 - Tausende unbekannter roter Würmer - irgendwo in Massachusetts - man sah sie nicht vom Himmel fallen, aber man hat sie im Umkreis von mehreren Morgen nach einem Schneesturm gefunden.
Es ist, als hätte sich irgend etwas, das Intelligenz oder etwas ähnliches wie Intelligenz besitzt, darauf spezialisiert, noch nicht ausgereifte Lebensformen und solche im Larvenstadium zu transportieren. Wären wir Rotkehlchen, dann wäre es ein netter Zug der Götter, uns Würmer zu schicken.
In *Insect Life*, 1892, berichtet der Herausgeber Professor C. V. Riley auf Seite 335 von vier weiteren geheimnisvollen Wurmvorkommen, die Anfang 1892 registriert wurden. Einige Exemplare konnte er nicht eindeutig identifizieren. Es wird berichtet, den Leuten in Lancaster, Pennsylvania, seien bei einem Schneesturm Würmer auf die Regenschirme geprasselt.

Die Weisen unserer Stämme haben versucht, Gott in einem Gedicht zu entdecken oder in dem wiederzufinden, was sie beim Menschen für Moralgefühl halten, oder auch auf steinernen Gesetzestafeln, die heute aufgrund höchst eigenartiger Versäumnisse nicht gleichzeitig in fünfzehn bis zwanzig Synagogen in Kleinasien und überall in Italien zur Schau gestellt werden –

Krabben und Uferschnecken –

Die gewöhnlichen Theologen haben die Krabben und Uferschnecken übersehen –

Oder ein Geheimnis steht gegen einen Fischhändler.

Am 28. Mai 1881 erschien, als gerade niemand hinsah, in der Nähe der englischen Stadt Worcester auf einer belebten Straße ein Fischhändler samt eines Dutzends tatkräftiger Helfer mit einem Geleitzug von Karren, die mit verschiedenen Sorten von Krabben und Uferschnecken beladen waren. Der Fischhändler und seine Handlanger schnappten sich die Säcke mit Schnekken, rannten wie von Furien gehetzt hin und her und warfen die Tiere zu beiden Seiten der Straße in die Felder. Sie eilten zu Gärten, ein Helfer stellte sich auf die Schultern eines zweiten, ließ sich Säcke angeben und kippte den Inhalt über die hohen Mauern. Unterdessen schaufelten die anderen Helfer über eine Strecke von einer Meile wie besessen Uferschnecken von einem Dutzend Karren auf die Straße. Mehrere Burschen waren zur gleichen Zeit emsig damit beschäftigt, Krabben unterzumischen. Es war kein Werbefeldzug. Sie gingen äußerst verstohlen vor. Die Sache muß ein paar hundert Dollar gekostet haben. Sie sind aufgetaucht, ohne bemerkt zu werden, und sie sind auf die gleiche Weise wieder verschwunden. In der Gegend stehen Häuser, aber niemand hat die Männer gesehen.

Ob ich so freundlich wäre, im Namen einer und sei es nur geringfügigen Annäherung an die Vernunft zu erklären, was ich mit dieser Geschichte sagen will?

Aber es ist überhaupt nicht meine Geschichte. Die Details sind von mir, doch ich habe sie in Übereinstimmung mit den Begleitumständen eingefügt. Am 28. Mai 1881 hat sich in der

Nähe von Worcester etwas ereignet, und die konventionelle Erklärung besagt, daß ein Fischhändler dahintersteckt. Insofern, als er es unbemerkt tat, falls er es tat, und insofern, als er Tonnen von Tieren über ein paar Morgen Land verstreute, falls er es tat, tat er es, wie ich es beschrieben habe. Falls er es tat.

In *Land and Water*, 4. Juni 1881, schreibt ein Mitarbeiter, in der Nähe von Worcester seien während eines heftigen Gewitters mehrere Tonnen Uferschnecken vom Himmel gefallen und hätten auf einer Strecke von einer Meile Äcker und eine Straße bedeckt. In der Ausgabe vom 11. Juni schreibt der Redakteur von *Land and Water*, man habe ihm Proben geschickt. Er bemerkt die geheimnisvollen Begleitumstände oder die Hinweise, die fast allen Berichten zu entnehmen waren, daß Lebewesen ausgesondert worden seien. Er läßt sich über einen gewaltigen Niederschlag von Meeresgetier aus, das freilich nicht von Sand, Steinen, anderen Muscheln und Seetang begleitet worden ist.

Am 30. Mai heißt es in der *Worcester Daily Times*, man habe am 28. Mai 1881 in Worcester Gerüchte über einen wundersamen Niederschlag von Uferschnecken gehört, die auf der Cromer Gardens Road und in weitem Umkreis auf Feldern und in Gärten heruntergekommen seien. Die meisten Leute in Worcester hätten dem Gerücht keinen Glauben geschenkt, aber einige seien zum Ort des Geschehens gegangen. Die Gläubigen hat der Herr mit Uferschnecken belohnt.

Zwei Leser schrieben dann, sie hätten die Strandschnecken schon vor dem Unwetter am Boden liegen sehen. Ein Fischhändler hätte sie wohl weggeworfen. So wurde das Ereignis der Konventionalität angepaßt, und aus diesen Annahmen entstand die Geschichte des Fischhändlers, die freilich noch nie erzählt wurde, wie ich sie hier erzählt habe.

Mr. J. Lloyd Bozward, ein Autor, dessen Schriften über meteorologische Themen den Lesern wissenschaftlicher Publikationen jener Zeit bekannt sein dürften, hat Nachforschungen angestellt und die Ergebnisse am 9. Juni in der *Worcester Evening Post* veröffentlicht. Was den mysteriösen Fischhändler als Erklärungsversuch angeht, so sollte man Bozwards Erklärung bedenken, daß der Preis von Uferschnecken bei 16 Schilling das Scheffel lag. Er berichtet, ein weites Gebiet zu beiden Seiten der Straße sei mit Uferschnecken, Einsiedlerkrebsen und kleinen Krabben einer nicht bestimmbaren Art bedeckt gewesen. Worcester liegt etwa 30 Meilen von der Mündung des Severn entfernt, oder sagen wir, etwa 50 Meilen vom offenen Meer. Kein Fischhändler der Welt war vermutlich je im Besitz von so vielen Uferschnecken. Was aber die Idee angeht, jemand hätte etwa wegen des überreichlichen Angebots sein Lager ausgeräumt, so erklärt Mr. Bozward: »Weder am Sonnabend, dem 28. Mai, noch am Freitag, dem 27. Mai vermochte man in Worcester auch nur eine einzige lebendige Uferschnecke in die Finger zu bekommen.« Gärten und Äcker waren voll von ihnen. Die Gärten waren mit hohen Mauern eingefriedet. Mr. Bozward erzählt, die Leute hätten seines Wissens 10 Säcke Uferschnecken im Wert von ungefähr 20 englischen Pfund aufgelesen. Die Menschen hätten Töpfe und Tiegel und Beutel und Kisten mit den Tieren gefüllt, bevor er an Ort und Stelle eingetroffen sei. »Allein in Mr. Maunds Garten konnte man zwei Säcke füllen.« Er zieht den Schluß, daß die Tiere während des Gewitters vom Himmel gefallen seien. Seine Erklärung ist also die Wirbelsturm-Erklärung.

Es gibt außergewöhnliche Umstände, die von konventionellen Erklärungen übertüncht werden, und je alltäglicher die Tünche, desto befriedigender der Anstrich. Uferschnecken tauchen auf einem Stück Land auf, durch welches sich eine Straße zieht. Ein Fischhändler ist dran schuld.

Aber die Krabben und der Fischhändler – und wenn der Fischhändler die Uferschnecken verteilt hat, verteilte er dann auch die Krabben, falls es den Fischhändler gab?

Oder die Krabben und der Wirbelsturm – wenn die Uferschnecken nun schon von Steinen und Seetang getrennt wurden, warum dann nicht auch von den Krabben, falls es eine Aussonderung gab?

Das stärkste Argument all derer, die an Aussonderung glauben, ist ihr eigener Glaube, der ihnen sagt, daß solche Aussonderungen, ob durch Eingriff des Windes oder auf andere Weise, in der Tat vorkommen. Wenn sie herabgefallene Uferschnecken und Krabben zu erklären haben und zur Erklärung, sagen wir, einen Fischhändler oder einen Wirbelsturm anbieten, mit dem sie meinetwegen die Uferschnecken, nicht aber die Krabben erklären können, dann findet in ihren Köpfen eine Aussonderung der Daten statt. Sie vergessen die Krabben und erzählen von Uferschnecken.

KAPITEL 2

Frösche und Fische und Würmer – sie sind der Stoff, aus dem wir unsere Ansicht zu allen Dingen wirken. Hüpfen und Hopsen und Kriechen – das sind die Bewegungsarten.

Aber wir haben zunächst einmal über mehr als nur Materie und ihre Bewegungen nachgedacht. Wir hatten es mit den Versuchen der Wissenschaftler zu tun, sie zu erklären. Mit *Erklären* meine ich *Organisieren*. Es gibt im Leben mehr als Materie und Bewegung: Es gibt auch die Organisation von Materie und Bewegung.

Niemand sieht eine kleine Verdickung mitten in einem Krankheitskeim als absolute Wahrheit an. Auch die neueste wissenschaftliche Entdeckung ist nichts weiter als ein Punkt, um den sich Ideen anordnen lassen. Aber da es diese Systematisierung oder dieses Organisieren gibt, müssen wir uns damit beschäftigen.

In der Anordnung von Beobachtungen steckt keine größere Bedeutung – aber vielleicht ist das von höchster Bedeutung – als in der Anordnung des Protoplasmas in einer Mikrobe. Allerdings müssen wir festhalten, daß wissenschaftliche Erklärungen oft recht gut funktionieren – außer etwa in der Heilkunde, wenn Krankheiten ausbrechen, oder bei Börsentransaktionen, wenn eine Krise ausbricht, oder bei den Aussagen von Gutachtern vor Gericht, wenn andere Gutachter ihnen widersprechen –

Und sie alle berufen sich auf Definitionen –

Und im Leben gibt es nichts, was von allem anderen völlig unabhängig wäre. Angenommen, es gibt eine Kontinuität, dann ist in allem in unterschiedlichem Maße und unterschiedlicher Hinsicht alles andere enthalten. Was ist eine Insel? Eine Insel

ist eine völlig von Wasser umgebene Landmasse. Was ist eine völlig von Wasser umgebene Landmasse?
Die Wilden kümmern sich in ihren Stämmen mit besonderer Fürsorge und manchmal sogar voller Achtung um jene, die geistig krank sind. Diese Menschen werden auf etwas unklare Weise als von Gott Auserwählte angesehen. Wir erkennen nun in der Definition eines Dings durch sich selbst die Anzeichen einer gewissen geistigen Schwäche. Unweigerlich, auch wenn sie es nicht eingestehen, beginnen alle Wissenschaftler ihre Werke mit solchen Definitionen. In unseren Stämmen wird den Wissenschaftlern besondere Fürsorge und manchmal sogar große Achtung zuteil.
Ich werde zu der Ansicht gelangen, daß hinter dieser Idiotie etwas Göttliches steckt. Aber ganz gleich, wie meine Ansichten manchmal aussehen werden, ich sage jetzt nicht, daß Gott ein Idiot sei. Vielleicht sabbert er oder es Kometen und quatscht Erdbeben, weshalb der Maßstab, den man anlegen sollte, mindestens die Super-Idiotie sein muß.
Ich stelle mir vor oder glaube mir vorzustellen, daß wir, könnten wir uns einen Begriff von unserer Existenz als Ganzem machen, eine Art von Verständnis für sie gewinnen würden, das, sagen wir, jenem vergleichbar wäre, das die Zellen eines Tiers von dem haben könnten, was aus ihrer Sicht das Ganze ist; vorausgesetzt natürlich, sie benehmen sich nicht wie Wissenschaftler, die herausfinden wollen, was ein Knochen ist oder wie das Blut durch die Adern strömt, sondern sind fähig, Strukturen und Funktionen des Organismus in dessen eigenen Begriffen zu verstehen.
Der Versuch, die Existenz als Organismus zu verstehen, ist einer der ältesten Pseudo-Gedanken der Philosophie. Aber in diesem Buch ist diese Idee keine metaphysische Erkenntnis. Metaphysische Spekulationen sind der Versuch, etwas Undenkbares zu denken; dabei ist es schon schwer genug, das Denkbare zu denken. Auf jemand, der versucht, sich die Existenz als Organismus vorzustellen, wartet nichts als Konfusion: Wir werden daher versuchen, uns *eine* Existenz als *einen* Organismus

vorzustellen. Da ich eine kindliche Vorliebe für rhetorische Spielchen habe, werde ich sie hin und wieder »Gott« nennen.
Unsere Ansichten beruhen auf unserer Vorstellung von der Kontinuität. Wenn alle Dinge ineinander übergehen oder sich ineinander verwandeln, so daß nichts definiert werden kann, dann gehört alles einem Ganzen an, das als die Ganzheit einer Existenz gesehen werden kann. Ich will festhalten, daß ich zwar die Kontinuität als vorhanden akzeptiere, zugleich aber akzeptiere, daß es eine Diskontinuität gibt. Doch es ist nicht notwendig, in diesem Buch über das Thema der Kontinuität und Diskontinuität zu sprechen, weil keine Aussage, die ich als Monist mache, von meinem Pluralismus aufgehoben werden kann. Es gibt eine Ganzheit, die zugleich verschmelzen läßt und individualisiert.
Aber die Kontinuität aller uns bekannten Dinge, die hüpfen und hopsen und sich winden, springt von Fröschen hin zur Endgültigkeit. Wir haben Wirbelstürme und den Fischhändler als Erklärungen abgelehnt und beginnen nun, Ansichten über Aussonderungen und eine intelligente oder absichtsvolle Verteilung von Lebewesen zu entwickeln.
Was sondert aus und was verteilt?
Der altmodische Theologe stellt sich ein Wesen vor, ihm selbst ähnlich, das irgendwo abseits steht und die Vorgänge dirigiert.
Was ist es, das in jedem Organismus aussondert und verteilt – zum Beispiel den Sauerstoff in die Lungen und feste Nahrung in den Magen?
Der Organismus selbst.
Wenn wir uns unsere Existenz als ein Gebilde von ermeßlicher Größe vorstellen – vielleicht als eines unter unzähligen Dingen, Wesen oder Gebilden im Kosmos –, dann haben wir etwas Greifbares, oder wir haben die Umrisse und Grenzen, in denen wir denken können.
Wir blicken zu den Sternen hinauf. Wir sehen eine sich drehende Hülle, die nicht weit entfernt ist. Gegen diese Sichtweise gibt es, abgesehen von jenem gebieterischen Schwachsinn, welchem die meisten Menschen mit Achtung begegnen, weil dies

in allen mehr oder weniger wilden Stämmen der Brauch ist, keinen Widerstand.
Ich werde mich in diesem Buch vor allem auf die Hinweise konzentrieren, die mich vermuten lassen, daß es eine Transportkraft gibt, die ich als *Teleportation* bezeichnen will. Man wird mir vorwerfen, Lügen, Seemannsgarn, Schwindeleien und reinen Aberglauben aufgeboten zu haben. In gewissem Maße denke ich auch selbst so. In gewissem Maße aber auch nicht. Ich biete Ihnen die Daten an.

KAPITEL 3

Die Berichte über Niederschläge eßbarer Substanzen, die in Kleinasien vom Himmel fielen, sind verwirrend, weil es Berichte über zwei Arten von Substanzen gab. Es scheint, als könnten zuckerähnliche Stoffe nicht akzeptiert werden. Im Juli 1927 schickte die Hebräische Universität von Jerusalem eine Expedition auf die Sinai-Halbinsel, um Berichten über Schauer von »Manna« auf den Grund zu gehen. Siehe dazu die *New York Times*, 4. Dezember 1927. Expeditionsteilnehmer fanden etwas, das sie »Manna« nannten, auf den Blättern von Tamariskenbäumen und in der Nähe der Bäume auf dem Boden. Sie erklärten, es handele sich dabei um Sekrete von Insekten. Aber die Beobachtungen dieser Expedition haben nichts mit den Daten oder Geschichten über Niederschläge von faserigen, klebrigen Klumpen einer Substanz zu tun, die zu einem eßbaren Mehl zermahlen werden kann. Ein Dutzend Mal seit Anfang des 19. Jahrhunderts – ich habe keine eindeutigen Daten über frühere Ereignisse – wurden aus Kleinasien Schauer von »Manna« gemeldet.

Ein frühes Entwicklungsstadium in der Schale eines Eis – etwas protoplasmatisch Wachsendes tastet in der umgebenden Substanz herum – und es ist nicht fähig, sich aus sich selbst heraus zu erhalten und wäre, auf sich allein gestellt, verloren. Nahrung und Schutz und Anleitung werden ihm vom Ganzen gegeben.

Oder, um den Bogen weiter zu spannen – ein paar tausend Jahre früher – eine Gruppe von Flüchtlingen dringt zögernd in eine Wüste vor. Dies soll für die zukünftige gesellschaftliche Organisation von Bedeutung sein. Aber in der Wüste sind sie nicht versorgt und leiden Hunger. Speise fällt vom Himmel.

Es ist ein ganz alltägliches Wunder. Kein Embryo ist im Mutterleib fähig, sich selbst zu versorgen, und deshalb wird ihm »Manna« geschickt. Einen universellen Blick für die Existenz vorausgesetzt, können wir uns vorstellen, wie ein Ganzes seine Teile behütet.

Oder, daß vor langer Zeit einmal ein Ganzes auf die Bedürfnisse eines Teils reagiert hat und Jahrtausende, nachdem das damalige Bedürfnis längst gestillt ist, gelegentlich immer noch »Manna« herabregnen läßt. Das kommt uns dumm vor. Ich sage dies in einem seltenen Anflug von Frömmigkeit, denn ich bemerke, daß ich, obschon es in unserer Neo-Theologie keine Andacht gibt, mit dieser Auffassung von etwas, das wir Gottheit nennen könnten, eine Grundlage zur Anbetung lege. Laß einen Gott irgend etwas verändern, und es wird neben guten auch böse Reaktionen geben. Allein die Dummheit kann göttlich sein.

Oder die gelegentlichen Niederschläge von »Manna«, die bis auf den heutigen Tag in Kleinasien fallen, sind nur ein Faktor in einem größeren Zusammenhang. Es könnte sein, daß ein Organismus, der einmal eine halbwegs eßbare Substanz auf seine erwählten Phänomene regnen ließ, als Ausdruck seiner Zuneigung einfach weitermacht, so daß besagte erwählte Phänomene seither im Überfluß die verschiedensten Arten von »Manna« empfangen.

Die Substanz, die gelegentlich in Kleinasien vom Himmel fällt, kommt von weit her. Die Vorfälle liegen zeitlich weit auseinander, immer ist die Substanz dort, wo sie niedergeht, unbekannt, und manchmal stellt sich heraus, daß sie eßbar ist, weil Schafe sie fressen. Daraufhin wird sie eingesammelt und auf Märkten verkauft. Man erzählt uns, daß sie als irdisches Produkt identifiziert worden sei. Man erzählt uns, diese Schauer seien Verklumpungen von *Lecanora esculenta*, einer Flechte, die massenhaft in Algerien vorkommt. Man erzählt uns, Wirbelstürme hätten die Flechten mitgenommen, die lose oder leicht ablösbar auf dem Boden liegen. Aber beachten Sie dies:

Es gab keine Berichte über solche Schauer aus den Gegenden, die zwischen Algerien und Kleinasien liegen.

Das nächstbeste Vergleichbare, das mir einfallen will, sind die Tumbleweeds oder Steppenhexen aus den amerikanischen Weststaaten, aber die Steppenhexen sind viel größer. Nun gut, wenn sie jung sind, dann sind sie nicht viel größer. Aber ich habe noch nie von einem Schauer von Steppenhexen gehört. Wahrscheinlich werden diese Pflanzen von Wirbelstürmen oft über weite Entfernungen getragen, aber sie rollen immer nur über den Boden. Eine Geschichte, die den Geschichten über die Flechten aus Algerien, die in Kleinasien niedergingen, ähnlich wäre, würde von Steppenhexen handeln, die niemals als Schauer in den Weststaaten, aber dafür mehrmals in Ontario niedergegangen sind, nachdem sie von Wirbelstürmen dorthin transportiert wurden.

Aus einem Dutzend Meldungen über die Niederschläge in Kleinasien erwähne ich nur die in *Nature*, 43-255, und die in *La Nature*, 36-82 festgehaltenen. Der Direktor der Zentralapotheke in Bagdad hatte Proben einer eßbaren Substanz, die während eines schweren Regenschauers in Meridin und Diarbekis (asiatische Türkei) am 31. Mai 1890 vom Himmel gefallen war, nach Frankreich geschickt. Es waren unregelmäßige Klumpen, außen gelb und innen weiß. Sie wurden zu Mehl gemahlen, aus dem man hervorragendes Brot backen konnte. Der üblichen Konvention folgend, erklärten Botaniker, bei den Objekten handle es sich um Exemplare der *Lecanora esculenta*, also um Flechten, die von einem Wirbelsturm herbeigetragen worden seien.

Die Londoner *Daily Mail*, 13. August 1913 – daß die Straßen der Stadt Kirkmanshaws in Persien mit Samen bedeckt waren, welche die Menschen für das Manna aus biblischen Zeiten gehalten haben. Die Royal Botanical Society war hinzugezogen worden und hatte verlauten lassen, daß die Samen aus einem anderen Erdteil von einem Wirbelsturm herbeigeweht worden seien. »Sie waren weiß und innen beschaffen wie indianischer Mais.«

Ich glaube nichts. Ich habe mich vor den Felsen und den uralten Weisheiten und von den sogenannten größten Lehrern aller Zeiten verschlossen, und vielleicht neige ich gerade aufgrund dieser Isolation zu so bizarren Anflügen von Gastfreundlichkeit. Ich versperre die Vordertür vor Christus und Einstein und strecke aus der Hintertür kleinen Fröschen und Uferschnecken eine hilfreiche Hand entgegen. Ich glaube kein Wort von all dem, was ich geschrieben habe. Ich kann nicht akzeptieren, daß Produkte des Bewußtseins die Grundlage eines Glaubens sein sollen. Aber unter Vorbehalten, die mir die Freiheit geben, mich bei anderer Gelegenheit jederzeit darüber lustig zu machen, akzeptiere ich, daß Schauer einer eßbaren Substanz, die sich auf keinen irdischen Ursprungsort zurückführen ließen, in Kleinasien vom Himmel gefallen sind.

Es hat Hinweise darauf gegeben, daß unbekannte Geschöpfe und unbekannte Substanzen von anderen fruchtbaren Welten oder aus anderen Teilen eines umfassenden Systems oder Organismus auf unsere Erde transportiert werden, wobei die Entfernungen jeweils klein sind im Vergleich zu den unvorstellbaren Räumen, welche Astronomen glauben, sich vorstellen zu können. Es hat Hinweise auf die absichtsvolle Verteilung von Dingen auf unserer Erde gegeben. Absicht in der Natur ist denkbar, ohne zu konventionellen theologischen Interpretationen greifen zu müssen, wenn wir uns unsere Existenz oder das sogenannte Sonnensystem samt den Sternen darum herum als ein einziges organisches Dasein oder Gebilde oder Wesen vorstellen. Ich vermag nicht zu trennen zwischen dem Organischen oder dem Funktionellen und dem Absichtsvollen. Wenn im Körper eines Tiers Osteoblasten auftauchen, um einen gebrochenen Knochen zu flicken, dann sind sie die Gesandten einer Absicht, ob sie nun wissen, was sie tun, oder nicht.

Jede Anpassung kann als Ausdruck einer Absicht bewertet werden, wenn wir mit Absicht nichts weiter meinen als die Absicht, etwas zu verändern. Wenn wir uns unsere ganze Existenz als vielleicht nur einen von unzähligen Organismen im Kosmos vorstellen, als einen umfassenden Organismus jedenfalls, dann können wir seine Funktionen und Verteilungen als organisch und absichtsvoll, oder aber als mechanisch und absichtsvoll bezeichnen.

KAPITEL 4

Eines Tages im April 1842 sind auf die französische Stadt Noirfontaine Wassertropfen herabgefallen, obwohl der Himmel wolkenlos war. (Siehe bereits erwähnte Daten zu Wiederholungen.) Das Wasser regnete, als käme es von einem ruhenden Punkt irgendwo droben, auf einen begrenzten Bereich der Erde herab. Am nächsten Tag fiel immer noch Wasser auf das nämliche kleine Gebiet. Es war, als hielte ein Geist in der Luft einen unsichtbaren Wasserschlauch.

Ich habe diesen Bericht der Académie Française in *Comptes Rendus*, Bd. 14, S. 664, gefunden.

Was ich damit sagen will?

Ich will damit überhaupt nichts sagen. Andererseits scheint mir aber gerade die Bedeutungslosigkeit von Bedeutung. Ich will sagen, daß wir uns in einem hoffnungslosen Zustand befinden, in dem es keine Maßstäbe gibt, und daß der sehnsüchtige Blick zu Autoritäten zum gleichen Schlingern führt wie unsere anderen Ungewißheiten.

Dennoch, auch wenn ich keine Maßstäbe kenne, mit denen man irgend etwas messen könnte, kann ich mir vorstellen – oder wenigstens die Vorstellung akzeptieren –, daß es etwas gibt, das als Maß aller Dinge gelten kann, soweit ich mir unsere Existenz als Organismus vorzustellen vermag. Wenn das menschliche Denken wie alles andere dem Wachstum unterworfen ist, dann ist unsere Logik nicht in sich selbst begründet, sondern bloß die sich anpassende Aufbautätigkeit, die man in allen wachsenden Dingen findet. Ein Baum kann nun einmal nicht herausfinden, wie er zu blühen hat, solange die Blütezeit noch nicht gekommen ist. Eine Gesellschaft kann nicht wissen, wie man Dampfmaschinen benutzt, solange die Dampfmaschinenzeit noch nicht gekommen ist. Was auch immer mit dem Wort »Fortschritt« gemeint sein soll, das menschliche Bewußtsein braucht keine eigenen Maßstäbe: im gleichen Sinne nämlich, wie ein Teil einer wachsenden Pflanze keine Anleitung von eigenen Gnaden braucht noch ein spezielles Wissen, wie er zu einem Blatt oder einer Wurzel werden soll. Er braucht keine eigene Grundlage, weil die relative Ganzheit der Pflanze die relative Grundlage ihrer Teile ist. Andererseits will ich aber inmitten dieser Theorie des Ineinanderaufgehens nicht sagen, daß so etwas wie menschliches Bewußtsein keinesfalls existiere, denn ich akzeptiere ja umgekehrt auch nicht, daß das Blatt oder die Wurzel einer Pflanze, und seien sie noch so abhängig von einem Hauptkörper und noch so eindeutig nur Teile von ihm, absolut frei von jeder individuellen Note wären.

Dies ist das Problem der Kontinuität-Diskontinuität, mit dem ich mich vielleicht eines Tages werde befassen müssen.

Freilich –

Die Londoner *Times*, 26. April 1821 – daß die Einwohner von Truro in Cornwall amüsiert, erstaunt oder erschreckt, »je nach Gemütszustand und Urteilsvermögen«, den Niederschlag von Steinen aus unerfindlicher Quelle auf ein Haus in der Carlow Street zur Kenntnis genommen haben. Der Bürgermeister der Stadt suchte den Ort des Geschehens auf und wurde angesichts der herunterprasselnden Steine so nervös, daß er eine Militärabteilung zu Hilfe rief. Er forschte nach, die Soldaten forschten nach, und das Rasseln der Theoretiker verstärkte das Prasseln der Steine. *Times*, 1. Mai 1821 – immer noch prasselten Steine und rasselten Theoretiker, aber man fand nichts heraus.

Schwälle von Fröschen – Schwälle von Würmern – Schwälle von Wasser – Schwälle von Steinen – wo will man da die Grenze ziehen? Warum sollen wir nicht weitergehen und denken, daß auch Menschen auf geheimnisvolle Weise transportiert worden sind?

Wir werden weitergehen.

Ein großer Teil des Widerspruchs gegen unsere Daten richtet

sich gegen die Folgerungen. Als Dr. Gilbert einen Glasstab rieb und Papierstücke vom Tisch hochzog, richteten sich vermutlich auf ganz ähnliche Weise die Einwände weniger gegen das, was er tat, sondern eher gegen das, was sich noch daraus ergeben mochte. Hexerei hat es immer schwer, bis sie sich etabliert hat und ihren Namen ändert.

Wir hören viel über den Konflikt zwischen Wissenschaft und Religion, aber wir wollen uns mit allen beiden streiten. Wissenschaft und Religion waren sich in der Bekämpfung und Unterdrückung verschiedener Hexenkünste stets einig. Nun, da die Religion ihren Glanz verloren hat, verlagert sich die Verehrung wundersamerweise auf die Wissenschaft, die fortan als wohlwollendes Wesen gilt. Alles, was sich entwickelt oder möglicherweise zu einer Besserung führt, wird der Wissenschaft zugeschrieben. Aber noch kein Wissenschaftler hat eine neue Idee vorgebracht, ohne die Beschimpfungen anderer Wissenschaftler auf sich zu ziehen. Die Wissenschaft hat ihr Äußerstes getan, um das zu verhindern, was die Wissenschaft geleistet hat.

Zyniker mögen die Existenz menschlicher Dankbarkeit leugnen. Aber wie es scheint, bin ich kein Zyniker. Ich bin so überzeugt vom Vorhandensein der Dankbarkeit, daß ich in ihr einen unserer stärksten Gegner sehe. Millionen Menschen kommen in den Genuß einer Gunst und vergessen es. Dennoch sind die Menschen voller Dankbarkeit, die sie irgendwo ausdrücken müssen. Sie leben die Dankbarkeit aus, indem sie der Wissenschaft für alles dankbar sind, was diese geleistet hat, weil sie das – so ihre dumpfen Vorstellungen – nichts kosten wird. Deshalb die ökonomische Empörung gegenüber jedem, der der Wissenschaft nicht genehm ist, versucht er doch, den Leuten ihre wohlfeile Dankbarkeit zu rauben.

Wie die meisten Menschen bin ich einem Handel nicht abgeneigt, aber ich kann mir keine Auslagen ersparen, indem ich der Wissenschaft dankbar bin, weil auf jeden Wissenschaftler, der mir womöglich von Nutzen war, viele andere kommen, die versucht haben, den möglichen Nutzen zu unterbinden. Und

wenn ich erst völlig pleite bin, bekomme ich sowieso keine Wohltaten mehr, für die ich dankbar sein könnte.
Der Widerstand gegen die Ideen in diesem Buch wird von Leuten kommen, welche die industriell genutzte Wissenschaft und ihre Wohltaten mit der reinen oder akademischen oder aristokratischen Wissenschaft verwechseln, die vom Ruf der industriellen Wissenschaft zehrt. Ich denke aber, daß man zwischen einem guten Wachhund und seinen Flöhen unterscheiden muß. Könnte man die Flöhe lehren, mit dem Hund zu bellen, dann hätten wir einen kleinen Chor und einen winzigen Nutzen. Aber Flöhe sind Aristokraten.
Londoner *Times*, 13. Januar 1843 – daß laut *Courier de l'Isère* am 31. Dezember 1842 in der Nähe von Clavaux in Frankreich zwei kleine Mädchen Blätter vom Boden aufgesammelt haben, bis Steine um sie herum niederfielen. Die Steine fielen mit gespenstischer Langsamkeit. Die Kinder rannten heim, erzählten ihren Eltern von dem Phänomen und kehrten mit ihnen zum Ort des Geschehens zurück. Abermals fielen Steine, und abermals fielen sie gespenstisch langsam. Es wird berichtet, daß es aussah, als hätten die Kinder die Niederschläge angezogen.
Es gab ein weiteres Phänomen, eine aufwärts gerichtete Strömung, in welche die Kinder wie in einen Strudel gezogen wurden. Vielleicht hätten wir Daten über das geheimnisvolle Verschwinden von Kindern bekommen können, aber die Eltern, die von der Strömung nicht erfaßt wurden, zerrten sie zurück.
Im *Toronto Globe*, 9. September 1880, schreibt ein Mitarbeiter, er hätte Berichte über geradezu unglaubliche Vorgänge auf einer Farm in der Nähe der Ortschaft Wellesley in Ontario gehört. Er fuhr hin, um den Farmer, einen Mr. Manser, zu befragen. Als er sich dem Bauernhof näherte, sah er, daß alle Fenster vernagelt waren. Seit Ende Juli, erfuhr er, zerbrächen immer wieder Fensterscheiben, obwohl niemals Geschosse gesehen wurden. Die Erklärung der Ungläubigen lautete, daß sich das alte Farmhaus setzte. Es war eine gute Erklärung, sieht man von den Dingen ab, die sie nicht berücksichtigt.

Wenn man eine Meinung haben will, muß man immer etwas übersehen. Das Übersehene war in diesem Fall, daß es, ebenso authentisch wie die Geschichten über zerspringende Fenster, auch Geschichten über Niederschläge von Wasser in den Räumen gab, das anscheinend durch Mauern gedrungen war, ohne aber Spuren eines solchen Durchgangs zu hinterlassen. Es wurde berichtet, das Wasser sei, anscheinend von Punkten innerhalb der Zimmer ausgehend, in solchen Mengen gefallen, daß die Bewohner die Möbel in einer Scheune untergebracht hatten. In allen Berichten ist nur von Phänomenen unter freiem Himmel die Rede. Diese Geschichte ging aber dahin, daß auch in Räumen Schauer niedergingen, als das Farmhaus voller Menschen war. Weitere Einzelheiten können Sie dem *Halifax Citizen* vom 13. September 1880 entnehmen.
Ich unterschlage etwa sechzig Beispiele für scheinbare Teleportationen von Steinen und Wasser, zu denen ich Angaben besitze. Häufigkeit ist kein Maßstab, nach dem man etwas beurteilen könnte.
Die einfachsten Fälle vermeintlicher Teleportationen sind Niederschläge von Steinen auf freiem Feld, wo nichts beschädigt und niemand besonders belästigt wurde, und an Orten, wo es kein Versteck für boshafte oder hinterhältige Übeltäter gab. Eine Geschichte von dieser Art entnehme ich der *New York Sun*, 22. Juni 1884. Der 16. Juni – eine Farm in der Nähe von Trenton, New Jersey – zwei junge Burschen namens George und Albert Sanford arbeiten mit Hacken auf einem Feld – Steine fallen herunter. Kein Gebäude weit und breit, nicht einmal ein Zaun in der Nähe, hinter dem sich jemand hätte verstecken können. Am nächsten Tag fielen wieder Steine vom Himmel. Die Burschen ließen die Hacken fallen und rannten nach Trenton, um von ihren Erlebnissen zu erzählen. Sie kehrten mit vierzig oder fünfzig Amateurdetektiven zurück, die sich im Gelände verteilten und etwas zu beobachten suchten, oder die sich, philosophischer gesonnen, hinsetzten und zu Schlußfolgerungen kamen, ohne etwas zu beobachten. Menschenmassen strömten zum Maisfeld. In der Gegenwart besagter Menschenmassen fielen weiterhin

Steine von einem Punkt in der Luft herab. Mehr hat man nicht herausgefunden.
Ein Schwein und sein Fressen –
Oder die Wissenschaft und ihre Daten –
Oder, daß das Hirn nicht besser ist als der Magen –
Wir können den Prozeß, der in beiden Organen stattfindet, als Assimilierung oder Verdauung bezeichnen. Wer sein Hirn verehrt, verwechselt manchmal sein Gedärm mit seinem Gott.
Für viele seltsame Ereignisse gibt es konventionelle Erklärungen. Im Kopf des Konventionalisten werden Berichte über Phänomene mittels konventioneller Erklärungen assimiliert. Dabei muß manches unter den Tisch fallen. Der Geist muß gewisse Daten ausscheiden. Auch dieser Vorgang gilt fürs Gehirn wie fürs Gedärm.
Die konventionelle Erklärung für unerklärliche Anflüge von Steinen ist die, daß es sich um Zuwendungen von Nachbarn handele. Ich habe die Daten weitergegeben, wie ich sie vorfand. Vielleicht sind sie unverdaulich. Die konventionelle Erklärung für geheimnisvolle Wassergüsse lautet, daß es Absonderungen von Insekten seien. Wenn das stimmt, dann treten manchmal Sintflutkäfer auf.
New York Sun, 30. Oktober 1892 – daß Tag um Tag in der Nähe von Stillwater in Oklahoma, wo es eine wochenlange Dürre gegeben hatte, Wasser auf eine große Pappel gefallen ist. Ein Konventionalist hat den Baum aufgesucht. Er fand Insekten. In *Insect Life*, 5-204, heißt es, das Rätsel von Stillwater sei gelöst. Dr. Neel, der Direktor der landwirtschaftlichen Versuchsanstalt von Stillwater, sei zum Baum gegangen und habe ein paar Insekten gefangen, die den Niederschlag verursacht hätten. Es habe sich um *Proconia undata* gehandelt.
Wie soll ich jetzt beweisen, daß das eine sinnlose oder brutale oder jedenfalls mechanistische Assimilation war?
Wir haben keine Beweise. Wir haben nur Annahmen.
Wir nehmen an, daß dieser Niederschlag in Oklahoma womöglich nur einer unter vielen war. Wir finden Angaben zu drei weiteren Fällen etwa zur gleichen Zeit, und wenn sie nicht als

Absonderungen von Insekten erklärbar sind – aber wir wollen nichts beweisen. Es gibt eine Idee, an der Euklid sich nicht versucht hat. Ich meine den Versuch, auch ein »Quod erat demonstrandum« nur als Vorschlag aufzufassen.
In *Science*, 21-94, schreibt ein Mr. H. Chaplin von der Ohio University – ungefähr zur gleichen Zeit, als in Oklahoma Wasser auf einen Baum fiel –, es habe an mehreren klaren Tagen nacheinander einen beständigen Niederschlag von Wasser gegeben. Mitglieder des Lehrkörpers der Universität von Ohio hätten die Sache untersucht, aber keine Lösung für das Problem finden können. Es gab einen eindeutig erkennbaren, gleichbleibenden Ankunftspunkt, von dem aus das Wasser auf einem kleinen Flecken in der Nähe einer Ziegelei niederging. Mr. Chaplin, der wahrscheinlich noch nie von solchen Ereignissen weit entfernt von feuchten Orten gehört hatte, glaubte, von der Ziegelei seien Dämpfe aufgestiegen, kondensiert und als Wasser herabgeregnet. Sollte das zutreffen, dann müßte es häufig solche Niederschläge über Teichen und anderen Wasserflächen geben.
Etwa zur gleichen Zeit kam nach Angaben des *Philadelphia Public Ledger*, 19. Oktober 1892, auch in Martinsville in Ohio auf geheimnisvolle Weise Wasser herunter. Hinter einem Haus hatte sich Nebel über eine Stelle gesenkt, die kaum größer als ein paar Quadratfuß war. *St. Louis Globe-Democrat*, 19. November 1892 – daß es in der Water Street in Brownsville, Pennsylvania, einen Garten gibt, in dem ein Pfirsichbaum stand, auf den das Wasser fiel. Was die Insekten-Erklärung angeht, so nehmen wir die Angabe zur Kenntnis, daß das Wasser »vermutlich aus einer gewissen Höhe auf den Baum zu fallen schien und eine Fläche von 14 Quadratfuß benetzte«.
Nach allem, was ich weiß, können Bäume durchaus okkulte Kräfte besitzen. Vielleicht haben manche besonders begabte Bäume die Macht, Wasser aus weit entfernten Gebieten heranzuschaffen, wenn sie es brauchen. Mir ist die Dürre in Oklahoma aufgefallen, und so habe ich die Wetterberichte für Ohio und Pennsylvania nachgeschlagen. Die Regenmenge lag unter dem

normalen Wert. In Ohio herrschte nach Angaben der *Monthly Weather Review* vom November sogar eine Dürre. Wäßriges Manna ist auf auserwählte Bäume herabgeregnet.

Es ist sinnlos, irgend etwas beweisen zu wollen, wenn alle Dinge dergestalt ineinander übergehen, daß es außer dem alles Einschließenden nichts gibt, was etwas wäre. Aber ästhetisch, wenn nicht gar wissenschaftlich gesprochen, könnten Ansichten ihren Wert haben, und wir werden Variationen unseres Themas betrachten. An weit voneinander entfernten Stellen sind in und um Charleston, South Carolina, während einer anhaltenden Serie von Erdstößen gleichzeitig Ströme von Wasser aus anscheinend stationären Quellen beobachtet worden.

Ich werde später noch ausführlich auf die Idee eingehen, es könnte für die Niederschläge von Wasser an Orten, die von Katastrophen verwüstet worden sind, eine organische Erklärung geben. Wie aus Dawson, Georgia, berichtet wird, ist etwa Mitte September 1886 Wasser aus »einem wolkenlosen Himmel« gefallen und stets zielgenau auf einem 25 Quadratfuß großen Fleck gelandet. Dieser Schauer fiel ohne Unterbrechung. Natürlich ist der häufig erwähnte Begleitumstand des »wolkenlosen Himmels« nicht von Bedeutung. Wasser, das vom Himmel fällt, kann auf keinen Fall, nicht einmal bei fast völliger Windstille, ausschließlich auf einer nur wenige Yards großen Stelle landen. Wir denken deshalb an Ankunftspunkte, die nicht weit über dem Boden liegen.

Meldungen über Niederschläge von Wasser auf einem Gebiet von 10 Quadratfuß kamen aus Aiken, South Carolina. Ähnliche Niederschläge gab es in Cheraw im gleichen US-Bundesstaat. Einzelheiten können Sie im *Charleston News and Courier* vom 8. Oktober, 21., 25. und 26. Oktober 1886 nachlesen. Einen Bericht über Niederschläge von Wasser aus »wolkenlosem Himmel«, die in Charlotte, North Carolina, auf einem eng begrenzten Punkt niedergingen, finden Sie in *Monthly Weather Review*, Oktober 1886. In der *New York Sun* vom 24. Oktober heißt es, Wasser sei vierzehn Tage lang aus »wolkenlosem Himmel« auf einem bestimmten Punkt im Chesterfield County, South

Virginia, niedergegangen und so heftig herabgeströmt, daß es über die Dachrinnen schwappte.
Dann kamen Meldungen, Wasser falle von einem Punkt über Charleston herab.
Einige Tage vorher hatte der *Charleston News and Courier* die Insekten-Erklärung für die Niederschläge des Wassers abgedruckt. Im *Charleston News and Courier* schreibt am 5. November ein Reporter, er habe die fragliche Stelle in Charleston aufgesucht, wo angeblich das Wasser herunterfiel, und er habe das Wasser herabfallen sehen. Er sei auf einen Baum gestiegen, um die Sache näher zu untersuchen. Er habe Insekten gefunden.
Aber auch die verzweifeltsten Erklärer stoßen mit dem, was sie Insekten zuschreiben können, an Grenzen.
In der *Monthly Weather Review*, August 1886, heißt es, am 4. September seien in Charleston drei Steinschauer niedergegangen.
»Eine nähere Untersuchung einiger dieser Steine, die kurz nach dem Fall durchgeführt wurde, drängt uns die Überzeugung auf, daß die Menschen dort einem Lausbubenstreich zum Opfer gefallen sind.«
Steinen anzusehen, ob sie von Lausbuben geworfen worden sind oder nicht, das erfordert mehr Hirn, als ich aufzubieten habe. Am 4. September war Charleston menschenleer. Am 31. August hatte es ein schweres Erdbeben gegeben, und am 4. September hatten die Menschen wegen der fortgesetzten Erdstöße immer noch Angst. Ich müßte einen Großteil meiner Auffassung von dem, was wir Existenz nennen, aufgeben, wenn ich annehmen wollte, daß Angst oder sonst etwas jemals in Charleston oder sonst irgendwo als homogenes Phänomen aufgetreten wäre. Schlachten und Schiffsunglücke und besonders Krankheiten sind das Material für Humoristen, und manche Spaßvögel leben erst bei Beerdigungen richtig auf. Ich will nicht bestreiten, daß es inmitten des Entsetzens und der Sorgen in Charleston Spaßvögel gegeben hat. Ich erzähle die Geschichte weiter, wie ich sie im *Charleston News and Courier* vom 6. September gefunden habe, und füge meine eigene Schlußfolgerung hinzu,

daß zu Scherzen aufgelegte Überlebende der Katastrophe, soweit es welche gab, kaum mit dieser Reihe von Ereignissen zu tun hatten.

Um 2.30 Uhr am Morgen des 4. September 1886 gingen Steine, die sich »warm« anfühlten, in der Nähe des Geschäftsgebäudes des *Charleston News and Courier* nieder. Einige flogen in die Redaktion hinein. Fünf Stunden später, als es keine Dunkelheit mehr gab, die boshafte Überlebende hätte verbergen können, fielen weitere Steine herunter. Die Wiederholung war streng auf den genannten Ort beschränkt, als steckte eine beharrliche Kraft hinter dem Strom von Steinen. Um 13.30 Uhr kamen abermals Steine herunter. Man konnte sehen, wie sie geradewegs von einem Punkt in der Luft herabkamen. Wenn sich überhaupt eine Überzeugung aufgedrängt hat, dann wurde sie auf die gleiche Weise gedrängt, wie die Überzeugungen seit ewigen Zeiten gedrängt werden, und zwar zur Übereinstimmung mit vorgefaßten Überzeugungen.

Weitere Einzelheiten wurden im *Richmond Whig* veröffentlicht: Dort hieß es, die Feuersteine, deren Größe von der einer Weintraube bis zu der eines Hühnereis reichte, seien auf einem Gelände von etwa 75 Quadratfuß gefallen, und man habe ungefähr eine Gallone davon aufgesammelt. In *Descriptive Narrative of the Earthquake of August 31, 1886* erwähnt Carl McKinley, ein Redakteur des *Charleston News and Courier*, zwei dieser Steinhagel, die »ohne jeden Zweifel« gefallen seien, wie er sagt.

Die örtlich begrenzten Wiederholungen von Steinhageln ähneln den örtlich begrenzten Wiederholungen der Niederschläge von Wasser so sehr, daß eine allgemein formulierte Erklärung oder Ansicht unvermeidlich scheint. Waren also Insekten dafür verantwortlich? Oder ist womöglich der Fischhändler von Worcester nach South Carolina umgezogen?

Eine Komplikation entwickelt sich. Kleine Frösche sind auf Mr. Stoker und seine Pferde niedergeprasselt, aber wir haben keinen Grund zur Annahme, daß Mr. Stoker oder seine Pferde diesen Niederschlag selbst erzeugt hätten. Die Kinder von Cla-

vaux dagegen hatten anscheinend etwas mit den Steinschauern zu tun, und die Bäume hatten anscheinend etwas mit den Niederschlägen von Wasser zu tun.
Rand Daily Mail, 29. Mai 1922 - daß Mr. D. Neaves, der in der Nähe von Roodeport lebt und als Chemiker in Johannesburg tätig ist, schließlich bei der Polizei Anzeige erstattet hat, nachdem er mehrere Monate lang unter Steinschauern gelitten hatte. Fünf Beamte, die nach Einbruch der Dunkelheit zum Ort des Geschehens geschickt wurden, hatten kaum ihre Positionen eingenommen, als ein Stein aufs Dach krachte. Man brachte die Phänomene mit einem Hottentotten-Mädchen in Verbindung, das als Haushälterin arbeitete. Die Haushälterin wurde in den Garten geschickt, und die Steine gingen senkrecht um sie nieder. Unter allen Begleitumständen soll dieser der geheimnisvollste gewesen sein: daß die Steine senkrecht herabfielen, so daß man sie nicht zu einem Ursprung zurückverfolgen konnte. Mr. Neaves' Haus war, abgesehen von einigen Nebengebäuden, ein allein stehendes Haus. Die Nebengebäude wurden durchsucht, aber man fand nichts Verdächtiges. Nach wie vor kamen aus einer unbekannten Quelle Steine herunter.
Polizeinspektor Cummings übernahm die Regie. Er befahl allen Familienangehörigen, Dienern und Reportern, eine Weile im Haus zu bleiben. Auf diese Weise konnten alle beobachtet werden. Draußen paßten Wachtmeister auf, und um das Haus herum war freies Feld, wo sich niemand verbergen konnte. Steine fielen aufs Dach. Von der Polizei beobachtet, ging das Hottentotten-Mädchen zum Brunnen. Ein großer Stein fiel neben ihr herunter. Sie rannte zum Haus zurück, und ein Stein fiel aufs Dach. Es wird berichtet, daß man alles getan hätte, was man habe tun können, und daß die Polizei das Gebiet völlig abgeriegelt habe. Weitere Steine fielen herab. Überzeugt, daß das Mädchen auf irgendeine Weise mit der Sache zu tun hatte, fesselte der Inspektor ihre Hände. Ein Stein fiel aufs Dach.
Dann klärte sich alles auf. Ein »Zivilist«, der sich in einem Nebengebäude versteckt hatte, wurde erwischt, als er einen Stein warf. Auch wenn dies zutrifft, es fällt doch auf, daß der

Verfasser des Berichts den Namen des Übeltäters nicht erwähnt und kein Wort darüber verliert, ob die Polizei ihn zur Rechenschaft zog, nachdem er den Beamten einigen Ärger gemacht hatte.

Dann wurde alles noch einmal erklärt. Man berichtete, das Mädchen, das Sara hieß, sei auf die Polizeiwache geschafft worden, wo sie ein Geständnis abgelegt hätte. »Wie man hört, gibt Sara zu, an dem Steinewerfen beteiligt gewesen zu sein. Sie sagte, außerdem hätten zwei weitere Kinder und ein erwachsener Einheimischer mitgemacht. So endet die Geschichte vom Gespenst von Roodeport, nachdem alle angeblich übernatürlichen Begleitumstände abgeschoren worden sind.«

Normalerweise denken wir nicht allzu ehrfürchtig an die Polizei, aber immerhin sind Polizeiwachen wie Beichtstühle. Sie sind es allerdings eher in wissenschaftlichem als in religiösem Sinne. Wenn der Beichtvater über dem Haupt des Beschuldigten den Knüppel schwingt, dann kann er mit gleichem Erfolg Aussagen erpressen wie ein Wissenschaftler, der die Daten mit einer Theorie prügelt. Auf Polizeiwachen und in Labors gibt es viel Brutalität, aber ich kann mich nicht überwinden, etwas reformieren zu wollen; und weil es noch keinen Newton, Darwin oder Einstein gegeben hat - und keinen Moses, Christus oder Augustinus -, der den Umständen nicht gelegentlich den dritten Grad gegeben hätte, fürchte ich, daß auch wir uns schuldig machen und hin und wieder den ersten oder zweiten Grad anwenden.

Die Geschichte liest sich eher, als wäre das Mädchen zum Friseur geschafft worden. Wir erfahren, daß ihre Geschichte »geschoren« wurde. Alle Einzelheiten wurden abrasiert, etwa der Polizeikordon um das Haus, die Durchsuchung der Nebengebäude und die Vorsichtsmaßnahmen, soweit sie nicht zum Märchen von den hinterhältigen Kindern passen. Wir werden in diesem Buch noch öfter solche Scherereien sehen.

Der Autor der *Monthly Weather Review* ist nicht der einzige Scherer, der Geständnisse erpreßt, wo er nur kann. Nicht lange vor dem Bombardement von Roodeport hatte es in einem anderen Teil Südafrikas bereits einen ähnlichen Fall gegeben. Im *Klerksdorp Record,* 18. November 1921, heißt es, die Häuser von Mr. Gibbon Joseph und Mr. H. J. Minnaar in der North Street seien wochenlang von »geheimnisvollen, unsichtbaren Steinewerfern« heimgesucht worden. Ein Detektiv wurde auf den Fall angesetzt. Er war ein Logiker. Es war eine Gespenstergeschichte, oder es war Bosheit. Einen Geist konnte er nicht festnageln, also beschuldigte er zwei Neger und nahm sie fest. Die Neger wurden mit den Zeugenaussagen zweier schwarzer Jungen konfrontiert. Aber die Jungen widersprachen einander, und es stellte sich heraus, daß sie gelogen hatten. Sie gaben zu, daß der Detektiv ihnen fünf Schillinge versprochen hatte, wenn sie seine logischen Schlüsse bestätigten.

Im *Journal of the Society for Psychical Research,* 12-260, ist ein Brief von einem Mr. W. G. Grottendieck aus Dortrecht auf Sumatra abgedruckt. Mr. Grottendieck sei im September 1903 eines Nachts um etwa ein Uhr aus dem Schlaf geschreckt, weil etwas auf den Boden seines Schlafzimmers gepoltert war. Die Geräusche, die klangen, als falle etwas herunter, hielten eine Weile an. Er stellte fest, daß kleine schwarze Steine mit gespenstischer Langsamkeit von der Decke oder dem Dach, das aus getrockneten, einander überlappenden Blättern bestand, herunterfielen.

Mr. Grottendieck schreibt, diese Steine seien unter dem Dach einfach aufgetaucht, als wären sie durch das Dach gedrungen, ohne dabei aber das Dach zu beschädigen. Er versuchte, sie am Entstehungsort zu fassen, aber obwohl sie sich außergewöhnlich langsam bewegten, ließen sie sich nicht greifen. Außer ihm schlief nur noch ein Kuli im Haus. »Der Junge steckte sicher nicht dahinter, denn als ich mich über ihn beugte, während er schlafend auf dem Boden lag, fielen ein paar Steine herunter.« Es war keine Polizeiwache in der Nähe, und so konnte diese Geschichte nicht der Mode gemäß frisiert werden.

Ich möchte betonen, daß die Geschichten über Niederschläge von Steinen keine konventionellen Geschichten und nicht allgemein bekannt sind. Ihre Einzelheiten sind nicht standardisiert

wie das »Kettenrasseln« in Gespenstergeschichten und die »tellergroßen Augen« in den Geschichten über Seeschlangen. Im Jahre 1842 erzählte jemand in Frankreich etwas über langsam fallende Steine, und 1903 erzählte jemand in Sumatra etwas über langsam fallende Steine. Es wäre seltsam, wenn zwei Lügner diese Einzelheit unabhängig voneinander erfunden hätten –
Zu diesem Punkt komme ich, wenn ich nachdenke.
Wenn Merkwürdigkeit ein Maßstab für eine ablehnende Beurteilung sein soll, dann will ich im Handumdrehen den größten Teil dieses Buches verdammen.
Aber Verdammung kümmert mich nicht. Ich biete die Daten an. Sehen Sie zu, wie Sie damit zurechtkommen.
Niemand kann die Phänomene erforschen, über die wir berichtet und um die wir uns gekümmert haben, ohne eine Reihe von Fällen zu bemerken, in denen Jungen und Mädchen, überwiegend aber Mädchen, plötzlich erschienen sind. Die Erklärung jener, die gewohnheitsmäßig vieles ignorieren, lautet, daß Jugendliche dahinterstecken müssen, wenn so oft Jugendliche im Spiel sind.
Die Poltergeist-Phänomene und die Teleportationen von Gegenständen im Haus von Mr. Frost – Ferrostone Road Nr. 8 in Hornsey bei London –, die Anfang 1921 mehrere Monate lang zu beobachten waren, lassen sich allerdings nicht auf diese Weise erklären. Es gab drei Kinder im Haus. Eins der Mädchen erschrak so sehr, daß es einen Nervenzusammenbruch erlitt und starb (*Daily Express*, 2. April 1921). Ein anderes Mädchen wurde in ähnlichem Zustand ins Krankenhaus von Lewisham bei London gebracht (*Daily News*, 30. April 1921).
Wenn man versucht, die verschiedenen Details, auf die wir gestoßen sind, vernünftig zu erklären, zu assimilieren oder zu verdauen, dann sind die zähesten Happen die Aussagen über rätselhafte Erscheinungen in geschlossenen Räumen oder über den Durchgang von Gegenständen und Substanzen durch die Mauern von Häusern, ohne dabei das Material der Wände zu verändern.
Oh, ich habe natürlich von der »vierten Dimension« gehört, aber

ich will mir nicht noch selbst schaden und verzichte deshalb darauf, auf dieses Thema näher einzugehen und damit unter Beweis zu stellen, daß ich keine Ahnung habe, wovon ich rede.
Im *St. Louis Globe-Democrat*, 27. Januar 1888, finde ich eine Geschichte über große Steine, die im Haus von Mr. P. C. Martin im Caldwell County in North Carolina in geschlossenen Räumen erschienen und langsam heruntergefallen seien. Die *Madras Mail* aus Indien schreibt am 5. März 1888, in Gegenwart zahlreicher Ermittler seien Ziegelbrocken in einem Klassenzimmer in Pondicherry herabgefallen.
Ich kann dieses Phänomen oder dieses angebliche Phänomen von Erscheinungen in geschlossenen Räumen so wenig verstehen wie den Durchgang eines magnetischen Kraftfeldes durch eine Hauswand, bei welcher das Material ebenfalls nicht beschädigt wird. Andererseits können aber magnetische Kraftfelder keine Gegenstände durch dichtes Material befördern. Dann denke ich wieder an Röntgenstrahlen, die etwas ähnliches tun können, falls man akzeptieren will, daß Röntgenstrahlen Ballungen von sehr kleinen Objekten oder Partikeln sind. Röntgenstrahlen beschädigen manchmal das Material, das sie durchdringen, doch wird dieser Schaden erst bei lange anhaltender Bestrahlung offenkundig.
Wenn es Teleportation gibt, dann gibt es sie auf zwei Ebenen oder in zwei Bereichen: elektrisch und nichtelektrisch - oder Phänomene, die bei Gewittern und andere, die »bei wolkenlosem Himmel« und in Häusern auftreten. In den zahlreichen Geschichten über die Niederschläge von Lebewesen, die ich gesammelt habe - mit denen ich dieses Buch aber nicht überfluten will -, ist nur äußerst selten die Rede davon, daß die niedergehenden Geschöpfe verletzt worden wären. Aufgrund der Eindrücke, die sich aus anderen Daten ergeben, glauben wir, daß die Geschöpfe womöglich nicht von weit droben vom Himmel herabgefallen sind, sondern vielleicht bloß von Ankunftspunkten nicht allzu hoch über dem Boden - oder, daß sie zwar eine größere Strecke, aber unter dem Einfluß einer gegen die Schwerkraft wirkenden Kraft gefallen sind.

Ich glaube, daß auf transportierte Objekte manchmal ein der Schwerkraft entgegengesetzter Zug einwirkt, weil viele Berichte - mehr, als ich hier erwähnt habe - über langsam fallende Steine von Menschen stammen, die wahrscheinlich noch nie von anderen Berichten über fallende Steine gehört haben, und weil ich in Berichten, die als vernünftige, nüchterne meteorologische Beobachtungen gelten, auf eine ähnliche Art von Magie oder Hexerei gestoßen bin.

Siehe das *Annual Register*, 1859-70 - ein Bericht von Mr. E. J. Lowe, einem Meteorologen und Astronomen, über einen Niederschlag von Hagelkörnern im englischen Nottingham am 29. Mai 1859. Obwohl mehr als einen Zoll groß, fielen die Objekte langsam. Im September 1873 kamen nach Angaben von *La Nature*, 7-289, in der Nähe von Clermont-Ferrand Hagelkörner herunter, die zwischen einem und anderthalb Zoll groß waren. Sie standen unter dem Einfluß einer unbekannten Kraft, da sie trotz ihrer Größe so langsam fielen, daß sie keinen Schaden anrichteten. Manche landeten auf Hausdächern und sprangen wieder ab, wobei es schien, als habe der Aufprall den geheimnisvollen Einfluß aufgehoben. Die Hagelkörner, die von Dächern absprangen, fielen schneller als jene, die in gerader Linie herunterkamen. Weitere Berichte über dieses Phänomen finden Sie in *Nature*, 36-445; *Illustrated London News*, 34-546; *Bulletin de la Société Astronomique de France*, 19. Juni 1900.

Wenn die allgemeinen elektrischen Bedingungen in einem Gewitter manchmal einen der Schwerkraft entgegenwirkenden Einfluß auf Gegenstände ausüben, dann könnte eines Tages jemand herausfinden, wie man mit elektrischer Gegenschwerkraft Flugzeuge und Flieger bewegt. Wenn physikalische Arbeit stets gegen die Schwerkraft wirkt, dann könnte eines Tages jemand eine große Entdeckung machen, die der allgemeinen Trägheit zugute kommt. Aufzüge in Wolkenkratzern könnten gegenüber heute mit halbierter Energie fahren. Das wäre eine Idee, welche die Industrie revolutionieren könnte, aber ich bin leider zu sehr damit beschäftigt, alles andere zu revolutionieren, und so schenke ich diese Idee der Welt mit der Großzügigkeit eines Menschen, der etwas fortgibt, das ihm selbst nichts nützt. Aber unerklärliches Verschwinden?

Wir haben Daten über unerklärliches Erscheinen gesehen.

Wenn ich an das appellieren könnte, was man gemeinhin als gesunden Menschenverstand bezeichnet, dann würde ich fragen, ob etwas, das unerklärlicherweise irgendwo erscheint, nicht vorher irgendwo auf genauso unerklärliche Weise verschwunden sein muß.

Annals of Electricity, 6-499 - 11. Mai 1842 in Liverpool - »kein Lüftchen regte sich«. Plötzlich schossen die Kleider von einer Wäscheleine auf einer Wiese nach oben. Sie zogen gemächlich davon. Der aus Schornsteinen aufsteigende Qualm zeigte, daß droben der Wind nach Süden wehte, aber die Kleider zogen nach Norden.

Ein paar Wochen später gab es einen weiteren Fall. Siehe die Londoner *Times*, 5. Juli 1842 - der 30. Juni 1842 war in Cupar in Schottland ein freundlicher, klarer Tag. Frauen hängten auf einer Wiese Wäsche zum Trocknen auf. Es gab einen lauten Knall, und die Kleider auf den Wäscheleinen bewegten sich nach oben. Ein paar fielen auf den Boden, aber die anderen flogen hinauf und verschwanden. Anscheinend gab es eine Art Aussonderung, die mich interessiert, weil sie womöglich für verschiedene andere Beobachtungen von Interesse ist. Zwar hat es sich um eine starke Kraft gehandelt, aber außer den Kleidern wurde nichts von ihr erfaßt. Ich mache mir auch deshalb Gedanken über die Explosion, weil sie zu einem Detail aus wieder einer anderen Geschichte paßt.

Die zeitliche Nähe der beiden Ereignisse weckt meine Aufmerksamkeit. Nur ein paar Wochen lagen zwischen ihnen, und ich habe erst in einer Publikation von 1914 eine vergleichbare Angabe gefunden. Es wäre vernünftig anzunehmen, daß jemand in Cupar den Bericht aus Liverpool gelesen und in seiner Heimatstadt eine ähnliche Geschichte inszeniert hatte. Nicht vernünftig ist allerdings die Annahme, daß im Jahre 1842 jemand die Geheimnisse der Teleportation ergründet und an weit voneinander entfernten Orten Experimente durchgeführt hat. Wenn es also Teleportation gibt, ist mit einiger Sicherheit anzunehmen, daß Menschen davon erfahren und sie benutzt haben.

»Er nimmt mit einiger Sicherheit an?« könnte ein Spiritist jetzt sagen. »Hat er denn noch nie von *Apporten* gehört?«

Soll man mir nur Engstirnigkeit und Heuchelei vorwerfen, ich besorge mir meine Daten nicht in Séancen. Ich habe viele Berichte über »geheimnisvolle Beraubungen« gesammelt und mich gefragt, ob Teleportationskräfte je zu kriminellen Zwekken mißbraucht worden sind. Was aber *Apporte* angeht – wenn ein Spiritist Seemuscheln aus dem Meer in seinen Schrank befördern kann, dann kann er auch Überweisungen aus dem Banktresor in seine Tasche vornehmen. Und wenn er das kann, es aber nicht tut, wie will er dann ein Spiritist sein? Ich habe Ausschau gehalten nach Berichten über Medien, die plötzlich auf geheimnisvolle Weise in einer Stadt reich geworden sind, wo zur gleichen Zeit das Geld knapp wurde: wo Buchhalter der Unterschlagung angeklagt und überführt wurden, wobei aber die Beweise alles andere als befriedigend waren. Normalerweise kann ich mühelos Daten finden und alles »beweisen«, was ich beweisen will, aber ich habe keinen einzigen derartigen Bericht gefunden. Ich bin *Apporten* gegenüber skeptisch, und ich glaube, Medien sind genau wie alle anderen Menschen und werden einfach deshalb nicht kriminell, weil sie keine außergewöhnlichen Fähigkeiten besitzen. Es mag allerdings kriminelle Könner geben, die keine bekannten Medien sind.

Im Juni 1919 hat sich in Islip bei Northampton in England etwas ereignet, das den Vorfällen in Liverpool und Cupar ähnelt. Der Londoner *Daily Express* schreibt am 12. Juni 1919, man habe eine laute Explosion gehört, und eine Armvoll Kleider sei in die Luft geschossen. Dann fielen die Kleider wieder herunter. Möglicherweise greifen die Teleportationskräfte manchmal daneben.

Die Londoner *Daily Mail* berichtet am 6. Mai 1919 von Phänomenen in der Nähe von Cantillana in Spanien. Von zehn Uhr morgens bis zur Mittagsstunde flogen am 4. Mai Steine von einer bestimmten Stelle in die Luft hinauf. Man konnte laute Explosionen hören. »In jener Gegend kann man die Überreste eines erloschenen Vulkans sehen, und man glaubt, daß sich ein neuer Krater bildet.« Aber es gibt weder für diese noch für eine andere Zeit irgendwelche Hinweise auf vulkanische Aktivitäten in Spanien. Ich erinnere mich aber an die lauten Geräusche, die oft mit Poltergeist-Erscheinungen einhergehen.

In *Niles' Weekly Register*, 4. November 1815, finde ich einen Bericht über Steine, die in der Nähe von Marbleton im Ulster County im US-Bundesstaat New York von einem Acker in die Luft hochgeflogen sind. Man hätte sie drei oder vier Fuß vom Boden aufsteigen und dann dreißig bis sechzig Fuß weit fliegen sehen.

Auf freiem Feld gab es Wassergüsse, die sich auf einen engen Bereich beschränkt haben und die aus einer unbekannten Quelle gekommen sind. Ein Dr. Neel wird von sich reden machen. Er hat nicht irgendwelche unbestimmten Insekten gefangen, sondern *Proconia undata.* Jedes Rätsel hat seinen Fischhändler. In übertragenem Sinne braucht er nicht einmal ein Fischverkäufer zu sein. Sein Name mag Smith oder O'Brien lauten, oder vielleicht auch Proconia Undata.

Aber vor allem zur Winterszeit in England sind die Mitglieder der Familie Proconia selten unterwegs und stehen für Erklärungen nicht zur Verfügung. Im *Chorley Standard* aus Lancashire vom 15. Februar 1873 ist eine Geschichte über ein aufregendes Ereignis in Eccleston abgedruckt. Im Bank House, das von zwei älteren Frauen und ihrer Nichte bewohnt war, gingen um den 1. Februar Wasserströme nieder, die anscheinend von den Decken herabfielen. Die Möbel wurden durchgeweicht und die Bewohner des Hauses in Angst und Schrecken versetzt. Die Niederschläge schienen zwar von der Decke zu kommen, aber »das vermutlich eigenartigste Detail der Angelegenheit ist die Tatsache, daß die Decken anscheinend völlig trocken blieben.«

Man denke zurück an Mr. Grottendiecks Geschichte über Objekte, die dicht unter der Decke aufgetaucht sind, ohne daß

zu sehen gewesen wäre, daß sie das Material durchdrungen hätten.
Man hat Helfer herbeigerufen und Nachforschungen angestellt, aber man konnte den Vorfall nicht erklären. Auch hier war alles deutlich zu überblicken. Das Haus war voller Nachbarn, die den Güssen zugeschaut haben. Diese Daten würden jedem Spiritisten, der eine spezielle, abgeschirmte Umgebung und sein Zwielicht braucht, Probleme bereiten, falls sich ein Spiritist überhaupt mit Leuten abgeben würde, die seine Tätigkeit mehr oder eher weniger höflich in Frage stellen. Mag sein, daß ein paar Medien grob angefaßt worden sind, aber viele waren es nicht. In diesem Haus saß jedenfalls niemand im Schrank. Niemand war ein Logiker. Niemand brachte vernünftig vor, daß Chemiker ganz besondere Umstände brauchen, weil ihre Reaktionen sonst nicht funktionieren. Niemand sagte: »Man kann ja beispielsweise auch kein Photo entwickeln, wenn man nicht die besonderen Umstände der Dunkelheit oder des Halbdunkels schafft.«
Für mich hat es den Anschein, als würde es in dem, was man ungenau als Natur bezeichnet, Teleportationen als Mittel zur Verteilung von Dingen und Stoffen geben, und als übernähmen manchmal Menschen die Steuerung dieser Kraft; in den meisten Fällen wohl unbewußt, manchmal aber vielleicht auch auf der Grundlage von Forschungen und Experimenten. Es wird berichtet, daß es in Stämmen von Wilden »Regenmacher« geben soll, und man hört sogar, daß es unter Wilden Teleporteure gibt. Vor ein paar Jahren hätte ich noch ein herablassendes Gesicht gemacht, wenn mir jemand mit so etwas gekommen wäre, aber wir können heute nicht mehr so überheblich sein wie früher. Kann sein, daß in zivilisierten Gesellschaften, die über Speichermöglichkeiten verfügen, eine Kraft, die Wasserströme anziehen kann, nicht mehr gebraucht wird und deshalb abstirbt, auch wenn sie vereinzelt noch auftaucht.
Kann sein, daß wir beim Lesen von Geschichten, welche die meisten Menschen als dumme Hirngespinste von fallenden

Steinen ansehen würden, wie Visionäre in die Nähe der kosmischen Aufbaukraft geraten sind – oder, daß am Anfang die ganze Erde aus einem Strom von Steinen entstanden ist, die aus anderen Bereichen der Existenz herbeiteleportiert worden sind. Das Krachen niederstürzender Inseln – und der kosmische Humor hinter all dem – oder eine spektakuläre Kraft am Werk, die schwindet und als bloßer Schatten ihrer selbst weiterexistiert – oder, daß die Kraft, die einst die Rocky Mountains aufgetürmt hat, heute in der Nähe von Trenton, New Jersey, mit Kieselsteinen nach Farmern schmeißt.

Ich stelle mir also die Existenz einer Kraft vor, die von Menschen meist unbewußt benutzt wird. Kann sein, daß einer, der mit etwas begabt ist, das wir »Wirkkraft« nennen, so er jemand anders inbrünstig haßt, dank heftiger Visualisation in der Lage ist, mittels Teleportation Steinschauer auf den Feind zu lenken. Wasser fällt in Oklahoma auf einen Baum. Eine entomologische Zeitschrift berichtet darüber. Wasser fällt in Eccleston in einem Haus. Ich lese in einer spiritistischen Zeitschrift darüber, hole mir die Daten aber aus einer Zeitung. Dies sind die Isolationen oder Spezialisierungen der konventionellen Verarbeitung. Ich erzähle von Wasser, das in Oklahoma auf einen Baum und in Eccleston in einem Haus fällt und glaube, daß beide Phänomene Manifestationen ein und derselben Kraft sind. Ich versuche, falsche Trennlinien zu durchbrechen: Ich will die Daten der engen, ausschließlichen Behandlung durch Spiritisten, Astronomen, Meteorologen und Entomologen entreißen. Ich leugne die Gültigkeit der Inbesitznahme von Worten und Ideen durch Metaphysiker und Theologen.

Aber mein Interesse ist nicht bloß die Einigung. Ich will scheinbar nicht zueinander passende Dinge zusammenführen und herausfinden, ob sie Affinitäten zueinander haben. Ich bin mir durchaus bewußt, wie sehr gedankliche Produkte, die einander fremd sind, sich gegenseitig beleben können, wenn sie aufeinandertreffen. Dies wäre eine Art gedankliche Exogamie – einen Vulkanausbruch mit einem Froschregen befruchten – oder den Niederschlag einer eßbaren Substanz vom Himmel mit dem unerklärlichen Auftreten Cagliostros verkuppeln. Aber ich bin Pionier und kein Purist, und einige dieser verwegenen Kreuzungen, wenn ich heimatlose Ideen einander vorstelle, könnten zu etwa den gleichen Zuchterfolgen führen wie gewisse Romanzen in gewissen übel beleumundeten Häusern. Ich kann nicht erwarten, gleichzeitig promiskuitiv und angesehen zu sein. Später einmal dürften allerdings einige dieser Verbindungen den Segen der Obrigkeit finden.

Bei dem, was ich »Teleportation« nenne, scheint es manchmal eine »Wirkkraft« zu geben und manchmal nicht. Daß diese »Wirkkraft« nicht ausschließlich menschlich ist und nichts mit den »Geistern der Verstorbenen« zu tun hat, ist, glaube ich, bereits dadurch erklärt, daß wir akzeptieren, daß manchmal auch Bäume »okkulte Kräfte« besitzen. Bei anderer Gelegenheit werde ich vielleicht in der Lage sein, eine klarere Ansicht zu Schwärmen von Tauben, die nach Hause zurückkehren, oder zu Zugvögeln zu entwickeln, die sich ebenfalls der Teleportation oder der Quasi-Teleportation bedienen.

Meine Vorstellungen hinsichtlich der häufig beobachteten »Wirkkraft« von Kindern gehen dahin, daß »okkulte Kräfte« in früheren Zeiten der Menschheitsgeschichte stärker im Vordergrund standen und weitaus dringender für die Unterstützung und Erhaltung menschlicher Gemeinschaften gebraucht wurden als heute, da politische und wirtschaftliche Mechanismen halbwegs etabliert sind oder irgendwie funktionieren; und daß, insofern, als Kinder atavistisch sind, sie mit Kräften in Rapport sein könnten, denen die meisten Menschen entwachsen sind.

Auch wenn ich im Augenblick wohl nicht gerade der Liebling des Papstes bin, rechne ich doch damit, als Heiliger zu enden, weil ich eines Tages zu der allgemeinen Ansicht kommen werde, daß all die Geschichten über Wunder keine Lügen oder nicht ganz und gar erlogen sind; und daß es unter den primitiven Bedingungen des Mittelalters unzählige Vorfälle gab, die heute größtenteils, wenn auch nicht völlig, als überholt gelten. Wer die Relativitätstheorie weitgehend akzeptiert, sollte auch akzeptieren, daß es Phänomene gibt, die relativ zu einem Zeitalter existieren und die in anderen Zeitaltern nicht oder nicht so offensichtlich vorkommen. Ich akzeptiere mehr oder weniger eine Menge von dem, was die Frommen glauben. Ich sehe mich selbst als modernisierte Version eines altmodischen Atheisten, der radikal alles leugnet, was nicht mit seinem Unglauben übereinstimmt.

Natürlich gibt es auch andere Erklärungen für die »okkulten Kräfte« von Kindern. Eine ist die, daß Kinder gar nicht atavistisch, sondern gelegentlich den Erwachsenen sogar weit voraus sind und kommende menschliche Kräfte zeigen, weil ihr Bewußtsein noch nicht von Konventionen erdrückt ist. Dann gehen sie zur Schule und verlieren ihre Überlegenheit. Nur wenige jugendliche Genies überleben unsere Bildung.

Der herausragende Gedanke, den ich aber, wie viele andere Gedanken, im Augenblick nicht weiter entwickeln kann, ist der, daß Teleportation, wenn sie existiert, auch benutzt werden kann. Sie könnte zu kriminellen oder zu kommerziellen Zwekken benutzt werden. Frachten ohne Schiffe und Ladungen ohne Züge, so könnte der Verkehr der Zukunft aussehen. Vielleicht wird es Teleportationsreisen von Planet zu Planet geben.

Insgesamt sind so viele unserer Daten mit Scherzen, Schwindeleien und Leichtfertigkeiten verbunden, daß ich an die vielen praktischen Erfindungen denken muß, die durch Spiele und Verspieltheit entstanden sind. Milliarden Dollar werden heute allen Ernstes als Dividende aus Spielzeug und Spielen gewonnen, die jemand erfunden hat. Milliardenfaches Lachen und Jauchzen ging der feierlichen Zufriedenheit voraus, welche ein dickes Bankkonto auslöst. Aber dies ist bloß eine Überlegung, nichts als Logik und Argumentation. Es gab natürlich auch milliardenfaches Lachen, aus dem nie Zufriedenheit hervorgegangen ist – doch andererseits, wie komme ich nur auf die Idee, es gäbe etwas Befriedigenderes als das Lachen selbst?

Wenn in anderen Welten oder in anderen Teilen einer einzigen, relativ kleinen Existenz Menschen leben, die den Erdbewohnern weit voraus sind und womöglich die Teleportation beherrschen, dann sind Wesen von anderen Orten auf die Erde gekommen. Ich sehe nichts, was sie aufhalten sollte. Vielleicht haben sich einige der verkommeneren unter ihnen hier sogar heimisch gefühlt und sich längere Zeit hier herumgetrieben oder sind gleich ganz geblieben. Ich würde mir diese Zeitgenossen als zurückgebliebene Typen denken: Sie halten natürlich ihre Herkunft geheim; sie besitzen eine gewisse Empfänglichkeit für unser Barbarentum, das ihre eigene Rasse längst abgelegt hat. Ich stelle mir vor, daß Wesen auf einer anderen Welt für die Erde das empfinden, was viele Menschen ab und zu fühlen, wenn sie sich wünschen, sie könnten auf eine Südseeinsel fliehen und sich ihren Lastern hingeben. Die Zurückgebliebenen, die auf diese Erde versetzt werden, würden sich, solange sie nicht ungeheuer atavistisch sind, keineswegs dem hingeben, das wir als Laster bezeichnen, aber sicherlich doch Dinge unternehmen, die von ihrem eigenen, weit fortgeschrittenen Volk als unsägliche oder wenigstens doch nicht druckreife Entgleisungen betrachtet werden würden. Sie würden sich in Kirchen zu uns gesellen und sich in Gebeten suhlen. Sie würden jedes Gefühl für Anstand verlieren und Universitätsprofessoren werden. Ist man erst einmal im freien Fall, dann ist der Niedergang nicht aufzuhalten. Am Ende könnten sie gar Kongreßabgeordnete werden.

Es gibt einen weiteren Gesichtspunkt, für den ich jetzt Material sammle –

Die *New York Times*, 6. Dezember 1930 – »Dutzende gestorben, 300 Belgier durch giftige Dämpfe verletzt; Panik greift um sich. Ursprung ein Rätsel. Szenen wie im Krieg.« Kann sein, daß es wirklich ein Krieg war.

Die Erklärungen der Wissenschaftler entsprachen im großen und ganzen den Erwartungen, doch im *New York Telegram*, 6. Dezember 1930, wurde Professor H. H. Sheldon zitiert: »Wenn es im Tal der Meuse auf weiten Strecken einen tödlichen Nebel gibt, dann lautet die Schlußfolgerung des Wissenschaftlers, daß er absichtlich von Männern oder Frauen erzeugt worden ist.«

Kann sein, daß die Bewohner von anderen Welten oder anderen Teilen der einen, alles umfassenden Existenz der Erde den Krieg erklärt und manchmal im Nebel heimlich Giftgas versprüht haben. Ich besitze noch andere Aufzeichnungen, die etwas Derartiges vermuten lassen, aber ich will diese interessante Annahme hinsichtlich der Ereignisse vom 5. Dezember 1930 vorerst widerstrebend verwerfen, weil es Verbindungen zu einem anderen Phänomen geben könnte, über das ich später noch sprechen will.

Nur zwei Wochen nach der Tragödie in Belgien schritt der Fischhändler zur Tat. Am 19. Dezember 1930 begann der Autor des Leitartikels in der *New York Herald Tribune* mit jenem Konventionalisieren und Verharmlosen und Vernebeln, mit dem stets die Ereignisse vertuscht werden, die nicht in die Norm des vermeintlichen Wissens passen. »Man könnte vermuten, daß ein sensationslüsterner Zeitungsreporter, der eines düsteren Tages in den rauchigen Industriestädten am Allegheny River die Toten zählt, eine Geschichte hervorbringen könnte, die nicht sehr weit hinter jener aus Belgien zurücksteht.«

Siebenundsiebzig Männer und Frauen fanden in Belgien den Tod. Oh, es gibt natürlich immer eine simple Erklärung für solche Ereignisse, wenn wir nur unseren gesunden Menschenverstand benutzen.

KAPITEL 5

Am 9. Januar 1907 hatte Mr. McLaughlin aus Magilligan im irischen County Derry keine rote Lampe. Auch seine Schwester, seine Nichte und seine Dienerin hatten keine. Sie hatten keinen Schrank. Trotzdem hat in ihrem Haus eine Vorführung stattgefunden, als wüßten sie genau, was man mit phosphoreszierender Farbe anstellen kann, und als hätte Mr. McLaughlin sich einen falschen Schnurrbart gekauft. Es gab Phänomene bei hellem Sonnenlicht, und es herrschte eine Atmosphäre, die so wenig mystisch war wie Schweine und Nachbarn. Wenn ein spiritistisches Medium wirklich etwas vollbringen kann, dann braucht es so wenig wie ein Chemiker das Licht abzudrehen, die Sitzung mit einem frommen Lied zu beginnen und zu fragen, ob eine Chemikalie anwesend sei, die Ähnlichkeit mit einer Erscheinung namens Wasserstoff habe.

Mr. McLaughlin hatte den Schornstein von Ruß befreit. Ich frage mich, ob hier vielleicht ein Zusammenhang besteht. Unmittelbar danach begannen die Phänomene. Aus unerklärlichen Quellen drang Ruß in die Zimmer ein und zog unabhängig vom Luftzug und manchmal gegen den Luftzug von Zimmer zu Zimmer. Außerdem flogen Steine, als würde das Haus bombardiert. Ungefähr dreißig Fensterscheiben gingen unter dem Steinhagel zu Bruch, einige davon in Gegenwart von Nachbarn. Dies ist die Geschichte, wie sie die Reporter vom *Derry Journal* und von der *Coleraine Constitution* niedergeschrieben haben, nachdem sie vor Ort nachgeforscht hatten. Wahrscheinlich lebte ein Mädchen im Alter von 14 bis 15 Jahren im Haus, aber ich konnte keine näheren Angaben zum Alter von Mr. McLaughlins Nichte und seiner Dienerin finden.

Ein konventioneller Wissenschaftler würde an Fischhändler denken, eine alltägliche Erklärung für den Ruß suchen und die Steine vergessen. Hätten die Leute ein besseres Gedächtnis, dann gäbe es keine nennenswerte Wissenschaft. Den Steinhagel kann man mit steinewerfenden Nachbarn erklären, wenn man den Ruß vergißt.
Unsere Daten werden von zwei Tyrannen in die Zange genommen. Auf der einen Seite haben sich die Spiritisten willkürlich seltsame Ereignisse als Manifestationen der »Dahingeschiedenen« angeeignet. Auf der anderen Seite bezieht die konventionelle Wissenschaft Stellung gegen alles, was nicht zu ihren Systematisierungen passen will. Wenn der Wissenschaftler Nachforschungen anstellt, dann verhält er sich ungefähr wie eine Frau, die mit einem Stoffbändchen einkaufen geht und die dazu passende Farbe sucht. Der Spiritist dagegen mästet sich. Einer ist zu zimperlich, der andere zu gierig. Vielleicht werden wir, zwischen diesen beiden stehend, eines Tages als Vorbilder für gutes Benehmen gelten.
Schauer von Fröschen und Würmern und Uferschnecken – und jetzt reden wir über Schauer von Nägeln. *St. Louis Globe-Democrat*, 16. Oktober 1888 – eine Meldung aus Brownsville, Texas – daß in der Nacht auf den 13. Oktober der Leuchtturm in Point Isabel, der von Mrs. Schreiber gehütet wurde, nachdem ihr Mann eine Weile vorher verstorben war, von einem Schauer von Nägeln getroffen wurde. Am nächsten Abend ging mit Einbruch der Dunkelheit abermals ein Nagelschauer nieder. Zur Abwechslung prasselten dieses Mal auch Erdklumpen und Austernschalen herab. Das Bombardement hielt an. Leute sammelten sich und sahen die Schauer, überwiegend Nägel, konnten aber nicht herausfinden, woher sie kamen.
In *Human Nature*, März 1871, finde ich eine Geschichte über Ströme von Mais, die in Buchanan, Virginia, von einer geschlossenen Kiste ausgingen. Aber in diesem Fall hieß es, man habe Erscheinungen gesehen, und in den meisten Fällen sind unsere Geschichten, soweit es um Erscheinungen geht, keine Gespenstergeschichten.

Es gab geheimnisvolle Geldregen auf öffentlichen Plätzen. Ich habe, so beschwerlich es war, Berichte aus Zeitungen gesammelt, aber bei mir muß etwas mit der Schwerkraft nicht stimmen, weil ich die Aufzeichnungen verwahrt habe, ohne einen Index anzufertigen, und jetzt kann ich zwischen etwa 60000 anderen die richtigen nicht wiederfinden. Eine der Geschichten handelte von Münzen, die vor ein paar Jahren mehrere Tage lang immer wieder einmal auf dem Trafalgar Square in London niedergegangen sind. Der Verkehr wurde durch die Münzsammler so gestört, daß die Polizei einschreiten mußte. Man konnte die Ereignisse nicht mit den Gebäuden rings um den Platz in Verbindung bringen. Hin und wieder hörte man Münzen klimpern, und die Polizisten wurden ärgerlich und führten eine Untersuchung durch.
Vielleicht gibt es Experimentatoren, die gelernt haben, so etwas per Teleportation zu tun. Ich würde das für eine sportliche Übung halten, wenn es nicht zu teuer wäre.
Jedenfalls hat vor ein paar Jahren in London ein Geizhals mit Kleingeld um sich geworfen. *New York Evening World*, 18. Januar 1928 – Niederschläge von Kupfermünzen und Kohlebrokken in einem Haus in Battersea in London, das von einer Familie Robinson bewohnt wurde. »Die Robinsons sind gebildete Leute und weisen jeden Gedanken an übernatürliche Kräfte weit von sich. Jedoch sind sie völlig verstört und erklärten uns, das Phänomen sei in geschlossenen Räumen aufgetreten, so daß man den Gedanken, die Gegenstände seien von draußen geworfen worden, ausschließen könne.«
Es besteht kaum Hoffnung, daß derartige Phänomene heutzutage verstanden werden, da jedermann ein Logiker ist. Beinahe jeder überlegt sich: »Es gibt keine übernatürlichen Phänomene, und deshalb sind diese angeblichen Phänomene nicht aufgetreten.« Aber durch manche geschlossenen Schädel, die unabhängig sind von den Augen und Ohren und Nasen, die ja meist doch nur wahrnehmen, was sie wahrnehmen sollen, dringt die Idee, daß Niederschläge von Münzen und Kohlebrocken so natürlich sein könnten wie der Lauf eines Flusses.

Die unter uns, die diesen Grad der Initiation erreicht haben, können jetzt zur nächsten Stufe dessen aufsteigen, was mit uns los ist.

30. August 1919 – die Pfarrei von Swanton Novers in der Nähe von Melton Constable in der englischen Grafschaft Norfolk. Öl »spritzte« aus Wänden und Decken. Man glaubte, das Haus stehe auf einer Ölquelle, und die Flüssigkeit sei in die Wände eingedrungen und herabgeregnet. Aber was da fiel, war kein Rohöl. Bei den Flüssigkeiten hat es sich um Paraffin und Petroleum gehandelt. Danach kamen Wasserschauer. Öl fiel, etwa ein Liter binnen zehn Minuten, von einem Ankunftspunkt herab. Spiritus und Sandelholzöl kamen ebenfalls herunter. In einem Bericht vom 2. September 1919 heißt es, man habe unter den Ankunftspunkten Gefäße aufgestellt und ungefähr 50 Gallonen Öl aufgefangen. Von den dreizehn Schauern, die am 1. September niedergingen, bestanden zwei aus Wasser.

Besonders wichtig ist an dieser Geschichte der Umstand, daß Öl und Wasser in so großen Mengen erschienen sind, daß der Pfarrer, Reverend Hugh Guy, das Weite suchen und seine Möbel in einem anderen Haus abstellen mußte.

Die Londoner *Times*, 9. September 1919 – »Das Rätsel von Norfolk gelöst.« Wir erfahren, daß Mr. Oswald Williams, der »Illusionist« oder Bühnenzauberer, und seine Frau, die die Nachforschungen übernommen hatten, das fünfzehnjährige Dienstmädchen beobachtet hätten, wie es das seit mehreren Tagen verwaiste Haus betreten und den Inhalt eines Glases gesalzenen Wassers an die Decke geworfen hätte, um daraufhin zu schreien, es hätte einen weiteren Schauer gegeben. Das Zaubererpaar hatte zuvor die Wasserzufuhr gesperrt und Gläser und Kübel mit Wasser aufgestellt, das gesalzen worden war, damit man es identifizieren konnte.

Mr. und Mrs. Williams berichteten, sie hätten sich versteckt und gesehen, wie das Mädchen das Wasser an die Decke warf. Sie seien dann aus ihrem Versteck gestürmt und hätten das Mädchen zur Rede gestellt. Natürlich nur zum Wohle der Wissenschaft und ohne einen Gedanken an Publicity hatte

Mr. Williams Zeitungsreportern von seinem erfolgreichen Plan erzählt und seinen Triumph gekrönt, indem er berichtete, daß das kleine Mädchen gestanden hätte. »Sie gab zu, daß sie es getan hatte, brach in Tränen aus und erklärte sich unumwunden für schuldig.«
Times, 12. September 1919 – die Dienerin wird von einem Mitarbeiter einer Zeitung aus Norwich interviewt – sie bestreitet, daß sie gestanden hätte – bestreitet, daß sie irgendeinen Streich ausgeheckt hätte – bestreitet, daß Mr. Williams sich im Haus versteckt hätte – erzählt, daß sie mit Mr. und Mrs. Williams das Haus betreten habe, daß an einer Decke ein feuchter Fleck erschienen sei, und daß man sie zu Unrecht beschuldigt hätte, das Wasser hochgeworfen zu haben.
»Das kleine Mädchen sagt aus, daß es zu keiner Zeit allein in der Küche war« (*Daily News*, 10. September 1919). »Die Hausgehilfin beharrt darauf, daß sie das Opfer eines Tricks wurde, und daß man sie stark unter Druck gesetzt habe, damit sie zugäbe, daß sie Salzwasser an die Decke geworfen hat. ›Man sagte mir‹, erklärte sie, ›ich hätte eine Minute Zeit, um es zuzugeben, sonst würde man mich ins Gefängnis stecken. Ich sagte trotzdem, daß ich es nicht getan habe.‹«
Da ich mich für die Art und Weise interessiere, auf die Daten unterdrückt werden, habe ich einige Informationen darüber gesammelt, wie kleine Mädchen »unter Druck gesetzt« werden. In den Londoner Zeitungen wurden keine Einzelheiten zu diesem »Druck« veröffentlicht. *Norfolk News*, 8. November 1919 – daß bei der Verhandlung von Bagatellfällen in Holt der Fall einer gewissen Mabel Louisa Philippo (in anderen Berichten war von Mabel Louisa *Phillips* die Rede) zur Sprache gekommen sei – Klägerin gegen Mrs. Oswald Williams, die beschuldigt wurde, das Mädchen geschlagen zu haben. Das Mädchen sagte, Mrs. Williams hätte sie immer wieder ins Gesicht geschlagen und dann die Aufmerksamkeit anderer Leute auf ihr Gesicht gelenkt, das, von den Schlägen gerötet, als Beweis ihrer Schuld hätte dienen sollen. Mrs. Philippo, die Mutter des Mädchens, sagte aus, als sie in der Pfarrei eingetroffen

sei, habe ihre Tochter als erstes erklärt, daß man sie geschlagen habe. Reverend Hugh Guy trat ebenfalls in den Zeugenstand, sagte aber nichts darüber, ob er sich zur fraglichen Zeit überhaupt im Haus aufgehalten habe. Nach Hinweisen, die ich anderen Berichten entnommen habe, befand er sich zur fraglichen Zeit nicht im Haus.

Man sagt, ein Gerichtsverfahren in Großbritannien sei allem vorzuziehen, was in den Vereinigten Staaten unter diesem Namen geschieht. Ich kann nicht akzeptieren, daß ein Gerichtsverfahren irgendeinem anderem überlegen sein soll. Mr. Guy, der nicht anwesend war, gab zu Protokoll, er habe nicht gesehen, daß das Mädchen geschlagen worden sei. Ich habe keine Hinweise darauf gefunden, daß der Anwalt des Mädchens gegen diese Aussage Einwände erhoben hätte. Die Klage wurde abgewiesen.

Dann schloß ein Dokument die Untersuchung ab. Es war ein Brief von Mr. Guy, der am 13. September in der Londoner *Times* abgedruckt wurde. Mr. Guy schrieb, er hätte das Wasser gekostet, das von der Decke heruntertropfte, und es hätte nach Salz geschmeckt. Deshalb sei er der Ansicht, daß das Mädchen das Wasser hochgeworfen habe. Wahrscheinlich findet sich in jeder Küchendecke, als Rückstand von lange aufgehängtem Schinken und Speck, eine gewisse Menge Salz.

Nach Aussage von Mr. und Mrs. Williams hatte das Mädchen gestanden. Aber Mr. Guys Brief an die *Times* entnehmen wir, daß das Mädchen nicht geständig war.

Aufgrund von Mr. Guys Brief kann man sich also auf die Aussage der Williams' nicht verlassen. Wir werden außerdem noch herausfinden, daß man sich auch auf Mr. Guy nicht verlassen kann. Um ganz sicher zu sein, werde ich noch Photos hinzuziehen müssen, aber auf Photos kann man sich ebenfalls nicht verlassen. Ich vermag nicht zu erkennen, wie wir durch eigene Überlegungen irgendwo hinkommen sollen, wenn es keine Phänomene gibt, auf die man sich verlassen kann. Ich bin der Ansicht, daß es, wenn wir uns einer Zeit nähern, in der viele früher verachtete und belächelte Daten mit neuen Augen betrachtet werden, zugleich auch eine Veränderung im Bewußtsein vieler Menschen geben wird, die den neuen Bedingungen entspricht, und daß der Vorgang, den man das vernunftbegabte Denken dieser Menschen nennt, nichts weiter als eine Hilfsfunktion eines allgemeinen geistigen Tropismus[6] sein wird.

Mr. Guy hat den Nachforschungen ein Ende gesetzt. Die radikale Schur weiterer Nachforschung und das Frisieren des Rätsels wurden von ihm mit folgender Bemerkung in einem Brief vollzogen: »Es hat nur einer kleinen Menge Wassers bedurft, um diese Schweinerei zu erzeugen.«

Das soll wohl heißen, daß Gallonen oder Fässer voller Öl, die Hunderte Dollar kosten, einem boshaften kleinen Mädchen nicht untergeschoben werden können, wohl aber eine »kleine Menge«.

Schauer von Fröschen – Schauer von Würmern – schauerliche Lügen – lesen Sie dies:

Mr. Guy telgraphiert auf Anfrage an den Londoner *Daily Express:*

»Fachkundiger Ingenieur trifft am Montag ein. Am 8. August werden die Tropfen als Ausschwitzungen von Petroleum, Spiritus und Paraffin identifiziert. Haus wird evakuiert; Dämpfe sind giftig, alle Räume sind betroffen, eher ein Guß als ein Tröpfeln – Guy.«

Am 2. September druckte der *Daily Express* Mr. Guys Erklärung ab, er sei gezwungen gewesen, seine Möbel aus dem Haus zu entfernen.

Nach anderen Berichten sind große Mengen von Flüssigkeiten herabgeregnet. In der Londoner *Daily News* waren Berichte von einem Architekten, einem Geologen und einem Chemiker zu lesen, die berichteten, sie hätten ergiebige Ströme beobachtet. In den Zeitungen von Norwich wurden ähnliche Berichte abgedruckt.

[6] Eine durch einen gerichteten Reiz bewirkte Krümmungsbewegung bei Pflanzen. In diesem Fall wohl: Zuwendung zur Reizquelle.

So hatte man beispielsweise den Vorarbeiter einer Ölgesellschaft nach seiner Meinung gefragt. Er hatte das Haus aufgesucht und in einer Wanne zwei Gallonen Öl aufgefangen, das binnen vier Stunden von einem der Ankunftspunkte herabgetropft war. Mir ist einfach nicht begreiflich, wie ein Mädchen diese Vorgänge mit einem Trick bewerkstelligt haben soll. Als der Ölexperte seine Nachforschungen durchgeführt hat, hielten sich, nebenbei bemerkt, zahlreiche Menschen im Haus auf.

Es kommt mir allerdings so vor, als wäre die Haushälterin unbewußt doch beteiligt gewesen. Die ersten Schauer traten in ihrem Zimmer auf. Man hat die Decken aufgebohrt und herausgerissen, ohne eine Erklärung zu finden. Dann zog ein weiterer Bühnenzauberer namens N. Maskelyne nach Swanton Novers. Er bekannte sich zu der Absicht, einen Trick aufzudecken. Vielleicht wurden die Williams angesichts dieser Konkurrenz etwas nervös, aber Mr. Maskelyne konnte nichts finden, was das Rätsel gelöst hätte. Nach seinen Angaben (*Daily Mail*, 10. September) kamen die Flüssigkeiten während seiner Nachforschungen »eimerweise« herunter.

Wie wirkungsvoll aber die Geschichte über das Mädchen und die »kleine Menge« weitere Nachforschungen unterband, zeigt das Verhalten der Society for Psychical Research. Siehe *Journal of the Society for Psychical Research*, Oktober 1919. Mr. Guys Brief an die *Times* wird dort als letztes Wort angesehen. Nirgends ist zu erkennen, daß man die Widersprüchlichkeit seiner Aussagen berücksichtigt hätte. Die Society stellte keine Nachforschungen an. Eine »kleine Menge« kann erklärt werden, wie sie erklärt werden muß, aber »eimerweise« darf nichts niedergehen. Antrag abgelehnt.

Wenn Reverend Hugh Guy einmal von einem »Guß« sprach, der ihn mitsamt Tischen, Stühlen, Betten, Teppichen und all jenen Dingen vertrieben hätte, an die ich voller Sorge denke, weil ich vor kurzem selbst umgezogen bin, um später wieder von einer »kleinen Menge« zu reden, warum finde ich keine Erklärung für diesen Widerspruch?

Ich habe an Mr. Guy geschrieben und ihn um eine Erklärung gebeten, und ich habe den Brief als Einschreiben geschickt, um einen Beleg zu haben. Ich habe keine Antwort erhalten.
In der Londoner *Daily Mail* vom 3. September 1919 sind zwei Photos abgedruckt, auf denen von mehreren Decken tropfendes Öl zu sehen ist. Große Öllachen sind deutlich zu erkennen.

KAPITEL 6

Ströme von Blut aus »Heiligenbildern« –
Ich nehme als Voraussetzung an, auch wenn man nichts beweisen kann – weil es, wenn alle Phänomene ineinander übergehen, letztlich überhaupt keine Phänomene gibt –, daß man zumindest behaupten kann, man könne alles beweisen – denn wenn alle Phänomene ineinander übergehen, dann muß auch der größte Unfug irgendwie mit etablierten Überzeugungen in Verbindung stehen. Wenn ich die Zeit hätte, die zusätzliche Mühe auf mich zu nehmen, dann würde ich meine Leser bitten, sich verrückte Theorien auszudenken und sie mir zu schicken, und ich würde dann die verrücktesten auswählen und mich anbieten, massenhaft Daten zu finden, mit deren Hilfe sie einem jedem vernünftig erscheinen können, der sie für vernünftig halten will.

Ich habe früher einmal Geschichten über »Heiligenbilder«, aus denen Blut strömte, für ebenso lächerlich gehalten wie all die Dinge, die ich in astronomischen oder geologischen Lehrbüchern oder in beliebigen Abhandlungen über Wirtschaft oder Mechanik gelesen habe.

Und was ist dann passiert?

Dann ist mir eingefallen, daß Geschichten über Blutströme aus »Heiligenbildern« mit unseren allgemeinen Ansichten zur Teleportation vereinbar sind. Woraufhin das zuvor Verachtete automatisch einigermaßen vernünftig wurde. Ab und zu bin ich zwar auf wissenschaftliche Methoden schlecht zu sprechen, aber ich will ja gar nicht behaupten, daß ich, wenn es um unsere allgemeinen Annahmen geht, etwas anderes als ein Wissenschaftler wäre. Ich stoße ebenso an Grenzen wie jeder beliebige Universitätsprofessor oder Zuluschamane.

Als Ausgangspunkt möchte ich vorschlagen, die erste Hürde zu nehmen, indem wir akzeptieren, daß Wasserströme an gewissen Punkten im Innern von Objekten, die wir »Häuser« nennen, aufgetaucht sind. Von hier aus können wir leicht weitergehen und uns vorstellen, daß auch andere Flüssigkeiten an gewissen Punkten in anderen Objekten, die wir als »Heiligenbilder« bezeichnen, aufzutauchen vermögen. Den nächsten Schritt können wir tun, wenn wir vorbringen, daß unterschiedliche Flüssigkeiten an gewissen Punkten in dem Objekt in Swanton Novers, das wir als »Haus« bezeichnet haben, aufgetaucht sind.
Es kann Teleportation geben, und vielleicht ist das Geheimnis dieses Vorgangs schon seit ewigen Zeiten Menschen bekannt, die mit dem Esoterischen vertraut sind. Mag sein, daß Priester, vor allem in der Vergangenheit, als es für die Gesellschaft vielleicht noch nützlich war, wußten, wie sie eine rote Flüssigkeit oder auch Blut zu gewissen Punkten auf einem Bild zu teleportieren hatten. Möglicherweise waren sie die »Wirkkräfte«, die dies zu tun vermochten, ohne aber selbst zu wissen, wie sie diese Wirkung hervorriefen. Wenn ich akzeptieren kann, daß unsere ganze Existenz ein einziger Organismus ist, dann kann ich auch akzeptieren, daß – wenn die vielfältigen Wachstumsprozesse in der Gesellschaft sich am besten mit Hilfe sogenannter Wunder organisieren und koordinieren lassen –, genau diese sogenannten Wunder geschehen werden. Der einzige Haken bei diesem Argument ist, daß es die Tatsache übersieht, daß wir keine Wunder brauchen. Wenn es aber ein Bedürfnis gibt, an Wunder zu glauben, dann kann man sagen, daß Wunder geschehen sind.
Wir müssen dies nun mit einigen unserer übrigen Ansichten in Einklang bringen. Wenn wir die Ideen hübsch, um nicht zu sagen fingerfertig anordnen, haben wir alles beisammen, um jeden zu beeindrucken, der gern beeindruckt werden möchte.
Draußen auf freiem Feld gab es geheimnisvolle oder wundersame Schauer von Wasser. Dann tauchte etwas auf, das die »Wirkkraft« menschlicher Wesen sein könnte, und ähnliche Schauer wurden in Häusern beobachtet –

Draußen im Freien gibt es elektrische Phänomene, die als »Blitze« bezeichnet werden. Das Allgemeine wird konkretisiert, und die Menschen benutzen in ihren Häusern oder in konkretisierten Ideen, die sie »Maschinen« nennen, elektrischen Strom. Man könnte sagen, daß Elektriker die ausgebildeten »Wirkkräfte« im Umgang mit Blitzen sind.
Draußen im Freien hat es Ströme von roten Flüssigkeiten gegeben.
In *La Nature*, 25. September 1880, schreibt Professor J. Brun von der Universität Genf, er hätte Gerüchte gehört, daß in der Nähe des Dschebel Sekra in Marokko Blut vom Himmel gefallen sei. Er hat den Ort besucht, an dem das Phänomen aufgetreten sein soll. Er sagt, zu seiner Verblüffung habe er Felsen und Pflanzen mit Schuppen aus einem roten, glänzenden Material bedeckt vorgefunden. Er habe Proben unter dem Mikroskop untersucht und festgestellt, daß es sich um winzige Organismen handelte, die er als *Protococcus fluvialis* deutet.
Die Identifizierung kann bezweifelt werden. Sie gefällt mir nicht. Die Mühelosigkeit, mit der ein Autor jede Aussage eines anderen in Stücke reißen kann, der nicht anwesend ist, um Verfälschungen richtigzustellen, wird allmählich ermüdend. Wenn ich schon ein Buch schreibe, dann will ich es triumphierend schreiben.
Die Identifizierung kann also bezweifelt werden. Zuerst einmal stellen wir fest, daß Professor Brun behauptet, diese Organismen hätten nicht die üblichen Eigenschaften der Algen besessen, die er genannt hat, sondern sie seien einfacher oder weniger differenziert gewesen. Um diese Abweichung zu erklären, behauptet der Professor, der sich mittlerweile wohl etwas von seiner Verblüffung erholt hatte, es habe sich um junge Exemplare gehandelt. Aber eine Ansammlung von ausschließlich jungen *Protococci* ist so außergewöhnlich wie, sagen wir, eine große Versammlung von Kindern im Central Park in New York ohne die Anwesenheit eines einzigen Erwachsenen.
Diese Erklärung setzt eine mögliche Trennung voraus. Sie beruht auf einem zielgenauen Zugreifen, auf einem vorzüglichen

Unterscheidungsvermögen. Irgendwo in einem Sumpf, sprach Professor Brun, gab es massenhaft *Protococci* – ehrwürdige Alte, solche in mittleren Jahren und schließlich ihre Bälger – oder Exemplare in »allen Größen«, wie er es formulierte. Dann kam ein Wirbelsturm. Der hat all die winzigen Organismen verschleppt, und dann hat diese große, grobschlächtige Luftströmung mit mikroskopischer Genauigkeit anhand des unterschiedlichen spezifischen Gewichts die alten *Protococci* fein säuberlich von den jungen getrennt. An einem Ort hat er die beraubten Eltern niedergeworfen, und am Dschebel Sekra den Schauer kleiner roter Waisen entlassen.
Nachdem wir das Gefühl der Trauer abgeschüttelt haben, das diese Tragödie in uns ausgelöst hat, erinnern wir uns, daß von allen Organismen rote Blutkörperchen die einfachsten oder am wenigsten differenzierten sind. Immerhin haben wir hier einen orthodoxen Wissenschaftler gesehen, der akzeptiert hat, daß eine rote Flüssigkeit vom Himmel gefallen ist. Ich besitze ungefähr ein Dutzend weitere Berichte über Schauer von roten Flüssigkeiten, bei denen es sich nicht um von Staub verfärbten Regen gehandelt hat. In mehreren Fällen wurden die Substanzen als Blut identifiziert.
Oder, daß vor langer Zeit einmal, in vorsintflutlicher Zeit vielleicht, rote Ströme eines primitiven Plasmas über arterielle Bahnen im Weltraum auf die Erde geschwappt sind und die Kontinente überflutet haben, woraufhin sich nach der Planung, Anleitung oder Regelung, die die Entwicklung aller Organismen regiert, höhere Lebensformen entwickelten –
Und vielleicht hat dieser Mechanismus sein Wirken noch nicht ganz eingestellt, so daß bis auf den heutigen Tag Rinnsale und stark geschrumpfte Ausläufer solcher Ströme weiterfließen –
Und daß es sich, wenn menschliche Wesen jemals die »Wirkkraft« besessen haben, solche Ströme zu dirigieren, dabei nur um eine Konkretisierung des Allgemeinen gehandelt hat.
Unter denen, die sich für aufgeklärte Menschen hielten, war es einmal in Mode, alle Berichte über die »Wunder von Lourdes« zurückzuweisen. Häufig ging diese Ablehnung von Ärzten aus.

Hinter allem, was irgend jemand glaubt oder nicht glaubt, steckt irgend jemandes Geldbeutel.
Aber inzwischen ist hinsichtlich dieser »Wunder« die Autosuggestion als Erklärung in Mode gekommen. Manch einer, der sich vorher nicht dafür interessiert hat, wird nun nachdenklich. Ich möchte darauf hinweisen, daß viel zu oft neben den Erklärungen auch die Daten verworfen werden. Vielen unserer Daten geht es wie den Phänomenen von Lourdes. Theologen oder Spiritisten haben das Erklären übernommen, und die Wissenschaftler haben, statt sich gegen diese Vereinnahmung zur Wehr zu setzen, die Daten verleugnet. Ob die Ursache nun einfach die ist, daß ich es akzeptieren will, oder nicht, ich akzeptiere jedenfalls jetzt, daß es Phänomene wie Stigmata oder Ströme von Blut aus gewissen Punkten auf lebenden Bildern gegeben hat.
Höchstwahrscheinlich haben diejenigen, die das Phänomen der Stigmata bestreiten, noch nie oder lange nicht mehr Geschichten wie die von Louise Lateau nachgelesen. Man muß schon einen sehr altmodischen Starrsinn in sich haben, um diese Geschichte eine halbe Stunde, nachdem man sie gelesen hat, nicht mehr zu akzeptieren. Das letzte Beispiel ist Therese Neumann aus dem Dorf Konnersreuth in der Nähe von München, nachzulesen in der *New York Times*, 18. April 1928. In den letzten Jahren wurden mehrere Fälle aus den Vereinigten Staaten berichtet.
Blutströme, die an bestimmten Punkten aus Lebewesen austreten, führen uns zu Blutströmen, die an bestimmten Punkten aus geschnitzten Bildern austreten. Wenn man das Phänomen der Stigmata akzeptiert, dann strapaziert man dieses Akzeptieren nicht über die Maßen, wenn man neben lebenden Körpern auch Statuen einschließt.
»Am Sonnabend (21. August 1920) begannen alle Statuen und Heiligenbilder im Haus des Thomas Dwan aus Templemore, Tipperary, in Irland zu bluten.« Siehe die Zeitungen vom 24. August.
Ein Junge namens James Walsh, ein gläubiger Sechzehnjähri-

ger, stand im Mittelpunkt der aus Templemore berichteten Phänomene. Vielleicht hat er die Statuen und Bilder durch Tricks bluten lassen.

Alle Jungen und Mädchen sind Racker, wenn nicht gar kleine Verbrecher. Das ist eine Verallgemeinerung, mit der man sich einigermaßen sicher fühlen kann, bis man sie näher untersucht. Dann stellen wir fest, daß wir aufgrund der Kontinuität Jungen und Mädchen nicht definieren können, weil man keine klare Trennlinie zwischen Jugendlichen und Erwachsenen zu ziehen vermag. Außerdem gehen Verbrechertum und Tugendhaftigkeit zuweilen ineinander über. Ohne weiter argumentieren zu wollen, füge ich nur noch hinzu, daß all die Jungen und Mädchen, die in unseren Berichten auftauchen, ausgesprochen raffinierte Verbrecher gewesen sein müssen, wenn man sie denn schon für Verbrecher halten will. »Städte liegen in Trümmern - schreckliches Blutvergießen - Bomben und Brände - erschreckende Mordserie - gemeiner Vandalismus - Brutalität und Terrorismus - Galgen, Hinterhalt und Horror.«

Was man sich auch ausdenken mag, ich weise auf die Bedingungen hin, die damals in Irland geherrscht haben.

Hier ist eine Schlagzeile aus einer Zeitung, die sich auf die Ereignisse jener Tage bezieht: »Nackter Terror herrscht - schreckliches Blutbad - unzählige Menschen gestorben - Massenmorde - Blutvergießen und Angst.«

Fünf Tage bevor die Phänomene von Templemore gemeldet wurden, ist die Stadt überfallen worden. Das Rathaus wurde niedergebrannt und andere Gebäude wurden zerstört. Templemore wurde terrorisiert. Alle Geschäfte waren geschlossen. Kaum jemand ließ sich auf der Straße blicken. Auf der Landstraße, die nach Templemore führte, war kein einziger Wagen zu sehen. Der Ort lag teilweise in Trümmern. Er war von Gott und der Welt verlassen.

Ich entnehme dem *Tipperary Star:*

»In Dwans Haus und im Haus seiner Schwägerin Mrs. Maher, wo der Bursche namens James Walsh lebte, begannen alle Statuen gleichzeitig zu bluten.«

Diese Geschichte machte auf den Straßen die Runde. Die Überbringer schlichen heimlich durch die Trümmer und den Schutt. Sie huschten von einem Bauernhof zum nächsten, und die Leute kamen aus ihren Häusern. Sie zogen nach Templemore, um es mit eigenen Augen zu sehen. Sie kamen in hellen Scharen. Die Straßen begannen zu summen. Trampelnde Füße und knarrende Räder - Männer und Frauen und primitive alte Karren und elegante neue Wagen aus den Städten - Mittelalterlichkeit, die mit modernen Hupen verkündet wurde - oder ein neuer Kreuzzug mit Kampfwagen, von denen Bierflaschen geworfen wurden - ein Anachronismus ist nichts als einer der vielen albernen Irrtümer des Lebens, der Natur oder eines Organismus, was auch immer oder wer auch immer der Künstler sein mag, der sich diese Dinge ausdenkt.

Die Straßen begannen zu brausen. Im Gänsemarsch kamen die Leute in immer größeren Kolonnen daher. Hoffnung und Neugierde, Frömmigkeit, Begeisterung und ein schöner Anlaß, sich einen Feiertag zu gönnen: Sie kamen, um ihren Spaß zu haben, um Briefe an die Zeitungen zu schicken, um einen Schwindel aufzudecken, um Bestätigungen für religiöse Lehren zu finden - aber vielleicht kann man all dies nicht in Begriffen gewöhnlicher menschlicher Gefühle beschreiben, denn es war so gewaltig wie einige der anderen großen Bewegungen von Lebewesen, von denen ich noch erzählen will. Schließlich drangen die Neuigkeiten, die Irland erregten, in die ganze Welt hinaus.

Der Schrecken, den die singend Marschierenden verbreitet haben, mag etwas mit ihrem Marschrhythmus zu tun gehabt haben. Sie sangen ihr Lied von der langen, langen Reise nach Tipperary, und die neu ankommenden Schiffsladungen Neugieriger stimmten in das Lied ein. Die Herren Cook vom gleichnamigen Reisebüro ließen anfragen, ob die Gasthöfe in Templemore 2000 Pilger aus England aufnehmen könnten. Schotten und Engländer und Franzosen - Reisebüros aus den Vereinigten Staaten, aus europäischen Ländern und aus Japan schickten Anfragen. Die Wellen, die das Ereignis schlug,

schwappten gegen den Tafelberg in Südafrika, und aus den Brandungswogen, die über Kapstadt hereinbrachen, tauchten Menschen auf und vereinten sich zu einem Ausschuß, der ausgeschickt wurde, um vor Ort Nachforschungen anzustellen.
Blutstropfen drangen aus einer Statue in Irland – ein Rinnsal von Turbanen bewegte sich in Bombay über eine Gangway – eine Gruppe von Pilgern brach in Bombay auf. Nichts liegt mir ferner, als eine neue Religion zu stiften, aber diese Regieleistung ließe so manchen in Hollywood vor Neid erblassen. Im übrigen ist nirgendwo in Erfahrung zu bringen, ob nicht doch jemand mit roter Tinte herumgepfuscht hat. Wegen einer Stadt, von der die Welt noch nie gehört hat, verloren Paris und London amerikanische Touristen.
Auch andere Phänomene, bei denen es sich um Teleportationen gehandelt haben könnte, wurden gemeldet. Auf dem Lehmboden im Zimmer eines walisischen Jungen füllte sich ein Loch in der Größe einer Teetasse mit Wasser. Ganz gleich, wie oft man es leerte – Tausende Menschen nahmen es literweise mit –, das Wasser erschien immer wieder an der gleichen Stelle. Mir fällt gerade ein, daß das Forschungsgebiet der »heiligen Brunnen« sträflich vernachlässigt wurde. Überhaupt kommen mir alle Gebiete, die ich mir vorstellen kann, so vor, als wären ihre Daten vernachlässigt und nicht berücksichtigt worden. Statuen in Walshs Zimmer haben »geblutet« – das ist unstrittig – und wie bei Poltergeist-Phänomenen – oder wie bei *anderen* Poltergeist-Phänomenen – denn womöglich war ja auch das hier eins – sind Objekte von einer unsichtbaren Kraft bewegt worden.
Ich nehme diese Geschichten von Gegenständen, die sich in Anwesenheit eines Jungen bewegt haben, zur Kenntnis, weil sie für die Priesterschaft offenbar keine große Bedeutung besessen haben, während sie andererseits in Berichten über okkulte Phänomene in Zusammenhang mit Heranwachsenden häufig vorkommen. Ich biete jetzt eine so befriedigende Sichtweise zu den Phänomenen in Templemore an, wie sie sich ein menschlicher Geist nur ausdenken kann. Darwin schreibt ein Buch

über den Ursprung der Arten. Aber was ist eine Art? Das weiß er nicht. Newton erklärt alle Dinge in Begriffen der Schwerkraft. Aber was ist die Schwerkraft? Er sagt es nicht. Ich erkläre die Ereignisse von Templemore in Begriffen von Poltergeist-Phänomenen. Hat jemand Fragen? Ich beanspruche für mich das Recht des Wissenschaftlers auf so etwas wie dichterische, respektive wissenschaftliche Freiheit.

Wunderheilungen wurden aus Templemore gemeldet. Mir ist nicht klar, was Teleportationen mit Heilungen zu tun haben, aber ich kann mir vorstellen, daß bald ein Haufen Krücken vor dem Käfig liegen würde, wenn die Leute glaubten, ein jedes neue Wundertier, beispielsweise auch ein Neuzugang im Zoo, hätte heilende Kräfte.

Fußgänger, Fahrradfahrer, Autos, Eselkarren, Lastwagen, Kremser, Schubkarren mit Krüppeln, zweirädrige Wagen und Sonderzüge kamen aus Dublin. Selbst in den verschlafensten alten Städten wurde es unruhig. Die Straßen der Orte nah und fern hallten unter den trampelnden Füßen der herbeiströmenden Menschenmassen. Es gab nicht genug Zimmer in den Städten. Aus dem Ansturm der Massen Versprengte schliefen auf Türschwellen. Das teilweise zerstörte Templemore lag jetzt schwarz im Zentrum eines wachsenden Rings aus Zelten. Diese neue Stadt, die überwiegend aus Zelten bestand, wurde Pilgrimsville[7] genannt.

Ich habe Berichte über die blutenden Statuen nicht gezielt gesammelt. Sie können die Angaben, die in verschiedenen Ausgaben des *Tipperary Star* veröffentlicht wurden, selbst nachlesen. Sie sind entweder sehr überzeugend, oder es sind Märchen für erwachsene Bälger. Wenn ich wollte, könnte ich Seiten über Seiten mit ihnen füllen, aber das würde nur die Vermutung nähren, ich sei überzeugt, feierliche Versicherungen oder beeidete Aussagen mit einer Hand auf der Bibel könnten eine Bedeutung haben. Ich besitze beispielsweise Aufzeichnungen über einen Bericht von Daniel Egan, einem Sattler aus

[7] Stadt der Pilger

Templemore. Er habe beobachtet, wie Blut aus einer Statue tröpfelte – aber seine Aussage mag auf einem Gefühl von Bürgerpflicht beruhen. Er wäre ein schlechter Mitbürger gewesen, wenn er angesichts der Summen, die nach Templemore strömten, etwas anderes gesagt hätte.
Der Apotheker des Ortes, immerhin jemand, der das hat, was man gewöhnlich Bildung nennt, sagte aus, er hätte die Phänomene gesehen. Er hat dank der Leute, die sich Erkältungen zuzogen, weil sie draußen auf den Feldern nächtigen mußten, ein kleines Vermögen gemacht. Ich glaube, einige waren andächtig aus weiter Ferne gekommen, hatten zu niesen begonnen und waren von der Frömmigkeit zur Pharmazie übergelaufen. Allerdings kann ich keinen Hinweis darauf finden, daß Dwan oder die Mahers Eintritt verlangt hätten. Zuerst wurden die Leute in Gruppen von jeweils fünfzig Personen eingelassen. Jemand stand mit einer Uhr dabei und sagte alle fünf Minuten: »Die nächsten, bitte!« Nach einer Weile stellten Dwan und die Mahers die Statuen dann in die Fenster, damit sie von draußen zu sehen waren. Tagsüber sammelten sich Menschenmengen vor den Fenstern, und nachts zogen ständig Prozessionen im Fackelschein vorbei.
Das Blut, das in Irland vergossen wurde, kam auch weiterhin von menschlichen Wesen: aber die Statuen hörten zu bluten auf, oder die Gerüchte, daß Statuen bluteten, hörten auf. Immer noch aber kam Wasser, woher es auch stammte, im Zimmer des jungen Walsh herunter. Im *Tipperary Star* vom 25. September war zu lesen, daß Pilgrimsville binnen eines Monats von schätzungsweise einer Million Menschen besucht worden sei. In geringerem Ausmaß hielt die Erregung das ganze Jahr über an.
Die friedlichen Prozessionen zogen durch ein Land des Terrors. Vorbei an verbrannten und geschwärzten Äckern, auf denen Leichen lagen, strömten Hunderttausende: Sie sangen ihr Lied vom langen, langen Weg nach Tipperary, sie verfluchten die Farmer, die zwei Schillinge für ein hartgekochtes Ei verlangten, sie beteten, überfielen Hühnerställe, beteten Rosenkränze und

stahlen Fahrräder. »Mr. John McDonnell ließ einen Pilger mitfahren, und zum Dank wurden ihm 250 Pfund geraubt.«
Einer dieser Trupps erreicht eine Stadt. In einer anderen Straße kommt ein Mann aus einem Haus gerannt: »Mein Gott! Man hat auf mich geschossen!« Nicht weit entfernt – das gleichmäßige Getöse trampelnder Pilger. Diese Ströme von Lebewesen sind so geheimnisvoll wie die Teleportationen von Substanzen. Sie könnten eine organische Kontrolle vermuten lassen oder ein Aufrechterhalten eines Gleichgewichtszustandes selbst in einem Landesteil, der unter Bomben und Überfällen und Brandstiftung leidet.
Aber außer für die hoffnungslos Frommen ist es unmöglich, mit etwas wie Verehrung an ein solches Aufrechterhalten des Gleichgewichts zu glauben, denn wenn man sich einen Gott der Ordnung vorstellen kann, dann ist er oder es gerade dort auch ein Gott des Mordens.
Unter ästhetischen Gesichtspunkten betrachtet, gibt es allerdings manchmal prächtige Effekte.
»Blutsonntag im County Cork!« Aber bis auf den heutigen Tag kann man irgendwo auf jeder irischen Straße einen Marschtritt hören.
Irgendwo fährt ein Lastwagen mit Soldaten eine Straße hinunter. Aus dem Gebüsch kommen Kugeln geflogen, und an den Seiten des Wagens hängen tote Männer herunter. Nicht weit entfernt marschieren Männer und Frauen und Kinder. Auf den Straßen des zerrissenen Irland – das gleichmäßige Pulsieren von Menschen und Menschen und Menschen.

KAPITEL 7

Die Nase im Dreck, das Kreuz zum Boden hin gebeugt. Es gibt Haltungen, aus denen alles Lebendige zu fliehen versucht. Eine von ihnen ist die embryonische Krümmung, eine andere, ob voller Demut im Gebet oder aus Gründen der Bequemlichkeit beim Grasfressen, ist das Senken des Kopfes zum Boden hin. Das ganz alltägliche Knabbern am Grünzeug. Aber der Fleischfresser ist vom Wiederkäuen befreit. Eine Möglichkeit, seinen Horizont zu erweitern, ist es, auf einen Baum zu klettern. Eine andere besteht darin, sich auf die Hinterbeine zu stellen und sich über das Gras zu erheben. Ein Bernard Shaw[8] diniert Heu und sucht mit einem Blick über die Schulter eine Welt, die ihm längst weit voraus ist.
Alpträume für Vegetarier, erlebt von Pflanzern in Ceylon im Jahre 1910. Höchstwahrscheinlich habe auch ich Vorurteile. Fast glaube ich, es ist unanständig und brutal, überhaupt etwas zu essen. Warum beim Vegetarismus stehenbleiben? Vegetarismus ist nur ein halbes Ideal. Das wirklich Himmlische wäre es, gar nichts zu essen. Es ist schon unanständig und brutal und viehisch, überhaupt zu atmen.
Wir leisten einen Beitrag zu den Aufzeichnungen über seltsame, beunruhigende Dinge. Ein Ereignis hat sich in Ceylon abgespielt. Riesige Vegetarier fraßen Bäume.
Millionen von Ausländern, große afrikanische Schnecken (*Achatena fulica*), waren plötzlich in Massen im kleinen Distrikt Kalutara in der Nähe von Colombo aufgetaucht. Die Häuser der größten Exemplare waren sechs Zoll lang. Eins von ihnen, das

[8] Der Dramatiker George Bernard Shaw (1856–1950) war seit 1881 Vegetarier.

ein Dreiviertelpfund wog, wurde im Museum von Colombo ausgestellt. Die Tiere drängten sich oder sammelten sich in einem zehn Quadratkilometer großen Gebiet. Ein höchst wichtiges Detail ist die Tatsache, daß sich dies in einem der am dichtesten besiedelten Gebiete Ceylons abgespielt hat. Nichts war von diesen »Riesenschnecken« zu sehen gewesen, bis die Bäume plötzlich Beulen von diesen Ungeheuern zu bekommen schienen. Vergleichsweise überraschend wäre es, fände man eines Morgens in New York alles mit riesigen Warzen bedeckt. In Colombo wurde ein Photo vom Teil eines Baumstamms gezeigt, auf dem 227 Schnecken zu sehen waren. Die Tiere drängten sich nicht nur auf Bäumen, sondern auch am Boden.
Man hat es erklärt.
Genau wie die Uferschnecken in Worcester: Aber wir hatten ja gute Gründe, der Geschichte vom verrückten Fischhändler von Worcester und seinen hektisch Schnecken schaufelnden Helfern keinen Glauben zu schenken.
Im *Zoologist*, Februar 1911, begann Mr. E. Ernest Green, der regierungsamtliche Entomologe Ceylons, mit dem Erklären. Zehn Jahre vorher hätte ein Mr. Oliver Collet an einem etwa fünfzig Meilen von Kalutare entfernten Ort »einige dieser Schnecken« aus Afrika in Empfang genommen und in seinem Garten freigelassen. Wegen des Schadens, den die Ungeheuer angerichtet haben, hätte er sie, wie er glaubte, alle getötet. Aber einige hätten überlebt. In Kalutare lebte ein Eingeborener, der mit anderen Eingeborenen an jenem anderen Ort (Watawella) verwandt war. In einem Paket mit Gemüse, das er aus Watawella mitbrachte, befanden sich zwei dieser Schnecken. Sie wurden in Kalutara versehentlich ausgesetzt, und von ihnen stammten die Millionen ab. Keine Namen, kein Datum.
Alle Berichte im *Ceylon Observer* in den Ausgaben vom 27. Juli bis zum 23. September sprechen vom plötzlichen und geballten Auftreten riesiger Schnecken, die sich überall drängten. Keine einzige Bemerkung über Schnecken, bis sie auf einmal zu Millionen da sind. Eine solche Schnecke braucht zwei Jahre, bis sie ihre volle Größe erreicht. An dieser Invasion waren Exemplare

in allen Größen beteiligt. »Noch nie in Ceylon beobachtet.« – »Wie sie hergekommen sind, bleibt ein Geheimnis.«
Nach Mr. Greens Bericht, der in einer Beilage des *Ceylon Observer* vom 2. September veröffentlicht wurde, waren die Angaben zur großen Zahl der Tiere nicht übertrieben. Er sprach von »riesigen Schnecken in gewaltigen Mengen«, von »einer Horde auf vergleichsweise kleiner Fläche«, von »einer ausländischen Plage«. Dies ereignete sich in einem Gebiet, in dem es viele Plantagen gibt, und selbst wenn sich die Horden im Dschungel vor neugierigen Blicken verbergen konnten, das Kauen und das Knacken von Zweigen unter ihrem schieren Gewicht wäre weithin zu hören gewesen.
Plantagen – und das unablässige Mampfen. Vegetarische Neigungen – Bäume knicken ein, die Kronen sinken schwer von Schnecken zu Boden. Auch die Eingeborenen verneigten sich vor den Vegetariern – sie beugten sich der Invasion. Sie wollten die Schnecken nicht töten, denn das wäre eine Sünde gewesen. Vegetarische Geschwülste – Klumpen fallen herunter und hinterlassen Skelette. So einen Anblick würden wir sehen, wenn eine Seuche ein ganzes Volk hypnotisieren und die erstarrten Menschen bis auf die Knochen abfressen könnte. Tumore, die kriechen und alles verschlingen – Kleidung und Fleisch verschwinden einfach – zurück bleiben Haufen von Knochen.
Für die Ungläubigen gab es Hoffnung. Wo sich eine verlorene Seele fand, jubelten die Menschen in Kalatura und zahlten mit teuflischer Münze doppelten Lohn. Die Pflanzer scharten die Ungläubigen um sich, die sich versündigten, die Schnecken zu Haufen sammelten und verbrannten.
Einer der Gründe dafür, daß wir hinsichtlich des Phänomens von Worcester alles akzeptieren konnten, was wir nur akzeptieren wollten, war die Tatsache, daß dort nicht bloß Uferschnekken aufgetaucht sind: Es sind auch Krabben erschienen, die nicht zur konventionellen Erklärung passen wollen. In Ceylon gab es gleichzeitig mit der Invasion der Schnecken ein weiteres geheimnisvolles Phänomen. Man beobachtete ungewöhnlich

große Schildläuse, wie man sie laut Mr. Green (*Ceylon Observer*, 9. August) noch nie in Ceylon gesehen hatte.
Vielleicht hat im September 1929 irgend jemand einen Alligator verloren. Betrachten wir manche unserer Daten über die Unzuverlässigkeit des menschlichen Bewußtseins, dann gibt es anscheinend nichts, was nicht irgend jemand schon einmal verloren hätte. Ein Blick in die Rubrik »Verloren und Gefunden« in der Zeitung - besonders unter »Verloren« - bestätigt diese Annahme. *New York American*, 19. September 1929 - ein 31 Zoll großer Alligator sei von Carl Weise, Peerless Place 14, aus North Bergen, New Jersey, in den Hackensack Meadows getötet worden.
Aber meine Aufmerksamkeit wird vor allem durch ein weiteres »geheimnisvolles Auftauchen« eines Alligators geweckt, der sich etwa zur gleichen Zeit blicken ließ. *New York Sun*, 23. September 1929 - ein 28 Zoll langer Alligator wurde von Ralph Miles in der Nähe von Wolcon, US-Bundesstaat New York, in einem kleinen Bach gefunden.
Im *Gentleman's Magazine*, August 1886, berichtet jemand von einem jungen Krokodil, das etwa zehn Jahre zuvor auf einer Farm bei Over-Norton im englischen Oxfordshire getötet worden sei. In der Novemberausgabe dieser Zeitschrift erklärt C. Parr, ein bekannter Autor zu Themen der Altertumskunde, dreißig Jahre davor sei ebenfalls ein junges Krokodil in Over-Norten gesehen worden. In *Field*, 23. August 1862, finde ich einen Bericht über ein viertes junges Krokodil, das in der Nähe von Over-Norton gesehen worden ist.
Es scheint, als habe etwa dreißig Jahre lang eine Versetzungsströmung existiert, die vor allem junge Krokodile zwischen einem Abgangspunkt, sagen wir in Ägypten, und einem Ankunftspunkt in der Nähe von Over-Norton versetzt hat. Wenn wir über die Verteilung des Lebens in einem Organismus und über seinen Bauplan und seine Funktionsweise sprechen und auf etwas so Fehlgeleitetes stoßen wie die Teleportation junger Krokodile an einen Ort im Inland, an den sie nicht angepaßt sind, dann haben wir es offensichtlich mit nicht sehr

intelligenten Spielarten von Bauplänen und Funktionsweisen zu tun. Allerdings erscheint es mir möglich und sogar sehr wahrscheinlich, daß eine Existenz, die fähig ist, junge Schlächter auf medizinische Fakultäten und junge Schürzenjäger in Filmstudios zu schicken, auch fähig ist, junge Krokodile nach Over-Norton im englischen Oxfordshire zu versetzen. Wenn ich mir weiter vorstelle, was so alles in die Abgeordnetenhäuser gelangt, dann erwarte ich geradezu, als nächstes auf Daten über geheimnisvolle Verteilungen von Kokosnüssen in Grönland zu stoßen.

Mäuse sind schon oft plötzlich und in großer Zahl aufgetaucht. Im Herbst 1927 sind Millionen von Mäusen in die Felder des Kern County in Kalifornien eingefallen. Kern County, Kalifornien, ist ein kleiner Teil eines ganzen Kontinents, deshalb ist ein plötzliches Auftauchen von Mäusen dort nicht sehr geheimnisvoll.

Im Mai 1832 sind Mäuse in den Feldern von Invernesshire in Schottland aufgetaucht. Ihre Zahl war so groß, daß Füchse von ihrer üblichen Ernährungsweise abwichen und Mäuse fingen. Ich bin der Ansicht, daß diese Mäuse weder auf dem Land- noch auf dem Seewege nach Schottland gekommen sind. Wenn sie selten wären, dann wäre ihr Auftauchen in so großer Zahl ein Rätsel. Wären sie in Großbritannien unbekannt, dann wäre dieses Ereignis noch interessanter. Sie waren braun und hatten weiße Bänder um den Hals, und die Schwänze hatten weiße Spitzen. Im *Magazine of Natural History*, 7-182, schreibt ein Mitarbeiter, er habe einige Exemplare untersucht und festgestellt, daß sie in keinem seiner Bücher erwähnt würden.

Ich habe vier Angaben zu Schlangen, die angeblich bei Gewittern vom Himmel gefallen sind. Miss Margaret McDonald aus Hawthorne, Massachusetts, hat mir einen Bericht geschickt, demzufolge eines Tages nach einem Gewitter zahlreiche gescheckte Schlangen auf den Straßen von Hawthorne aufgetaucht seien.

Nachdem wir uns eine Meinung zu Teleportationsströmen gebildet haben, interessiere ich mich vor allem für Wiederholungen an ein und demselben Ort. Am 26. Mai 1920 begann in England eine Serie von gewaltigen Unwettern, deren Höhepunkt am 29. Mai eine Überschwemmung in Louth, Lincolnshire, war, bei der 50 Häuser zerstört wurden. Am 26. Mai sammelte sich im Zentrum Londons - in der Gower Street, nahe dem Britischen Museum - eine Menschenmenge vor Dr. Michies Haus. Die Gower Street gehört zum Stadtteil Bloomsbury. In den Pensionen von Bloomsbury logieren die amerikanischen Lehrerinnen, die London besuchen, und an Tugendhaftigkeit ist dieses Bloomsbury, das wie »Bloomsbry« gesprochen wird, nicht zu übertreffen. Dr. Michie trat vor sein Haus und erkundigte sich bei den Menschen in der Menge, was es denn in »Bloomsbry« so Aufregendes zu begaffen gäbe. Er erfuhr, daß man im Garten hinter seinem Haus eine Schlange gesehen habe.

Er hat keine Untersuchung im eigentlichen Sinne durchgeführt. Er ist einfach zu dem Teil der Einfriedung gegangen, den man ihm gezeigt hatte. Im allgemeinen mag ja Dr. Michie so wissenschaftlich gearbeitet haben, wie man es sich nur wünschen kann, aber ich muß betonen, daß er in diesem Fall keine wissenschaftliche Untersuchung durchgeführt hat. Er hat die Schlange einfach gefangen.

Das Geschöpf wurde erklärt. Es soll sich um eine *naja haja* gehandelt haben, eine ägyptische Giftschlange. Wegen der Nähe zum Britischen Museum und zur Universität wohnen in der Gower Street auch viele Studenten. Die orientalische Schlange sei höchstwahrscheinlich einem orientalischen Studenten entflohen.

Nun will mir freilich nicht einleuchten, warum orientalische Studenten häufiger orientalische Schlangen haben sollten, als amerikanische Studenten amerikanische Schlangen besitzen: Aber immerhin existiert hier eine Assoziation, die gewisse Personen beeindrucken könnte. Aufgrund meiner Erfahrung und aufgrund der Daten, die wir noch betrachten werden, glaube ich jedoch, daß jemand eine englische Natter als orientalische Schlange identifiziert hat, damit sie zu den orientalischen

Studenten paßte; und dann hat er die orientalischen Studenten der orientalischen Schlange angepaßt und ganz vernünftig vorgebracht, daß eine orientalische Schlange, die gefunden wird, wo es orientalische Studenten gibt, wahrscheinlich einem orientalischen Studenten entwichen sei.

Wie ich schon oft betont habe, kenne ich keinen Denkprozeß, der nicht parthenogenetisch wäre, und wenn dies die Art und Weise ist, auf welche die Erklärung entstand, dann ist ihr Autor in bester Gesellschaft mit Plato und Darwin und Einstein und Regenwürmern.

Am nächsten Tag sammelte sich wieder eine Menschenmenge, dieses Mal allerdings weit entfernt von der Gower Street in Sydenham. Eine Schlange war in einem Garten gesehen worden. Ein Postbote tötete das Tier. In Sydenham wohnen keine orientalischen Studenten. Diese Schlange war eine Natter (Londoner *Daily Express*, 28. Mai 1920).

Am 29. Mai 1920 blickte in der Store Street, die in der Nähe der Gower Street liegt, ein Metzger namens G. H. Hill aus seinem Schaufenster und sah eine Schlange über den Gehweg kriechen. Er fing die Schlange ein, bei der es sich wahrscheinlich um eine Natter gehandelt hat – ein Photo ist im *Weekly Dispatch* vom 30. Mai 1920 abgedruckt.

Es gab eine gewisse Aufregung, aber die war harmlos im Vergleich zu den Dingen, die am 2. Juni 1920 in einem dicht bevölkerten Teil Londons geschahen. Siehe den *Daily Express*, 3. Juni 1920. Vor der Westminster Cathedral hat sich eine Natter blicken lassen. Das Tier hielt den Verkehr auf und lockte eine große Menge von Zuschauern an, die sich näherten und sich zurückzogen und wie eine Woge so unverhältnismäßig heftig auf jede Windung des Tiers reagierten, daß man wirklich nicht mehr behaupten kann, daß Ursache und Wirkung einander stets entsprächen. Drei Männer traten das Tier mit den Stiefeln platt. Die Geschichte wurde am 4. Juni und am 11. Juni von der *Westminster and Pimlico News* gemeldet, und dort heißt es auch, in Westminster sei noch eine weitere Natter gesichtet worden, die man in den Morpeth Mansions unter

einer Fußmatte gefangen hätte. Etwa zur gleichen Zeit wurde weit entfernt im Norden Londons in Willesden eine Natter auf freiem Feld getötet (Londoner *Times*, 21. Juni 1920).
Der gesunde Menschenverstand sagt mir, daß wahrscheinlich ein besonders boshafter Spaßvogel Giftschlangen in der Gegend verteilt hat. Wenn ich meinen gesunden Menschenverstand noch einmal bemühe, sagt er mir, daß ich mich auf den gesunden Menschenverstand nicht verlassen kann.
Ich habe Briefe über das geheimnisvolle Auftauchen von Lebewesen in Regenwassertanks bekommen, die eigentlich nur durch Sturz vom Himmel dort hineingelangt sein konnten. Mr. Edward Foster aus Montego Bay auf Jamaika hat mir erzählt, in Port Antonio auf Jamaika habe man in einer Zisterne mit Regenwasser Langusten gefunden. Freilich könnte man solche Erscheinungen auch auf konventionelle Weise erklären. Aber in der Londoner *Daily Mail*, 6. Oktober 1921, berichtet Major Harding Cox aus Newick in Sussex von einem Erscheinen von Fischen, das noch geheimnisvoller ist. Neben seinem Haus war ein Teich trockengelegt worden, und man hatte den Schlamm herausgekratzt. Der Teich blieb von Juli bis November trocken, dann wurde er wieder aufgefüllt. Im folgenden Mai wimmelte der Teich von Schleien. An einem Tag wurden 37 Exemplare gefangen. Nun wird jeder, der sich für die Sache interessiert, sogleich mit der Erklärung kommen, der Laich sei vom Wind oder mit dem Schlamm an den Füßen von Wasservögeln herbeigetragen worden, aber ich will lieber gleich Ideen anbieten, die sich von den Darwinschen Vorstellungen von der Verbreitung von Lebewesen unterscheiden. Major Cox, der ein bekannter Autor ist, hat wahrscheinlich alle konventionellen Erklärungen berücksichtigt und war trotzdem noch verwundert. Seine Geschichte wäre nur halb so interessant, wenn er nicht gesagt hätte, daß man in diesem Teich noch nie zuvor eine Schleie gefangen hatte.
Aale sind geheimnisvolle Geschöpfe. Kann sein, daß bei dem, was wir als »Paarungsverhalten« bezeichnen, Teleportation im Spiel ist. Nach allem, was man angeblich über Aale weiß, kann

man ihr Erscheinen an den seltsamsten Orten keineswegs immer mit dem Verschleppen von Laich erklären. In der *New York Times*, 30. November 1930, berichtet ein Korrespondent vom geheimnisvollen Auftauchen von Aalen in alten Gräben und Bergseen, die keine Verbindung zu Flüssen hatten. Aale können zwar ein Stück über Land kriechen, aber ich weiß wirklich nicht, wie gut sie als Bergsteiger sind.

Im *American Journal of Science*, 16-41, berichtet ein Korrespondent von einem Graben, der auf seiner Farm in der Nähe von Cambridge, Maryland, angelegt worden war. Das Gelände war eine Meile vom nächsten Wasserlauf entfernt. Die Arbeit wurde durch Regenfälle für mehr als eine Woche unterbrochen. Danach fand man im Regenwasser, das den Graben füllte, Hunderte von Barschen, die zwei verschiedenen Arten angehörten. Die Fische konnten sich in so kurzer Zeit nicht aus Laich entwickelt haben, denn sie waren zwischen vier und sieben Zoll lang.

Anscheinend ist hier eine Zielgenauigkeit im Spiel, die meine Aufmerksamkeit erregt. Es ist nicht die Rede davon, daß neben dem Graben tote Fische auf dem Boden gelegen hätten. Hunderte von Barschen sind von irgendwo gekommen und haargenau in diesem schmalen Gewässer gelandet. Es kann kein »Schauer« gewesen sein, denn ein Schauer hätte die Tiere weiter verstreut. Akzeptiert man diese Geschichte, dann bekommt man den Eindruck, ein neuer Wasserlauf habe vielleicht unter drängender Unbewohntheit gelitten, worauf irgendwo irgend etwas anderes reagiert und mit großer Zielgenauigkeit Hunderte von Fischen hineinteleportiert hat.

Wenn nun aber jemand unseren Worten Glauben schenkt und einen Graben zieht und auf Fische wartet, und es kommen keine, dann würden wir zugeben, daß wir nicht besser sind als all die anderen Theoretiker. Wir würden erklären, daß heute, da das Leben auf der Erde gut etabliert ist, viele Teleportationen womöglich nur noch reine Atavismen sind, die keinen praktischen Wert mehr besitzen.

Diese Vorstellung von Bedürfnis und Reaktion oder von aktivem

Funktionieren wird uns zur nächsten Stufe unserer Betrachtung einer organischen Existenz führen. Eine Zeitlang aber werden wir mit dieser Betrachtung nicht weiterkommen, weil wir viel damit zu tun haben werden, die Idee akzeptabel zu machen, daß es Teleportation gibt, ob sie nun organischer Natur ist oder nicht.

Vielleicht gehen einige plötzliche und massenhafte Erscheinungen von exotischen Pflanzen auf Teleportationen zurück. Manche solcher Vorkommen in Australien und Neuseeland lassen sich oft mit gewöhnlichen Importen befriedigend erklären: aber in der Londoner *Daily News*, 1. April 1924, berichtet Dr. F. E. Weiss, Professor für Botanik an der Universität Manchester, vom kanadischen Laichkraut, das um das Jahr 1850 plötzlich die Kanäle und langsam fließenden Ströme Englands heimgesucht hat. Er meint, das Phänomen habe nie befriedigend erklärt werden können.

Cardiff Evening Express, 1. Juli 1919 – »Ein Landstrich ist ratlos!« Ein ratloser Landstrich, das kommt nicht alle Tage vor. Allerdings ist etwas Merkwürdiges passiert. Es heißt, auf einem Acker, der Mr. William Calvert gehört und der, zehn Meilen von Lincoln entfernt, zwischen den Dörfern Sturton und Stowe liegt, sei Weizen gewachsen. Seit zehn Jahren hatte man dort keinen Weizen sondern Gerste angebaut, aber in diesem Jahr hatte man das Feld brach liegen lassen. »Es war schöner Weizen, anscheinend eine robustere Sorte als jene, die auf einigen Feldern in der Nähe wuchs. Von nah und fern kamen Bauern, um sich das Phänomen anzusehen, aber niemand konnte es erklären.«

Etwa zur gleichen Zeit reifte noch an einem anderen Ort eine »geheimnisvolle Ernte« heran. *Sunday Express* (London), 24. August 1919 – daß auf einem Acker in der Nähe von Ormskirk in West Lancashire, wo im Jahr zuvor wegen einer Dürre Weizen vertrocknet und des Erntens nicht wert gewesen war, neuer Weizen aufgetaucht sei. Daß einige der Körner, die man für wertlos gehalten hatte, Wurzeln schlugen, war nichts Außergewöhnliches, aber es handelte sich hier um »ein schönes

Feld mit kräftigem, jungem Weizen, das in ganz West Lancashire um diese Jahreszeit seinesgleichen suchte«.
Ich bin zwar kein sehr frommer Theologe, nehme derlei aber voller Respekt zur Kenntnis. Eine Vorsehung, die uns Schnekken schickt oder unseren Besitz mit Würmern überzieht, muß als »unergründlich« bezeichnet werden. Wir können aber eine gute Weizenernte besser verstehen und sind dafür dankbar, bis dann in den folgenden Jahren die Wohltaten ausbleiben.
Wir greifen wieder das Thema der örtlich begrenzten Wiederholungen auf, die uns an beständige Übertragungsströme denken lassen. Wenn wir abermals zu anscheinend unmöglichen Vorgängen kommen, dann wollen wir bedenken, daß wir ja auch nur unmögliche Pseudo-Maßstäbe zur Bewertung heranziehen können. In dieser Hinsicht ist die Aussendung von Salzwasserfischen in einen Süßwassersee nicht ungewöhnlicher als beispielsweise die Aussendung von Kaplanen auf Schlachtschiffe: und unserer Ansicht nach ist es natürlich das, was vereinfachend »die Natur« genannt wird, das alle Dinge tut. Vielleicht verlustiert sich das, was wir Natur nennen, gelegentlich damit, daß es ein paar halbwegs intelligente Kerle auf theologische Seminare schickt und Salzwasserfische ins Süßwasser. Ganz gleich, ob wir Theologen nur an Gott glauben oder ob wir akzeptieren, daß es einen Organismus gibt – wir stimmen in jedem Fall darin überein, daß wir uns oft für ihn oder es entschuldigen müssen.
In *Science*, 12. Dezember 1902, schreibt Dr. John M. Clarke, im Onondaga-See im Westen des Staates New York sei ein seltsam aussehender Fisch gefangen und nach Syracuse gebracht worden. Er wurde dort als Tintenfisch, genauer: als Kalmar identifiziert. Später fing man noch ein zweites Exemplar.
Was wir uns heute auszudenken versuchen, hatte damals im Mittelalter oder in jenem *anderen* Mittelalter des Jahres 1902 nichts zu suchen. Es ist aber noch nicht ganz klar, wohin es überhaupt gehört. Sprach Dr. Clarke auf der Grundlage der Verstandeskräfte, welche die Menschen im Jahre 1902 eben besaßen: »In der Nähe des Onondaga-Sees gibt es salzhaltige

Quellen. Vielleicht existiert in diesem See in der Tiefe deshalb eine Schicht Salzwasser.« Die Idee ist, daß es seit Jahrmillionen im Onondaga-See drunten Meeresgetier und droben Süßwasserlebewesen gibt, die sich nie vermischt haben. Vielleicht hat Dr. Clarke ein Experiment durchgeführt und Salzwasser und einen Hering in ein Aquarium getan und Süßwasser und einen Goldfisch oben drüber und gesehen, wie sich jeder Fisch streng an seine Etage gehalten hat, was ja auch die einzige Art und Weise ist, als Nachbarn miteinander auszukommen.
Ein weiterer Wissenschaftler brachte seine Verstandeskräfte ins Spiel. Professor Ortman von der Princeton University untersuchte eins der Exemplare, das nach seinen Angaben ein »kurzflossiger Kalmar aus dem Nordatlantik von etwa 13 Zoll Länge« war. Professor Ortman überlegte sich, daß Angler im Atlantik Tintenfische als Köder benutzten. Nun gut denn: dann können auch andere Angler Tintenfische als Köder benutzen. Also hat sich jemand Tintenfische kommen lassen, ist zum Angeln an den Onondaga-See gefahren und hat ein paar lebende Exemplare verloren.
So ist die Wissenschaft, die sich unseren Ansichten entgegenstellt. Soweit ich weiß, ist es vielleicht sogar eine recht ordentliche Wissenschaft. Eine Existenz, die solche Erklärer hervorbringt, könnte durchaus auch solche Angler hervorbringen. Vielleicht haben also Angler am Onondaga-See, wo es Millionen von Würmern gibt, über ein paar hundert Meilen Entfernung Tintenfische als Köder kommen lassen, und vielleicht lassen sich Angler im Atlantik, wo es Millionen von Tintenfischen gibt, vom Onondaga-See Würmer kommen. Ich habe selbst schon größere Böcke geschossen.
Vielleicht hat es etwas zu bedeuten, daß es in der Nähe des Sees große Salzvorkommen geben soll, aber ich habe noch nichts von Salzwasser im See selbst gehört. Ich weiß nichts über eine Geschichte nachzutragen, die am 2. Mai 1882 von der *New York Times* veröffentlicht worden ist, aber wenn wir sie akzeptieren könnten, dann hätten wir Stoff zum Nachdenken – daß im Onondaga-See eine Robbe geschossen worden sei. Ein paar

Jahre vor dem Erscheinen der Tintenfische war ein anderes Meereslebewesen, ein Sargassofisch, im Onondaga-See gefangen worden. Er wurde laut Professor Hargitt von der Universität Syracuse (*Science*, 17-114) in Syracuse ausgestellt. Man hat diese Tiere für Irrläufer gehalten. Wenn sie einheimisch und verbreitet wären, dann wären sie nichts Ungewöhnliches.
Aus mehreren Gründen halte ich nicht viel von der Idee, es könnte eine unterirdische Verbindung zwischen dem Ozean und dem Onondaga-See geben. Aber in der Londoner *Daily Mail*, 1. Juli 1920, bringt ein Korrespondent eine ähnliche Erklärung vor, um das geheimnisvolle Erscheinen und Verschwinden der Affen von Gibraltar zu erklären: Er denkt sich einen Tunnel zwischen Gibraltar und Afrika. »Sämtliche Tiere waren den Leuten auf dem Leuchtturm des Felsens von Gibraltar gut bekannt. Viele der Affen hatten sogar Namen. Aber die Anzahl verändert sich manchmal auf mysteriöse Weise. Gut bekannte Affen sind monatelang abwesend, dann tauchen sie mit neuen, fremden und erwachsenen Affen von ähnlichem Aussehen wieder auf. Wer Gibraltar kennt, wird zustimmen, daß es auf dem Felsen nicht einmal einen Quadratmeter gibt, wo sie sich hätten verstecken können.«
Chicago Citizen, 27. Februar 1892 - ein 5 Fuß langer Alligator wurde in der Nähe von Janesville, Wisconsin, erfroren aufgefunden. In *Field*, 21. September 1895, heißt es, auf einem Bauernhof in Gledhill, Ardgay, in Schottland sei ein Wellensittich gefangen worden. Ungefähr zwei Jahre später tauchte ein zweiter Wellensittich auf dem Bauernhof auf und wurde ebenfalls gefangen. Beide Vögel waren Männchen. »In beiden Fällen hat niemand, der in der Nähe wohnte, einen solchen Vogel vermißt.«
Wir werden später noch über psychologische und physiologische Nebenwirkungen von Anfällen von Teleportation sprechen. Kann sein, daß am 1. August 1896 in Kalifornien ein Lebewesen zwischen zwei Punkten hin- und hergeschossen ist und dabei in Fetzen gerissen wurde.
Fleisch und Blut sind in Los Nietos in Kalifornien »vom Him-

mel« auf Mr. J. Hudsons Farm niedergegangen. Der Schauer dauerte drei Minuten und erfaßte einen Bereich von zwei Acre. Die konventionelle Erklärung lautet, daß die Substanzen von fliegenden Bussarden ausgewürgt worden seien. »Es war ein vollkommen klarer Tag, die Sonne schien, und es wehte kein Wind«, und wenn jemand tatsächlich Bussarde gesehen hat, dann wurden sie jedenfalls nicht erwähnt.

Die Geschichte wird im *San Francisco Evening Bulletin*, 9. August 1896, gemeldet. Das Fleisch kam in kleinen Brocken und in Streifen von einem bis zu sechs Zoll Länge herunter. Außerdem gingen feine, kurze Haare nieder. Einer der Zeugen fuhr mit Proben nach Los Angeles und legte sie dem Herausgeber der *Los Angeles News* vor, wie die *News* am 3. August berichtete. Der Herausgeber schilderte, was er gesehen hatte, doch er hat, zum Bedauern der vielen Menschen, die ihn um weitere Informationen angingen, die Proben nicht aufbewahrt. »Wir können nicht daran zweifeln, daß das Fleisch vom Himmel gefallen ist. Auch die Bauern vom Nachbarhof sind bereit, es zu beschwören. Woher es gekommen ist, vermögen wir nicht einmal zu ahnen.« Im *Bulletin* heißt es, etwa zwei Monate vorher seien auch im Santa Clara County in Kalifornien Fleisch und Blut vom Himmel gefallen.

Der Londoner *Daily Express*, 24. März 1927 - ein Schmetterling, ein Roter Admiral, war in einem Winkel in einem Klassenzimmer der Girl's National School in Whittlesey aufgetaucht. Es heißt, sechzehn Jahre lang sei jedes Jahr Ende Februar oder am 1. März ein Schmetterling in der Ecke des Klassenzimmers aufgetaucht. Ich habe an Miss Clarke, eine der Lehrerinnen, geschrieben, und sie hat mir geantwortet und die Geschichte im großen und ganzen bestätigt, auch wenn sie nicht beschwören konnte, daß der Schmetterling tatsächlich jedes Jahr aufgetaucht ist. Ich behielt die Sache im Auge und schrieb ihr Anfang 1928 noch einmal. Ich gebe unten den Brief wieder, den ich von Miss E. Clarke, 95 Station Road, Whittlesey, bekam. Was die Idee angeht, es könnte sich um einen Spaß der kleinen Mädchen gehandelt haben, so glaube ich nicht, daß kleine Mädchen in

England zur Winterszeit einen Roten Admiral bekommen können.

»Am 9. Februar, ein paar Tage, bevor ich Ihren Brief erhielt, erschien abermals ein schöner Roter Admiral am fraglichen Fenster. Die Mädchen waren alle still bei der Arbeit, als plötzlich eines rief: ›Oh! Miss Clarke – der Schmetterling!‹ Das Kind war auch im Jahr davor bei mir gewesen und erinnerte sich an den Schmetterling, der im Vorjahr, wie ich hinzufügen möchte, allerdings erst am 2. März aufgetaucht war.

Während ich dies schreibe, flattert der Besucher recht lebhaft vor dem Fenster herum. Der Besucher des letzten Jahres hat ungefähr einen Monat gelebt, bis wir ihn eines Tages tot auffanden.

Ich kann Ihnen weiter nichts über unseren alljährlichen Besucher sagen, aber es scheint wirklich bemerkenswert.«

Anfang 1929 schrieb ich Miss Clarke noch einmal, aber dieses Mal antwortete sie mir nicht. Vielleicht war ein dritter Brief von jemand, der ihr nicht anständig vorgestellt worden war, auch zuviel des Guten. Auch mögen es die meisten Leute nicht, wegen solcher Dinge aktenkundig zu werden.

Am 12. Dezember 1910 ist irgendwo in New York ein hübsches, gesundes Mädchen verschwunden. Der einzige Mann, mit dem sie näher bekannt war, lebte in Italien. Es hat den Anschein, als hätte sie nicht die Absicht gehabt zu verschwinden, denn sie war dabei gewesen, eine Teeparty vorzubereiten, oder wie solche Veranstaltungen auch heißen mögen. Sie hatte ungefähr sechzig ihrer früheren Schulkameradinnen eingeladen. Die Party sollte am 17. Dezember stattfinden. Als sie zum letzten Mal auf der Fifth Avenue gesehen wurde, erklärte sie, sie werde durch den Central Park nach Hause gehen. Sie lebte in der Nähe des Parkeingangs an der 79th Street. Es ist möglich, daß sie irgendwo zwischen den Eingängen 59th Street und 79th Street im östlichen Teil des Parks verschwand. Dorothy Arnold wurde nie wiedergesehen.

An diesem Tag erschien etwas im Central Park. Es gibt keine Hinweise darauf, daß so etwas schon früher passiert wäre. Wie

die *New York Sun*, 13. Dezember 1910, berichtet, waren die Wissenschaftler verblüfft. Auf dem See in der Nähe des Eingangs an der 79th Street ist ein Schwan aufgetaucht.
Das Gebirgsland von Invernesshire in Schottland – geheimnisvolle Fußabdrücke im Torfmoor – Schafe und Ziegen geschlachtet. »Ein großes, gefährliches, gelbes Tier einer unbekannten Art« wurde von einem Bauern beobachtet und zur Strecke gebracht. Weitere mysteriöse Spuren im Moor und neues Gemetzel – ein weiteres großes, gefährliches, gelbes Tier wurde abgeschossen. Bald darauf wurde ein drittes Exemplar in einer Falle gefangen. »Die Tierleiche wurde zum Londoner Zoo geschickt und dort als Luchs identifiziert.« Siehe den Londoner *Daily Express*, 14. Januar 1927. Es gibt keine Hinweise darauf, daß der Luchs in Großbritannien heimisch wäre. »Er kommt in Europa in den Alpen und den Karpathen vor, recht häufig noch im Kaukasus. In Frankreich wurde das letzte Exemplar vor 100 Jahren getötet.«
Ich fühle mich ein wenig unfromm, wenn ich diese Angaben mache. Zu viele unserer Daten beziehen sich auf eine Gottheit, die der Idiotie so nahe scheint, daß es Blasphemie sein könnte, ihr Intelligenz zuzuschreiben. Schon zu Beginn dieses theologischen Traktats sind wir auf das verbreitete Gefühl gestoßen, daß auch im Schwachsinn etwas Göttliches liegt. Aber wenn diese drei Luchse zum Beispiel aus den Karpathen hinüberteleportiert wurden, dann wirken diese Versetzungen durchaus vernünftig und wohl kalkuliert, weil die Tiere in einem Luchsparadies gelandet sind. Es gibt kein Gebiet in Großbritannien, das wildreicher wäre als die Grafschaft Inverness, wo es Rehe und Schafe im Überfluß gibt. Wenn aber in diesen Garten Eden ein Adam und zwei Evas katapultiert wurden, und die beiden Evas waren Katzen, dann können wir wiederum mit einer gewissen Frömmigkeit an dieses Ereignis denken.
Den Londoner Abendzeitungen vom 26. August 1926 konnte man entnehmen, daß ein Rätsel gelöst worden sei. Die Leute im Londoner Stadtteil Hampstead hatten sich zuvor erzählt, in einem Teich in Hampstead Heath treibe sich ein geheimnis-

volles Geschöpf herum. Manchmal sagte man, der unbekannte Bewohner sei ein Gespenst, und es gab Geschichten, daß man Hunde zum Teich geführt hätte, die geschnüffelt und sich »mit eingekniffenem Schwanz« davongestohlen hätten. All dies in einem Londoner Park. Man erzählte sich von einem »riesigen schwarzen Wesen mit dem Kopf eines Gorillas und einem Bellen wie dem eines heiseren Hundes«. Das meiste war Anglerlatein. Angler sitzen um den Teich, und manchmal fangen sie etwas.

Am Abend des 25. August 1926 spannte sich die Leine eines Anglers am Teich. Sein Name war Trevor. Er zog etwas an Land.

Hier ist Mr. Trevors Geschichte. Sie klingt, als hätte er irgendwo auf einem Eisberg gehockt, Pelztiere für den Wintermantel seiner Frau gejagt und etwas erwischt, das zu klein war, wenn seine Frau ziemlich groß war. Ich kann jedenfalls nur sagen, daß Mr. Trevor in einem Hotel in der Nähe des Teichs erschien und ein kleines Tier mitbrachte, das er angeblich im Teich gefangen hatte.

Mr. F. G. Gray, der Besitzer des Hotels, besaß einen eisernen Behälter, in den man das Geschöpf sperrte, und am nächsten Tag berichteten die Zeitungen, daß eine junge Robbe gefangen worden sei. Reporter kamen zum Ort des Geschehens, und einer von ihnen, von den *Evening News*, brachte Mr. Shelley vom Londoner Zoo mit. Mr. Shelley identifizierte das Tier als junge Robbe, die nicht gezähmt sondern ein wildes Exemplar war, weil sie nach jedem Finger schnappte, der in ihre Nähe kam.

So war denn auch dieses Geheimnis angeblich gelöst.

Aber es gab Geschichten von anderen Robben, die man in einem Londoner Teich gesehen oder bellen gehört hatte, und diese Geschichten waren älter als dieses junge Exemplar. Man hätte fast glauben können, der Ort befände sich irgendwo in Grönland.

Mr. Gray behauptete jedenfalls, er habe die Geräusche und Erscheinungen mit Unterbrechungen über mehrere Jahre wahrgenommen. Der Teich steht mit dem Flüßchen Fleet in Verbindung, das in die Themse fließt, und man könnte sich nun denken, daß eine Robbe, ohne bemerkt zu werden, vom Meer aus weit ins Landesinnere bis London vorgedrungen ist; die Vorstellung aber, daß Robben über mehrere Jahre kommen und gehen, ohne dabei bemerkt zu werden, während in den Jahrhunderten zuvor nichts dergleichen zu hören war, reichte aus, um diese Geschichte dorthin zu verbannen, wohin die meisten unserer Daten verbannt wurden. Die meisten Leute sind der Meinung, daß sie auch dort bleiben sollten.

Die Londoner *Daily Mail*, 2. November 1926 – »Eine harte Probe für unsere Gutgläubigkeit!« – »Berichte, daß zwei Robben binnen drei Monaten einen Teich im Ort besucht hätten, stellen die Gutgläubigkeit der Einwohner von Hampstead auf eine harte Probe.« Aber es gibt eine Geschichte über eine weitere Robbe, die nach einem Kampf gefangen wurde und wenig später gestorben ist. Im *Daily Chronicle* heißt es, der erste »mysteriöse Fang« befinde sich noch im Becken und erfreue sich bester Gesundheit.

Ich bin auf weitere Angaben, wenn auch keine besonders erleuchtenden, zu den Affen von Gibraltar gestoßen. In der *New York Sun*, 6. Februar 1929, berichtet Dr. Raymond L. Ditmars von einer »alten Legende«, daß es zwischen Afrika und Spanien einen Tunnel gebe, durch den die Affen hin und zurück kämen. Es werden keine konkreten oder auch nur vermeintlich konkreten Beispiele genannt. In Gilbards Buch *History of Gibraltar*, das 1881 erschien, wird die »wilde und unmögliche Theorie einer untermeerischen Verbindung zwischen Gibraltar und der afrikanischen Küste« erwähnt. Es heißt dort, man hätte die Affen überwacht, und jeder Familienzuwachs sei in der Lokalzeitung gemeldet worden. Die Vorstellung, Affen könnten irgendwie unter dem Mittelmeer durchmarschiert sein, kommt Gilbard lächerlich vor, aber er bemerkt, daß es auf der afrikanischen Seite der Straße von Gibraltar einen dicht mit Affen bevölkerten Berg gebe, der »Affenhügel« genannt werde.

Im November 1852 gab es in England viel Gerede um Rentierohren. Bei den Zeitungen gingen Leserbriefe ein. Rentierohren wurden zum Diskussionsthema im Parlament. Leute, die noch nie ein Rentier gesehen hatten, verkündeten Dogmen über Rentierohren. Es hatte Berichte gegeben, daß bei manchen Rentierfellen, die aus Spitzbergen ins norwegische Tromsö geliefert wurden, die Ohren abgeschnitten waren.
Viele Engländer glaubten, Sir John Franklin[9] hätte die Nordwestpassage gefunden, und die Überlebenden seiner Expedition versuchten nun, mit Jägern in Spitzbergen Kontakt aufzunehmen, indem sie Rentiere markierten. Spitzbergen war unbewohnt, und man konnte sich keine andere Erklärung denken. Spitzbergen ist etwa 450 Meilen vom Nordkap in Norwegen entfernt, und vielleicht konnte ein außergewöhnliches Rentier diese Entfernung schwimmend zurücklegen, aber es ist die Rede nicht nur von einem, sondern von zahlreichen Rentieren. Alle Daten über treibende Eisschollen sprechen für südwärts treibendes Eis.
Markierte Rentiere, wahrscheinlich aus Norwegen oder Finnland stammend, wurden auch weiterhin in Spitzbergen registriert, aber man hat nie herausfinden können, wie sie diese Reise schaffen konnten. In *Yachting in Arctic Seas*, Seite 110, schreibt Lamont, er hätte von diesen markierten Tieren gehört und im August 1869 zwei Böcke erlegt, bei denen das linke Ohr »halb abgeschnitten war«. »Ich zeigte sie Hans, einem Halblappen, der seit seiner Kindheit mit Rentieren vertraut ist, und er zweifelte nicht daran, daß die Tiere von Menschenhand markiert worden waren.« Auf Seite 357 berichtet Lamont, er habe noch zwei weitere, ähnlich markierte Rentiere geschossen. Nordenskiold (*Voyage of the Vega*, Bd. 1, S. 135) erwähnt ebenfalls markierte Rentiere. Bei einigen seien auch die Geweihe markiert gewesen, und die frühesten Berichte dieser Art gingen

[9] Der englische Nordpolfahrer (1786–1847) war auf der Suche nach einer nordwestlichen Durchfahrt seit 1845 verschollen. Über das Schicksal der Expedition hat man erst im Jahre 1859 mehr erfahren.

bis ins Jahr 1785 zurück. An eins der Geweihe war ein Vogelbein gebunden.
Woher sie auch kommen und wie sie kommen oder was auch immer ihnen geschieht, es tauchen immer noch markierte Rentiere in Spitzbergen auf. Einige von ihnen wurden im Sommer 1921 geschossen und am 24. Dezember 1921 in *Field* erwähnt. Es müssen Hunderte wenn nicht gar Tausende solcher Tiere in Spitzbergen aufgetaucht sein. Ich finde allerdings keine Angaben dazu, daß jemals Rentiere auf Eisschollen in die nämliche Richtung getrieben werden. Was das Schwimmen als Möglichkeit angeht, so verweise ich darauf, daß Novaja Semlja dem Festland viel näher ist als Spitzbergen, daß Nordenskiold aber sagt, die markierten Rentiere kämen auf Novaja Semlja nicht vor.

KAPITEL 8

Es gibt keine Möglichkeit, solche Geschichten zu beurteilen. Jeder Leitsatz oder jeder Kunstgriff der induktiven Logik, den Francis Bacon und John Stuart Mill sich ausdachten, wurde zu ihrer Aufklärung eingesetzt, aber die Logik wird vom Fischhändler beherrscht. Manche mögen glauben, was man uns zu glauben gelehrt hat und sich neunmalklug und überlegen vorkommen, wenn sie gewisse Geschichten als Humbug zurückweisen. Andere lieben es, die höchste Autorität zu ärgern und stellen sich vor, daß an den Geschichten doch etwas dran sei und daß sie selbst als einzige wirklich Bescheid wüßten, womit sie sich dann ebenso neunmalklug und überlegen fühlen. Neunmalklug sind wir sowieso, solange wir uns mit irgendeinem Beruf, einer Kunst oder einem Geschäft befassen und im Bewußtsein alltäglicher Dummheiten irgendwie unser Auskommen finden müssen. Man sollte aber meinen, daß jemand, der im dunklen Kerker eingesperrt sitzt, wo es ihm ziemlich schwer fallen dürfte, schlimme Fehler zu machen, am wenigsten neunmalklug ist. Ich bin da nicht so sicher: Ich habe den heiteren und selbstzufriedenen Gesichtsausdruck von Mumien gesehen. Sogar ein Ei hat etwas Selbstgefälliges an sich.

Es gibt keine Möglichkeit, unsere Daten zu beurteilen. Es gibt keine Möglichkeit, es sei denn eine willkürlich gewählte, um irgend etwas zu beurteilen. Berufungsinstanzen gehören zu den am stärksten beschäftigten Institutionen der Menschen. Der Pragmatiker erkennt all dies und sagt, daß es keine Möglichkeit gibt, etwas zu beurteilen, es sei denn auf der Grundlage dessen, was am Ende rauskommt. Ich bin in der Praxis auch ein Pragmatiker, aber als Philosophie erscheint mir auch der

Pragmatismus ungeeignet. Niemand will eine Philosphie, die die Dinge bloß beschreibt. Die Menschen brauchen eine Philosophie, die sie anleitet. Pragmatiker sind ungefähr so gut wie ein Bergführer, der den Kletterern auf dem Gipfel erzählt, daß sie den höchsten Punkt des Bergs erreicht haben. »Führe mich zu meinem Ziel«, sagt der Wanderer. »Oh, das kann ich nicht«, sagt der Führer. »Aber ich kann es dir sagen, wenn du dort angekommen bist.«

Ich bin der Ansicht, daß unsere Existenz eine organische ist, und daß unsere Gedanken, genau wie Felsen und Bäume und alle Lebensformen, die Phänomene eines Zeitalters sind; und daß ich überwiegend, wenn auch nicht absolut, glaube, was ich glaube, weil ich in einer bestimmten Ära lebe. Dies entspricht weitgehend der Philosophie vom Zeitgeist, aber wie diese Philosophie gewöhnlich beschrieben wird, ist sie eine Art Absolutismus, während ich lieber versuche, mir eine Abfolge von vorbestimmten – wenn auch nicht absolut vorbestimmten – Entwicklungen in einer Existenz von faßbarer Größe vorzustellen, in welcher die aufeinanderfolgenden Zeitalter beispielsweise den Entwicklungsstufen eines Embryos entsprechen. In unseren Ansichten steckt ein beträchtlicher Teil der Philosophie von Spinoza, aber Spinoza stellte sich keine Grenzen vor, in denen wir denken können.

Es gibt keine auch nur annähernd befriedigende Handhabe, unsere Daten oder irgend etwas anderes zu beurteilen. Aber natürlich haben wir die Möglichkeit, uns Meinungen zu bilden, die uns mitunter gute Dienste leisten können. Mit Hilfe eines Lackmuspapiers kann ein Chemiker bestimmen, ob es sich bei einer Flüssigkeit um eine Säure oder eine alkalische Flüssigkeit handelt. Dies kommt einem Maßstab, mit dessen Hilfe man urteilen kann, so nahe, daß der Chemiker auf dieser Grundlage seine Arbeit verrichten kann. Dennoch gibt es gewisse Substanzen, die uns die Kontinuität vor Augen führen, oder die uns den Verschmelzungspunkt zwischen Säuren und Basen vor Augen führen. Es gibt Substanzen, die unter gewissen Bedingungen Säuren und unter anderen Bedingungen Basen sind.

Wenn irgendwo in irgendeinem Wissenschaftler ein kluger Verstand steckt, der sich eindeutig für oder gegen unsere Daten aussprechen will, dann muß er intelligenter sein als Lackmuspapier.

Ein Hindernis für das rationale Denken, soweit es so etwas überhaupt gibt, ist die Kontinuität, denn ihretwegen ist es reine Einbildung, wenn wir glauben, wir könnten irgend etwas aus dem Geflecht aller existierenden Dinge herauspicken und darüber nachdenken. Es ist nicht verwunderlich, daß die Philosophie mit ihren falschen oder eingebildeten Unterscheidungen und ihren deshalb ebenso falschen oder eingebildeten Problemen immer noch so ratlos ist, wie sie es schon vor ein paar Jahrtausenden war.

Aber wenn beispielsweise nicht einmal zwei Blätter an einem Baum völlig gleich sind, so daß alle Erscheinungen sich von allen anderen Erscheinungen unterscheiden, wobei sie aber zugleich doch eng miteinander verbunden sind, dann gibt es zugleich eine Diskontinuität und eine Kontinuität. Das Denken ist also in doppelter Hinsicht frustriert. Diskontinuität steht als Barriere vor allem, was als endgültige Einsicht gesehen werden könnte, weil der Prozeß des Verstehens bedeutet, etwas mit etwas anderem zu assimilieren. Die Diskontinuität oder das Individualisierte oder das Einzigartige aber ist das nicht Assimilierbare.

Eine Erklärung dafür, daß wir bisher überleben konnten, ist, daß es eine tiefere Anleitung oder Kontrolle oder eine organische Regierung gibt, die in hohem Maße die Bewegungen der Planeten reguliert, die aber mit ihren neueren Phänomenen nicht ganz so gekonnt umgeht. Eine andere Erklärung ist, daß wir überlebt haben, weil alle anderen, mit denen wir wetteifern, in geistiger Hinsicht genauso arm dran sind.

Erst kürzlich wurde in gewisser Weise deutlich, wie Menschen und ihr Ruhm, wie hohes und hervorragendes Ansehen überleben können. Um den 1. April 1930 verkündeten die Astronomen, daß der Astronom Lowell einige Jahre vorher aufgrund äußerst komplizierter Berechnungen, die den Verstand jedes

Nichtastronomen hoffnungslos verwirren würden, die Position eines neunten großen Planeten im Sonnensystem berechnet habe, und daß der Planet fast exakt an der vorausberechneten Position entdeckt worden sei. Darauf folgten Artikel und seitenweise Fachbeiträge über diesen Triumph der astronomischen Wissenschaft.

Doch dann kamen Zweifel auf – hin und wieder stand in einem Absatz auch zu lesen, daß der Himmelskörper womöglich doch nicht der war, auf den Lowells Berechnungen sich bezogen hatten –, und das Thema wurde eine Weile fallengelassen. Aber im Bewußtsein der Leser hatten die fetten Überschriften einen viel tieferen Eindruck hinterlassen als irgendwelche kleinen Absätze, und man glaubte allgemein, es sei in jedem Falle einer der vielen großen astronomischen Triumphe gewesen. Wahrscheinlich hat das Ansehen, das die Astronomen genossen, nicht gelitten, sondern wurde sogar noch vergrößert, als diese kleinen Absätze von gewaltigen Überschriften überbrüllt wurden.

Ich glaube nicht, daß die Eitelkeit für sich genommen den Menschen wichtig ist: Wir brauchen die Eitelkeit aber zur Kompensation. Wenn man ein bißchen auf die Astronomen achtgibt, kommen einem meist sehr schnell tröstliche Gedanken über ihre angeblichen Kräfte. Irgendwo liegt in allem, was der Mensch tut, ein Fehler. Ist einer schon selbst kein Astronom, dann gesellt er sich wenigstens gern zu Astronomen, um sich von den anderen »niederen« Lebens- und Bewußtseinsformen abzuheben. Das unangenehme Bewußtsein der Irrationalität oder Dummheit, die seine eigenen Alltagsangelegenheiten durchdringt, wird gemildert durch den Stolz auf sich selbst und die Astronomen im Vergleich zu Hunden und Katzen.

Nach Lowells Berechnungen sollte der neue Planet im Mittel etwa 45 astronomische Einheiten von der Sonne entfernt sein. Aber ein paar Wochen nach dem 1. April berechnete man, daß der Planet im Mittel 217 astronomische Einheiten von der Sonne entfernt wäre. Ich will nicht behaupten, daß eine gebildete Katze oder ein Hund genauso gut, wenn nicht besser raten könnte. Ich

will nur sagen, daß eine Menge Selbsttäuschung in dem Gefühl steckt, das einer bekommt, wenn er erst sich selbst und die Astronomen und dann eine Katze oder einen Hund ansieht.
Wenn das nächste Mal jemand an Astronomen denkt und dann eine Katze ansieht und sich ihr überlegen fühlt, und wenn er sich gern weiter überlegen fühlen will, dann soll ihm bloß niemand etwas von der Katze und der Maus erzählen. Die Katze legt sich auf die Lauer und beobachtet die Maus. Die Maus läuft weg. Die Katze merkt das. Die Maus hoppelt näher. Die Katze merkt, wann die Maus näherkommt oder sich entfernt.
Im April 1930 erklärten die Astronomen, Lowells Planet entferne sich so schnell von der Sonne, daß er bald blasser werden und verschwinden würde.
New York Times, 1. Juni 1930 – Lowells Planet nähere sich der Sonne, in den nächsten fünfzig Jahren würde er immer heller.
Ein Planet nähert sich rasch der Sonne. Die Astronomen veröffentlichen äußerst technische »Bestimmungen« über die Geschwindigkeit, mit der er sich entfernt. Niemand, den ich kenne, hat auch nur einen Brief an eine Zeitung geschrieben. Ein Grund dafür ist, daß die Leute Angst haben, sich der Wissenschaft in den Weg zu stellen. Im Juli 1930 reichte der Künstler Walter Russell einige Äußerungen, die der konventionellen Wissenschaft abträglich waren, bei der *New York Times* ein. Am 3. August antwortete Dr. Thomas Jackson – ich zitiere einen Auszug, damit wir eine Vorstellung von der Selbstherrlichkeit dieser Schurken bekommen, die nicht einmal wissen, ob sich ein Ding am Himmel entfernt, oder ob es näherkommt:
»Seit beinahe dreihundert Jahren hat niemand, nicht einmal ein Wissenschaftler, den Mut gehabt, Newtons Gravitationsgesetze in Frage zu stellen. Würde ein Wissenschaftler so etwas tun, es käme einer Blasphemie gleich, und wenn ein Künstler etwas so Absurdes tut, dann ist das, um es freundlich zu sagen, ein schlimmer Irrtum, und er weiß einfach nicht um die Ungeheuerlichkeit seines Vorgehens.«
Wenn wir freundlich bleiben wollen, dann möchte ich nur fragen, ohne einen Kommentar abzugeben, was eine Aussage

wie die, daß seit fast dreihundert Jahren niemand Newtons Gravitationsgesetze in Frage gestellt hätte, eigentlich beweisen soll.

Ich habe, was Lowells Planet angeht, darauf hinzuweisen versäumt, wie die Astronomen ihre Irrtümer korrigierten, dabei ist das für uns ein wichtiger Aspekt. Alles, was mit ihrer Mathematik bestimmt wurde, hat sich als falsch erwiesen - ein Planet näherte sich, statt sich zu entfernen - seine Umlaufzeit betrug auf einmal 265 und nicht mehr 3000 Jahre - die Exzentrizität seiner Umlaufbahn liegt bei drei statt bei neun Zehnteln. Sie haben das anhand von Photos korrigiert.

Es ist die mathematische Astronomie, die sich unseren Ansichten entgegenstellt.

Die photographische Astronomie kann sowieso nach Belieben ausgelegt werden - etwa dergestalt, daß die Sterne auf einer sich drehenden Hülle sitzen und in einer einwöchigen Reise erreicht werden können.

Alles Mathematische, das ich zitiert habe, wurde in der Kontroverse um Lowell und seinen Planeten irgendwann einmal voller Autorität von irgend jemand gesagt und mit gleicher Autorität zu einer anderen Zeit von jemand anders bestritten. Wer vom Mathematikerhimmel träumt, sollte sich lieber noch einmal fragen, wie viele Mathematiker wohl dort unter den Engeln sind.

KAPITEL 9

Ich bin auf die Geschichte eines Mannes aus Philadelphia gestoßen, der, nachdem er gehört hatte, daß ein seltsames wildes Tier in New Jersey herumstreunte, verkündete, er habe es gefangen. Er stellte etwas zur Schau, das er den »Jersey-Teufel« nannte. Ich muß akzeptieren, daß dieser Mensch der Presseagent einer Jahrmarktsattraktion war, und daß das Wesen, das er ausstellte, ein Känguruh war, dem er Flügel aus Blech und einen grünen Schnurrbart angeklebt hatte. Aber wenn selbst die renommierten Zweige der Biologie den Fälschungen der Natur zum Opfer fallen, was will man dann von unserer neueren Biologie erwarten, die noch alle Unsicherheiten des Neuen in sich trägt?

»Jersey-Teufel« wurden auch bei anderen Gelegenheiten gemeldet, und ich möchte nicht so dogmatisch sein zu behaupten, daß es keine »Jersey-Teufel« gibt, aber ich bin nicht besonders motiviert, ihnen nachzuspüren. Eine der Geschichten entnehme ich einem Zeitungsausschnitt, den mir Miss F. G. Talman aus Woodbury, New Jersey, zugeschickt hat. Der Ausschnitt stammt aus der *Woodbury Daily Times*, 15. Dezember 1925. William Hyman sei auf seiner Farm in der Nähe von Woodbury durch einen Tumult im Hühnerstall geweckt worden. Er habe ein noch nie zuvor gesehenes Tier mit einem Schuß erlegt. Ich habe Mr. Hyman geschrieben und bisher keinen Grund zur Annahme gefunden, daß es einen Mr. Hyman tatsächlich gibt. Ich pflege eine ausführliche, wenn auch etwas einseitige Korrespondenz mit Menschen, die es nicht gibt, über Dinge, die es wahrscheinlich auch nicht gibt. Den jüngsten Bericht über den »Jersey-Teufel« entnehmen Sie bitte der *New York Times*, 6. August 1930.

Überreste – wahrscheinlich oder doch nicht so wahrscheinlich – eines seltsamen Tiers, das vom Mars oder vom Mond auf die Erde teleportiert wurde, hat man am Ufer eines australischen Flusses gefunden. Siehe den *Adelaide Observer*, 15. September 1883 – daß Mr. Hoad aus Adelaide am Ufer des Brungle Creek den enthaupteten Körper eines Tieres gefunden hat, das einem Schwein ähnlich sah, aber ein Anhängsel hatte, das sich wie ein Hummerschwanz zum Körper bog. *New Zealand Times*, 9. Mai 1883 – Aufregung nahe Masterton – unbekanntes Wesen läuft frei herum – lockiger Pelz, kurze Beine, breite Schnauze. Hunde werden ihm nachgehetzt – einem Hund wird das Fell gegerbt – die anderen Hunde laufen weg – wahrscheinlich »mit eingekniffenem Schwanz«, aber der Reporter hat dieses Klischee ausgelassen.

Es gab Geschichten über seltsame Tiere, die zusammen mit Erdbeben und Vulkanausbrüchen aufgetreten sind. Siehe die Seeschlangengeschichten während des Erdbebens von Charleston. Etwa zur gleichen Zeit gab es nach einem Vulkanausbruch in Neuseeland ähnliche Geschichten.

Der Vulkan Rotomahana war ein schroffer, schwarzer Kegel, der die Landschaft verdarb. Oder das karge Ding war ein Puritaner im Sonntagszeug. Er hat seine Eintönigkeit mit zwei Schmuckbändern aus Kieselerde, die bis zu seinem Fuß hinunterliefen, zu vertuschen versucht. Eines war die White Terrace, das andere die Pink Terrace. Diese fröhlichen Schmuckbänder liefen vom kahlen, schwarzen Krater hinab zu einem weiteren unpassenden Ding, nämlich zu einem Akazienhain. Ringsherum bildeten die blühenden Büsche, für die das Gebiet bekannt ist, einen geradezu sündhaft bunten Kontrast zum hager aufragenden Vulkan.

Am 10. Juni 1886 hatte der schwarze Schlund Gewichtiges zu äußern. Er verfügte eine Umwälzung in dem Sinne, daß erdrückende Einförmigkeit tugendhaft und bunte Vielfalt zu vernichten sei. Die Lava ließ die schönen Terrassen ergrauen, der Akazienhain ward zu einem Schlammhügel, und die blühenden Büsche wurden gleichmäßig mit Asche überzogen. Es war ein wahrhaft entsetzlicher Anblick, aber wie bei allen Umwälzungen hat mittendrin irgend etwas unberührt überlebt. Ein Geschöpf, das verschont geblieben war, zog Spuren durch den einförmigen Schlamm. Im *New Zealand Herald*, 13. Oktober 1886, schreibt ein Mitarbeiter, er sei über die eintönige, tote Fläche gelaufen und habe die Fußabdrücke eines Lebewesens gesehen. Er hielt sie für die Hufabdrücke eines Pferdes. Aber zu jener Zeit war eine andere Geschichte in aller Munde, die er in seinem Brief nicht unerwähnt ließ. Die Maori erzählten von einem ihnen unbekannten Tier, das in dieser Schlammwüste aufgetaucht und herumgewandert sei. Es war den Beschreibungen nach ein Tier mit einem Geweih oder ein Hirsch, wie ihn die Maori bisher noch nie gesehen hatten.

Mir ist selbst nicht ganz klar, welcher Zusammenhang zwischen Vulkanausbrüchen und dem geheimnisvollen Auftauchen bislang unbekannter Lebewesen bestehen soll. Aber mich haben mehrere Berichte über erstaunliche Wiederbelebungen in Regionen, die von Vulkanen zerstört wurden, in Erstaunen versetzt. Rasches Wachstum von Pflanzen kann man zwar dem fruchtbaren Vulkanstaub zuschreiben; dennoch zeigten sich die Autoren erstaunt. Wenn wir unsere Existenz aus einem organischen Blickwinkel betrachten, dann fallen uns wiederherstellende Teleportationen an Orte der Zerstörung ein, ganz ähnlich der Heilung von Verletzungen bei einem Tier.

Wir denken auch an Phänomene, die genau auf der Grenzlinie zwischen dem Organischen und dem Anorganischen liegen: beispielsweise die Wiederherstellung zerbrochener Kristalle in einer Lösung. Es geschieht aufgrund automatischer Absicht oder vorsätzlicher Absicht oder der Vorsehung oder aufgrund einer Führung, daß die verlorenen Körperteile eines Seesterns regeneriert werden. Höhere tierische Organismen können Körperteile, die sie verloren haben, im allgemeinen nicht wiederherstellen, aber verletztes Gewebe kann verheilen. Selbst die höheren Organismen können Teile ihres Körpers, wenn sie verstümmelt wurden, wieder wachsen lassen, wie etwa ein Vogel seine Schwungfedern. Bei manchen

Eidechsen wächst der Schwanz nach, wenn er abgebrochen ist.

Eine konventionelle Erklärung für den Neubewuchs in einem Farnwald, der durch flüssige Lava aus dem Vulkan Kilauea auf Hawaii zerstört worden war, finden Sie im Beitrag von Dr. G. R. Wieland in *Science*, 11. April 1930. Dr. Wieland nennt seine eigene Erklärung »erstaunlich«. Ich würde nicht behaupten, daß unsere stärker aus dem Rahmen fällt als seine.

Seltsame Tiere sind aufgetaucht, die aus anderen Regionen der Existenz auf unsere Erde teleportiert worden sein könnten, aber die einfachste Art und Weise, das Auftauchen seltsamer Tiere zu erklären ist die, daß man sagt, sie seien Kreuzungen. Ich könnte jetzt natürlich an der Sache herumbiegen, bis sie mir paßt, und würde dabei so vernünftig klingen wie jeder andere. Ich könnte zahlreiche Autoritäten zitieren, die sich gegen das Vorkommen von bizarren Kreuzungen ausgesprochen haben, bis es uns schwerfällt, die seltsamen Geschöpfe, die auf der Erde erschienen sind, in irdischen Begriffen zu erklären. Es gibt Biologen, die meinen, selbst zwischen so ähnlichen Wesen wie Hasen und Kaninchen seien Kreuzungen ausgeschlossen. Dennoch glaube ich, daß es seltsame Kreuzungen gegeben hat.

Die Kuh, die zwei Lämmer und ein Kalb gebar.

Ich weiß nicht, wie das auf andere Geister wirkt, aber einem standardisierten Biologen könnte ich nicht frecher vorkommen, wenn ich behauptete, ein Elefant hätte zwei Fahrräder und einen Babyelefanten zur Welt gebracht.

Die Geschichte stand im *Toronto Globe*, 25. Mai 1889. Es heißt dort, ein Mitarbeiter des *Globe* sei ausgesandt worden, um diese Beleidigung der konventionellen Geburtshilfe in Augenschein zu nehmen. Der Reporter suchte die Farm eines gewissen Mr. John H. Carter in South Simcoe auf und schrieb danach, er hätte zwei Lämmer gesehen, die größer und grobschlächtiger gewesen seien als normale Lämmer, oder weniger romantisch ausgedrückt, zwei Lämmer, die auf der Brust Büschel wie vom Fell eines Kalbs hatten. Andere Zeitungen – beispielsweise der *Quebec Daily Mercury* – veröffentlichen weitere Einzelheiten wie etwa die Aussagen von bekannten Züchtern, die die Lämmer untersucht hatten und sich gezwungen sahen, die Angaben zu ihrer Herkunft zu akzeptieren.

Ich schade damit unserer Idee, daß Geschöpfe, die anders waren als alles, was zuvor auf der Erde bekannt war, aber trotzdem hier gesehen wurden, womöglich vom Mars oder vom Mond herbeiteleportiert worden sind; aber ich bekräftige damit andererseits unsere allgemeine Ansicht, daß, sei es in der Biologie, der Astronomie, der Geburtshilfe oder auf jedem anderen Forschungsgebiet, alles, was ist, zugleich auch nicht ist; und daß es allenthalben Daten gibt, teils sinnvoll und teils unsinnig anmutend, die dem etablierten Unsinn entgegenstehen, der ja auch nur in Teilen sinnvoll ist.

Es spielt keine Rolle, welche wissenschaftlichen Lehrsätze gegen uns vorgebracht werden. Ich anerbiete mich zu zeigen, daß sie bloß Annäherungen oder nur unter imaginären Bedingungen gültig sind. Strenge Wissenschaft ist erstarrte Albernheit. Eine strenge oder sittenstrenge Abhandlung über die Mechanik ist nicht mehr als ein Märchen von reibungslosen, unnachgiebigen Akteuren, die bis zum »Happy End« aufeinander einwirken. Manche Autoren, die heute schreiben, dämpfen mitunter das absolute Glück einer Schlußfolgerung mit dem Hinweis, daß im Verborgenen womöglich ein wenig Ungemach lauert: Aber die Verkünder der Theoreme zeichnen sich durch ungefähr die nämliche Verstandeskraft aus, die schon in der Steinzeit Hollywoods das Sagen hatte.

Für alles, was angeblich so bekannt ist, daß es zum Sprichwort wird, gibt es Ausnahmen. Ein Maultier ist der Inbegriff von Unfruchtbarkeit. Dennoch können Sie Beispiele für die Fruchtbarkeit von Maultieren im Index von *Field* nachschlagen. Und das gilt auch für alles andere, das wir als absolute Wahrheit verstehen – schlagen Sie es nach.

Eines Nachmittags im Oktober 1878 machte der Naturkundler Mr. Davy, der beim Londoner Aquarium angestellt war, mit einem neuen Tier einen Spaziergang. Ich denke an ein Gebet, das König Ludwig XIV. zugeschrieben wird. Er war die Lammkoteletts und das Rindfleisch und den Speck leid und soll gesagt haben: »O Herr, schick mir ein neues Tier!« Mr. Davy ging mit einem spazieren. Aus weiter Ferne wurden die Leute von einem Kreischen angelockt, wie man es in London nur selten zu hören bekommt. Ein paar ehemalige Sklaven, die in einer Bühnenversion von *Onkel Toms Hütte* mitspielten, folgten dem neuen Tier und ließen ihrer Erregung freien Lauf. Das Geschöpf war ungefähr zwei Fuß lang und zwei Fuß hoch und wies nichts auf, das die Anatomen kannten - jedenfalls die Anatomen dieser Erde. Es war mit borstigem Haar bedeckt, der Kopf ähnelte dem eines Wildschweins, und es hatte den Stummelschwanz eines Wildschweins. Es wurde als »lebender Würfel« bezeichnet. Als hätte es keinen Bauch, saßen die Hinterbeine dicht hinter den Vorderbeinen. Wenn Mr. Davy die Absicht hatte, Aufmerksamkeit zu erregen, dann ist es ihm gelungen. Wer modern denkt, wird sicher denken: Wirklich bedauerlich, daß er nicht für irgend etwas Reklame gemacht hat. Die Leute bedrängten ihn so, daß er in eine U-Bahnstation floh. Auch dort gab es einen Aufruhr. Er mußte im Bremserhaus fahren, weil man fürchtete, es könnte zu einer Panik unter den Fahrgästen kommen. Im Aquarium erzählte Davy einem Bekannten namens Leman, er hätte das Tier bei Bauern in Südfrankreich gesehen und es gekauft; da er aber den Dialekt, der in jener Gegend gesprochen wurde, nicht beherrschte, habe er nicht nach der Herkunft des Tiers fragen können. Im Aquarium lautete die einzige Erklärung, auf die man kommen konnte, daß es eine Kreuzung zwischen einem Hund und einem Schwein sei.

Davy war und blieb berühmt. Er nahm das neue Tier mit nach Hause und wurde von einer Menschenmenge begleitet. Der Vermieter besah sich das Tier. Als das Tier sich den Vermieter besah, floh dieser in sein Zimmer und rief hinter verschlossener Tür, Davy solle das Ungeheuer fortschaffen. Auf dem ganzen Weg zum Haus von Frank Buckland gab es dann Verkehrsstaus.

In der Ausgabe vom 5. Oktober der Zeitschrift *Land and Water*, deren Herausgeber er war, hat Buckland einen Bericht über diesen »Dämon«, wie er das Tier nannte, veröffentlicht. Er sagte, es ähnelte einem Wasserspeier oder einem von Fuselis[10] satanischen Tieren. Er versuchte nicht zu erklären, erwähnte aber, was man im Aquarium glaubte. In der nächsten Ausgabe von *Land and Water* schrieb der Naturkundler Thomas Worthington, daß die Vorstellung, es handele sich um eine Kreuzung, »schlicht unhaltbar« sei. Vielmehr glaubte er, daß es sich bei dem Tier um »eine gezähmte Hyäne einer ungewöhnlichen Art« handelte. Bleibt nur die Frage, wie dieser »Dämon« dann in den Besitz von Bauern in Südfrankreich kommen konnte. Es wäre schon ungewöhnlich genug gewesen, wenn die Bauern eine gezähmte Hyäne einer gewöhnlichen Art gehabt hätten.

Im Januar 1846 war im *Tasmanian Journal of Science*, 3-147, zu lesen, daß man am Ufer des Flusses Murrumbridgee in Australien einen Schädel gefunden habe. Er wurde von Dr. James Grant untersucht, der meinte, Formen und Anordnung der Zähne seien anders als bei allen ihm bekannten Tieren. Er erwähnte den Hinweis, daß es sich um den Schädel eines der Kamele handeln könnte, die im Jahre 1839 nach Australien geschickt worden waren. Die Tatsache, daß der Schädel Merkmale aufwies, die ihm nicht bekannt waren, erklärte er damit, daß es der Schädel eines Fötus sein konnte. Ob in Übereinstimmung mit einer Theorie oder nicht, er stellte fest, daß einige Knochen unvollständig versteinert und daß die Zähne mit einem Häutchen bedeckt waren. Es handelte sich nicht um ein Fossil. Es war der Schädel eines großen Pflanzenfressers, der noch nicht lange im Freien gelegen hatte.

Melbourne Argus, 28. Februar und 1. März 1890 – ein Ungeheuer geht um. Eine Liste mit Namen und Adressen von Leuten, die behaupteten, es gesehen zu haben, wurde veröffentlicht. Es war ein etwa dreißig Fuß langes Tier, das die Einwohner von

[10] Johann Heinrich Füssli (in England auch Henry Fuseli oder Fusely), 1741–1825, schweizerischer Maler, bekannt für seine phantastisch-symbolischen Werke.

Europa in Angst und Schrecken versetzte. »Die Existenz eines völlig unbekannten Ungeheuers wird von einer großen Zahl glaubwürdiger Zeugen beschworen.«
Ich bin der vernünftigen Erklärungen müde, die doch nur neue Täuschungen sind. Ich schlage vor, daß dieses dreißig Fuß lange Ding kein Lebewesen, sondern ein Fahrzeug war, mit dem Forscher von irgendeinem anderen Ort in der Nähe einer irdischen Stadt herumgekurvt sind, wobei sie ihre Gründe gehabt haben mochten, der Stadt nicht allzu nahe zu kommen.
Ich weiß nicht, was man von den Zoologen in Melbourne halten wird, aber was man von mir halten wird, kann mich nicht ganz allein treffen, weil es Wissenschaftler in Melbourne gab, die so erleuchtet oder so frech oder so sensationslüstern waren wie ich. Mitarbeiter des Zoos von Melbourne meinten, ob die Geschichte nun Unfug war oder nicht, man müsse ihr jedenfalls nachgehen. Sie besorgten sich ein großes Netz und schickten einen Mann mit dem Netz nach Europa. Vierzig Mann begleiteten den Mann mit dem Netz. Sie jagten den ganzen Tag, aber weder nah noch fern ließ sich ein riesiges Untier blicken. Die Erklärung, daß man riesige Fußstapfen gefunden habe, war vielleicht als schwacher Trost für uns Aufgeklärte oder Unverschämte gedacht.
Aber der Mann mit dem Netz ist ein wichtiger Mitwirkender. Er hatte keineswegs die Absicht, es auch zu benutzen, aber er hat es immerhin mitgenommen. Es gibt unter Biologen noch weitere Beispiele für gedankliche Offenheit und gelegentliche Anwandlungen, der beruflichen Gerissenheit die kalte Schulter zu zeigen. Es ist leicht zu erklären, warum Biologen etwas weniger dogmatisch sind als Astronomen und warum die Beschäftigung mit den anderen Tieren auf der Erde befreiender ist als der Griff nach den Sternen. Man kann ein Nashorn ansehen, ohne die Fähigkeit zum Denken zu verlieren. Aber die eigenartigen kleinen Sterne haben wie andere funkelnde Punkte einen hypnotischen Effekt. Die kleinen Dinge werden oft zu ernst genommen. Dabei zwinkern sie selbst nicht ohne Humor.

Von Berichten über ein Ungeheuer ist in *Scientific American*, Juli 1922, die Rede. Dr. Clement Onelli, der Direktor des Zoologischen Gartens von Buenos Aires, hat einen Brief veröffentlicht, der ihm von einem jungen amerikanischen Prospektor namens Sheffield geschickt worden war. Dort hieß es, im argentinischen Distrikt Chebut habe er riesige Trittspuren entdeckt und bis zu einem See verfolgt. »Dort, mitten im See, sah ich ein Tier mit gewaltigem Hals, ähnlich dem eines Schwans, und darunter im Wasser schien sich ein Körper zu bewegen, der dem eines Krokodils ähnelte.« Ich schrieb an Dr. Onelli und bekam unter dem Datum des 15. August 1924 eine Antwort, in der er mir sagte, er hätte abermals von dem Ungeheuer gehört.
Vielleicht ist das Geschöpf mit dem riesigen Hals auch noch woanders beobachtet worden, aber wir wüßten nicht zu erklären, wie es dort hingekommen sein soll. Wenn man Meldungen über Ungeheuer verstehen will, ist ihr geheimnisvolles Auftauchen und Verschwinden das Problem. In der Londoner *Daily Mail*, 8. Februar 1921, berichtete Mr. F. C. Cornell, ein Fellow der Royal Geographical Society, von einem riesigen unbekannten Tier, das er in der Nähe des Oranje in Südafrika gesehen habe. Es habe einen Hals wie ein biegsamer Baumstamm gehabt, und es war »riesig und schwarz und hat sich geschlängelt«. Es hat Vieh verschlungen. »Das Wesen mag eine Python gewesen sein, aber wenn, dann war es eine von unglaublichen Ausmaßen.« Es ist nur meine unverschämte Unvernunft, die mich glauben läßt, daß das gleiche Tier erst in Südafrika und dann in Südamerika aufgetaucht ist.
Das »blonde Biest von Patagonien«, bei dem es sich angeblich um ein riesiges Faultier gehandelt hat, dessen Körperteile jetzt in verschiedenen Museen ausgestellt sind, erregte im Jahre 1899 Aufmerksamkeit. Siehe *Zoologist*, August 1899. Proben vom blonden Fell wurden von Dr. F. P. Moreno nach England gebracht, der glaubte, diese Überreste seien uralt. Wir ziehen es vor, etwas anderes zu glauben und bemerken beispielsweise, daß Dr. Ameghino Proben des Fells erhalten und erklärt hat,

die Eingeborenen hätten behauptet, das Tier erst unlängst getötet zu haben.
Etwa zur Zeit des Erdbebens von Charleston gab es eine Salve von Ungeheuern von einer anderen Welt, oder ein und dasselbe Ding hüpfte mit wundersamer Beweglichkeit herum, oder es kann auch sein, daß kurz vor dem Erdbeben bei den Zeitungen Sauregurkenzeit war. Viele Beobachtungen an weit voneinander entfernten Orten können in Einklang gebracht werden, wenn man sich vorstellt, daß nicht ein Wesen sondern ein Fahrzeug mit Forschern drinnen die Erde besucht hat. Möglicherweise sind sie an verschiedenen Orten gelandet. Aber es ist schwer, mit unserem Einklang in Einklang zu bleiben.
New York Sun, 19. August 1886 - ein gehörntes Ungeheuer im Sandy Lake, Minnesota. Weitere Einzelheiten finden Sie im *London Advertiser* (Ontario) - Chris Engstein gab einen Schuß darauf ab, verfehlte es aber. Dann kamen Meldungen von der Meeresküste. Nach einer von ihnen hat Mr. G. P. Putnam, Leiter einer Bostoner Grundschule, bei Gloucester ein Ungeheuer im Meer gesehen. In *Science*, 8-258, schreibt Mr. B. A. Colona von der amerikanischen Küstenwache, er habe am 29. August vor Cape Cod ein unbekanntes Wesen im Meer gesehen. In den New Yorker Zeitungen war Anfang September von einem Ungeheuer die Rede, das vor Southport und Norwalk in Connecticut im Meer gesehen worden sei; außerdem in Michigan, im Connecticut River und im Hudson River. Die konventionelle Erklärung lautet, daß es einfach eine Epidemie von absonderlichen Beobachtungen gegeben hätte. Einige waren womöglich ansteckend.
In der *New York Times*, 10. Juni 1880, findet sich, Seemannsgarn oder glaubhafter Bericht, eine Geschichte über ein gewaltiges totes Wesen, das mit dem Bauch nach oben im Meer treibend gefunden wurde. Seeleute ruderten hinüber und kletterten an seiner Flanke empor. Sie tanzten auf seinem Bauch. Das ist eine fröhliche kleine Geschichte, aber ich kenne sogar eine, die richtiggehend romantisch ist. Es scheint, als hätte man von einem Dampfschiff aus ein Ungeheuer gesehen. Das einsame

Untier verwechselte das Schiff mit einem Weibchen seiner Art und überfiel es mit lebensgefährlichen Liebkosungen.
Ich meide an dieser Stelle die traditionellen Geschichten über schlangenähnliche Seeungeheuer. Ein Grund dafür ist, daß Sammlungen mit solchen Geschichten leicht erhältlich sind. Der Astronom hat seinen Lebenszweck verfehlt, der nicht ein Buch über Daten veröffentlicht hätte, die von den Dogmen seines Kultes nicht anerkannt werden; aber ich bleibe bei meiner halbwegs wohlwollenden Meinung über Biologen und merke an, daß ein großes Buch über Seeschlangen von Dr. Oudemans, dem Direktor des Zoos von Den Haag, veröffentlicht worden ist. Als dieses Buch herausgekommen war, erschien in *Nature* eine Besprechung, die um ein Haar in eine Beschimpfung ausgeartet wäre. Damals, im Jahre 1848, haben sich die Konventionalisten über die Quelle einer dieser Geschichten aufgeregt. Den Bericht von Kapitän M'Quhae von der HMS *Daedalus* über ein riesiges, unbekanntes Wesen, das er am 6. August 1848 mit eigenen Augen im Meer gesehen haben will, können Sie im *Zoologist*, Band 6 nachlesen. Jemand anders, der den Konventionalisten Kopfschmerzen machte, war der Kapitän der königlichen Yacht, der *Osborne*, der in einem offiziellen Bericht an die Admiralität meldete, er habe am 2. Mai 1877 vor der Küste Siziliens ein Seeungeheuer – nicht schlangenähnlich – beobachtet. Siehe dazu die Londoner *Times*, 14. Juni 1877, und *Land and Water*, 8. September 1877. Das Geschöpf ähnelte einer Schildkröte, und der sichtbare Teil des Körpers war etwa fünfzig Fuß lang. Man hat versucht, die Erscheinung mit einem Seebeben oder untermeerischen Vulkanausbruch in Verbindung zu bringen, aber ich habe festgestellt, daß sich der fragliche Ausbruch im Golf von Tunis bereits im Februar ereignet hatte.
Es gab Mutmaßungen, daß in den Tiefen des Meeres Ungeheuer leben könnten, die gelegentlich durch untermeerische Störungen an die Oberfläche getrieben werden.
Das ist die reine Bequemlichkeit: man akzeptiert einfach, daß unbekannte Seeungeheuer existieren; aber wie die relativ seltenen Beobachtungen dieser an sich so auffälligen Wesen er-

klären? Dadurch, daß sie in den Tiefen des Meeres leben und nur gelegentlich an die Oberfläche kommen.
Ich habe mich mit der Tiefseefischerei beschäftigt und in Museen Modelle von Tiefseefischen angesehen, aber ich habe noch nie gehört, daß ein Lebewesen von ansehnlicher Größe aus großer Tiefe an die Meeresoberfläche gebracht worden sei. William Beebe[11] hat ebenfalls nie etwas gefunden. Was ihm und seinen Fanghaken und seinen Schleppnetzen auf seinem Schiff *Arcturus Adventure* entgangen ist, kann nur klein und glitschig gewesen sein. Es scheint, daß Wesen, die eine große Angriffsfläche bieten, keinem großen Druck widerstehen können. Aber das ist nur eine Überlegung. Vor den Tagen der Tiefseefischerei haben die Wissenschaftler geglaubt, daß weit drunten im Meer alles mögliche leben könnte. Außerdem würden die meisten von ihnen heute einwenden, daß Lebewesen, die von drunten heraufkämen, aufgrund der großen Druckunterschiede zerplatzen würden. Nach Beebe muß das nicht unbedingt der Fall sein. Einige der Tiefseewesen, die er heraufholte, waren außergewöhnliche Tiere, die noch mehrere Stunden leben konnten, ohne Zeichen von Zerplatzen zu zeigen. Wie alle anderen weiß ich also nicht genau, was ich davon halten soll, aber im Gegensatz zu den meisten anderen weiß ich wenigstens das.
Im Oktober 1883 stand in mehreren Zeitungen eine Geschichte – ich entnehme sie dem *Quebec Daily Mercury* vom 7. Oktober 1883 – über ein unbekanntes Tier, das Captain Seymour von der Dreimastbark *Hope On* aus vor den Pearl Islands etwa 50 Meilen von Panama entfernt gesehen hat. In *Knowledge*, 30. November 1883, erzählt Richard Proctor von diesem Tier und sagt, es sei außerdem von den Offizieren eines Dampfschiffes gemeldet worden. Dieses Tier war schön anzusehen. Jedenfalls hatte es einen Kopf, der dem eines »schönen Pferdes« glich. Es hatte entweder vier Beine oder vier »miteinander

[11] Charles William Beebe, amerikanischer Zoologe (1877–1962). Hat die Lebewesen im Meer mit einer Taucherkugel beobachtet.

verbundene Flossen«. Es war mit einem braunen Fell bedeckt, auf dem große, schwarze Flecken zu sehen waren. Wie ein Zirkuspferd. Es war etwa zwanzig Fuß lang. Zu dieser Zeit wurde noch eine weitere Geschichte erzählt. *New Zealand Times*, 12. Dezember 1883 – Bericht eines Kapitäns zur See, der etwas wie eine 60 Fuß lange und 40 Fuß breite Schildkröte gesehen haben will.

Vielleicht sind Geschichten über große Objekte mit Rückenflächen wie Schildkröten Hinweise auf untergetauchte Fahrzeuge. Wenn es auf der Erde im Jahre 1883 noch keine Unterseeboote gab, dann denken wir an Unterseeboote von woanders. Wir können jetzt allerdings nicht untersuchen, warum sie sich so verstohlen verhalten, weil wir soviel mit anderen Vertuschungen und Verdrängungen zu tun haben. Ich vermute, daß es in anderen Welten oder in anderen Teilen einer umfassenden Existenz ein esoterisches Wissen über die Menschen dieser Erde gibt, das den gewöhnlichen Menschen vorenthalten wird. Das kann man sich leicht vorstellen, weil sogar auf dieser Erde nur wenig über menschliche Wesen bekannt ist.

Es gab Vermutungen, daß die Gehirne der Erdbewohner auf okkulte Weise kontrolliert würden. Es möge ein jeder, dem die Vorstellung nicht gefällt, daß sein Bewußtsein subtil und ohne sein Wissen kontrolliert wird, an das denken, was die Kriegspropaganda in den Jahren 1914 bis 1918 mit ihm gemacht hat. Im Grunde braucht man nicht einmal so weit zurückzudenken. Die standardisierten Erklärungen, mit denen die konventionellen Wissenschaftler die Nachforschungen über angebliche Erscheinungen von seltsamen Lebewesen im Meer unterbunden haben, klingen im folgenden Bericht an:

Vor der afrikanischen Westküste wurde am 17. Oktober 1912 etwas gesehen. Die Passagiere auf einem Schiff erklärten, sie hätten den Kopf und den Hals eines Ungeheuers gesehen. Sie ernannten einen Ausschuß, der sich darum kümmern sollte, daß die Beobachtungen aufgezeichnet wurden. In der *Cape Times* aus Kapstadt schreibt Mr. Wilmot, ein ehemaliger Angehöriger des Cape Legislative Council, über das Erlebnis und sagt, es sei unsinnig zu glauben, vier Zeugen hätten unabhängig voneinander nichts weiter als eine Schule von Delphinen oder einen gigantischen Strang Seetang oder alles mögliche gesehen, aber eben kein unbekanntes Ungeheuer.

Es ist der Fischhändler von Wourcester in seiner ozeanischen Verkleidung.

Hinsichtlich dieser Art von gemeldeten Beobachtungen war die angenommene Gedankenkontrolle der Menschen und die Hinführung zu nichts weiter als einer Schule von Delphinen oder einem gewaltigen Strang von Seetang so erfolgreich, daß nun, da das Gespenst nachdrücklich rehabilitiert ist – auch wenn in meinen eigenen Aufzeichnungen zu Hunderten von unerklärlichen Erscheinungen kaum jemals etwas Gespenstisches auftaucht –, die Seeschlange in erster Linie all das repräsentiert, was als mystisch gelten soll. Ich weiß nicht, wie viele Bücher ich gelesen habe, in denen Abbildungen von langen Strängen von Seetang zu sehen waren, deren Enden aufgequollen und zu einem grotesken Knoten verflochten waren. Ich vermute, die meisten Leser haben sich von solchen Bildern überzeugen lassen.

Aber wenn ein Ungeheuer von irgendwo her auf dem Festland unserer Erde ankommt, an das es vielleicht nicht angepaßt ist, und wenn es auf dem Land sterben sollte, dann würde man es wahrscheinlich überhaupt nicht sehen. Ich habe einige Leserbriefe von Großwildjägern in Zeitungen gelesen, wo es hieß, daß noch nie jemand einen toten Elefanten gesehen hätte. Sir Emerson Tennent hat geschrieben, daß er sich oft bei Europäern und Singalesen erkundigt habe, aber er habe noch nie von jemand gehört, der in den Wäldern von Ceylon einen toten Elefanten gesehen habe. Ein Dschungel läßt rasch Verschönerungen um seine garstigen Anblicke sprießen, aber das weite Meer ist nicht so prüde wie der Dschungel.

An Land sind oft eigenartige Knochen gefunden worden. Sie wurden rasch konventionalisiert. Wenn die Knochen eines Ungeheuers gefunden werden, dann legen sich die Knochenbieger in einem Museum aus ihnen ein konventionelles Muster zurecht und füllen die Lücken mit anders getöntem Gips, damit niemand glaubt, sie hätten jemand täuschen wollen. Nach ein paar Jahren verblassen die Farbunterschiede. Es gibt eine beträchtliche Unzufriedenheit über die Paläontologen. Ich bemerke in Museen, daß bei Gipsabgüssen, die eindeutig als Gipsabgüsse gekennzeichnet sind, ein ehrlicher Kerl ein paar Späne abgeschlagen hat, um klarzustellen, daß wirklich kein einziger Knochen drinsteckt.

Wir suchen nun einen Bericht über etwas annehmbar Monströses, das nicht in graue Vergangenheit zurückweist: nach etwas, das es nicht nur dank der paläontologischen Erinnerungen gibt. Oder sollten wir sagen: gipst? Das Meer ist hier das beste Feld, auf dem wir nach Daten suchen können.

In den *Memoirs of the Wernerian Historical Society*, 1-418, wurde eine Arbeit von Dr. Barclay veröffentlicht, der uns von den Überresten eines unbekannten Ungeheuers erzählt, die im September 1808 bei Stronsa auf den Orkney-Inseln an Land gespült worden sind. Jetzt haben wir etwas in der Hand, das gut dokumentiert ist. Aber im Handumdrehen entledigten sich die Beobachter dieses Haufens, der sich in der Sommersonne wochenlang als Beweis ruchbar gemacht hatte. Der Beweis kam zurück. So schnappten sich die Beobachter noch einmal ein Seil und schleppten das Ding aufs Meer. Kommt bald darauf ein drückend heißer Tag – etwas poltert auf den Strand – neue Beobachtungen. Nach verschiedenen Beschreibungen in eidesstattlichen Erklärungen der Einwohner von Stronsa hatte der Leichnam dieses Wesens sechs »Arme« oder »Pranken« oder »Flügel«. Es gibt Andeutungen, daß es sich um die Stümpfe von Flossen gehandelt habe, aber es heißt auch, daß der tote Körper »nicht im entferntesten einem Fisch ähnelte«. Wie Dr. Barclay erzählte, befindet sich ein Stück von der »Mähne« des Ungeheuers in seinem Besitz.

Ein womöglich ähnliches Ungetüm wurde am 1. Dezember 1896 zwölf Meilen südlich von St. Augustine an die Küste Floridas gespült. Anhängsel oder Ausläufer hingen daran, und zuerst hielt man diese Auswüchse für die Stümpfe von Tentakeln.

Aber dann sagte Professor A. E. Verrill im *American Naturalist*, 31-304, die Vermutung, es handle sich bei diesem Brocken Fleisch um die Überreste eines Tintenfisches, entbehre jeder Grundlage. Der Körper war 21 Fuß lang, 7 Fuß breit und 4 Fuß hoch. Geschätztes Gewicht: sieben Tonnen. Im *American Naturalist* sind Reproduktionen mehrerer Photos abgedruckt. Professor Verrill meint, trotz der gewaltigen Ausmaße dieses Körpers handle es sich bei dem Fund nur um einen Teil eines noch größeren Tieres. Er bringt vor, daß es sich womöglich um ein Stück vom Kopf beispielsweise eines Pottwals gehandelt habe, sagt aber, das Fundstück sei dem Kopf eines Pottwals zweifellos unähnlich, da es nicht die Charakteristika eines Walkopfes aufweise. Auch einer Beschreibung im *New York Herald* vom 2. Dezember 1896 zufolge war das Ding kein Stück von einem Wal. »Die Haut ist hellrosa, fast weiß, und glänzt im Sonnenlicht silbrig. Sie ist sehr zäh und läßt sich selbst mit einem scharfen Messer nicht aufschneiden.« Ein rosafarbenes Ungeheuer oder ein garstiges Ding in den Farben eines Engels, das haben wir zum Fortschritt der konventionellen Biologie beizutragen.

Ein Märchen oder eine wichtige Aufzeichnung über ein Reptil von »prähistorischer Größe und Erscheinung«, das angeblich im Golf von Fonseca in El Salvador am Strand gefunden wurde, können Sie in der *New York Herald Tribune*, 16. Juni 1928, nachlesen. Es war etwa neunzig Fuß lang, schwarzweiß gestreift und »ungeheuer korpulent«. Gutmütige fette Ungeheuer sind sogar mir neu.

Ich habe besonders nach Geschichten über behaarte oder fellbedeckte Seeungeheuer gesucht. Diese Wesen wären keine Meerestiere in dem ausschließlichen Sinne wie ein mit Schuppen bedecktes Wesen. Wenn sie unbekannt sind, müßte man sie zunächst als Landbewohner ansehen. Und dann erhebt sich die Frage: Bewohner *welchen* Landes?

English Mechanic, 7. April 1899 – daß nach Angaben von australischen Zeitungen der Kapitän eines Handelsschiffs mit Körperteilen eines unbekannten Ungeheuers in Sidney eingelaufen sei.

»Das Fell oder die Haut des Ungeheuers war mit Haaren bedeckt.«
Die Ankunft dieser Überreste wird im *Sydney Morning Herald* vom 23. Februar bis zum 2. März 1899 mehrmals erwähnt. Es heißt dort, Captain Oliver vom Handelsschiff *Emu* habe nach eigenen Angaben am Strand von Suarro Island die Leiche eines zweiköpfigen Ungeheuers gefunden.
Das interessiert uns sehr.
Wir stellen fest, daß der Reporter, der die Geschichte erzählt hat, in seinen folgenden Berichten den interessantesten Teil unterschlagen hat. Plötzlich ging es nur noch um zwei Schädel, eine Wirbelsäule und ein Brustbein. Der Reporter war entschlossen, den Fund zu diskreditieren und erzählte, bei den Knochen handle es sich offensichtlich um Fossilien, womit er unterstellte, der Kapitän habe seine Geschichte über Tiere mit zwei Köpfen, die unlängst noch gelebt hätten, nur erfunden.
Wenn wir auf die Versicherung stoßen, ein Rätsel sei gelöst worden, beginnen wir ernsthaft nachzuforschen.
Im *Sydney Daily Telegraph*, 28. Februar 1899, heißt es, ein Versuch, die Knochen als Fossilien zu klassifizieren, sei gescheitert. Professionelle und Hobbywissenschaftler hätten einer Aufforderung, die Knochen zu identifizieren, Folge geleistet, und nach dem Zeugnis, das ihre Nasen ablegten, hätte es sich bei den Körperteilen eindeutig nicht um Fossilien gehandelt. Die Schädel waren über zwei Fuß lang und so ähnlich wie Pferdeschädel geformt, aber an der Spitze saßen Schnäbel. Es gibt Wale mit spitzen Schnäbeln, aber diese Überreste waren nicht die Überreste von Walen mit Schnäbeln, wenn wir Captain Olivers unbestätigter Versicherung hinsichtlich Behaartheit und gewaltiger Größe glauben wollen. Es wird berichtet, daß man keine Proben der behaarten Haut mitgenommen habe, weil abgesehen von den blankgekratzten Knochen sämtliche Körperteile, nachdem sie in tropischer Sonne gelegen hatten, bestialisch stanken und kein Artikel waren, den man freiwillig auf einem kleinen Schiff befördern wollte. Nach Captain Oliver war einer der Körper sechzig Fuß lang. Die größten Wale mit

Schnäbeln werden, soweit bekannt ist, nicht länger als dreißig Fuß.
Mr. Waite vom Australischen Museum hat die Knochen untersucht. Er sagte, sie stammten von geschnäbelten Walen.
Mr. F. A. Mitchell-Hedges erzählt in *Battles with Giant Fish* von den Überresten eines gewaltigen unbekannten Säugetiers, das im November 1921 bei Cape May in New Jersey an Land gespült worden sei. »Dieses Säugetier, das schätzungsweise mehr als 15 Tonnen gewogen hat, und das – um einen Vergleich für seine Größe heranzuziehen – beinahe so groß war wie fünf ausgewachsene Elefanten, wurde von vielen Wissenschaftlern besichtigt, die es aber nicht einordnen konnten und eindeutig erklärten, daß es sich mit nichts vergleichen ließe, was der Wissenschaft bisher bekannt sei.«
Ich bin der Geschichte über das Ungeheuer von Cape May nachgegangen, weil ich einen Moment der Idee verfiel, ich könnte etwas Konkretes herausfinden.
Jemand aus Cape May schrieb mir, daß es sich bei dem Ding um den äußerst unappetitlichen Leichnam eines Wals gehandelt habe, den man aufs Meer hinausgeschleppt hätte. Jemand anders schrieb mir, er habe mit eigenen Augen sehen können, daß es sich um ein Ungeheuer mit einem zwölf Fuß langen Stoßzahn gehandelt hätte. Wenn ich wollte, würde er mir ein Photo des Ungeheuers schicken. Nachdem er mir erklärt hatte, er habe ein Geschöpf mit einem zwölf Fuß breiten Stoßzahn gesehen, schickte er mir ein Photo von einem Wesen, das zwei jeweils sechs Fuß lange Stoßzähne hatte. Aber nur einer der vermeintlichen Stoßzähne ist auf dem Photo deutlich zu sehen, und es mag sein, daß es lediglich der Kieferknochen eines Wals ist, der wie ein Stoßzahn aufgestellt wurde.
In der Londoner *Daily Mail*, 27. Dezember 1924, erschien eine Geschichte über einen ungewöhnlichen Kadaver, der am 25. Oktober 1924 an der Küste von Natal angespült worden war. Das Ding war 47 Fuß lang und mit weißem Fell bedeckt wie ein Eisbär –
Ich will nicht weiter darauf eingehen, weil ich es für wertloses

Seemannsgarn halte. Meinen Methoden entsprechend, und da ich es für dummes und wertloses Seemannsgarn hielt, schrieb ich Briefe an südafrikanische Zeitungen und bat die Leser, der Geschichte nachzugehen. Niemand hat geantwortet.
In der *New Zealand Times*, 19. März 1883, wird berichtet, die Knochen eines unbekannten, etwa 40 Fuß langen Ungeheuers seien an der Küste von Queensland gefunden worden. Man habe die Knochen nach Rockhampton auf Queensland gebracht. »Die Überreste stammen vermutlich von einer gewaltigen, 8 Fuß langen Schnauze, in der die Atemwege noch erkennbar sind.« Es konnten nicht die Überreste eines geschnäbelten Wales sein. Bei Walen sind die Hüftknochen zurückgebildet. Bei einem 55 Fuß langen Pottwal sind die Hüftknochen nur einen Fuß lang, und es sind vom Skelett abgelöste, verkümmerte Erinnerungen an einen früher funktionierenden Knochen. Der Hüftknochen des Ungeheuers von Queensland soll riesig gewesen sein.
Beim Studium der Londoner *Daily News* bin ich auf eine interessante Meldung gestoßen. Trawler des Dampfschiffs *Balmedic* hätten den Schädel eines unbekannten Ungeheuers, den sie nördlich von Schottland aus dem Atlantik gezogen hatten, nach Grimsby gebracht (*Daily News*, 26. Juni 1908). Die Größe des Schädels ließ auf ein Tier von der Größe eines Elefanten schließen, und er war »wundervoll erhalten«. Im Gegensatz zu den Schädeln von Walen waren die Augenhöhlen hier einen Fuß groß. Zwischen den Kiefern hing eine ledrige, drei Fuß lange Zunge. Im *Grimsby Telegraph*, 29. Juni 1908, habe ich die Reproduktion eines Photos dieses Schädels gefunden. Die lange Zunge hängt aus den Kiefern, die wie ein Schnabel geformt sind. Ich habe den Schädel aus der Zeitung abgezeichnet und mit einer Schilderung an die naturkundliche Abteilung des Britischen Museums geschickt. Ich habe eine Antwort von Mr. W. P. Pycraft erhalten, der mir schrieb, daß er noch nie ein Tier mit so einem Schädel gesehen hätte, »und ich habe eine ganze Menge gesehen!« Es ist ja möglich, daß überhaupt noch niemand etwas gesehen hat, das einer Zeichnung, die ich gemacht habe, ähnlich sieht, aber das hat nichts mit der

Beschreibung der Zunge zu tun. Mr. Pycraft meinte jedenfalls, kein Wal habe so eine Zunge.
Ich habe mich weiter umgesehen und versucht, etwas über ein behaartes Monster aufzutreiben; meinetwegen auch eins mit einem Pelz oder mit der Haut eines Wals, solange es nur keine Schuppen hat.
Die Londoner Zeitungen vom 6. Juli 1913 – ein längeres Telegramm, das von Mr. Hartwell Conder, einem beim Staat angestellten Bergbauingenieur in Tasmanien, an Mr. Wallace geschickt wurde, den Bergbauminister Tasmaniens. Dort hieß es, daß am 20. April 1913 zwei von Mr. Conders Begleitern namens Davies und Harris in der Nähe von Macquarie Harbor auf Tasmanien ein riesiges, unbekanntes Tier gesehen hätten. »Das Tier war ungefähr fünfzehn Fuß lang. Es hatte einen sehr kleinen Kopf, höchstens so groß wie der eines Hundes, und einen dicken, gekrümmten Hals, der unmerklich in den faßähnlichen Körper überging. Ein Schwanz oder Flossen waren nicht zu erkennen. Das Tier hatte ein glänzendes, gepflegt wirkendes Fell, das dem eines kastanienbraunen Pferdes nahekam. Vier Beine waren deutlich zu erkennen. Es bewegte sich in Sätzen – das heißt, indem es den Rücken durchbog und sich dann zusammenzog, so daß die Abdrücke der Hinterläufe auf gleicher Höhe mit denen der Vorderläufe waren. Es hat klar erkennbare Abdrücke hinterlassen. Sie waren kreisrund und hatten einen (gemessenen) Durchmesser von 9 Zoll. Zu sehen waren außerdem die Abdrücke von 7 Zoll langen Krallen, die nach außen gestellt waren. Ob es Schwimmhäute hatte, war nicht zu klären.«
In Erwiderung auf meine Anfrage und auf Bitten ihres Gatten schrieb mir Mrs. Conder aus North Terrace, Burnie, Tasmanien, die veröffentlichte Beschreibung sei zutreffend, und wenn es nicht eine Robbe mit zusammengewachsenen Schwimmflossen gibt, die sich aufrichten und rennen kann, dann sei Mr. Conder »keineswegs überzeugt, daß es sich bei dem Tier um eine Robbe gehandelt hätte«.
Ich besitze keine Aufzeichnungen zu so einer Art von Robbe. Ich

nehme als gegeben an, daß diese Robbenart konventionalisiert wurde, bis es sie nicht mehr gab.

Womöglich wurden schon einige Male Überreste eines großen Tiers mit langer Schnauze gefunden, das den Paläontologen unbekannt ist, weil es – obschon mehrfach in Erscheinung getreten – nicht auf unserer Erde heimisch ist. *New York Sun*, 28. November 1930 – »Ungeheuer im Eis hat lange Schnauze.« Skelett und beachtliche Mengen Fleisch von einem unbekannten Tier wurden auf Glacier Island in Alaska gefunden. Das Tier war 24 Fuß lang, der Kopf maß 59 Zoll; die Schnauze nahm 39 Zoll ein. In manchen Berichten heißt es auch, das Tier sei mit Haaren bedeckt gewesen oder habe ein Fell gehabt. Konventionalistisch mag man an Mammute aus Sibirien denken, die seit Urzeiten im Eis konserviert worden sind. Aber da man keinem Beweis trauen kann, darf man aus der Tatsache, daß etwas im Eis gefunden worden ist, nicht schließen, daß es seit Urzeiten dort konserviert war.

KAPITEL 10

Unbekannte leuchtende Dinge oder Wesen wurden oft, manchmal nahe an unserer Erde und manchmal hoch am Himmel, beobachtet. Kann sein, daß manche von ihnen Lebewesen waren, die gelegentlich von irgendwo in unsere Existenz eingedrungen sind, daß aber andere die Lichter an den Schiffen von Forschern oder Reisenden waren, die von irgendwo anders gekommen sind.

Von Zeit zu Zeit sind leuchtende Objekte oder Wesen vom Brown Mountain in North Carolina gemeldet worden. Sie tauchen auf, lassen sich danach lange Zeit nicht blicken und tauchen dann wieder auf. Siehe den *Literary Digest* vom 7. November 1925. Ich besitze noch andere Aufzeichnungen. Die Leuchterscheinungen bewegen sich, als hätten sie einen eigenen Antrieb. Es handelt sich dabei um leuchtende, kugelförmige Gebilde, die sich mit einer Gemächlichkeit und über so weite Strecken am Himmel bewegen, daß jeder Gedanke an meteorische Ereignisse ausscheidet. Viele Jahre lang hat man über diese Dinge gesprochen, bis die Einwohner von North Carolina schließlich im Jahre 1922 eine wissenschaftliche Untersuchung verlangten und an das Geologische Amt der Vereinigten Staaten verwiesen wurden. Man schickte einen Geologen aus Washington, der die Vorgänge am Himmel untersuchen sollte.

Man kann sich, wenn auch nur schwach, die Überheblichkeit dieses Geologen aus Washington vorstellen. Er hatte Geschichten aus dem Munde von Eingeborenen gehört. Er stellte seine eigenen vernünftigen Prinzipien dem unverantwortlichen Geschwätz der Einwohner gegenüber und machte sich wissenschaftlich an die Untersuchung. Er stellte sich an eine Straße, sah Lichter und schrieb seinen Bericht. 47% waren die

Scheinwerfer von Autos, 33% die Stirnlampen von Lokomotiven, 10% Lichter in Häusern und 10% Buschfeuer. Man zählt zusammen, und siehe da, größere Effizienz kann man nicht erwarten.Nachdem der Geologe nicht untersucht hatte, was er hatte untersuchen sollen, kehrte er nach Washington zurück, das nebenbei bemerkt ein Ort ist, an dem es eine Menge zu untersuchen gibt. Ich vermute, die Leute in North Carolina werden über die Dinger am Himmel nicht mehr erfahren, wenn sie sich demnächst an das Fischereiamt oder das Arbeitsministerium wenden.

Ich weiß nicht, in welchem Maße ich in derlei Angelegenheiten den Wissenschaftlern Faulheit und Schwachsinn vorhalten soll. Statt ihnen Vorwürfe zu machen, verweise ich lieber auf die Unfähigkeit der Menschen, ernsthaft Zeit auf etwas zu verschwenden, das sie aufgrund von Vorurteilen als Unfug betrachten. Was unsere Daten angeht, so haben sich die Wissenschaftler verhalten wie jemand in Europa, der vor dem Jahre 1492 Geschichten über Land im Westen gehört hat und mit einem Ruderboot eine Stunde weit aufs Meer hinausgefahren ist, um schließlich zu sagen, ob mit exakt diesen Worten, sei dahingestellt: »Ach, was soll's! Amerika gibt's nicht.«

In *Knowledge*, September 1913, gab sich der Count de Sibour seiner Faulheit oder Unfähigkeit hin, die er dank einer gnädigen Vorsehung, welche uns Menschen mit dem Gedanken aussöhnt, daß wir eben nur Menschen sind, als Ausdruck der eigenen Überlegenheit sehen konnte. Er erzählte eine Geschichte über dumme, leichtgläubige Menschen in North Norfolk in England, die im Winter 1907/1908 glaubten, zwei leuchtende Objekte, die sich über den Äckern bewegten, könnten nicht so erklärt werden, wie er sie erklärt hat.

Wir erfahren, daß dieses angebliche Rätsel eine ganz alltägliche Auflösung erfahren habe: Daß ein Wildhüter eins der Objekte abgeschossen und festgestellt hätte, daß es sich um eine gewöhnliche Schleiereule handelte, die phosphoreszierte, weil das Holz an ihrem Nistplatz faul war oder weil sie sich eine Pilzerkrankung zugezogen hätte.

Nach anderen Berichten waren die Lichter hell wie elektrische Lampen. Eine phosphoreszierende Eule kann nicht leuchten wie eine elektrische Lampe. Also hat de Sibour das Licht als »bleiches, gelbliches Glühen« beschrieben, damit eine selbstleuchtende Eule als Erklärung ausreichen konnte.
Die Wissenschaft befaßt sich mit Anpassungen. Die Wissenschaft selbst ist eine große Anpassung. Wir erinnern uns an Reverend Hugh Guy. Er konnte schwere Güsse nicht erklären und hat die Güsse in »kleine Mengen« verwandelt, die er erklären konnte.
De Sibour wußte aus eigener Anschauung überhaupt nichts über das Thema. Wir greifen zu den Quellen, die auch ihm zur Verfügung standen. Wie er finden wir praktisch alles, was wir finden wollen. Am 10. Dezember 1907 und in folgenden Ausgaben veröffentlichte die Londoner *Times* Berichte über die leuchtenden Objekte, die über die Äcker von North Norfolk geflogen sind und von Mr. R. W. Purdy, einem bekannten Autor biologischer Abhandlungen, gemeldet wurden.
Zu den Versuchen, die Dinge mit dem Bekannten zu assimilieren, zu den Ausdrucksformen einer weltweiten Abneigung, etwas Neues herauszufinden, zählte auch die Idee, daß Eulen manchmal leuchten. Zuerst war die Idee da, oder die Lösung des Problems wurde als erstes veröffentlicht, und dann wurde das Problem der Lösung angepaßt. Das soll unter den Insassen von Heimen für geistig Behinderte ein beliebter Zeitvertreib sein. Ich glaube fast, diese Insassen würden sich überall auf der Welt heimisch fühlen.
De Sibour und andere fügten die Behauptung ein, daß eine leuchtende Eule geschossen worden wäre. Ich denke schon, daß es manchmal schwach leuchtende Eulen gibt, weil ich akzeptiere, daß unter den richtigen Bedingungen fast alles leuchten kann. *English Mechanic*, 10-15 – ein Bericht über einen Mann mit einem leuchtenden Zeh.
Es wurden weiterhin glänzende Objekte, die wie Vögel flogen, über den Äckern von North Norfolk gesehen und gemeldet. Die strahlenden Dinger wirkten elektrisch. Wenn sie auf Bäumen

ausruhten, erstrahlte alles um sie her. Purdys Beschreibungen klingen ganz anders als ein »bleiches, gelbliches Glühen«. Am Abend des 1. Dezember sah er etwas, das er für den Scheinwerfer eines Motorrades hielt, das sich über einen Acker rasch auf ihn zubewegte. Dann hielt das Licht inne, stieg mehrere Meter hoch und immer höher und flog wieder weg. Es bewegte sich mal hierhin und mal dorthin. Siehe *Field* vom 11. Januar 1908.

De Sibour war etwas unvorsichtig, als er mit seiner geheimniserdrückenden Geschichte versucht hat, das Rätsel zu einer alltäglichen Lösung zu zwingen. Damals hat nämlich kein Wildhüter in North Norfolk eine leuchtende Eule geschossen.

Jemand anders hat allerdings behauptet, er habe das Geheimnis auf konventionelle Weise gelöst. *Eastern Daily Press* (Norwich), 7. Februar 1908 – daß Mr. E. S. Cannell aus Lower Hellesdon früh am Morgen des 5. Februar in einer Grasböschung etwas leuchten gesehen habe. Nach seiner Schilderung flatterte es auf ihn zu, und es war des Rätsels Lösung. Es war, sagte er, eine leuchtende Eule. Wie er weiter erzählte, hätte er sie mit nach Hause genommen, wo sie »immer noch leuchtend« gestorben sei.

Aber schlagen wir in der *Eastern Daily Press* vom 8. Februar nach – daß man Mr. Cannells tote Eule zu einem Präparator gebracht hat, der anschließend befragt wurde. Natürlich ist das Phosphoreszieren eines Vogels, ob von verfaultem Holz oder von Pilzen im Gefieder, nicht davon abhängig, daß der Vogel lebt. Gefragt, ob der Körper der Eule geleuchtet hätte oder nicht, erwiderte der Präparator: »Ich habe nichts leuchten sehen.«

In zoologischen Zeitschriften stößt man immer wieder auf Anspielungen auf derlei Dinge oder Wesen in North Norfolk. Kein Wildhüter hat je eines von ihnen getötet, aber die Geschichte vom Wildhüter, der eine leuchtende Eule geschossen hat, taucht in Berichten auf, die angeblich wissenschaftlich sind. Es ist nicht nötig, daß ein Wildhüter eine leuchtende Eule schießt, um ein Rätsel zu lösen. Die bloße Geschichte, daß er es getan hätte, reicht auch.

Doch nachdem man den Kadaver einer Eule aufgefunden oder sich verschafft hatte, war das Rätsel noch nicht gelöst, außer in den meisten Schriften, die als wissenschaftlich gelten. Am Anfang waren es zwei Lichter, und es blieben zwei Lichter. Die leuchtenden Dinger wurden nach wie vor in den Feldern beobachtet, wo sie herumflogen und auftauchten und verschwanden. Die letzte Beobachtung, die ich finden kann (3. Mai 1908) ist in den *Transactions of the Norfolk and Norwich Naturalists' Society*, 8-550, verzeichnet. Purdy erwähnt eine Beobachtung von zwei Lichtern, und zwar mehr als einen Monat, nachdem Mr. Cannell seine Leuchteule zugeflogen war.

Aus dieser Gegend wurde noch etwas anderes gemeldet. In der *Eastern Daily Press*, 28. Januar 1908, heißt es, in einer mondhellen Nacht sei »ein dunkles, kugelförmiges Objekt, das an der Seite eine Art von Aufbau hatte, mit großer Geschwindigkeit vorbeigezogen«. Angestellte der Norwich Transportation Company hatten das Objekt in Mousehead gesehen. »Es schien zu groß für einen Drachen, und außerdem waren seine Bewegungen gesteuert, denn es bewegte sich gegen den Wind.«

Ich führe hier nur einige von zahlreichen Berichten über unbekannte, anscheinend lebendige leuchtende Objekte an, die man früher als Irrlichter bezeichnete. Sie kommen und gehen, und ihr häufiges Auftauchen an bestimmten Orten läßt mich an andere Arten von örtlich begrenzten Erscheinungen denken, über die wir schon sprachen.

Im Londoner *Daily Express*, 15. Februar 1923, und in einigen folgenden Ausgaben stand zu lesen, daß hell leuchtende Objekte, manchmal hoch in der Luft, in Fenny Compton in Warwickshire über Äcker fliegend gesehen wurden. Es waren »helle Lichter« wie die Scheinwerfer von Automobilen.

Manchmal schwebten diese leuchtenden Dinge oder Wesen über einem Bauernhof. Es war ein verlassener Hof, wie die Londoner *Daily News* am 13. Februar 1923 meldete. Ungefähr ein Jahr später kehrte eines dieser Objekte, was immer es auch war, zurück und wurde von mehreren Zeugen, darunter Miss

Olive Knight, einer Lehrerin aus Fenny Compton, als »sich rasch bewegendes Licht« beschrieben (laut der Londoner *Sunday News*, 27. Januar 1924).

Der Earl von Erne berichtet in der Londoner *Daily Mail*, 24. Dezember 1912, von hell strahlenden Leuchterscheinungen, die im Laufe von sieben oder acht Jahren gelegentlich am Lough Erne in Londonderry in Irland aufgetaucht seien: »nach Größe und Umriß den Scheinwerfern eines Motorwagens ähnlich«. In späteren Ausgaben der *Daily Mail* sagt die Countess von Erne über diese Dinge oder Geschöpfe, sie seien ihr vorgekommen »wie die Lampen von Autos, groß und rund«.

KAPITEL 11

Mit der Wissenschaft ist es so ähnlich wie mit dem amerikanischen Bürgerkrieg. Ganz gleich, welche Seite gesiegt hätte, es wäre auf jeden Fall ein amerikanischer Sieg gewesen. Mit der Wissenschaft meine ich hier die Konventionalisierung vermeintlichen Wissens. Sie, die Wissenschaft nämlich, wirkt in erster Linie darauf hin, sich selbst vor neuen Erleuchtungen oder angeblichen Erleuchtungen zu bewahren, doch wenn sie einmal nachgibt, dann ist das keine Niederlage, sondern ein Zweckbündnis, und was zuvor erbittert bekämpft wurde, verwandelt sich in einen Faktor, der ihrem Prestige dienlich ist. Ganz gleich also, ob vor siebzig Jahren die Gegner oder Befürworter der Evolutionstheorie den Sieg davongetragen hätten, es wäre in jedem Fall ein großer, wissenschaftlicher Sieg gewesen. Kein Wunder, daß so viele Menschen demütig vor einem Leumund stehen, der einfach nicht untergraben werden kann.

Die Wissenschaft ist ein Schlund oder ein kopf- und gliederloser Magen, ein amöbenartiges Verdauungsorgan, das sich am Leben erhält, indem es das Assimilierbare verschlingt und das Unverdauliche nicht berücksichtigt. Es gibt Wirbelstürme und Wassergüsse, und es scheint, als seien ab und zu schwach leuchtende Eulen aufgetaucht. Die Wissenschaft erspart sich große Schmerzen, indem sie die Daten durchgeht, das Fragwürdige ablehnt, sich nur das Wünschenswerte einverleibt und darauf achtet, daß sie kein Bauchgrimmen bekommt. Dank entsprechender Schonkost kann so ein Schauer von Lebewesen mit der Wirbelsturm-Erklärung in Übereinstimmung gebracht werden, und ein hell elektrisch leuchtendes Ding kann mundgerecht gedämpft werden. In extremen

Fällen kommt es zur Sekretion von Fischhändlern oder Wildhütern.
Mitunter, bei besonders störrischen Unverdaulichkeiten, kann es sogar nötig werden, ein kleines Mädchen zu schlagen. Aber ich zweifle an dieser Notwendigkeit, weil in menschlichen Wesen eine solche Vorliebe oder manchmal gar Leidenschaft für das Beichten existiert, daß früher oder später sowieso jemand mit praktisch jedem gewünschten Geständnis daherkommt.
Manchmal und von Zeit zu Zeit gesteht ein halbes Dutzend Menschen, ein und denselben Mord begangen zu haben. Die Polizei hört beispielsweise beim Hall-Mord in New Jersey kaum noch auf neue Geständnisse. Aus England ist mir der Fall eines Mannes bekannt, der sich als Deserteur zu erkennen gab. Aber ein Polizist sagte aus, daß es sich um das fünfte oder sechste derartige Geständnis gehandelt habe, und daß der Mann überhaupt nicht in der Armee gedient hätte. Der Mann gab das auch zu. »Aber«, sagte er, »ich habe noch etwas anderes zu gestehen.« »Ich will mir Ihre Geständnisse nicht mehr anhören. Sechs Monate Haft!« sagte der Friedensrichter.
In manchen Fällen ist der Anlaß für ein falsches Geständnis nicht offenkundig, in anderen ist der Grund offensichtlich der Wunsch, aus dem trüben, gelben Licht herauszutreten und im Rampenlicht zu stehen. Es gab Fälle, bei denen Menschen zwar nichts gestanden, aber doch unerklärliche Phänomene auf sich genommen oder auf mancherlei Weise zum eigenen Nutzen verwendet haben.
Wenn Forscher von irgendwoher aus dem All die Erde aufsuchen sollten, und wenn ihre Fahrzeuge oder die Lampen an ihren Fahrzeugen von Millionen Erdbewohnern gesehen werden, dann akzeptiere ich, daß die Daten sehr schnell konventionalisiert werden würden. Wenn Geschöpfe, die uns Menschen ähnlich sind, in der Nähe von New York auf der Erde landen und über den Broadway marschieren würden, um anschließend wieder wegzufliegen, dann würde ein Jahr später sicher jemand »beichten«, daß alles nur ein Schwindel war, den er mit ein paar Freunden zusammen ausgeheckt hätte. Die Beteiligten hätten

sich verkleidet und geplappert, wie sie glaubten, daß Außerirdische plappern müßten.
Die New Yorker aber würden behaupten, sie hätten gleich von Anfang an den Verdacht gehabt, daß etwas nicht stimme. Wer hätte schon von echten Fremden gehört, die nach New York gekommen wären, ohne zu versuchen, sich etwas auszuborgen? Oder deren Kommen nicht von Schlagzeilen begleitet worden wäre?
Wahrscheinlich flog im August 1929 ein Flugzeug aus einem europäischen Land über einen Dschungel und wurde von einem Eingeborenen im Dorf gemeldet. Wilde sind äußerst wissenschaftlich. Sie denken über Verallgemeinerungen nach, die so streng begrenzt sind, daß man sie schon akademisch nennen muß. Sie sind so scharfsinnig wie Newton oder Einstein, denn sie wissen, daß sie, wollen sie bei dem ankommen, was man für bekannt hält, mit etwas beginnen müssen, von dem sie nichts verstehen.
Wir haben eine recht gute Vorstellung, was die Weisen sagen würden, wenn sie die Geschichte von einem Flugzeug hörten, das, wahrscheinlich mit Passagieren besetzt, am Himmel beobachtet worden sei – falls wir akzeptieren können, daß sie sich dazu herablassen würden, überhaupt etwas zu sagen –
New York Herald Tribune, 29. August 1929 – ein sich bewegendes Licht am Himmel – etwa 400 Meilen vor der Küste von Virginia. Es wurde von Thomas Stewart, dem dritten Maat auf dem Dampfschiff *Coldwater* von der South Atlantic Steamship Line gemeldet. »Irgendwie entstand der Eindruck, daß es sich um ein großes Passagierflugzeug handelte.« Es flog mit einer Geschwindigkeit von schätzungsweise 100 Meilen pro Stunde in Richtung Bermuda-Inseln. Man stellte Nachforschungen an, »konnte aber keinen Transatlantikflug oder einen Flug zu den Bermuda-Inseln ausfindig machen«.
Wir werden uns eine Meinung über Leuchterscheinungen bilden, die entweder in die gleiche Gruppe wie die vermeintlichen Geschöpfe im letzten Kapitel oder in eine andere Gruppe gehören.

Bevor ich die Daten suchen und die Angelegenheit prüfen konnte, bin ich in englischen Zeitungen auf mehrere humorvolle Anspielungen auf eine Zeit gestoßen, in der sich die Leute in England fürchteten, weil bewegliche Lichter am Himmel zu sehen waren. All die Aufregung war ausgelöst worden durch den Werbefeldzug eines Automobilherstellers, der ein nachgebautes Luftschiff mit Lampen versehen und steigen lassen hatte. Darin steckte eine Lehre: Wahrscheinlich ließen sich auch alle anderen angeblichen Rätsel auf eine ähnliche, alltägliche Weise lösen.

Ich war mit einer meiner kleineren Nebenarbeiten beschäftigt, was bedeutete, daß ich fünfundzwanzig Jahresbände der Londoner *Daily Mail* durchsah, als ich auf das Folgende stieß – 25. März 1909 – daß am 23. März 1909 um 5.10 Uhr morgens zwei Wachtmeister in verschiedenen Stadtteilen von Peterborough die Beobachtung eines Objekts gemeldet hätten, das ein Licht trug und sich unter Motorengeräusch über die Stadt bewegte. Im *Peterborough Advertiser*, 27. März 1909, ist ein Interview mit einem der Wachtmeister abgedruckt, der folgende Beschreibung gab: »Ein eher längliches und schmales Objekt, das ein mächtiges Licht trug.« Um die Geschichte dem anzupassen, was irgend jemand gerade bevorzugen mag, könnte ich jetzt Daten anführen, daß nur Licht aber kein Objekt gesehen worden sei, und daß man keine Geräusche gehört habe; oder daß ein Schiff, das Lichter trug, gesehen wurde und daß Geräusche, die wie Motorengeräusche klangen, zu hören waren.

In der *Daily Mail*, 17. Mai 1909, heißt es, in der Redaktion seien viele weitere Berichte über unerklärliche Objekte und Lichter am Himmel eingegangen. Angeblich sind ja Zeitungen immer scharf auf sensationelle Nachrichten, aber sie haben ihre Konventionen, und unerklärliche Lichter und Objekte am Himmel sind vermutlich nicht sexy genug, und so spricht einiges dafür, daß zahlreiche fremde, aber sexfreie Erscheinungen gemeldet, aber in den Zeitungen nicht erwähnt worden sind. In der *Daily Mail* heißt es, man habe den Briefen keine Beachtung geschenkt, weil alles, was in ihnen erwähnt werde, als Beweis unbefriedigend sei. Es heißt weiter, das in Peterborough gemeldete Objekt sei wahrscheinlich ein Drachen mit einer darangebundenen Laterne gewesen. Am 15. Mai 1909 hatte ein Wachtmeister aus Northampton einen schriftlichen Bericht ans Präsidium geschickt und Lichter gemeldet, die um 21.00 Uhr am Himmel zu sehen waren, aber Hauptwachtmeister Madlin hatte erfahren, daß ein Spaßvogel einen kleinen Ballon losgelassen hatte.

Der Schelm von Nottingham, der um 21.00 Uhr abends seine Späße trieb, ist ein leicht zu verstehender Vertreter seiner Gattung. Ein anderer Vertreter aber, der um 5.00 Uhr morgens in Peterborough einen Drachen mit einer Laterne stiegen ließ, mußte wissen, daß sein Publikum praktisch nur aus Milchmännern bestand, was ziemlich unbefriedigend für einen Spaßvogel ist. Außerdem ist er wohl gern gereist. Es gab weitere Berichte von verschiedenen Orten in England und in Wales. Es gab Berichte von weit auseinanderliegenden Orten.

Daily Mail, 20. Mai 1909 - daß ein Mann namens Lithbridge, wohnhaft in der Roland Street Nr. 4 in Cardiff, in der Redaktion des *Cardiff Evening Express* vorgesprochen und eine erstaunliche Geschichte erzählt hätte. Er habe am 18. Mai gegen 23.00 Uhr, als er in der Nähe der Caerphilly Mountains in Wales eine Straße entlanglief, im Gras neben der Straße eine große, röhrenförmige Konstruktion gesehen. Zwei Männer in dicken Pelzmänteln hätten darin gesessen. Als sie Mr. Lithbridge bemerkten, hätten sie in einer fremden Sprache aufgeregt miteinander gesprochen und seien davongeflogen. Zeitungsreporter suchten den Ort des Geschehens auf, sahen, daß das Gras niedergetrampelt war und fanden zerfetzte Zeitungen und anderen Abfall.

Falls jemand glauben möchte, daß diese Fremden Forscher vom Mars oder vom Mond waren, dann wäre dies natürlich eine Geschichte, die schnell und völlig oder wenigstens beinahe befriedigend verworfen werden kann.

Noch befriedigender ist es, daß mit Sicherheit keine Fremden

von unserer Erde durch den Himmel über Großbritannien gesegelt sind. In der *Western Mail* aus Cardiff vom 21. Mai 1909 ist ein Interview mit Mr. C. S. Rolls abgedruckt, dem Autofahrer und Gründer des Aero Clubs. Obschon seiner Meinung nach einige Geschichten über seltsame Objekte am Himmel Schwindeleien seien, könne man nicht alle Geschichten auf diese Weise erklären. Vor allem deshalb, weil es auf unserer Erde kein bekanntes Luftschiff gab, das die geschilderten Flugeigenschaften besessen hätte, wurden die gemeldeten Beobachtungen, wenigstens manchmal, in allen Zeitungen, die ich durchgesehen habe, in Abrede gestellt.
Im Londoner *Weekly Dispatch* vom 23. Mai 1909 werden die Geschichten in der beschriebenen Weise in Zweifel gezogen, und es wird eingewendet, daß ein Luftschiff, das so oft beobachtet wird, ohne aber bei der Überquerung des Kanals beobachtet zu werden, einen Stützpunkt in England haben müsse, zu dem man es gewiß zurückverfolgen könnte - einen Stützpunkt, auf dem es »besonders während der mühseligen Startvorbereitungen« zu sehen wäre. Anschließend wurde im *Weekly Dispatch* eine Liste mit 22 Sichtungen an verschiedenen Orten aus der Woche vor dem 23. Mai und mit 19 weiteren Berichten von Anfang Mai und im März abgedruckt.
Mr. Lithbridge war ein Eulenspiegel. Vielleicht hat ihm seine Geschichte etwas eingebracht, wenn sie auch kaum beachtet wurde. Aber dann wartete man mit einer weiteren Erklärung auf.
Am 26. Mai 1909 hieß es in den Zeitungen, das Rätsel der Lichter am Himmel sei gelöst. Eine große Nachbildung eines Luftschiffs sei in Dunstable heruntergekommen, und es seien Lampen daran befestigt gewesen. Es sei ein Werbefeldzug gewesen. Ein Automobilhersteller hatte das Ding in England und in Wales durch die Gegend geschleppt. Es hatte auch Meldungen aus Irland gegeben, aber Irland wurde in dieser Erklärung unterschlagen.
Wir erfahren, daß dieses Objekt an einem Strick über einem Automobil schwebend auf den Straßen herumgeschleppt wor-

den sei und amüsanterweise Menschen in helle Aufregung versetzt habe, die geistig nicht sehr weit fortgeschritten seien. Wie es um meinen eigenen geistigen Entwicklungsstand auch bestellt sein mag, ich nehme an, daß so ein Ding nur langsam und nur kurze Zeit, vielleicht nur ein paar Minuten lang, über eine Straße geschleppt werden kann, weil es mit Heißluft betrieben wird; und möglicherweise kann man es sogar durch eine Stadt schleppen, wo ein Polizist zwar die Lichter am Himmel meldet, aber das Seil nicht sieht, das vom Automobil hinaufführt; aber wie es um meinen geistigen Entwicklungsstand auch bestellt sein mag, ich kann mir nicht vorstellen, wie man so etwas in etwa vierzig größeren Orten, die teils Hunderte Meilen voneinander entfernt sind, hinbekommen könnte.

Kein Mensch hat in Dunstable gesehen oder gehört, daß das Modell-Luftschiff vom Himmel heruntergekommen sei. Ein Objekt, an das eine Karte gebunden war, auf der die Bitte zu lesen stand, man möge sich »im Falle eines Unfalls« mit einem Londoner Automobilhersteller in Verbindung setzen, wurde am Morgen des 26. Mai 1909 auf einem Acker gefunden.

Die Erklärung, wie ich sie sehen will, lautet, daß der Automobilhersteller sich wahrscheinlich das öffentliche Interesse an Lichtern am Himmel zunutze gemacht und in der Nacht heimlich einen Apparat auf den Acker geworfen hat, an den er seine Karte gebunden hatte. Wenn das zutrifft, dann war dies nur eine von vielen Gelegenheiten, die von Menschen, die Publicity liebten oder brauchen konnten, ausgenutzt worden sind. Vielleicht kann man Mr. Cannell und seine tote Eule auf die gleiche Weise erklären, und so gern ich auch Mr. Lithbridges Geschichte akzeptieren möchte, ich fürchte, wir müssen ihn als einen dieser Ausnutzer ansehen. Wir erinnern uns auch an den Fall eines Presseagenten, der die Geschichten über ein streunendes Tier ausnutzte und ein Känguruh mit Blechflügeln und einem grünen Schnurrbart ausstaffierte.

Die gemeldeten Beobachtungen erstreckten sich von Ipswich an der Ostküste Englands bis Belfast in Irland über eine Entfernung von 350 Meilen. Innerhalb Großbritanniens gab es

Meldungen von Hull bis Swansea, eine Strecke von 200 Meilen. Vielleicht kann man einen Gasballon eine Weile herumschleppen, aber das Modell-Luftschiff, das in Dunstable gefunden worden ist, war ein zerbrechliches Ding, das aus zwei Heißluftballons und einem etwa 20 Fuß langen Rahmen bestand, der sie beisammen hielt.

Die Lichter am Himmel wurden häufig in ein und derselben Nacht aus zwei weit voneinander entfernten Orten gemeldet. Am Abend des 9. Mai 1909 kamen Berichte aus Northampton, Wisbech, Stamford und Southend. Im *Weekly Dispatch*, 23. Mai 1909, wird betont, daß sie um 23.00 Uhr in Southend zu sehen waren, und schon zwanzig Minuten später im siebzig Meilen entfernten Stamford, so daß das Objekt mit einer Geschwindigkeit von 210 Meilen pro Stunde geflogen sein müßte.

Die Frage, die sich hier erhebt, ist die, ob nach dem Fund des Objekts in Dunstable oder nach des Rätsels alltäglicher Lösung immer noch Lichter gesehen wurden, die über den Himmel zogen.

Es hörte abrupt auf. Oder die Berichterstattung darüber hörte abrupt auf.

KAPITEL 12

Es ist mag sein, daß wir auf der Grundlage neuer Prinzipien das Rätsel der *Marie Celeste* erklären können. Wenn es eine selektive Kraft gibt, die ausschließlich Steine oder Larven und nichts als Larven transportiert, oder die Lebewesen von verschiedener Größe und nichts als Lebewesen transportiert, dann könnte eine solche selektive Kraft eine Reihe von Menschen aufgreifen, ohne eine Spur zu hinterlassen, weil sie nichts anderes beeinflussen würde.

Ich entnehme das Folgende dem Bericht des Kronanwalts am Marinegericht, wie er am 14. Februar 1873 in der Londoner *Times* veröffentlicht wurde. Am 5. Dezember 1872 sichtete die Besatzung des britischen Schiffs *Dei Gratia* zwischen den Azoren und Lissabon ein anderes Schiff, das als die amerikanische Brigantine *Marie Celeste* identifiziert wurde. Die Segel waren gesetzt, und das Schiff kreuzte, bewegte sich aber so planlos, daß die Beobachter neugierig wurden. Ob Schiffe wirklich weiblich sind oder nicht, dieses hier sah so hilflos und so kummervoll aus, daß man vermuten mußte, es habe jeglichen männlichen Schutz verloren. Die Briten setzen ein Boot aus und untersuchten das Schiff. Es war niemand an Bord. Nichts ließ sich finden, was den Verbleib der Besatzung hätte aufklären können. »Alle Teile des Schiffs, drinnen wie draußen, waren in bester Ordnung und in gutem Zustand.«

Der letzte Eintrag im Logbuch vom 25. November ergab keine Anhaltspunkte für irgendwelche bevorstehenden Schwierigkeiten. Es gab nicht die geringsten Hinweise auf eine Meuterei. Ein kleines Ölfläschchen, das der Frau des Kapitäns gehörte, stand noch auf einer Nähmaschine, ein Hinweis darauf, daß das Schiff nicht in einen Sturm geraten war. In der ganzen Welt begann man, dieses Geheimnis zu untersuchen. Das Außenministerium der Vereinigten Staaten nahm Verbindung mit allen Diplomaten in Übersee auf, und alle Zollämter der Welt wurden mehr oder weniger nachdrücklich angewiesen, auf Informationen zu achten; aber vierzehn Menschen waren bei ruhigem Wetter und ohne irgendeinen Hinweis auf eine Gewalttat verschwunden, und man fand entweder nichts oder aber zuviel heraus.

Ich besitze eine Sammlung von Seemannsgarn, das von höchst erfindungsreichen Lügnern stammt oder von Künstlern, die einander in den Einzelheiten ihrer Geschichten zu überbieten suchten und die zwanzig, dreißig, vierzig oder gar fünfzig Jahre später behaupteten, zur Besatzung gehört zu haben.

Die Londoner *Times*, 6. November 1840 – die *Rosalie*, ein großes französisches Schiff sticht von Hamburg nach Havanna in See – Schiff verlassen – keine Erklärung in Sicht. Die Segel zum größten Teil gesetzt – kein Leck – wertvolle Fracht. In einem Käfig saß ein halbverhungerter Kanarienvogel.

Aber ich will darauf hinweisen, daß wir mit unseren Vorstellungen zur Teleportation auf der falschen Fährte sind. Schiffsbesatzungen sind verschwunden, und Schiffe sind verschwunden. Es ist möglich, daß etwas, von dem die Bewohner unserer Erde nichts wissen, mit diesen Fällen von Verschwinden oder von Ergreifung zu tun hat.

In der *New York Sun*, 24. April 1930, wird der französische Astronom und Meteorologe General Frederic Chapel zitiert, der gesagt haben soll, daß Flugzeuge und Wasserfahrzeuge, die auf See verschollen sind, womöglich von Meteoren getroffen worden seien. Viele Autoren hatten das Gefühl, daß an diesen Fällen von Verschwinden etwas Unerklärliches ist, aber es gibt keinen einzigen Bericht über ein Flugzeug, das, über Land fliegend, von einem Meteor getroffen worden wäre, und ich weiß von ein paar Fällen, in denen Meteore auf Schiffe gefallen sind, aber von keinem einzigen, in dem ein Schiff von einem Meteor ernsthaft beschädigt worden wäre.

Das Verschwinden der *Cyclops*, eines Treibstofftankers der ame-

rikanischen Marine, wird, obwohl es in Kriegszeiten geschehen ist, als unerklärlich bezeichnet – sie verschwand irgendwann nach dem 4. März 1918, nachdem sie von Barbados nach Hampton Roads in Virginia in See gestochen war.
Als am 15. April 1912 die *Titanic* sank, wurde noch Monate danach Treibgut gefunden, und es gab zahlreiche Überlebende; doch nach dem Verschwinden des Dampfschiffs *Naronic* von der White Star-Line im Februar 1893 bemerkte ein Kapitän zwei leere Rettungsboote, die angeblich zum Schiff gehörten, aber mehr ward nicht gesehen. Laut Bericht des Londoner Board of Trade galt es als höchst unwahrscheinlich, daß die *Naronic* etwa auf einen Eisberg gelaufen wäre. Es hieß, daß das Schiff, was Konstruktion und Ausrüstung betraf, »nahezu perfekt« gewesen sei. Es handelte sich um einen Frachter mit 75 Mann Besatzung, und für jeden war eine Schwimmweste an Bord.
New York Times, 21. Juni 1921 – drei amerikanische Schiffe verschwunden – schwerlich durch Piraterie – anscheinend aber keine andere Erklärung denkbar – fünf Washingtoner Ministerien in die Ermittlungen einbezogen. Im Februar strandete die *Carol Deering*, ein Fünfmastschoner aus Portland, Maine, in der Nähe von Diamond Shoals in North Carolina. Das Rätsel ähnelt dem der *Marie Celeste*. Niemand war an Bord, alles befand sich in gutem Zustand. Auffällig war vor allem, daß die Mannschaft kurz vor der Essenszeit verschwunden war. Etwas später wurde eine Flaschenpost am Strand gefunden, die angeblich vom Maat des Schiffs ausgesetzt worden ist. »Die Besatzung eines Tankers hat uns geentert und die Mannschaft in Eisen gelegt. Sofort die Reederei informieren.« Ich frage mich allerdings erstaunt, wie jemand, der in Eisen gelegt wurde, an den passenden Behälter für so eine Nachricht gekommen sein soll.
In der Londoner *Daily Mail*, 22. Juni 1909, wird berichtet, daß eine zweite Flasche mit einer anderen Nachricht gefunden worden sei, die dieses Mal angeblich vom Kapitän der *Deering* stammte: Die Besatzung hätte ihn festgenommen und auf ein anderes Schiff gebracht.

Nach dem »geheimnisvollen Verschwinden« der *Waratah* vor der Küste Südafrikas im Juli 1909 wurden fünf Flaschen, die allesamt nicht echt gewesen sein sollen, gefunden. In dieser Angelegenheit gibt es die gleichen Komplikationen und Verwirrspiele wie bei allem, was die Wissenschaft angeblich mit absoluter Sicherheit bewiesen hat. Wenn jemand unserer Existenz müde ist und eine andere ausprobieren will, soll er es sich gut überlegen, weil man sich etwas Fröhlicheres als unsere Existenz kaum vorstellen kann. Jedes Schiffsunglück und jede andere Katastrophe bringt neue Spaßmacher hervor. Die Tragödie der *Waratah* sorgte lange Zeit für Vergnügen. Noch mehr als dreizehn Jahre danach (21. November 1922) wurde eine weitere Flasche, deren Botschaft man ebenfalls für gefälscht hielt, in der Nähe von Kapstadt gefunden. Auf mich wirkt das genau entgegengesetzt, und ich falle in einen neuen Pessimismus. Bislang habe ich stets erfreut an Flaschen gedacht. Aber sobald menschliche Spaßvögel derlei zu fassen bekommen, ist es mit dem Spaß vorbei. Ich frage mich, wie es kommt, daß noch nie einer behauptet hat, er hätte eine alte Flaschenpost gefunden, in der ein Kapitän von einer drohenden Meuterei berichtet, gezeichnet: »Christoph Kolumbus«.
New York Times, 22. Juni 1921: »Weitere Schiffe auf rätselhafte Weise verschwunden – fast gleichzeitiges spurloses Verschwinden soll von Bedeutung sein.« *New York Times*, 24. Juni 1921 – etwa ein Dutzend Schiffe ist bisher betroffen.
Und doch dachte man bald nicht mehr an den Zugriff einer unbekannten Kraft, die die Schiffe eines Landes vor dessen eigenen Küsten erfaßte. Alles kann geschehen, aber wenn es nicht offen sichtbar ist und von Millionen beobachtet werden kann, dann gerät es bald in Vergessenheit. Oder es wird beizeiten konventionalisiert. Im Jahre 1921 war es üblich, den Russen Vorwürfe zu machen. Ich glaube, der Höhepunkt wurde im Jahre 1927 erreicht, als die Unruhen von Eingeborenen im Dschungel von Peru der Aufwiegelung durch russische Agenten zugeschrieben wurden. Ich glaube, wir werden noch jahrelang immer dann, wenn es einen Aufstand gegen eine schlechte

Regierung oder gegen Unterdrückung gibt, von regierungstreuen Propagandisten die immer gleichen alten Geschichten über im Prinzip zufriedene Eingeborene hören, die von den Kommunisten aufgehetzt worden seien. Im Juni 1921 hat man das Verschwinden von einem Dutzend Schiffen damit erklärt, daß die Sowjetregierung sie gestohlen hätte.

Kann sein, daß Konstruktionen von irgendwo auf der Erde erschienen sind und die Besatzungen irdischer Schiffe geschnappt haben.

In ihrem Buch *The Cruise of the Bacchante* berichten zwei junge Prinzen, die Söhne des Prince of Wales, von denen einer jetzt König von England ist, über ein »seltsames Licht wie von einem leuchtenden Phantomschiff«, das am 11. Juni 1881 um vier Uhr morgens zwischen Melbourne und Sydney vom Ausguck der *Bacchante* gesichtet und gemeldet wurde. Die unbekannte Erscheinung wurde außerdem von zwölf weiteren Besatzungsmitgliedern gesehen. Ob es nun einen Zusammenhang gibt oder nicht - jedenfalls fiel der Ausguck fünf Stunden später von einem Quersaling und kam bei dem Sturz ums Leben.

Brooklyn Eagle, 10. September 1891 - in Crawfordsville, Indiana, hat man am 5. September 1891 um 2.00 Uhr etwas beobachtet. Zwei Eismänner haben es gesehen. Es war allem Anschein nach ein kopfloses Ungeheuer oder eine Konstruktion von etwa 20 Fuß Länge und 8 Fuß Breite, die sich, anscheinend von flossenähnlichen Anhängseln getrieben, durch den Himmel bewegte. Es näherte sich den Eismännern. Die Eismänner bewegten sich auch. Es segelte davon und machte dabei einen solchen Lärm, daß Reverend G. W. Switzer, Pastor der Methodistenkirche, aufwachte, aus dem Fenster blickte und das Objekt am Himmel kreisen sah.

Ich nahm an, daß es keinen Reverend G. W. Switzer gab. Überzeugt, daß es wahrscheinlich nie einen Reverend G. W. Switzer in Crawfordsville gegeben hatte - und da ich es mir zum Pseudo-Standard mache, mißtrauisch zu werden, sobald ich von etwas überzeugt bin -, schlug ich nach. Ich erfuhr, daß im September 1891 tatsächlich ein Reverend G. W. Switzer in Crawfordsville gelebt hatte. Dann fand ich seine gegenwärtige Adresse in Michigan heraus. Ich schrieb ihm und konnte der Antwort entnehmen, daß er in Kalifornien unterwegs sei. Er werde mir über das, was er am Himmel gesehen hatte, einen Bericht zukommen lassen, sobald er nach Hause zurückgekehrt sei. Bisher habe ich ihn aber nicht dazu bewegen können, mir diesen Bericht zu schicken.

Wenn jemand ein »kopfloses Ungeheuer« am Himmel sieht, dann sollte er es sich gut überlegen, bevor er etwas darüber drucken läßt. Insgesamt glaube ich, daß ich hier einen so glaubwürdigen und wissenschaftlichen Beweis führen kann wie jeder orthodoxe Wissenschaftler, der uns bisher begegnet ist. Die Frage lautet: Ist im September 1891 in Crawfordsville ein »kopfloses Ungeheuer« aufgetaucht? Und ich veröffentliche die Resultate meiner Forschungen: »Allerdings, denn zu jener Zeit hat in Crawfordsville ein Reverend G. W. Switzer gelebt.«

Ich wüßte nur gern, was Mr. W. H. Smith am 18. September 1877 am Himmel gesehen hat und was da über Brooklyn hinweggeflogen ist. Es hat ausgesehen wie ein Mensch mit Flügeln (*New York Sun*, 21. September 1877).

Zoologist, Juli 1868 – Nahe Copiapo in Chile hat man etwas am Himmel gesehen – eine Konstruktion, die mit Lampen ausgerüstet war und von einem lärmenden Motor angetrieben wurde – oder »ein gigantischer Vogel, die Augen weit aufgerissen und wie glühende Kohlen leuchtend, mit riesigen Schuppen bedeckt, die mit metallischem Scheppern aneinander stießen«.

Ich habe keine Ahnung, was man später einmal von unseren Daten halten wird, aber in der *New York Times*, 6. Juli 1873, schreibt der Autor der *General Notes* über etwas, das er für »den schlimmsten Fall von Delirium Tremens seit Menschengedenken« hält. Er kennt mich wohl nicht.

Er bezieht sich auf die *Bonham Enterprise* (Texas) – die ein paar Tage vorher über einen Mann berichtet habe, der 5 oder 6 Meilen außerhalb von Bonham lebte. Der Mann hätte erzählt, so etwas wie eine gewaltige Schlange sei über seine Farm hinweggeflogen, und auch die anderen Männer, die auf den Feldern arbeiteten, hätten das Ding gesehen und seien erschrocken. Ich vermute, die Einwohner des chinesischen Hinterlands würden auf ähnliche Weise ins Delirium fallen und ähnliche Dinge sagen, wenn ein Luftschiff von unserer Erde über ihre Bauernhöfe flöge. Ich weiß nicht, ob dieser eine Bericht für sich allein genommen irgend etwas zu bedeuten hat, aber in der *Times* vom 7. Juli habe ich eine weitere Anmerkung gefunden. Ein ähnliches Objekt wurde aus Fort Knott in Kansas gemeldet. »Etwa in halber Höhe über dem Horizont war der Umriß einer riesigen Schlange von anscheinend makelloser Form deutlich zu sehen.«

New York Times, 30. Mai 1888 – Berichte von mehreren Orten im Darlington County in South Carolina – eine riesige Schlange am Himmel, die sich unter zischenden Geräuschen, aber ohne sichtbare Antriebsmittel bewegt hat.

Im Londoner *Daily Express*, 11. September 1922, heißt es, am 9. September hätten William James und John Morris, der Bootsmann des Seenotrettungskreuzers im walisischen Barmouth, vom Strand aus zum Meer hinausgeblickt und etwas gesehen, das sie für ein ins Meer stürzendes Flugzeug hielten. Sie fuhren rasch mit einem kleinen Motorboot hinaus, konnten aber nichts finden. Im *Barmouth Advertiser* vom 14. September wird berichtet, daß dieses Objekt so langsam niedergegangen sei, daß man Einzelheiten, die denen eines Flugzeuges glichen, habe erkennen können. In den Zeitungen und Luftfahrtzeitschriften jener Zeit gibt es keine Angaben zu einem irdischen Flugzeug, das verschollen wäre.

Es gab im Sommer 1910 eine Reihe von Ereignissen. Anfang Juli hat die Besatzung des französischen Fischkutters *Jeune Frédéric* berichtet, man habe vor der Küste der Normandie ein großes, schwarzes vogelähnliches Objekt am Himmel gesehen. Es sei plötzlich ins Meer gefallen, zurückgeprallt, wieder ins Meer gefallen und verschwunden, ohne eine Spur zu hinterlassen. Über den Flug eines irdischen Flugzeuges, der das Ereignis hätte erklären können, war nichts bekannt (*Weekly Dispatch*,

10. Juli 1910). Am 17. August 1910 (laut Londoner *Times* vom 19. August) sahen Arbeiter, die östlich von Dessau im Wald beschäftigt waren, ein Objekt am Himmel, das sie für einen Ballon hielten. Es sei plötzlich aufgeflammt, und etwas, das man für die Gondel hielt, sei in den Wald gestürzt. Der Oberförster wurde verständigt, und man startete eine großangelegte Suchaktion, konnte aber nichts finden. Aeronautische Gesellschaften erklärten, ihres Wissens sei kein Ballon aufgestiegen. Man glaube, bei dem Objekt müsse es sich um einen großen Modellballon einer Privatperson gehandelt haben.

Etwa zu dieser Zeit wurde der Niedergang eines weißen Marmorzylinders aus heiterem Himmel gemeldet. F. T. Mayer, einer von uns Pionieren, oder wie man uns nennen mag, ging der Sache nach und erfuhr, daß sich das gemeldete Ereignis auf der Farm von Mr. Daniel Lawyer, Rural Route 4, in Westerville, Ohio, abgespielt habe. Ich schrieb Mr. Lawyer und bat ihn um Auskunft, ob man das Objekt als künstlich hergestellt bezeichnen könne. Ich hatte eine Ahnung, daß es vielleicht – oder auch nicht – ein Behälter mit einer Nachricht sein könnte, die vom Mars oder vom Mond oder von sonstwo auf die Erde geschossen worden war. Mr. Lawyer gefiel die Frage, ob es ein künstliches Objekt sein sollte, überhaupt nicht, denn er verstand sie so, daß er möglicherweise etwas aufgelesen hatte, das in Ohio hergestellt worden war. Er schrieb mir, es handele sich nicht um ein künstliches Objekt, sondern um einen Meteoriten. Die Reproduktion eines Photos von diesem symmetrischen, anscheinend bearbeiteten Zylinder, der etwa 12 Zoll lang ist und ungefähr 3 Pfund wiegt, können Sie in *Popular Mechanics*, 14-801, betrachten.

Gegen 21.00 Uhr am 30. August 1910 – Lichter wie von einem Luftschiff ziehen über New York City (*New York World*, 31. August) hinweg. Man hat Flieger befragt, aber keins der bekannten Flugzeuge kam in Frage. *World*, 2. September – daß zwei Männer einen großen Drachen hätten steigen lassen. Am 21. September 1910 (*New York Tribune*, 22. September) wurde eine große Zahl von runden Objekten gesehen, die von West nach Ost über den Süden von New York City zogen. Die Leute blieben auf den Straßen stehen und sahen ihnen nach. Man hielt die Objekte für kleine Ballons. Ich habe Angaben zu ähnlichen Objekten, die in großer Zahl aufgetaucht sind, und die man nicht als kleine Ballons erklären konnte. Der himmlische Geleitzug hielt mehrere Stunden an. Wenn jemand in Jersey City einen Werbefeldzug gestartet haben sollte, dann hat er das jedenfalls für sich behalten. Am nächsten Tag wurde in Dunkirk, US-Bundesstaat New York, ein Objekt gesichtet, das als unbekannter, zigarrenförmiger Ballon beschrieben wurde. Das Objekt trieb anscheinend steuerlos über dem Eriesee und verschwand später am gleichen Abend. In Dunkirk gab es eine so große Aufregung, daß Schlepper ausliefen und die ganze Nacht suchten. *Toronto Daily Mail and Empire*, 24. September – daß ein Besatzungsmitglied eines Schleppers einen großen Kastendrachen gefunden hätte, der von einem Zeltplatz steigen gelassen wurde und bei dem es sich offensichtlich um das gemeldete Objekt gehandelt habe.

Mr. A. H. Savage-Landor gibt in *Across Unknown South America*, Bd. II, S. 425, eine Geschichte wieder, die ihm von den Einwohnern von Porto Principal in Peru im Jahre 1912 erzählt worden ist. Ein paar Jahre zuvor habe man ein Schiff am Himmel gesehen, das knapp über den Baumwipfeln über die Stadt hinweggeglitten sei. Nach seiner Darstellung habe es sich um eine »kantige Kugel« gehandelt, an der das Sternenbanner gehangen habe. Mr. Savage-Landor glaubt, das Objekt könne das Luftschiff gewesen sein, das Wellman am 17. Oktober 1910 400 Meilen östlich von Hatteras aufgegeben hatte.

In Zeitungsberichten über diese gescheiterte Atlantiküberquerung heißt es, das Luftschiff hätte, als es aufgegeben wurde, rasch sein Gas verloren. Wenn man sich schon kaum vorstellen kann, daß ein fremdes Luftschiff unter dem Sternenbanner herumfliegt, es sei denn, man denkt sich, daß es überall Amerikaner gibt, dann ist die »kantige Kugel«, wenigstens für die konventionelleren unter uns, erst recht nicht zu verstehen. Vielleicht sind diese Details auch Übermittlungsfehler. Was dieses Ding am Himmel auch gewesen ist, und falls wir glauben wollen, daß es überhaupt existiert hat – es ist jedenfalls am Abend noch einmal zurückgekommen und war dieses Mal beleuchtet.

In den New Yorker Zeitungen vom September 1880 gibt es Hinweise auf ein unbekanntes Objekt, das an mehreren Orten, besonders in St. Louis und Louisville, am Himmel gesehen worden sei. Ich konnte keine Zeitung aus St. Louis aus jener Zeit bekommen, aber mir liegen Berichte des *Louisville Courier-Journal* vom 29. Juli und vom 6. August vor. Falls nicht ein Erfinder auf unserer Erde zurückhaltender war, als die Biographien von Erfindern vermuten lassen, dann ist es im Jahre 1880 bestimmt keinem Erdenmenschen gelungen, ein lenkbares Luftschiff zu bauen und diese Tatsache für sich zu behalten. Die Berichte besagen, daß die Menschen in Louisville am Abend des 28. Juli zwischen 18.00 Uhr und 19.00 Uhr am Himmel »ein Objekt sahen, einem Mann ähnlich, der von Maschinen umgeben war, die er mit Händen und Füßen zu bearbeiten schien«. Das Objekt bewegte sich in hin und her, stieg und sank und schien offenbar gesteuert zu sein. Bei Einbruch der Dunkelheit ist es verschwunden.

Dann gingen Meldungen, daß etwas am Himmel gesehen worden sei, in Madisonville in Kentucky ein. »Das Ding hatte an beiden Enden je eine Kugel.« »Manchmal erschien es kreisrund, dann wieder oval. Es entfernte sich, nach Süden fliegend, aus dem Sichtbereich.«

Dies sind Geschichten über glücklicherweise harmlose Dinge, die über Land auf dieser Erde gesehen oder nicht gesehen wurden. Kann sein – wenn Dinge von irgendwoanders die Bewohner dieser Erde willkürlich oder aus Neugierde oder als Objekt wissenschaftlicher Untersuchungen einfach schnappen –, daß sie es bevorzugen, auf hoher See und weit entfernt von anderen Menschen, die sie beobachten könnten, zu operieren; aber sie dürften – angenommen, Verstohlenheit ist erwünscht – die Psychologie bei ihren Untersuchungen vernachlässigt haben, denn sonst würden sie unbefangen im

Central Park in New York landen, alle Proben auflesen, die sie nur brauchen und es den Weisen unserer Stämme überlassen zu erklären, daß es einen Wirbelsturm gegeben und daß das Wetteramt mit gewohnter Effizienz vorab eine Warnung veröffentlicht habe.

Hin und wieder schreiben mir Bewunderer Briefe und wollen mich überzeugen, an meine Theorien zu glauben. Das müßte ein wortgewandter Bewunderer sein, der mir einreden könnte, daß unsere jetzige Ansicht nicht wenigstens ein kleines bißchen phantastisch ist; aber ich habe mich dennoch bemüht, sie zu stützen. Ich schufte wie die Arbeiterinnen im Bienenstock, um eine Menge heimatloser Ansichten am Leben zu halten. Wie kann ich da sicher sein? Wie kann ich wissen, ob nicht doch einmal eine Idee wie eine Bienenkönigin zum Hochzeitsflug gen Himmel steigt und von einer dieser Drohnen mit Daten befruchtet zurückkehrt?

Was das Verschwinden des dänischen Schulschiffs *København* angeht, das am 14. Dezember 1928 mit fünfzig Kadetten und Seeleuten von Montevideo aus in See stach, so verweise ich darauf, daß ein anderes Schulschiff, die britische *Atlanta*, im Jahre 1880 mit 250 Kadetten und Seeleuten an Bord in Bermuda die Segel setzte und nie wieder gesehen wurde.

Am 3. Oktober 1902 stach die deutsche Bark *Freya* in Manzanillo nach Punta Arenas an der Westküste Mexikos in See. Ich greife zu *Nature*, 25. April 1907. Am 20. Oktober wurde das Schiff mit Schlagseite und teilweise seiner Masten beraubt auf offenem Meer gefunden. Es war niemand an Bord. Der Anker hing frei am Bug, ein Zeichen dafür, daß das Schiff kurz nach dem Auslaufen in Seenot geraten war. Der Kalender an einer Wand der Kapitänskajüte zeigte den 4. Oktober. Aus den Wetterberichten ging hervor, daß in dieser Region nur leichte Winde geweht hatten. Aber am 5. Oktober hatte es in Mexiko ein Erdbeben gegeben.

Mehrere Wochen nach dem Verschwinden der Besatzung der *Freya* wurde ein weiteres seltsames Ereignis auf hoher See gemeldet.

Zoologist, 4-7-38 – daß laut Logbuch des Dampfers *Fort Salisbury* der Zweite Offizier, Mr. A. H. Raymer, am 28. Oktober 1902 auf 5°31' Süd und 4°42' West um 3.05 Uhr vom Ausguck gerufen worden sei. Der Ausguck hätte ein riesiges dunkles Objekt mit Lichtern gemeldet, das er voraus in der See gesehen habe. Man konnte zwei Lichter beobachten. Das Dampfschiff glitt an einem langsam sinkenden Rumpf von schätzungsweise fünfhundert oder sechshundert Fuß Länge vorbei. Mechanismen irgendeiner Art – wie Flossen, dachten die Beobachter – bewegten das Wasser. »Ein schuppiger Rücken« tauchte langsam unter.

Man meint, morgens um drei sei es nicht ohne weiteres möglich gewesen, Einzelheiten wie einen »schuppigen Rücken« zu bemerken. Deshalb ist dieses Ereignis doppelt verdammt, zumal versucht wurde, es in Begriffen der verfluchten Seeschlange zu erklären.

Phosphoreszierendes Wasser wird mehrmals erwähnt, aber das scheint nichts mit zwei deutlich erkennbaren Lichtern wie denen eines Schiffs zu tun zu haben. Der Kapitän der *Fort Salisbury* wurde befragt. »Ich kann nur sagen, daß er (Mr. Raymer) in dieser Angelegenheit sehr ernsthaft ist und zusammen mit dem Ausguck und dem Steuermann wie schon beschrieben etwas Riesiges im Wasser gesehen hat.«

Man könnte meinen, daß es sich bei diesem Objekt um ein großes irdisches Schiff gehandelt hat, das aufgegeben worden war und unterging.

Ich habe die *Lloyd's List* für die fragliche Periode durchgesehen, fand aber keine Angaben, die den Vorfall erklären könnten.

KAPITEL 13

Mit Blick auf die Daten, denen wir uns jetzt zuwenden wollen, sage ich zu mir selbst: »Du bist ein wohlwollender Leichenfledderer, daß du die Toten ausgräbst, diese alten Legenden und abergläubischen Geschichten, und versuchst, ihnen Leben einzuhauchen. Aber warum hast du den Weihnachtsmann vergessen?«

Nun, ich bin nun einmal, was die Daten oder die angeblichen Daten angeht, etwas eigen. Und mir ist keine Aufzeichnung oder angebliche Aufzeichnung über Fußabdrücke im Schnee untergekommen, die sich am Heiligabend über Hausdächer hinweg zu Schornsteinen gezogen hätten.

Selbst in den akzeptabelsten Bereichen der heutigen Wissenschaft gibt es eine ganze Menge Dinge, die als Rehabilitation angeblicher Legenden, des Aberglaubens und der Folklore verstanden werden können. Man erinnere sich an Voltaires Unglauben in bezug auf Fossilien; er erklärte, nur ein Bauer könne an sie glauben. Und bedenken Sie, daß seine feindselige Einstellung gegenüber Fossilien hauptsächlich darauf zurückzuführen war, daß Theologen sie in ihre Erklärungen aufgenommen hatten. Er hatte die schärfsten Verstandeskräfte, aber er konnte die Daten nicht akzeptieren, weil er die Erklärungen für die Daten verworfen hatte. Und so denkt man beispielsweise auch über die Transmutation von Metallen, die inzwischen rehabilitiert ist. Und an anderes. Es gibt heutzutage einige rückständige Leute, die nicht an Hexen glauben. Jeder verheiratete Mann könnte sie eines besseren belehren.

Im Mai 1810 ist etwas in Ennerdale, nahe der englisch-schottischen Grenze, aufgetaucht und hat Schafe getötet. Es hat sie nicht verschlungen, sondern manchmal sieben oder acht Schafe

in einer Nacht in die Halsschlagader gebissen und ihnen das Blut ausgesaugt. So geht die Geschichte. Das einzige Säugetier, das etwas in dieser Art tut, ist meines Wissens die Vampirfledermaus. Wir müssen akzeptieren, daß die Geschichten über die Vampirfledermaus keine Erfindung sind. Etwas hat in der Nähe von Ennerdale gewütet, und die Verluste, die die Schafzüchter erlitten haben, waren so bedenklich, daß die ganze Gegend in Aufregung geriet. Es wurde zur geradezu religiösen Pflicht erhoben, den Räuber zu jagen. Einmal, als die Jäger an einer Kirche vorbeiritten, stürmte die ganze Gemeinde heraus, um sich ihnen anzuschließen. Auf dem Weg zu seinem Pferd warf der Vikar sein Chorhemd fort. Melken, Heu machen und Tiere füttern, alles wurde vernachlässigt. Weitere Einzelheiten finden Sie in *Chambers Journal*, 81-470. Am 12. September hat jemand einen Hund in einem Kornfeld gesehen und ihn erschossen. Es heißt, der Hund sei der Übeltäter gewesen, und daß nach seinem Tod die Schafsmorde aufgehört hätten.
Im Jahre 1874, beginnend am 8. Januar, ist ungefähr vier Monate lang ein Killer in Irland umgegangen. In *Land and Water*, 7. März 1874, schreibt ein Korrespondent, daß er von den Raubzügen eines Wolfs in Irland gehört habe, wo der letzte einheimische Wolf im Jahre 1712 getötet worden war. Nach seinen Worten ging in Cavan ein mörderisches Tier um, das in mancher Nacht bis zu 30 Schafe riß. Am 28. März 1874 stand ein weiterer Bericht in *Land and Water*. Ein Korrespondent schreibt dort, daß die Schafe auf eine Art und Weise getötet worden seien, die die Überzeugung nährte, daß es sich bei dem Übeltäter nicht um einen Hund handelte. Der Korrespondent wußte von 42 Fällen in drei Bezirken, in denen Schafe auf ähnliche Weise getötet worden waren – die Kehlen durchgeschnitten und das Blut ausgesaugt, aber das Fleisch nicht angetastet. Die Spuren ähnelten denen eines Hundes, waren aber zu lang und zu schmal und wiesen Abdrücke wie von starken Klauen auf. In der Ausgabe vom 11. April veröffentlichte *Land and Water* dann die Meldung, die wir erwartet hatten. Der Mörder war erschossen worden, und zwar von

Archidiakon Magennis in Lismoreville. Es sei nur ein großer Hund gewesen.
Mit dieser Verkündigung wird das Thema in *Land and Water* zu den Akten gelegt. Praktisch jeder, der diese Berichte in der Vergangenheit bis zur abschließenden Meldung gelesen hat – bevor das Mißtrauen gegen Konventionen die Entwicklung nahm, die wir heute zu verzeichnen haben –, mußte nun sagen: »Aber natürlich! So enden alle diese Geschichten. Da steckt nichts weiter dahinter.« Aber just die Art und Weise, auf welche diese Geschichten enden, hält mich so in Atem. Aufgrund unserer Erfahrungen mit den Pseudo-Auflösungen von Rätseln bin ich der Geschichte nachgegangen, die angeblich kein Geheimnis mehr war. Der große Hund, den der Archidiakon geschossen hatte, ist nicht vergeblich geopfert worden, wenn sein Schicksal die Leser von *Land and Water* beruhigt hat, soweit es irgendwo auf unserer Erde überhaupt wünschenswert scheint, jemand zu beruhigen.
Siehe das *Clare Journal*, die Ausgaben bis zum 27. April 1874 – der große Hund ist erschossen worden, aber die Raubzüge gehen weiter – ein weiterer Hund wird erschossen, die Bauern sind erleichtert, daß dieser nun der Übeltäter war – noch ein Hund wird erschossen, den man für das Raubtier hielt – aber weiterhin wurden Schafe gerissen. Die Raubzüge waren so ausgedehnt, daß man von »einem schrecklichen Verlust für die armen Leute« sprach. Es wird nicht ausdrücklich berichtet, daß etwas die Schafe wie ein Vampir umbrachte, sondern daß »nur ein Stück herausgebissen war, jedenfalls nicht genug, als daß ein Hund sich hätte sattfressen können«.
Der Schauplatz der Viehtötungen verlagerte sich.
Cavan Weekly News, 17. April – daß in der Nähe von Limerick, mehr als 100 Meilen von Cavan entfernt, ein »Wolf oder etwas ähnliches« Schafe riß. Der Autor schreibt, daß mehrere Menschen, die angeblich von diesem Tier gebissen worden seien, »an einer Geisteskrankheit mit eigenartigen Symptomen laborierend« in die Anstalt von Ennis gebracht worden seien.
Ende 1905 ist ein marodierendes Tier in England aufgetaucht.

Die Londoner *Daily Mail*, 1. November 1905 – »der geheimnisvolle Schafmörder von Badminton«. Es heißt, in der Gegend von Badminton an der Grenze zwischen Gloucestershire und Wiltshire seien Schafe getötet worden. Sergeant Carter von der Polizei in Gloucestershire wird folgendermaßen zitiert: »Ich habe zwei Kadaver mit eigenen Augen gesehen, und ich kann definitiv sagen, daß es sich dabei unmöglich um das Werk eines Hundes handeln kann. Hunde sind keine Vampire, sie saugen nicht das Blut von Schafen und lassen das Fleisch praktisch unberührt liegen.«

Und wenn wir die Zeitungen durchsehen und uns fragen, wo die Meldung nur bleibt, dann finden wir –

Die Londoner *Daily Mail*, 19. Dezember 1905 – »Wilderer bei Hinton erschossen.« Es war ein großer schwarzer Hund.

Sollte also in London irgendein Interesse geweckt worden sein, so wurde es mit dieser Veröffentlichung wieder zu Bett gebracht.

Wir greifen zu Zeitungen, die näher am Tatort erschienen sind. *Bristol Mercury*, 25. November – daß der Mörder ein Schakal war, der aus einer Menagerie in Gloucester entwichen sei. Damit konnten die Rätsel und die Fragen in den Köpfen der Leser des *Bristol Mercury* ein Ende nehmen.

Da uns der Verdacht kommt, es sei vielleicht überhaupt kein Schakal entwichen, greifen wir zu den Zeitungen aus Gloucester. Im *Gloucester Journal*, 4. November 1905, finde ich einen langen Bericht über die Raubzüge, aber nirgends ist die Rede von irgendeinem Tier, das in Gloucester oder sonstwo entflohen wäre. In den folgenden Ausgaben wird nichts über die Flucht eines Schakals oder irgendeines anderen Tiers gesagt. Die Redaktion erhielt so viele Berichte, daß man sich fragte, ob da nicht mehr als nur ein einziges räuberisches Biest unterwegs wäre. »Manche gehen sogar so weit, an die Überlieferungen vom Werwolf zu erinnern, und die abergläubischen Leute machen sich diese Theorie gern zu eigen.«

Wir hören, daß am 16. Dezember 1905 ein großer schwarzer Hund erschossen worden sei, daß in der betreffenden Gegend aber nach dem 25. November keine Schafe mehr getötet worden seien. Die Daten sehen aus, als sollte der Tatort ein weiteres Mal verlagert werden. In der Nähe von Gravesend hatte ein unbekanntes Tier bis zum 16. Dezember 1905 etwa 30 Schafe getötet (Londoner *Daily Mail*, 19. Dezember 1905). »Kleine Armeen« von Männern gingen auf die Jagd, aber die Tötungen hörten irgendwann auf, und das unbekannte Tier blieb unbekannt.

Ich spinne weiter an meinem Garn. Ich glaube so viel oder so wenig daran, wie ich glaube, daß zweimal zwei vier ergibt.

Wenn es eine Kontinuität gibt, dann kann man sich nur einbilden, man könnte irgend etwas aus dem Gewebe aller Phänomene herausgreifen; oder, wenn es nur das eine Ganze gibt, dann können wir, es sei denn willkürlich, keine zwei Einzelteile finden, um die Folgerung, daß zweimal zwei vier ergäben, in Gang zu bringen. Und wenn es auch die Diskontinuität gibt, dann sind alle Dinge so sehr individualisiert, daß sie, es sei denn willkürlich und nur in der Einbildung, niemals mit etwas anderem eingruppiert oder zu etwas anderem addiert werden können.

Der Londoner *Daily Express*, 14. Oktober 1925 – im Bezirk Edale, Derbyshire, wurden ganze Landstriche wie schon vor Jahrhunderten durch Geschichten über Werwölfe in Angst und Schrecken versetzt. »Etwas Schwarzes und Riesengroßes« schlachtete nachts die Schafe ab und »hinterließ hierhin und dorthin verstreut die Kadaver, die Beine, Schultern und Köpfe abgerissen, das Rückgrat gebrochen und Fleischfetzen herausgerissen«. Zahlreiche Jagdgesellschaften waren ausgezogen, hatten das Tier aber nicht aufspüren können. »An vielen Orten sind die Leute so verängstigt, daß sie nach Einbruch der Dunkelheit ihre Häuser nicht mehr verlassen und ihre Kinder ganz im Haus behalten.« Wenn etwas auf geheimnisvolle Weise aufgetaucht war, dann ist es auf ebenso geheimnisvolle Weise auch wieder verschwunden.

Es gibt zahlreiche Geschichten über brutale Tötungen oder über Kadaver, die nicht angefressen worden sind. Der Londoner

Daily Express, 12. August 1919 – etwas hat in Llanelly, Wales, offenbar einfach um des Tötens willen Kaninchen getötet – es drang nachts in Verschläge ein, nahm aber nie die Kaninchen mit, sondern brachte sie an Ort und Stelle um, indem es ihnen das Rückgrat brach.
Früh am Morgen des 3. März 1906 sah der Wächter des Windsor Castle etwas und gab einen Schuß darauf ab (Londoner *Daily Mail*, 6. März 1906). Es wurden keine Angaben über das Wesen gemacht, das der Mann gesehen hatte. Es hieß, er hätte auf einen der steinernen Zierelefanten geschossen, die im Mondlicht gespenstisch aussehen konnten. Er wurde für drei Tage in der Unterkunft unter Hausarrest gestellt, weil er ohne vernünftigen Anlaß geschossen hatte. Es wäre interessant zu erfahren, was er zu sehen geglaubt hat und was er so überzeugend fand, daß er trotz der Strafandrohung geschossen hat – und ob es etwas zu tun hatte mit –
Daily Mail, 22. März 1906 – daß etwa ein Dutzend Schafe des Königs in der Nähe von Windsor Castle von einem Tier, vermutlich von einem Hund, so schwer gebissen worden seien, daß sie getötet werden mußten. In der *Daily Mail*, 19. März 1906, finde ich einen Bericht über ungewöhnliche Tötungen von Schafen »durch Hunde« in der Nähe von Guildford, das ungefähr 17 Meilen von Windsor entfernt ist. 51 Schafe wurden in einer einzigen Nacht getötet.
Eine Frau auf einem Acker – etwas hat sie gepackt. Zuerst machte eine Geschichte über einen marodierenden Panther die Runde, der aus einer Menagerie entflohen sei. Siehe *Field*, 12. August 1893 – ein Tier, bei dem es sich um einen entflohenen Panther gehandelt haben soll, hätte in Rußland Menschen aufgelauert. Schlagen Sie die Berichte über Werwölfe oder angebliche Werwölfe nach, und Ihnen wird auffallen, daß fast ausschließlich Frauen angegriffen worden sind.
Einen detaillierten Bericht von General R. G. Burton, der sich zu jener Zeit in Rußland aufhielt, finden Sie in *Field*, 9. Dezember 1893. General Burton hatte keine Gelegenheit, den »von diesem geheimnisvollen Tier heimgesuchten Ort« selbst

in Augenschein zu nehmen, aber er gibt die Geschichte wieder, wie er sie von Prinz Sherincki, der aktiv an der Jagd teilgenommen hatte, gehört hatte. Ein unbekanntes Biest hat demnach einen kleinen Bezirk im Gouvernement Orel südlich von Moskau in Angst und Schrecken versetzt. Der erste Angriff kam am Abend des 6. Juli 1893. Drei Tage später wurde eine weitere Frau von einem nicht näher beschriebenen Tier angegriffen, das sie mit Schlägen abwehren konnte, bis Hilfe kam. Am gleichen Tag wurde ein zehnjähriger Junge getötet und zum Teil gefressen. 11. Juli – eine Frau wurde in der Nähe von Trosna getötet. »Am 14. Juli um sechzehn Uhr hat das Untier eine weitere Frau schwer verletzt, und um siebzehn Uhr hat es einen weiteren Angriff auf ein Bauernmädchen unternommen, konnte jedoch von einem Begleiter vertrieben werden, der das Tier am Schwanz weggezogen hat. Diese Einzelheiten sind dem offiziellen Bericht über die Ereignisse entnommen.«

Es gab eine Panik, und die Menschen wandten sich an die Militärbehörden. 3 Offiziere und 40 Mann wurden aus Moskau geschickt. Sie organisierten Patrouillen, die aus 500 bis 1000 Bauern bestanden, doch alle Jagdausflüge blieben erfolglos. Am 24. Juli wurden vier Frauen angegriffen, von denen eine ums Leben kam.

Irgend etwas hat 3 Offiziere und 40 Soldaten und Armeen von bis zu 1000 Bauern übertölpelt. Dem Etwas wurde der Krieg erklärt. Prinz Sherincki kam mit 10 Offizieren und 130 Soldaten aus St. Petersburg. Wir bemerken, daß unheimliche Ereignisse aufhören oder unterbunden werden, sobald große Aufmerksamkeit oder Erregung ausgelöst worden ist. »Nach den landläufigen Beschreibungen war das Tier lang, mit stumpfer Schnauze und runden, abstehenden Ohren, und es besaß einen langen, federnd herabhängenden Schwanz.«

Wir ahnen, was uns gleich blüht.

In *Field*, 23. Dezember 1893, heißt es, nach Begutachtung von Zeichnungen der Fährte des Tiers hätte der Naturkundler Alferachi seine Meinung zum besten gegeben, daß es sich bei dem Tier um einen großen Hund handelte. Er zog diese Schlußfolgerung aufgrund der deutlichen Krallenabdrücke auf den Zeichnungen.

Allerdings heißt es andererseits, daß die Gipsabdrücke der Fußspuren keine Marken von Krallen aufgewiesen hätten. Es heißt, die Krallenabdrücke seien den Zeichnungen hinzugefügt worden, weil Jäger versichert hätten, diese Abdrücke gesehen zu haben. 30 Jahre später beschreibt General Burton (*Chambers' Journal*, Reihe 7, Bd. 14, S. 308), das Tier als ein Wesen, das nie identifiziert worden sei.

Dies führt uns zu einem gewaltigen Thema, das uns vom Abschlachten von Schafen fort- und zu Angriffen auf menschliche Wesen hinführt, manche von ihnen bösartig, manche tödlich und manche gar in der Art des *Jack the Ripper*. Ich besitze zwar Hunderte von Angaben zu geheimnisvollen Angriffen auf Menschen, vermag aber dennoch keine okkulte Kriminologie zu entwickeln.

KAPITEL 14

Im Oktober 1904 ist Captain Bains in Shotley Bridge, zwölf Meilen von Newcastle entfernt, ein Wolf entlaufen, und bald danach wurden aus der Region um Hexham, zwanzig Meilen von Newcastle entfernt, Tötungen von Schafen gemeldet.
Die Schlußfolgerung scheint offensichtlich.
Aber wir haben so unsere Erfahrungen mit Schlußfolgerungen, die vermeintlich offensichtlich sind.
Eine Geschichte über einen Wolf in England ist ein paar Spalten wert, und so stürzten sich die englischen Zeitungen begeistert auf die Wolfsgeschichte. Nicht alle jedoch, denn es gibt einige Blätter, die nicht einmal über eine Dinosaurierjagd im Hyde Park berichten würden. Sonderkorrespondenten wurden nach Hexham in Northumberland geschickt. Einige schrieben aufgrund von Umständen, über die noch zu sprechen sein wird, daß kein Wolf, sondern womöglich ein bösartig gewordener großer Hund der Übeltäter sei. Die meisten schrieben, zweifellos wüte dort ein Wolf, und bekanntermaßen sei ja einer in Shotley Bridge entlaufen.
Irgend etwas schlachtete Schafe ab. Es hat getötet, um Nahrung zu bekommen, und manchmal auch aus Blutdurst. Manchmal hat es vier oder fünf Schafe verstümmelt und eins verschlungen. In Northumberland ist ein großer Appetit umgegangen. Wir können uns vorstellen, welche Mengen ein großer und hungriger Hund verschlingen kann, aber wenn wir diese Berichte lesen, gewinnen wir den Eindruck, daß sie übertrieben sind oder daß das Untier größer gewesen sein muß als ein Wolf. Aber anhand der Entwicklungen würde ich nicht sagen, daß es viel Übertreibung gab. Die Tötungen haben derart überhand

genommen, daß die Bauern sich zum Hexham Wolf Committee zusammenschlossen, eine Belohnung aussetzten und systematisch auf die Jagd gingen.
Abgesehen von neuem Stoff für die Sonderkorrespondenten erbrachten die Jagdausflüge rein gar nichts. Die Korrespondenten konnten über immer neue Tötungen berichten und immer neue Sonderberichte verfassen. Unter anderem wurde verkündet, daß man am 15. Dezember die Jagdhunde von Haydon, eine besonders scharfe Meute, auf das Untier ansetzen wolle. Diese englischen Hunde, so perfekt auf die Fuchsjagd gezüchtet, daß man es in der übrigen Welt kaum glauben wollte, zogen los. Doch wer von so hohem Stande ist, sollte nicht einfach losziehen. Großen militärischen Ruhm kann man sich vor allem in Friedenszeiten erwerben. Solange etwas nicht auf die Probe gestellt ist, kann man es in Ehren halten. Aber die Jagdhunde aus Haydon zogen los. Sie kehrten mit beschädigtem Ruhm zurück.
Dies führt uns zum nächsten Problem:
Wer kann einem berühmten Hund vorwerfen, daß er nichts gerochen hat, wo nichts ist?
Es gibt nicht nur weise Männer, es gibt, lernen wir, auch weise Hunde. Das Wolf Committee hörte von *Monarch*, dem »berühmten Bluthund«. Der Held wurde herbeigerufen, und als er ankam, blickte er so klug und scharfsinnig drein, daß der Schafzüchter Sorgen im Handumdrehen behoben sein mußten. Der weise Hund wurde auf das gesetzt, was man für die Fährte des Wolfs hielt. Aber wer kann es dem berühmten Bluthund verdenken, wenn er nichts riecht, wo nichts ist? Der weise Hund schnüffelte. Dann setzte er sich hin. Es war unmöglich, den Hund auf die Spur eines Wolfs zu setzen, obwohl er jeden Morgen zum Schauplatz eines neuen Gemetzels geführt wurde. Was sollen wir nun davon halten? Wenn eine der berühmtesten Persönlichkeiten das Problem vor Ort nicht lösen konnte, dann hat der Fehler vielleicht darin bestanden, es auf örtlicher Ebene anzugehen.
Bei der Materialsammlung für dieses Buch habe ich bei allem,

was ich mir notiert habe, stets darauf geachtet, es nicht als isoliertes Ereignis zu betrachten, sondern ich habe mich bemüht, weithin nach anderen Ereignissen zu suchen, die mit dem ersten in Verbindung stehen könnten. Also notierte ich diese Wolfsgeschichte und konzentrierte mich auf diese Zeit, auf den Winter 1904/1905, um weitere Angaben zu vermeintlich unzusammenhängenden Ereignissen zu finden, die irgendwo doch einen Keim von Korrelationen in sich tragen mochten.
Ich habe beispielsweise das Folgende gefunden – aber was könnte eins dieser Ereignisse mit den anderen zu tun haben?
Im Winter 1904/1905 gab es zwei aufregende Dinge aus Northumberland zu berichten. Das eine war die Wolfshatz, das andere ein religiöser Erweckungswahn, der von Wales nach England übergegriffen hatte. Männer und Frauen taumelten weinend und rufend und mit Lampen fuchtelnd in trunkenen Prozessionen im Fackelschein einher.
Wenn *Monarch*, der gefeierte Bluthund, herumgeschnüffelt und sich einfach hingesetzt hat, dann sagt mir das, daß man die Fährte nicht in Hexham aufnehmen kann.
Es war eine Zeit, in der es in weiten Teilen Großbritanniens unheimliche Erscheinungen gab. Aber in keinem Bericht über ein unheimliches Ereignis habe ich gelesen, daß ein Schreiber von anderen unheimlichen Ereignissen oder von mehr als zweien oder dreien gewußt hätte. Es gab zu dieser Zeit viele ganz besondere Schrecknisse in Großbritannien. Es gab keinen allgegenwärtigen großen Schrecken. Die Ansteckungskraft populärer Wahnvorstellungen kann als allgemeine Erklärung nicht herangezogen werden.
Seltsame leuchtende Dinge oder Wesen sind in Wales aufgetaucht.
In Wales hatte eine der größten und hysterischsten Erweckungsbewegungen moderner Zeiten begonnen.
Ein Licht am Himmel – und ein frommes Kreischen – ich schnüffle, aber ich setze mich nicht hin.
Ein Wolf und ein Licht und ein Kreischen.
In den *Proceedings of the Society for Psychical Research*, Bd. 19,

sowie im ersten Band von *Occult Review* gibt es ausführliche Berichte über leuchtende Dinge oder Wesen. Wir erfahren, daß über die andächtig erschauernde Schar der walisischen Schäfchen leuchtende Dinge hinweggezogen sind, die innehielten und herabsanken, sobald sie ein Erweckungstreffen bemerkten. Sie hätten sich auf unbekannte Weise mit diesen Zentren der Erregung verbunden, und zwar vor allem dort, wo Mrs. Mary Jones die Führung innehatte. Es wird erzählt, daß ein leuchtendes Ding Mrs. Jones' Auto beharrlich verfolgt hätte und sich nicht einmal abschütteln ließ, als das Auto abrupt von einer Straße abbog.

Soweit es ums Akzeptierbare geht, gebe ich den Berichten von Zeitungsleuten den Vorzug. Es hat immerhin einiges erfordert, sie zu überzeugen. Schreiber, die von Londoner Zeitungen nach Wales geschickt worden sind, haben sich mit unverhohlener Ungläubigkeit auf den Weg gemacht. Fast jeder hat einen heimlichen Hang zu Geheimnissen, aber oft sind solche Neigungen eher abstrakt, und wenn ein Geheimnis der eigenen Erfahrungswelt zu nahe tritt, dann gibt man ihm und aller Welt lieber unzweideutig zu verstehen, daß man sich nicht so leicht auf den Arm nehmen läßt.

Die ersten Berichte, die an die Londoner Zeitungen zurückgeschickt wurden, klangen respektlos. Aber in der Londoner *Daily Mail*, 13. Februar 1905, beschreibt einer der Korrespondenten so etwas wie eine Feuerkugel, die er am Himmel gesehen habe, ein leuchtendes Objekt, das eine Weile reglos innehielt und dann verschwand. Später stieß er keine 500 Fuß entfernt auf eine ähnliche Erscheinung, die sich dieses Mal am Boden befand. Er rannte darauf zu, aber das Ding verschwand. Daraufhin hat die *Daily Mail* Bernard Redwood zu Nachforschungen ausgeschickt. In der *Mail* vom 13. Februar schreibt er, es seien wahrscheinlich nur Irrlichter gewesen, denen Spaßvögel etwas auf die Sprünge geholfen hätten. Wie wir sehr gut wissen, gibt es kaum hilfreichere Geschöpfe als Spaßvögel, doch als Nachfragenverhüter haben Irrlichter ausgespielt. Ein Konventionalist, der heutzutage diese Geschichte erzählt, würde sagen, daß es leuchtende Fledermäuse aus dem Glockenstuhl einer Kapelle waren, und daß ein Küster eine geschossen hätte. Fast jeder Autor, der akzeptierte, daß diese Dinge existierten, glaubte, daß sie auf eine unbekannte oder unerklärliche Weise mit der Erweckungsbewegung in Verbindung standen. Es heißt, die Lichter hätten über Kapellen geschwebt.

Meinen Methoden entsprechend, habe ich mich oft auf bestimmte Perioden konzentriert und Daten gesammelt, um sie miteinander in Bezug zu setzen, aber ich bin auf keine andere Zeitspanne gestoßen, aus der so viele unheimliche Ereignisse berichtet werden.

Es hat Teleportationen in einer Metzgerei gegeben, oder Dinge sind auf geheimnisvolle Weise in einer Metzgerei in Portmadoc in Wales in der Luft herumgeflogen. Man hat die Polizei gerufen, die ein Mädchen verdächtigte, das in der Metzgerei beschäftigt war. Sie »legte ein umfassendes Geständnis« ab (*News of the World*, 26. Februar). Ein Gespenst in Barmouth: keine Einzelheiten (*Barmouth Advertiser*, 12. Januar). Die meisten Angaben bestehen nur aus ein paar Absätzen, aber den Berichten über die Phänomene im Haus von Mr. Howell in Lampeter in Wales gaben die Zeitungen mehr Raum. Wie in der Londoner *Daily News*, 11. und 13. Februar 1905, berichtet wird, waren im Haus »geheimnisvolle Klopfzeichen« zu hören. Draußen vor dem Haus hätte sich eine Menschenmenge gesammelt. Der Bischof von Swansea und Professor Harris haben die Angelegenheit untersucht, konnten aber keine Erklärung finden. Die Menge auf der Straße schwoll so weit an, daß die Polizei zur Verkehrsregelung Verstärkung anforderte, aber man konnte nichts in Erfahrung bringen. Im Haus lebten Jugendliche, die allerdings kein Geständnis ablegten. Mr. Howell genoß in seiner Gemeinde, wie man so sagt, einiges Ansehen. Es sind immer die Hausmädchen oder die Aushilfen in einer Metzgerei, deren Eltern vermutlich kein so hohes »Ansehen« genießen, die herumgestoßen oder ein bißchen geschüttelt oder vielleicht auch nur geohrfeigt werden, bis sie gestehen oder angeblich gestehen.

Wie im *Liverpool Echo*, 15. Februar, zu lesen ist, gab es auch in Rhymney in Wales einige Unruhe, doch die Nachforschungen hätten zu nichts geführt. Man hätte in einem Zentrum der Erweckungsbewegung, einer Baracke der Heilsarmee, ein Klopfen gehört und seltsame Lichter gesehen. Ob diese Lichter den anderen glichen, die damals in Wales aufgetaucht sind, vermag ich nicht zu sagen. Jedenfalls haben Reverend J. Evans und andere Forscher, die in der Baracke übernachtet haben, erklärt, sie hätten »sehr helle Lichter« gesehen.

Im *Southern Daily Echo*, 23. Februar 1905, steht ein Bericht über »unerklärliches Pochen« an einer Haustür in Crewe. Eine junge Frau, die im Haus lebte, sei plötzlich verstorben. Ein Arzt hätte sie für tot erklärt. Aber es gab eine Untersuchung, und der Leichenbeschauer erklärte: »Ich kann kein einziges Todeszeichen finden.« Dennoch wurde sie offiziell für tot erklärt und beerdigt. Meine Mutmaßungen über mögliche Korrelationen sind zu unsicher, als daß ich in die Einzelheiten gehen könnte, aber eingedenk der Tatsache, daß gewöhnliche Katalepsie äußerst selten vorkommt, will ich anführen, daß ich Aufzeichnungen über drei Menschen besitze, die in dieser Periode gerade rechtzeitig aus einer Trance erwachten, bevor sie lebendig begraben wurden. Es gibt Daten über »eigenartige Selbstmorde«, die ich hier übergehen will. Ich habe mehrere Dutzend Berichte über »geheimnisvolle Brände« aus dieser Zeit.

Ein Gemetzel in Northumberland – die Bauern, die es konnten, brachten ihre Schafe nachts in Ställen unter – andere stellten zur Abschreckung Laternen auf den Weiden auf. *Monarch*, der berühmte Bluthund, der nicht riechen konnte, was vielleicht nicht da war, wurde in den Zeitungen nicht mehr erwähnt, und bis auf eine Frau hörten die Einwohner von Hexham auf, ihm Chrysanthemen zu schicken. Aber der Glaube an Berühmtheiten ging nicht unter, denn er wird nie untergehen, und als der ungarische Wolfsjäger erschien, wurde er nur deshalb nicht mit einer Militärkapelle und einer Konfettiparade begrüßt, weil Hexham wie die meisten anderen Winkel Englands zu dieser Zeit noch nicht weit genug amerikanisiert war. Dies hat sich zugetragen, bevor bei den Engländern die Bildung ausgebrochen ist. Bewegte Bilder hatten damals noch keinen großen Einfluß. Der ungarische Wolfsjäger galoppierte auf einem zottigen ungarischen Pony über Berg und Tal herbei und ritt vermutlich unter seltsamen ungarischen Jagdschreien eine Weile im Kreis herum. Er hätte sich auch hinsetzen und schnüffeln können. Er hätte auch herumstehen können wie ein distinguierter General oder Admiral bei Ausbruch eines Krieges.

In einer einzigen Nacht wurden in Low Eschelles vier Schafe und in Sedham eines gerissen. Am 20. Dezember begann dann die große Jagd, die allen Erwartungen nach die letzte werden sollte. Man zog von Hexham aus ins Feld: Wildhüter, Waldarbeiter, Bauern, Sportschützen von nah und Sportschützen von fern, Männer zu Pferd und zwei Männer in Einspännern, ein Mann auf einem Fahrrad und ein berittener Polizist. Zwei Frauen mit Gewehren, eine von ihnen in blauem Straßenkleid, falls uns dieses Detail etwas nützt.

Sie kamen am Ende zurück und hatten nichts gesehen, was sie hätten schießen können. Einige sagten, das läge daran, daß nichts existierte. Alle anderen hatten etwas über Captain Bains zu sagen. Der unbeliebteste Mann im Norden Englands war zu jener Zeit Captain Bains aus Shotley Bridge. Fast jede Nacht tötete und verschlang irgend etwas Schafe, höchstwahrscheinlich Captain Bains' Wolf, auch wenn man keinen Hinweis darauf finden konnte, daß irgend jemand einen Wolf gesehen hätte.

In Brighton schlug eine unbekannte Kraft oder ein Ding Töne auf einem Musikinstrument an (*Daily Mail*, 24. Dezember 1904). Später hat man sich Geschichten über einen »Geisterradfahrer« in der Nähe von Brighton erzählt (der Londoner *Daily Mirror*, 6. Februar 1905). Im *Journal of the Society for Psychical Research*, 13-259, ist die Aussage eines Zeugen veröffentlicht, der in der Nähe des Dorfes Hoe Benham etwas gesehen haben will, das wie ein großer Hund wirkte, der sich anscheinend in einen Esel verwandelte. Seltsame Geräusche waren in der

Nähe von Bolton in Lancashire zu hören – »nichts als das Klatschen eines Seils an einem Fahnenmast«. Dann hieß es, man hätte eine Gestalt gesehen (*Lloyd's Weekly News*, 15. Januar 1905). Eine Türglocke hat aus unerfindlichen Gründen in Blackheath bei London geläutet. Die Polizei hat das Haus beobachtet, aber nichts herausfinden können (*Daily Mirror*, 13. Februar 1905). In keinem einzigen dieser Berichte kommt zum Ausdruck, daß etwas über die anderen, zur gleichen Zeit veröffentlichten Berichte bekannt gewesen wäre. Wenn Sie die Schriften der Society for Psychical Research durchsehen, werden Sie sich fragen, was diese Gesellschaft getan hat. Man hat zwei der in diesem Kapitel erwähnten Fälle untersucht, aber nirgends wird deutlich, daß man in einer Zeit lebte, in der solche Phänomene verstärkt aufgetreten sind. Andere Phänomene oder angebliche Phänomene – ein Gespenst in Exeter Deanery; keine Einzelheiten (*Daily Mail*, 24. Dezember 1905). Seltsame Geräusche und Lichter in einem Haus in Epworth (*Liverpool Echo*, 25. Januar 1905). Die Einwohner von Bradford glaubten, sie hätten eine seltsame Gestalt in einen Club eindringen sehen – die Polizei wurde gerufen – die Suche blieb ergebnislos (*Weekly Dispatch*, 15. Januar). In Edinburgh hat Mr. J. E. Newlands, der Inhaber des Fulton Chair am United Free College, eine »Gestalt« neben sich gehen sehen (*Weekly Dispatch*, 16. April 1905).

Aber das herausragende Phänomen jener Zeit war die Erwekkungsbewegung –

Liverpool Echo, 18. Januar 1905 – »Wales im Bann übernatürlicher Kräfte!«

Dies war eine Anspielung auf die heftiger werdenden Tollheiten der Erweckungsbewegung und die sie begleitenden Leuchterscheinungen oder Wesen, die gemeldet worden waren. »Übernatürlich« ist ein Wort, das in meinem Vokabular keinen Platz hat. Meiner Ansicht nach hat es keine Bedeutung und bezeichnet nichts Bestimmtes. Wenn es noch nie eine endgültige natürliche Erklärung für irgend etwas gegeben hat, dann ist natürlich alles übernatürlich.

Der Bann, unter dem Wales stand, war ein Anfall von Wahnsinn.

Die Erregung war ein Verbrennungsvorgang oder eine Art Psychoelektrizität oder was man nur will, nur nicht das, was es angeblich sein sollte. Vielleicht ist aus menschlichen Batterien eine Kraft geströmt, die den leuchtenden Wesen, die sich da herumtrieben, von Nutzen war. Vielleicht haben sie sich davon ernährt und sind gewachsen und haben, strahlend in eine nahrhafte Ekstase verfallen, hell geleuchtet. Schlagen Sie die Daten über das erstaunliche Wachstum von Pflanzen nach, wenn sie radioaktive Nährstoffe oder Stimulationen bekommen. Wenn ein Mensch an Gott trunken werden kann, dann kann er seine Verzückung gewiß auf andere Manifestationen des Göttlichen zu dessen Nutzen übertragen.

Es gab Ausbrüche, wo man sie am wenigsten erwartet hätte. In großen Geschäften haben Verkäuferinnen, während sie Kunden bedienten, plötzlich oder elektrisch begonnen, in die Hände zu klatschen und zu singen. Wahrscheinlich haben einige von ihnen diese Kapriolen aus Freude an der Sache aufgegriffen und sich einen Spaß daraus gemacht, schwierige Kunden warten zu lassen. Mir fällt auf, daß öffentliche Ausbrüche stattfanden und weitergingen, als hingen sie zusammen, auch wenn jeweils sehr unterschiedliche Motive eine Rolle gespielt haben könnten.

Heftige emotionale Reaktionen gegen die Sünde kann man nicht verstehen, ohne an den Spaß zu denken, den sie mit sich bringen. Sie durchbrechen die Eintönigkeit. Langweilige, kleine Personen haben die Chance zu kreischen, bis sie sich lebendig fühlen. Es gab Beichtsüchtige, die, obwohl man ihnen kaum glauben mochte, ihre Verworfenheit verkündeten und dann mit Offenbarungen über ihre Nachbarn fortfuhren, bis die sündigen Nachbarn sich um Polizeischutz bemühten. In einer Stadt ging ein Mann von Geschäft zu Geschäft und brachte Dinge zurück, die er überhaupt nicht gestohlen hatte. Banden von Mädchen strolchten durch die Straßen und stürmten ebenso entschlossen wie boshaft in stille Kirchen, wo es bisher ruhig geblieben war, sangen und klatschten in die Hände und stießen laute Schreie aus, und dann begannen die Mutigsten, zu vorübergehendem Gleichklang gezwungen, wirres Zeug zu plappern. Das Händeklatschen im Takt zum Gesang war fast unwiderstehlich. Die Ursache lag wohl in den Schwingungen: ein Rhythmus hat die Kraft, unterschiedliche Teile in Harmonie zu bringen; die urwüchsige Kraft des Trommelschlags. Sonderzüge mit Schaulustigen, denen alles andere, nur nicht ihr Seelenheil am Herzen lag, fuhren von Liverpool zu walisischen Versammlungsorten. Händler kamen mit Dingen, für die sich ein Abnehmer finden mochte; einige sogar mit ehrbaren Absichten. Das Händeklatschen begann, und emotionale Wogen tosten durch Wales.

In den Städten Blyth und Dover hatten die Leute Angst vor Gespenstern. *Blyth News*, 14. März – eine Menschenmenge sammelt sich vor einem Schulhaus – drinnen etwas von gespenstischer Natur – nichts als das Knarren einer Trennwand.

Ich greife etwas anderes auf. Wir fragen uns, wie weit uns unsere neo-mittelalterliche Sichtweise noch bringen wird. Vielleicht – auch wenn unsere Interpretationen andere sind – werden wir erst vor der Mittelalterlichkeit selbst zurückschrecken. *Blyth News*, 28. Februar – man hat beobachtet, daß aus dem Fenster eines Hauses in Blyth Qualm gedrungen ist. Nachbarn betraten das Haus und fanden die Leiche der Bewohnerin, der 77jährigen Barbara Bell, auf einem Sofa. Der Körper war verbrannt, als hätte er lange Zeit mitten in einem heftigen Feuer gelegen. Es sah aus, als sei das Opfer in den Kamin gefallen. »Die Leiche war gräßlich verkohlt.«

Etwas hat Schafe abgeschlachtet – und Dinge wurden am Himmel von Wales gesehen – und es kann sein, daß es Dinge oder Wesen gab, die sich wie Brände benommen und die Körper von Frauen verzehrt haben. Die Londoner *Daily News*, 17. Dezember 1904 – »Gestern morgen wurde Mrs. Thomas Cochrane aus Rosehall, Falkirk, die Witwe eines angesehenen Herrn aus dem Ort, verbrannt in ihrem Schlafzimmer aufgefunden. Obwohl im Kamin kein Feuer brannte, war sie bis zur Unkenntlichkeit verbrannt.« Niemand hatte Schreie gehört, und außer ihr selbst war kaum etwas angesengt. Der Körper

wurde »auf einem Sessel sitzend gefunden, von Kissen und Polstern umgeben«.
Die Londoner *Daily Mail*, 24. Dezember – Untersuchung der Leiche einer Frau, die an den Folgen »rätselhafter Verbrennungen« gestorben war. »Über die Herkunft ihrer Verletzungen ließ sich nichts herausfinden.« Ein Armenhaus spät am Abend – und irgend etwas hat eine Frau verbrannt. Das Armenhaus von Hull – die Geschichte wird am 6. Januar in der *Hull Daily Mail* veröffentlicht. Der Körper mit Brandwunden übersät – die Frau lebte noch, als sie am Morgen gefunden wurde – seltsam, daß niemand Schreie gehört hatte – das Bettzeug ohne Brandspuren. Die Frau namens Elizabeth Clark konnte nichts über ihre Verletzungen sagen, und sie starb, ohne das Rätsel aufgeklärt zu haben. »Im Zimmer war kein Feuer und nicht einmal eine Lampe.«
An beiden Ufern des Flusses Tyne setzte irgend etwas die Schlachtungen fort. Es überquerte den Tyne, nachdem es auf einer Seite getötet hatte, um sein Werk auf der anderen fortzusetzen. In East Dipton wurden zwei Schafe bis auf das Fell und die Knochen verschlungen, und in der gleichen Nacht wurden auf der anderen Seite des Flusses ebenfalls zwei Schafe getötet.
»Der Großwildjäger aus Indien!«
Wieder eilte eine Berühmtheit herbei. Das Wolf Committee empfing den Helden am Bahnhof. Er hatte sich einen karierten Schal um den Hals gelegt, und die Ohrklappen seiner Jagdmütze waren unvergleichlich. Praktisch jeder hatte Vertrauen zum Schal oder glaubte, daß die Klappen Autorität verhießen. Die Vorrichtungen, mit denen er seine Ohren bedeckte, ließen die Zuschauer glauben, sie befänden sich in Gegenwart von Wissenschaft.
Der *Hexham Herald* – »Endlich ist der richtige Mann gekommen!«
So wurde die Wolfshatz schließlich mit wissenschaftlichen Mitteln angegangen. Die gewöhnlichen Jagdausflüge gingen weiter, aber der weise Mann aus Indien wollte nichts mit ihnen

zu tun haben. Bekleidet mit seiner Mütze mit Klappen, wie man sie noch nie in Northumberland gesehen hatte, und den karierten Schal fest um den Hals gelegt, zog er von Bauernhof zu Bauernhof, ging die Daten durch und klassifizierte die Beobachtungen: Er zeichnete Lagepläne und verzeichnete die Daten auf Karteikarten. In gewissen Situationen ist dies die beste Methode; aber was der methodische weise Mann niemals lernen wird, ist, daß es eine noch bessere Methode ist, wenn man sich nicht zu sehr an eine bestimmte Methode klammert.

In Hexham ging es um ernsthafte Dinge. Das mörderische Biest war eine Gefahr und eine Landplage. Ein paar gewöhnliche Jäger äußerten sich ungehalten über all die Verzögerungen, aber der *Hexham Herald* stellte sich vor die Wissenschaft: »Endlich der richtige Mann am richtigen Ort!«

Es hat in dieser Zeit noch eine andere Serie von Tötungen gegeben. Auf einem Gehöft in der Nähe von Newcastle hat Ende 1904 irgend etwas das Geflügel umgebracht. Die Übergriffe rissen nicht ab, und der Übeltäter ging so verstohlen vor, daß Leute, die man für abergläubisch hielt, auf eine Weise zu reden begannen, die man gemeinhin für unaufgeklärt hält.

Dann hat man die Leiche eines Otters gefunden.

Die Tötungen von Geflügel hörten auf.

Eine Erörterung der Schlußfolgerung, die jedem normalen Logiker offensichtlich erscheint, können Sie in *Field*, 3. Dezember 1904, nachlesen. Dort erfahren wir, daß Otter zwar normalerweise von Fisch leben, gelegentlich aber ihren Speiseplan umstellen. Es wurden allerdings keine Daten über Otter veröffentlicht, die sich beharrlich an Geflügel vergriffen hätten.

Der Kadaver dieses Otters wurde auf Eisenbahngleisen gefunden.

Frankreich im Griff militärischer Kräfte. August 1914 – Invasion in Frankreich, und die Leute in Frankreich wußten, daß die Invasion stattgefunden hatte. Ich bin der Ansicht, daß sie es nur deshalb wußten, weil es ein konventionelles Ereignis war. Es gab keine Weisen, die sagten, die Berichte über Männer, die über Straßen zogen, hätten nichts mit den Verstümmelten zu tun, die in den Krankenhäusern auftauchten, und daß die Zerstörungen im Land nur zufällig aufgetreten seien. Die Weisen Frankreichs haben nicht für jedes begrenzte Ereignis eine begrenzte Erklärung aufgeboten, sondern natürlich alle Ereignisse als Manifestation einer einzigen Invasion gesehen. Man hat es den menschlichen Augen erlaubt, menschliche Invasoren zu sehen.

Wales im Griff »übernatürlicher Kräfte«. Die Leute in England haben zunächst kaum darauf geachtet, aber dann schwappte die Hysterie über die Grenzen. Denjenigen, die den einen oder anderen Fehler haben und hin und wieder einen Gedanken darauf verwenden, sich zu bessern, soweit das möglich ist, die aber meist zu beschäftigt sind, als daß sie sich groß darum kümmern könnten, denen kommen Zyklone von Emotionen, die mit Ebenen zu tun haben, die man unbestimmt als *Gut* und *Böse* bezeichnet, höchst geheimnisvoll vor. Im *Barmouth Advertiser* vom 20. April 1905 heißt es, in den ersten drei Monaten des Jahres 1905 seien 16 Patienten, deren Demenz mit der Erweckungsbewegung in Verbindung gebracht wurde, ins Irrenhaus von Denbigh eingewiesen worden. Vermutlich wurden viele Fälle gar nicht erst gemeldet.

Im *Liverpool Echo* vom 25. November 1904 stehen Berichte über vier verrückte Erwecker, die in ihren eigenen Häusern unter Arrest gestellt worden waren. Drei Fälle in einer einzigen Stadt werden in derselben Zeitung am 10. Januar 1905 gemeldet. Der Irrsinn griff weiter um sich und tobte in einigen Teilen Englands so heftig wie in Wales. In Bromley verfaßte eine Frau ein Geständnis ihrer Sünden, von denen sie einige, wie es hieß, keinesfalls begangen haben konnte, und warf sich anschließend vor einen Zug. In vielen Städten wurden die Polizeiwachen von Predigern belagert. In England und in Wales bauten sich Trupps vor Theatern auf und forderten die Leute auf, nicht einzutreten. Auf die gleiche Weise versuchten sie, die Besucher von Rugbyspielen von ihrem Vorhaben abzubringen.

29. Dezember 1904 – »Wolf an einer Eisenbahnstrecke getötet!« Dies hat sich in Cumwinton, nahe Carlisle und etwa dreißig

Meilen von Hexham entfernt, ereignet. Das tote Tier wurde an einer Eisenbahnstrecke gefunden – »Ein Prachtexemplar eines männlichen grauen Wolfs – insgesamt fünf Fuß lang – Höhe von den Pfoten bis zur Schulter dreißig Zoll.«

Captain Bains aus Shotley Bridge eilte sofort nach Cumwinton. Er besah sich den toten Wolf und erklärte, das sei nicht sein Wolf.

Die Zeitungen äußerten Zweifel. Ein Mann sollte wohl seinen Wolf wiedererkennen können, aber wenn der Wolf Anlaß zu einem Haufen Schadenersatzklagen gegeben hat, dann könnte das Erinnerungsvermögen etwas getrübt sein.

Der Kadaver des Wolfes wurde gefunden, und danach wurden keine Schafe mehr gerissen.

Aber Captain Bains' Erklärung, der Wolf sei nicht seiner, wurde vom Hexham Wolf Committee akzeptiert. Die Daten sprachen für den Captain. Er hatte die Flucht seines Wolfs gemeldet, und die Beschreibung war auf der Polizeiwache von Shotley Bridge aktenkundig gemacht worden. Captain Bains' Wolf war im Oktober kein ausgewachsenes »Prachtexemplar« gewesen, sondern ein viereinhalb Monate altes Jungtier. Auch wenn niemand auf diesen Umstand einen Gedanken verwendete, es war im *Hexham Herald* vom 15. Oktober 1904 erwähnt worden.

Wenn ich die vorliegenden Daten richtig verstehe, hat man den Wolf von Cumwinton nicht identifizieren können. Niemand hatte die Flucht eines ausgewachsenen Wolfs gemeldet. Die Meldungen über den Tod des Wolfs wurden dagegen in ganz England veröffentlicht. Möglicherweise stammte das Tier aus einer weit von England entfernten Gegend. Photos des Wolfs wurden als Postkarten verkauft. Schaulustige strömten nach Cumwinton. Männer, die im Showgeschäft arbeiteten, boten an, den Wolf zu kaufen, aber die Eisenbahngesellschaft entschied, da der Kadaver nicht identifiziert worden sei, gehöre er der Gesellschaft. Der Kopf wurde konserviert und zum Hauptsitz in Derby geschickt.

Aber was ist nun aus dem Wolf von Shotley Bridge geworden? Alles, was man sagen kann, ist, daß er verschwunden ist.

Das Geheimnis beginnt mit diesen Worten:
Daß im Oktober 1904 ein Wolf, der Captain Bains aus Shotley Bridge gehört hat, entflohen sei, und daß zu dieser Zeit die Tötungen von Schafen ihren Anfang nahmen, daß aber Captain Bains' Wolf mit diesen Tötungen nichts zu tun hatte.
Oder, daß es in Northumberland Meldungen über Tötungen von Schafen gegeben hatte, und daß daraufhin die Nachricht über die Flucht eines Wolfs die Runde machte, was die Tötungen von ein paar Schafen erklären könnte –
Daß aber außerdem Schafe verschlungen wurden, was man nicht mit einem jungen Wolf erklären kann.
Der junge Wolf ist verschwunden, und es ist ein anderer aufgetaucht, und zwar einer, dem man aufgrund seiner Größe und Kraft das Verschlingen hätte zutrauen können.
Irgendwo war Wissenschaft.
Hätte Captain Bains sich nicht sofort vergewissert, dann wären die aktenkundigen Unterschiede zwischen den beiden Tieren übersehen worden, oder man hätte es nicht geglaubt, und es hätte einfach geheißen, in Shotley Bridge sei ein Wolf entlaufen, der gewildert hätte, bis er in Cumwinton umgekommen sei. Aber Captain Bains hat sich vergewissert, und seine Aussage, daß der Wolf von Cumwinton nicht sein Wolf sei, wurde akzeptiert. So haben wir also an Stelle einer befriedigenden Erklärung ein neues Geheimnis. Woher ist der Wolf von Cumwinton gekommen?
Irgendwo ist etwas am Werke, das Geheimnisse umbringen will. Vielleicht immer und vielleicht doch nicht immer kann man es in alltäglichen Begriffen beschreiben. Wenn leuchtende Dinge, die wie Vögel fliegen, die Aufmerksamkeit der Menschen erregen, dann taucht ein Mr. Cannell auf und behauptet, er hätte eine leuchtende Eule gefunden. In den Zeitungen war Mitte Februar die Geschichte zu lesen, daß Captain Alexander Thompson aus Tacoma im US-Bundesstaat Washington – ich habe das nachgeschlagen und erfahren, daß im Jahre 1905 tatsächlich ein Captain Alexander Thompson in Tacoma gelebt hat – eine Straße in Derby entlangging, ins Schaufenster eines

Präparators blickte und den angeblichen Wolfskopf sah. Er hat ihn erkannt, und zwar nicht als Kopf eines Wolfs, sondern als Kopf eines *Malmoot*, eines Schlittenhunds aus Alaska, der halb Hund und halb Wolf ist. Dieses Tier war zusammen mit anderen *Malmoots* im Rahmen einer Ausstellung nach Liverpool gebracht worden und dort auf der Straße entflohen. Ich habe zwar die Daten nicht verifizieren können, habe aber erfahren, daß es in Liverpool tatsächlich eine solche Ausstellung gegeben hat. Captain Thompson nannte allerdings kein Datum. Die Besitzer des *Malmoot* hatten geschwiegen und den Verlust hingenommen, statt ihn an die große Glocke zu hängen, weil sie fürchteten, womöglich für die gerissenen Schafe zur Kasse gebeten zu werden, wenngleich in den Straßen von Liverpool wohl kaum Schafe gerissen worden waren. Es gab keine Bestätigung für diesen alltäglichen Ausgang. In den Zeitungen Liverpools wurden keine weiteren Meldungen zu diesem Thema abgedruckt.

Liverpool ist 120 Meilen von Hexham entfernt.

Es ist die Geschichte eines Tiers, das in Liverpool entkommen ist, das ohne eine Spur von Tötungen zu hinterlassen, in einen fernen Teil Englands gelaufen ist, genau an die Stelle, wo ein junger Wolf herumstreunte, und dort zu töten begann wie ein Wolf.

Ich glaube dagegen, daß das Tier von Cumwinton kein *Malmoot* war.

Derby Mercury, 22. Februar 1905 – daß das Tier von Mr. A. S. Hutchinson, dem Präparator im Naturgeschichtlichen Museum von Manchester, als Wolf identifiziert worden sei. *Liverpool Echo*, 31. Dezember 1904 – daß das Tier von einem Vertreter des Zirkus Bostock & Wombell's, der von Edinburgh gekommen war, um den Kadaver zu besichtigen, als Wolf identifiziert worden sei.

Geflügel wird getötet, ein toter Otter liegt an Eisenbahngleisen – und das Töten von Geflügel hört auf.

Oder, daß es vielleicht okkulte Dinge gibt, Wesen und Ereignisse, und daß es außerdem so etwas wie eine okkulte Polizeitruppe gibt, deren Aufgabe es ist, das Mißtrauen der Menschen zu zerstreuen und Erklärungen zu liefern, die gut genug sind für das, was Menschen so an Verstand besitzen – oder, wenn es okkulte Übeltäter und okkulte Plünderer gibt, daß sie von einer Welt kommen, auf der auch andere Wesen wirken, die sie im Zaum zu halten und sie zu erklären versuchen, wenn auch nicht aus edlen Motiven, weil sie, allerdings auf subtilere oder ordentlichere oder besser organisierte Weise, auch selbst das Leben auf der Erde ausbeuten.

Bei der Untersuchung obskurer oder okkulter Phänomene oder vermeintlicher Phänomene haben wir bemerkt, daß orthodoxe Wissenschaftler in Dingen, die heute allgemein als schierer Aberglaube gesehen werden, mitunter keine so kompromißlose Gegenposition beziehen wie jene, die keine Nachforschungen unternommen haben. Im *New Orleans Medical and Surgical Journal*, April 1894, gibt es einen Bericht über einen Fall von »Spontanverbrennung von menschlichen Körpern«. Der Bericht stammt von Dr. Adrian Hava, der den Vorfall nicht selbst erlebt hat, sondern einen Bericht seines Vaters wiedergibt.

In *Science*, 10-100, wird aus einem Vortrag zitiert, den Dr. B. H. Hartwell aus Ayer, Massachusetts, vor der Gerichtsmedizinischen Gesellschaft von Massachusetts gehalten hat. Dr. Hartwell führte aus, daß er am 12. Mai 1890, als er in der Nähe von Ayer durch ein Waldstück fuhr, einen Ruf gehört habe. Er sei in den Wald eingedrungen und habe auf einer Lichtung eine Frau gefunden, die niedergekniet war. Flammen, die nicht aus der Kleidung kamen, verzehrten die Schultern, beide Seiten ihres Bauchs und beide Beine. Siehe Dr. Dixon Manns *Forensic Medicine*, Ausgabe 1922, S. 216. Dort werden mehrere Fälle berichtet und als wahrhaftig akzeptiert – beispielsweise der Fall einer Frau, die von so heftigen Flammen verzehrt wurde, daß auf dem Boden ihres Zimmers nur ein Haufen kalzinierter Knochen übrigblieb. Das Feuer, falls es überhaupt ein Feuer im gewöhnlichen Sinne war, muß so heiß wie die Flammen eines Schmelzofens gewesen sein. Dennoch wurde eine Tischdecke, die nur drei Fuß vom Aschehaufen entfernt war, nicht versengt. Es gibt noch weitere solcher Aufzeichnungen.

Ich glaube, unsere Daten haben nicht mit der »Spontanverbrennung von menschlichen Körpern« zu tun, sondern mit Dingen oder Wesen, die unter Entwicklung von Flammen Männer und Frauen verzehren, die aber wie Werwölfe oder wie angebliche Werwölfe überwiegend Frauen auswählen. Auch diese Dinge haben sich in besagtem Winter 1904/1905 ereignet. Anfang Februar wachte eine Frau, die vor einem durch Gitter gesicherten Kaminfeuer im Sitzen eingeschlafen war, auf und stellte fest, daß sie in Flammen stand. Eine alltägliche Erklärung scheint hier auszureichen; dennoch handelt es sich auch hier um eine Geschichte über eine »rätselhafte Verbrennung«, wie es in *Lloyd's Weekly News* vom 5. Februar heißt. Der Gerichtsmediziner erwies sich als unfähig, eine Erklärung zu finden. In seinem Kommentar zu diesem Fall hatte der Gerichtsmediziner angedeutet, daß möglicherweise ein Stück Schlacke durch das Gitter gesprungen und die Kleider der Frau in Brand gesetzt haben könnte, aber andererseits hatte sie mit dem Gesicht zum Feuer gesessen, und die Verbrennungen waren auf ihrem Rücken.

Am Morgen des 26. Februar 1905 (gemeldet im *Hampshire Advertiser* vom 4. März) haben in Butlock Heath in der Nähe von Southampton die Nachbarn eines alten Ehepaars namens Kiley Kratzgeräusche gehört. Sie drangen ins Haus ein und sahen, daß es drinnen brannte. Kiley wurde, tödlich verletzt, auf dem Boden liegend gefunden. Mrs. Kiley, ebenfalls mit tödlichen Brandwunden, saß im gleichen Zimmer auf einem Stuhl, »schlimm verkohlt, aber noch erkennbar«.

Ein Tisch war umgekippt, und auf dem Boden lag eine zerbrochene Lampe.

Anscheinend gibt es also eine naheliegende Erklärung. Aber bei der gerichtlichen Untersuchung stellte sich heraus, daß die Lampe den Brand nicht ausgelöst haben konnte. Der Spruch lautete: »Tod durch Unfall, doch konnte die Jury nicht bestimmen, auf welche Weise.«

Die Opfer waren »nach den identifizierbaren Kleidungsresten zu urteilen« voll bekleidet gewesen. Dies läßt vermuten, daß die Kileys vor der Schlafenszeit verbrannt waren. Stunden später stand das Haus in Flammen. Bei der Untersuchung stand man vor der Frage, warum keiner von beiden um Hilfe gerufen hatte, obgleich sie doch vermutlich nicht schliefen, und warum sie durch ein Feuer, das sich erst Stunden später zu einem größeren Brand ausweitete, zu Tode gekommen waren.

Etwas hatte einen Tisch umgestoßen. Eine Lampe war zerbrochen.

Wieder das Phänomen der Verlagerung der Szenerie –

Bald nachdem in der Umgebung von Newcastle die Tötungen des Geflügels aufgehört hatten, wurden von der Binbrook Farm in der Nähe von Great Grimsby unheimliche Ereignisse gemeldet. Ein Bericht von Reverend A. Custance aus der Pfarrei Binbrook ist im *Journal of the Society for Psychical Research*, 12-138, veröffentlicht worden. Dieses Mal gab es kein Geständnis, denn das in den Fall verwickelte Mädchen – wiederum eine junge Haushaltshilfe – war nicht in der Verfassung, daß man sie hätte auf eine Polizeiwache schleppen können. Es dürfte nicht leicht sein, sich auch in diesem Fall vorzustellen, daß ein Trick des Mädchens dahintersteckt. Wie man hört, sind in den Zimmern Gegenstände herumgeflogen, und dreimal sind Brände ausgebrochen, wenn es auch keine »großen, lodernden Feuer« waren. Schließlich verbrannte sich die Magd selbst oder wurde von etwas angegriffen, das ihr Verbrennungen zufügte.

Im *Liverpool Echo*, 25. Januar 1905, ist ein Brief von einem Lehrer aus Binbrook abgedruckt, der erklärte, in einem Zimmer, in dem es keinen Kamin gab, sei eine brennende Decke gefunden worden. Laut Bericht von Colonel Taylor an die Society for Psychical Research wurden die ersten Ereignisse am 31. Dezember registriert.

Etwas hat Hühner auf dem Bauernhof und im Hühnerstall umgebracht. Alle kamen auf die gleiche Weise ums Leben. Vampirismus? Die Kehlen waren aufgerissen.

Ich greife zu einer Zeitungsmeldung über die Phänomene von

Binbrook. Der Autor glaubte so wenig an okkulte Phänomene, daß er mit den Worten begann: »Aberglaube ist nicht auszurotten.« In den *Louth and North Lincolnshire News*, 28. Januar 1905, berichtet er von Gegenständen, die im Bauernhaus unerklärlicherweise von Regalen fielen, und von anderen Objekten, die »angeblich« auf unerklärliche Weise versetzt worden seien. »Eine Geschichte, welche den Ungebildeten sehr entsetzen könnte, handelt von einer Magd, deren Rücken schlimm verbrannt worden ist, als sie den Boden gefegt hat. Der Bauer erzählt es so: ›Unsere Magd, die wir aus dem Armenhaus geholt haben und die keine Verwandten und keine Freunde auf der Welt hat, war gerade dabei, den Küchenboden zu fegen. Im Herd brannte nur ein kleines Feuer, und davor steht ein Schutzblech, so daß man nicht näher als zwei Fuß herankommen konnte. Sie war am anderen Ende des Raumes und sicher nicht in der Nähe des Herdes. Ich betrat plötzlich die Küche, und da sah ich sie immer noch friedlich fegen, während schon der hintere Teil ihres Kleides brannte. Sie drehte sich um, als ich sie anrief, und als sie die Flammen sah, stürmte sie hinaus. Sie stolperte, und ich drückte das Feuer mit nassen Säcken aus. Aber sie hatte schreckliche Verbrennungen davongetragen, und sie ist jetzt im Louth Hospital und leidet schreckliche Schmerzen.‹

Dieser letzte Satz entspricht allerdings der Wahrheit. Unser Mitarbeiter hat sich gestern im Krankenhaus erkundigt und konnte erfahren, daß das Mädchen auf dem Rücken großflächige Verbrennungen erlitten hat und sich in einem kritischem Zustand befindet. Sie hält an ihrer Aussage fest, daß sie sich mitten im Raum befunden habe, als ihre Kleider Feuer fingen.«

Wenn wir versuchen wollen, dieses Ereignis zu verstehen, wird viel davon abhängen, was man von den unbeobachteten Tötungen der Hühner hält –

»Von 250 Hühnern, erklärt Mr. White, seien ihm nur 24 geblieben. Sie seien alle auf die gleiche, absonderliche Weise ums Leben gekommen. Am Hals ist vom Kopf bis auf die Brust die Haut abgeschält, die Luftröhre wurde herausgezogen und ist gerissen. Das Hühnerhaus wurde Tag und Nacht bewacht, aber wann immer man nachsah, waren wieder vier oder fünf Hühner tot.«

In London ist eine Frau am Kamin im Sitzen eingeschlafen. Irgend etwas hat sie, wenn auch von hinten, in Brand gesetzt, als wollte es die Chance einer alltäglichen Erklärung nicht ungenutzt verstreichen lassen. Vielleicht hat sich ein Wesen mit brennendem Heißhunger von hinten an sie angeschlichen, aber ich habe keine Daten, die eine solche Spekulation erlauben würden.

Wenn wir jedoch akzeptieren, daß auf der Binbrook Farm etwas unter den Hühnern gewütet hat, dann akzeptieren wir, daß ein *Wesen* dort war, was auch immer wir darunter verstehen mögen. Es scheint, das Mädchen hätte in der kurzen Zeit, die es gebrannt hat, eigentlich keine ernsthafte Verbrennungen davontragen können. Dann müssen wir aber annehmen, daß etwas ihr Unbekanntes sich hinter ihr befunden und sie in Brand gesetzt hat, und daß sie nicht gemerkt hat, daß ihr Fleisch brannte. Gemeinsam ist allen diesen Geschichten die Tatsache, daß es keine Schreie gab und daß die Opfer anscheinend überhaupt nicht bemerkten, daß sie in Flammen standen.

Der Ort Market Rasen liegt in der Nähe der Binbrook Farm. Die Anschrift des Geistlichen, der bei der Society for Psychical Research über die Brände und die Tötungen der Hühner Bericht erstattet hat, lautet: »Binbrook Rectory, Market Rasen«. Am 16. Januar 1905, so erfahren wir aus *Louth and North Lincolnshire News* vom 21. Januar 1905, sei in Market Rasen in einem Hühnerstall ein Feuer ausgebrochen, dem 57 Hühner zum Opfer gefallen seien. Vielleicht ist ein Feuer in einem Hühnerhaus an sich nicht erwähnenswert, aber ich bemerke, daß es hieß, man habe die Brandursache nicht ermitteln können.

Das Mädchen von der Binbrook Farm wurde ins Louth Hospital gebracht. In *Lloyd's Weekly News*, 5. Februar 1905, steht ein Bericht über »geheimnisvolle Brandwunden«. Es handelt sich um Asthon Clodd, einen 75jährigen Mann, der zwei Wochen zuvor im Louth Hospital verstorben war. Es hieß, er sei in den

Kamin gefallen, als er Kohlen nachlegen wollte, und er habe aus irgendeinem Grund, wahrscheinlich wegen seines Rheumatismus, nicht wieder aufstehen können und sei deshalb in den Flammen umgekommen. Aber im Rahmen der gerichtlichen Untersuchung wurde ein Zeuge folgendermaßen zitiert: »Wenn überhaupt ein Feuer im Kamin gebrannt hat, dann war es sehr klein.«

An all den Orten, die wir genannt haben, brodelte oder kochte oder tobte die Erweckungsbewegung. In Leeds stellten sich Frauen, die behaupteten, von Visionen geleitet zu werden, auf die Straßen und hielten Autos an, um die Passanten dazu zu bewegen, sich ihnen anzuschließen. Ein Mann in Tunbridge Wells nahm die Aufforderung zur Buße allzu wörtlich und schlug sich die rechte Hand ab. »Heilige Tänzer« tauchten in London auf. In Driffield führte jeden Abend jemand eine Prozession an und schob seinen eigenen Sarg auf einem Rollwagen vor sich her. All dies ist in England geschehen. In England gehört es durchaus zum guten Ton, auf die Verrücktheiten und Überspanntheiten der übrigen Welt oder eines bestimmten Teils der übrigen Welt hinzuweisen, als gäbe es besagte Verrücktheiten und Absonderlichkeiten nur dort. Aufstände sind in Liverpool ausgebrochen, als die Erwecker mit mittelalterlichem Eifer Katholiken angriffen. Der Stadtrat von Liverpool untersagte »gewisse sogenannte religiöse Treffen, die eine Gefahr für Leben und Besitz« darstellten. Im Süden der Stadt gab es Prozessionen von Erweckern, aus denen Missionare hervorstürmten, um Katholiken zu verprügeln und Ziegelsteine gegen Häuser zu werfen, in denen Katholiken lebten. Im *Liverpool Echo*, 6. Februar 1905, wird ein Stadtverordneter zitiert, der einem Beschwerdeführer, nachdem dieser aufgrund von Differenzen über die Auslegung des Gebots der Nächstenliebe tätlich angegriffen worden war, folgendes zu sagen hatte: »Wenn Sie so eine Prozession sehen, dann rennen Sie am besten weg, als wäre ein wilder Stier hinter Ihnen her.«

Der gemeinsame Hintergrund aller Ereignisse, die wir zur Kenntnis genommen haben, war die Erweckungsbewegung. In

all den Berichten, die ich erwähnt habe, findet sich kaum ein Ort, der von ihr unberührt geblieben wäre.
Warum haben Jugendliche so viel mit medialen Phänomenen zu tun? Ich habe mich in Übereinstimmung mit meinen Ansichten mit diesem Thema beschäftigt. Wenn nun eine ganze Nation oder eine große Zahl ihrer Menschen in Primitivität verfällt oder atavistische Züge annimmt oder sich in religiöser Hinsicht rückwärts bewegt, dann könnten dabei durchaus Bedingungen entstehen, unter denen Phänomene, die von geistig reifen Menschen zurückgewiesen würden, Platz greifen können.
Ein starrköpfiger Materialist mag dogmatisch sagen: »Es gibt keine okkulten Phänomene.« Vielleicht hat er, relativ für seine Person gesprochen, damit sogar recht. Doch was er sagt, muß nicht zwangsläufig auch auf Kinder zutreffen. Wenn eine Nation in beträchtlichem Maße kindisch wird und gleichsam ins Mittelalter zurückstürzt, dann kann sie sich eine Invasion von Phänomenen zuziehen, wie sie im Mittelalter häufig aufgetreten sind, die aber gedämpft oder verscheucht und ins Verborgene getrieben worden sind, als die Menschen etwas erwachsener wurden.
Wenn wir akzeptieren, daß es Teleportation und okkulte Wesen gibt, dann sind wir schon so weit gekommen, daß wir auch die Vorstellung akzeptieren können, daß ein räuberisches Ding, um die Aufmerksamkeit abzulenken, von irgendwo in Mitteleuropa einen Wolf nach England teleportiert hat: oder daß es etwas von der Art einer okkulten Polizeitruppe gibt, die alle Missetaten und Morde der Kriminellen von ihrer Art im Zaum hält und mittels Teleportation unser Mißtrauen zerstreut – wobei sie oft genug ein neues Problem erzeugt, wenn sie ein altes löst, während sie sich darauf verläßt, daß ihr die Konventionalisierungen des menschlichen Denkens bei der Vertuschung helfen.
Die Tötungen von Geflügel – der Kadaver auf den Eisenbahngleisen – die Vorfälle hören auf – die Szene verlagert sich.
Die Tötungen von Schafen – der Kadaver auf den Eisenbahngleisen – die Vorfälle hören auf –

Farm and Home, 16. März 1905 – daß in Cumwinton im Norden Englands der Wolf kaum getötet war, als die Bauern im Süden Englands, vor allem in den Bezirken zwischen Tunbridge Wells und Seven Oaks in Kent, sich Geschichten über rätselhafte Angriffe auf ihre Herden zu erzählen begannen. »Manchmal hat man in einer Herde vier oder fünf Schafe sterbend aufgefunden. In praktisch allen Fällen waren sie in die Schulter gebissen und ausgeweidet worden. Viele Zeugen hatten das Raubtier gesehen, und ein Mann hat einen Schuß darauf abgegeben. Die Einwohner lebten in Angst und Schrecken, und deshalb drang am 1. März ein Suchtrupp mit 60 Gewehren in die Wälder ein, um den Raubzügen ein Ende zu setzen.«

Ein großer Hund? Noch ein *Malmoot?* Nichts?

»Schließlich wurde das Tier gefunden und von einem von Mr. R. K. Hodgsons Wildhütern erlegt. Nach näherer Untersuchung wurde das Tier als Schakal identifiziert.«

Die Geschichte, daß in Kent ein Schakal geschossen worden sei, machte in Londoner Zeitungen die Runde. Siehe die Londoner *Times*, 2. März 1905. Ich kann keine Erklärung, nicht einmal den Versuch einer Erklärung finden, wie das Tier dorthin gekommen sein soll. Es wird erwähnt, daß das Tier erlegt worden sei, aber in keiner Londoner Zeitung steht auch nur ein Wort über die ungewöhnliche Tatsache, daß ein exotisches Tier in England aufgetaucht ist. Erst in Provinzzeitungen fand ich nähere Einzelheiten zu dieser Geschichte.

Blyth News, 14. März – »Der indische Schakal, der kürzlich in der Nähe von Seven Oaks in Kent erlegt wurde, nachdem er Schafe und Wild im Wert von 100 Pfund gerissen hatte, zieht nun im Schaufenster eines Präparators in Derby die Aufmerksamkeit der Passanten auf sich.«

Derby Mercury, 15. März 1905 – daß der Kadaver des Schakals im Studio von Mr. A. S. Hutchinson an der London Road in Derby ausgestellt werde.

KAPITEL 15

In jedem Organismus gibt es, soweit er als Ganzes agiert, geheimnisvolle Transporte von Substanzen und Kräften, manchmal auf klar definierten, zirkulierenden Bahnen, manchmal mit besonderer Zielrichtung aufgrund besonderer Bedürfnisse. In organischer Hinsicht ist die Teleportation eine verteilende Kraft, die dafür sorgt, daß das Gleichgewicht des Ganzen aufrechterhalten wird. Dabei werden anscheinend manchmal Kräfte verschwendet oder kleinlich zurückgehalten: Manchmal werden neue Inseln mit Vegetation und neue Teiche mit Fischen bedacht. Ein Garten Eden bekommt seinen Adam und Adam seine Eva. Diese Kräfte schwinden, sobald andere Mechanismen etabliert sind, machen sich aber sporadisch auch später noch bemerkbar.

Wir sind der Ansicht, daß früher einmal die Schauer von kleinen Fröschen die Manifestationen einer organischen Intelligenz waren, die sich für Geschöpfe entschieden hat, die unter äußerst unterschiedlichen Umständen überleben können, wenn sie aufs Geratewohl von einem Ort an den anderen versetzt werden. Sie können im Wasser oder auf dem Land und bei Wärme wie bei Kälte überleben. Wenn aber die organische Intelligenz wie jede andere Intelligenz ist, dann kann man sie nicht verstehen, solange man nicht berücksichtigt, daß sie ziemlich dumm ist.

Wenn sie immer wieder kleine Frösche an Orte schickt, an denen sie nicht gebraucht werden, dann werden wir menschlichen Phänomene fröhlich und denken belustigt über die Tollheiten der Existenz nach. Ich habe nie etwas Dümmeres getan als die – übrigens weibliche – Natur, als sie die Stoßzähne von Mammuten tödlich übertrieben und dem irischen Elch einen

Baum auf den Kopf gepflanzt und damit ganze Arten aus reiner Lust am Schauspiel verloren hat.
Mit Intelligenz meine ich nicht etwas, das man sich als ausschließlich der Gehirnmasse innewohnend und dort wirkend vorstellen könnte. Ich meine eine Neigung zum Gleichgewicht oder zur Anpassung, die allen Phänomenen innewohnt. Die wissenschaftliche Intelligenz im menschlichen Hirn und die physiologische Intelligenz, die die Körper aller Lebewesen durchdringt, wirkt weise und gleichzeitig dumm darauf hin, Probleme zu lösen, und irgendwo in der Schönheit eines Theorems oder eines Pfaus lauert auch das Groteske. Einerseits stellt die Natur uns Kritiker mit dem anmutigen Anblick einer schwimmenden Robbe zufrieden, und andererseits zeigt sie uns etwas Unbeholfenes wie die nämliche Robbe an Land.
Aber es gibt noch eine andere Sichtweise. Wir apologetischen Theologen haben immer noch eine andere Sichtweise. Klugheit und Dummheit sind relativ, und was als Dummheit gilt, hat seinen funktionellen Wert. Beharrlich kleine Frösche an Orte schicken, wo allem Anschein nach keine kleinen Frösche gebraucht werden, das ist, als würde man beharrlich, wenn nicht gar brutal, immer weiter Latein und Griechisch lehren. Wozu ist das gut? Die meisten der halbwegs guten Autoren beherrschen keine von beiden Sprachen. Meiner Erfahrung nach haben diese Lehrfächer, soweit sie überhaupt belegt werden, keinen praktischen Wert, es sei denn für jemand, der sich beim Schreiben an den höchsten, edelsten Maßstäben der Vergangenheit messen und sich für einen Literaten halten will.
Aber wir bilden uns hier eine Meinung über die Funktionen der Dummheit. Höchstwahrscheinlich sind die Schauer von kleinen Fröschen wie der Blinddarm und die Studien klassischer Sprachen notwendig, um die Kontinuität zwischen Vergangenheit und Gegenwart zu wahren. Manche Menschen, die es nicht besser wissen, müssen für ewige Zeiten fromm an Sir Isaac Newtons Doktrin glauben. Die Leute, die zum Wahrsager gehen und die Leute, die in die Kirche gehen, sind funktionierende Konservative. Wenn das letzte Schnabeltier oder der

letzte Kirchgänger ausstirbt, bricht die Kontinuität. Die Existenz würde einen Riß bekommen. Vielleicht sind bis auf den heutigen Tag die Felsspalten voller Leguane, damit die Dinosaurier-Kette nicht unterbrochen wird. Warum fallen einem, wenn man an nichts Besonderes denkt, dauernd frühere Erlebnisse ein? Auf diese Weise wird die Kontinuität mit der Vergangenheit gewahrt, oder es wird das gewahrt, von dem man sich vorstellen kann, daß es eine Identität habe.

Wir werden Beispiele sehen, wo dieser Prozeß im menschlichen Bewußtsein unterbrochen worden ist. Sollte die Existenz aufhören, uns kleine Frösche zu schicken und aufhören, uns Latein und Griechisch zu lehren, dann würde das Ganze einer Amnesie zum Opfer fallen. Wir sind der Ansicht, daß Teleportation für das Leben auf unserer Erde ungeheuer nützlich ist, aber unsere Daten beziehen sich auf ihre Ausschweifungen oder ihre Konservierungen und werden sich vorerst weiterhin hauptsächlich darauf beziehen müssen.

Wenn unsere Existenz ein Organismus ist, dann scheint es, als wäre er einer der übelsten alten Schurken im ganzen Kosmos. Er ist ein Lügengewebe. Allenthalben beschwört er den Anschein von Realität und Endgültigkeit und Wahrhaftigkeit herauf – Worte, die ich als Synonyme für ein und denselben Zustand benutze –, doch bei näherer Betrachtung ist dann alles doch nicht so real oder endgültig oder wahr, sondern alles hängt immer noch von etwas anderem ab, von einer anderen Chimäre, und es schmilzt dahin, verliert seinen Anschein von Individualität und geht in allem anderen, in den anderen Betrügereien, auf.

Daß sich diese Pseudo-Individualisierung in manchen Fällen selbst zur Realität erhebt, ist eine Sichtweise, die ich in diesem Buch nicht weiter vertiefen will. Soweit wir überhaupt glauben, wir könnten es leisten, soll es uns hier darum gehen herauszufinden, ob wir die Phänomene eines Organismus sind oder nicht. Ob dieser Organismus etwas produziert oder Realheit aus dem Reich der Phänomene herausarbeitet, ist eine Frage, der ich mich zu einer anderen Zeit zuwenden will.

Hochstapelei ist allen Dingen zu eigen, die als Phänomene existieren. Alles ist ein Trugbild. Dennoch kann ich, wenn ich akzeptiere, daß es eine Kontinuität gibt, nicht akzeptieren, daß jeder unter allen Umständen ein absoluter Hochstapler ist. Wenn er auftritt wie der falsche Tichborne[12], wird er nach einer Weile auch selbst glauben, daß er für seine Ansprüche gute Gründe hat. Wenn Gut und Böse ineinander übergehen, dann kann jedes Verbrechen mit jeder Tugend in Verbindung stehen. Hochstapelei verschmilzt mit Selbsttäuschung, bis schließlich auch die Hochstapler nur noch relative Größen sind.
Jedem Wissenschaftler, der eine Rolle bei der Fortentwicklung irgendeiner Wissenschaft gespielt hat, kann man, wenn er nur lange genug tot ist, indem man seine Ansichten mit moderneren Ansichten vergleicht, unterstellen, daß er sich etwas vorgemacht hat. Aber es hat Fälle gegeben, die mir drastischer erscheinen als andere.
In welchem Maße hat Haeckel[13] die Illustrationen in seinem Buch so verändert, daß sie der Theorie entsprochen haben? Und was sollen wir von Professor Kammerer halten? Im August 1926 wurde ihm vorgehalten, er habe an den Pfoten von Kröten das gefälscht, was er als erworbene Charakteristika bezeichnet hat. Im September hat er sich erschossen. Die einzig höfliche Art und Weise, über Professor Smyth zu reden, den königlichen Astronomen aus Schottland, der auf seinen Messungen der Cheopspyramide einen Kult begründet hat, besteht darin zu sagen, daß ihm die Meßlatte ausgerutscht sein muß. Wenn Professor Einstein in seinen Berechnungen tatsächlich den Fehler gemacht hat, den zwei anerkannte Mathematiker gefunden haben wollen, wenn aber die Finsternisse kamen, wie sie kommen sollten, gemeldet von Astronomen, die vom Fehler

[12] Roger Charles Tichborne, ein englischer Adelssprößling, der 1854 auf dem Weg nach Jamaika verschollen ist. Anfang 1856 ist in England ein Betrüger aufgetaucht, der sich als der vermißte Tichborne ausgab, jedoch entlarvt und verurteilt wurde.
[13] Ernst Haeckel (1834–1919). Mediziner und Zoologe. Kämpfte für Darwins Abstammungslehre.

nichts wußten, dann ist dies für jeden, der mit der Selbsttäuschung fortfahren will, natürlich sehr ermutigend.
Ich vermag zwischen Hochstapelei und Selbsttäuschung nicht zu unterscheiden, denn ich vermag nicht zwischen einem und einem anderen Phänomen zu unterscheiden, obschon ich akzeptiere, daß es Grenzen gibt. Es gibt nämlich Wissenschaftler, die haben andere Leute so unverfroren getäuscht, daß es die guten Manieren überstrapazieren hieße, wollte man ihnen zugestehen, daß sie sich bloß selbst getäuscht haben. Wenn es unter Wissenschaftlern Beispiele für dreiste Hochstapelei gibt, dann dürfen wir erwarten, bei unseren Daten über verantwortungslose Menschen auf noch viel größere Hochstapeleien zu stoßen.
Die Geschichte des Professor Martino-Fusco aus Neapel, der im August 1924 verkündete, er habe die 109 fehlenden Bände von Titus Livius' römischer Geschichte *Ab urbe condita* gefunden, wird allgemein nicht als Hochstapelei aufgefaßt, denn als der Professor aufgefordert wurde, die Bände vorzulegen, erklärte er, er sei voreilig gewesen, und man hat ihm geglaubt.
Die Unüberlegtheit des Wissenschaftlers wurde vertuscht, genau wie zu den Zeiten, als die vorangegangene Orthodoxie in voller Blüte stand, die Indiskretionen von Priestern vertuscht wurden. Man hatte allgemein den Eindruck, der einzige Fehler des Professors sei eine gewisse Voreiligkeit gewesen, oder er habe so sehr darauf gebrannt, die Bücher zu bekommen, daß er voreilig erklärt hatte, sie schon gefunden zu haben. Aber es gibt andere Aspekte. Sie betreffen zum Beispiel leichtgläubige amerikanische Millionäre und das unerwartet große Interesse der italienischen Regierung an dieser Angelegenheit.
Was ist mit den anderen Professoren, die erklärt haben, sie hätten die Bände gesehen? Schlagen Sie in *Current Literature*, 77-594, nach. Dort ist ein vier Zeilen langes Faksimile veröffentlicht, das Dr. Max Funcke nach eigenen Angaben aus einem jener Manuskripte kopiert hat, die Professor Fusco laut dessen eigener Erklärung erst zu finden gehofft hatte. Ich kann dazu keine Erklärung von Dr. Funcke finden.

Eine Erklärung ist die, daß es sich vielleicht nicht um eine Fälschung gehandelt hat und daß die Bände gefunden wurden, daß sie sich heute aber, nachdem die Vertreter der italienischen Regierung umgangen worden sind, im Besitz eines diskreten amerikanischen Millonärs befinden. Ich glaube andererseits aber nicht, daß Sammlern viel an Schätzen gelegen ist, über die sie nichts sagen dürfen.

Die Geschichte eines Juckreizes - Dr. Grimme hat die Inschrift auf einem Stein gejuckt - und die gerötete Haut des armen, frommen Professors, bis er die Inschrift übersetzen konnte, wie sie übersetzt werden mußte. Im Jahre 1923 sandte Dr. Grimme, Professor für semitische Sprachen an der Universität München, eine frohe Botschaft an die Gläubigen. Gott, der manchmal schlechte Leistungen gezeigt hatte, wurde aufgewertet. Dr. Grimme verkündete, aus der Inschrift eines Steins, den er in einem Tempel auf der Sinai-Halbinsel gefunden hatte, habe er die Geschichte des kleinen Moses, seine Rettung aus dem Nil durch eine ägyptische Prinzessin, entziffern können.

Der Londoner *Observer*, 25. Oktober 1925 - ein Brief von Sir Flinders Petrie - daß Dr. Grimme die Übersetzung angefertigt habe, indem er die Risse im Stein und einige Verwitterungsspuren als Teil der Hieroglyphen gelesen hätte - daß er in einem Teil der Inschrift genauso viele Kratzer wie echte Schriftzeichen übersetzt hätte, damit das richtige Ergebnis herauskäme.

Wenn Dr. Grimme einem Juckreiz mit Kratzen abgeholfen hat, dann ist das nichts weiter als die kurzsichtige Art und Weise, auf die alle Probleme angeblich gelöst werden.

Als Phänomen zu existieren, bedeutet, mindestens fragwürdig zu sein. Ein Wissenschaftler, der mehr beansprucht, versucht, sich dem Göttlichen zu nähern. Wenn das Leben nicht eindeutig von etwas anderem zu unterscheiden ist, dann sind die Erscheinungsformen des Lebens Täuschungen. Wenn es im Geiste keine absolute Trennlinie zwischen Intellektualität und Schwachsinn gibt, dann ist alle Weisheit teilweise Idiotie.

Der Sucher der Weisheit löst sich mehr und mehr aus dem

Seinszustand des Idioten, nur um am Ende festzustellen, daß er genau dorthin zurückkehrt. Glaubenssatz um Glaubenssatz verblaßt in seinem Kopf, und sein Ziel ist die Verbindung zweier Unergründlichkeiten. Eine heißt nichts zu wissen, die andere heißt zu wissen, daß es nichts zu wissen gibt.
Aber hier stehen wir und sind noch lange nicht so klug, als daß wir keine Ideen mehr hätten. Angenommen, wir akzeptieren, daß sich mitunter etwas von der Ebene der Phänomene, wenn auch nur relativ gesehen, zu einer ansehnlichen Echtheit fortentwickelt hat, oder zu einem ansehnlichen Anschein von Echtheit, solange man es nicht näher untersucht hat. Dennoch hat es mit etwas begonnen, das wir als Fälschung bezeichnen. Jeder, der etwas Außergewöhnliches leisten kann, hat mit einer Pose begonnen, mit unzutreffenden Behauptungen und mit extremen Selbsttäuschungen. Wir sind der Ansicht, daß krasse Hochstapelei in menschlichen Angelegenheiten oft ein Vorzeichen für kommende Dinge ist, oder daß Astrologen, Alchemisten und spiritistische Medien die Vorboten dessen sind, was wir als *Werte* bezeichnen müssen, sobald wir an die *Wahrheiten* nicht mehr glauben. Es kann sein, daß wir mit unseren Daten nichts als Lügen erzählen, und daß wir dennoch zugleich zukünftigen Werten auf der Fährte sind.
Schnecken, kleine Frösche, Robben und Rentiere sind auf rätselhafte Weise aufgetaucht.
Die standardisierte Erklärung für geheimnisvolle Fremde, die an gewissen Punkten auf dieser Erde erschienen sind – und die sich benommen haben, wie sich die Bewohner einer anderen Welt wahrscheinlich benehmen würden, wenn sie herkämen, oder wie sich die Einwohner anderer Teile unserer Erde benehmen würden, wenn sie in tiefer Hypnose transportiert worden wären –, diese Erklärung ist reine Hochstapelei. Nachdem wir mit ziemlich liberalen Ansichten zur Vorherrschaft der Hochstapler begonnen haben, will ich gar nicht erst behaupten, daß unsere Daten ihrem Wesen nach keine Hochstapler gewesen seien, sondern lieber die Gründe für die gegenteilige Behauptung untersuchen. Wenn einige von ihnen, außer durch

Betrug, niemals auf konventionelle Weise erklärt werden konnten, dann stehen wir immer noch genau an der Stelle, von der aus wir bisher alles in Angriff genommen haben: Es ist die Position eines Menschen, der vorgeben muß, für sich selbst zu denken.

Die früheste der angeblichen Hochstaplerinnen in meinen Unterlagen – deren Grenzlinie ich, wenn auch nicht absolut, beim Jahr 1800 ziehe –, ist die Prinzessin Caraboo, wenn schon nicht Mary Willcocks, dann aber möglicherweise Mrs. Mary Baker, aber vielleicht auch Mrs. Mary Burgess, die am Abend des 3. April 1817 in der Nähe von Bristol an der Türe eines Bauernhofs erschienen ist und in unbekannter Sprache um Essen gebeten hat.

Aber ich bin nicht so sehr an der Frage interessiert, ob die Prinzessin oder Mary eine Betrügerin war, sondern eher an der Frage, warum man sie für eine Betrügerin hielt. Es spielt keine Rolle, ob wir ein Theorem zur Himmelsmechanik oder den Fall eines Mädchens angehen, das unverständliches Zeug geplappert hat, wir stoßen auf immer die gleichen Verwirrungen, mit deren Hilfe das konventionelle Denken auf unserer Erde funktioniert und sich erhält.

Der Lehrsatz, daß die Summe aller drei Winkel in einem Dreieck zwei rechte Winkel ergibt, konnte nie durch Messung bewiesen werden; ganz gleich, was die Verfeinerungen der Meßtechnik ergeben, jede Weiterentwicklung zeigt, daß beim letzten Messen Fehler gemacht worden sind. Wegen der Kontinuität und wegen der Diskontinuität konnte nichts je bewiesen werden. Da Professor Einsteins Voraussage über die Krümmung von Lichtstrahlen, und sei es nur aufgrund eines schlimmen Fehlers, so bewiesen worden ist, wie sie bewiesen werden sollte, vermuten wir, bevor wir uns die Geschichte über die Prinzessin Caraboo vornehmen, daß die konventionellen Schlußfolgerungen auch in ihrem Fall das Produkt von Fehlern sind.

Daß die Prinzessin Caraboo eine Hochstaplerin war – aber zuerst wollen wir uns den Fall so vornehmen, wie er aktenkundig geworden ist.

Der Londoner *Observer*, 10. Juni 1923 – daß das Mädchen, das unverständlich redete, zum Friedensrichter Samuel Worrall in Knowle Park in Bristol geführt wurde, der sie nicht als Landstreicherin festgesetzt, sondern mit nach Hause genommen hat. Es ist nicht überliefert, was Mrs. Worral dazu gesagt hat. Überliefert ist allerdings, daß das Mädchen, wie man so sagt, »nicht unvorteilhaft« aussah. Wenn sie aufgefordert wurde, schrieb die »geheimnisvolle Fremde« in unbekannten Buchstaben, von denen viele wie die Abbilder von Kämmen aussahen.
Zeitungsreporter haben sie befragt, und sie hat mit fließend hingeschriebenen »Kämmen« und »Vogelkäfigen« und »Bratpfannen« reagiert. Die Neuigkeit machte die Runde, Linguisten reisten von Ferne herbei, um ihr Wissen zu erproben, und schließlich hatte einer von ihnen Erfolg. Es war ein »Gentleman aus Ostindien«, der, als er das Mädchen in malaiischer Sprache anredete, eine Antwort bekam. Ihm hat sie ihre Geschichte erzählt. Ihr Name sei Caraboo, und sie sei eines Tages, als sie in ihrem Garten in Java spazieren ging, von Piraten geraubt worden, die sie auf ihr Schiff mitgenommen hätten. Nach langer Gefangenschaft habe sie an der englischen Küste entkommen können. Die Geschichte war mit zahlreichen Einzelheiten des Lebens auf Java angereichert.
Aber dann ist Mrs. Willcocks aufgetaucht, nicht aus Java, sondern aus einer Kleinstadt in Devonshire, und hat das Mädchen als ihre Tochter Mary identifiziert. Mary brach zusammen und gestand. Sie wurde aber wegen ihrer Hochstapelei nicht angeklagt, sondern Mrs. Worrall war so freundlich, ihr die Überfahrt nach Amerika zu bezahlen.
Unsere Sorge gilt vor allem der Frage, ob dieser Fall nun wirklich gelöst wurde – oder, allgemeiner, ob überhaupt ein Fall je gelöst worden ist –, aber ich bemerke, daß eine Spur mitmenschlichen Interesses erwacht. Ich bemerke, daß wir ein wenig enttäuscht sind, weil Mary zusammenbrach und gestand. Wir hören lieber von Hochstaplern, die bei ihrer Hochstapelei bleiben. Wenn wir zwischen Moral und Unmoral keine absolute Grenze ziehen können, dann kann ich, wenn ich will, auch

aufzeigen, daß diese Spur von Schurkerei in uns allen – oder wenigstens in mir – in Wirklichkeit eine tugendhafte Seite ist. Wenn also ein Hochstapler bei seiner Hochstapelei bleibt, und wir sind darüber erfreut, dann begrüßen wir damit den Versuch, konsistent zu bleiben, selbst wenn es zum Wohle einer Lügengeschichte geschieht.

Vorausgesetzt, ich kann genug Material finden, werde ich keine Mühe haben, es als »vernünftig« darzustellen – was wir eben so nennen –, daß ich akzeptiere, daß Mary oder die Prinzessin gestanden oder nicht gestanden oder ein fragwürdiges Geständnis abgelegt hat.

Chambers' Journal, 66-753 – daß die Hochstaplerin Caraboo ihre Geschichte über ihre angeblichen Abenteuer in malaiischer Sprache erzählt hat.

Weiter heißt es im Bericht, daß das Mädchen in einer unbekannten Sprache geredet hätte.

Diese Inkonsistenz ist nichts wert. Wir sind auf der Spur der Verwirrung, aber wir müssen nicht ins Jahr 1817 zurückkehren, um sie zu packen. Wir gehen auf die Jagd und finden eine Druckschrift mit dem Titel *Caraboo*, die von J. M. Cutch aus Bristol im Jahre 1817 veröffentlicht worden ist. In diesem Bericht, der aufzuzeigen versucht, daß Caraboo ohne jeden Zweifel eine Hochstaplerin war, lesen wir, daß nicht das Mädchen, sondern der »Gentlemen aus Ostindien«, der Manuel Eynesso hieß, der Hochstapler gewesen sei, was die Geschichte über die Erlebnisse auf Java anging. Um sich als Aufklärer von Geheimnissen darzustellen, hatte er vorgegeben, das Mädchen hätte ihm auf Malaiisch auf seine Fragen geantwortet, und er habe vorgegeben, ihr Geplapper zu verstehen, in Wirklichkeit aber die spannende Geschichte selbst erfunden.

Caraboo hat in keiner bekannten Sprache eine Geschichte über sich selbst erzählt. Ihre Schrift war nicht mit malaiischen Buchstaben geschrieben. Die Schrift wurde von Wissenschaftlern untersucht, die sie nicht identifizieren konnten. Proben wurden nach Oxford geschickt, wo man sie ebenfalls nicht entziffern konnte. Folglich mußte der »Gentleman aus Ostindien« ver-

schwinden. In der Broschüre erfahren wir weiter, daß alle Gelehrten aus Oxford, die die Schrift untersucht haben, sie »energisch und ohne einen Moment zu zögern für Humbug erklärten«. Gar zügig funktioniert die Schicklichkeit.
Wenn die fein gesponnene Geschichte über eine javanische Prinzessin einem Mädchen untergeschoben worden ist, das überhaupt keine verständliche Geschichte erzählt hat, dann scheint es lohnend, das gleichermaßen fein gesponnene Geständnis anzusehen, das ihr untergeschoben worden ist. Mag sein, daß wir dann mit Bedauern die Ansicht aufgeben müssen, daß ein Mädchen auf okkulte Weise vom Planeten Mars oder von irgendwo aus dem Orion oder dem Löwen herübertransportiert worden ist, aber wir könnten eine neue Art und Weise erkennen, auf die Geheimnisse unterdrückt werden. Der verrückte Fischhändler von Worcester schaufelt seine Uferschnecken in alle Richtungen.
Nach dem, was als ihr Geständnis bezeichnet wird, hat es sich bei dem Mädchen um Mary Willcocks gehandelt, geboren im Jahre 1791 im Dorf Witheridge in Devonshire. Im Alter von 16 Jahren sei sie nach London gegangen, wo sie zweimal geheiratet habe. Es ist eine lange, detailreiche Geschichte. Anscheinend wird die gesamte Geschichte von Marys Abenteuern von ihrem Abschied aus Witheridge bis zu ihrer Ankunft in Bristol in dem, was als ihr Geständnis gilt, erzählt. Dort wird alles erklärt - und damit wird zuviel erklärt. Wir stoßen jetzt auf eine Frage, die uns selbst in Erstaunen versetzen würde, wenn wir nicht mittlerweile auch selbst ein bißchen raffiniert geworden wären -
Durch welche Bocksprünge des Schicksals hat ein Mädchen aus Devonshire gelernt, javanisch zu sprechen?
Der Autor des Geständnisses erklärt, daß sie die Sprache von jemand aus Ostindien gelernt hätte.
Da wir uns nicht vorstellen können, warum ein Mädchen, das nicht einmal versucht hat, javanisch zu sprechen, erklären sollte, wie es javanisch gelernt hat, wird deutlich, daß dieser Teil des angeblichen Geständnisses eine Fälschung ist. Ich erkläre

das, indem ich mir vorstelle, daß jemand angeheuert wurde, ein Geständnis zu schreiben, aber plötzlich zuviel Garn in den Händen gehalten und sich verheddert und die bloßgestellte Hochstapelei des »Gentleman aus Ostindien« übersehen hat.
Ich kann der Geschichte nur entnehmen, daß ein Mädchen auf geheimnisvolle Weise aufgetaucht ist. Man kann nicht behaupten, ihre Geschichte sei Hochstapelei gewesen, denn sie hat ja gar keine Geschichte erzählt. Es darf bezweifelt werden, daß sie überhaupt ein Geständnis abgelegt hat, nachdem mindestens ein Teil des angeblichen Geständnisses sich als gefälscht entpuppt hat.
Ihre Mutter ist auch nicht nach Bristol gereist, um sie zu identifizieren, wie es uns das nette, überzeugende Ende der konventionalisierten Geschichte einreden will. Mrs. Worrall hat erzählt, daß sie nach Witheridge gefahren sei, wo sie die Mutter des Mädchens ausfindig gemacht und bestätigt gefunden habe, was immer sie bestätigt sehen wollte. Caraboo wurde aufs nächstbeste Schiff gesetzt und nach Amerika verfrachtet; oder, wie wir der Broschüre entnehmen, Mrs. Worrall verzieh ihr und war so barmherzig, ihr die Überfahrt in dieses weit entfernte Land zu bezahlen.
In Philadelphia hat jemand sie unter seine Fittiche genommen, und als hätte sie nie gehört, daß sie gestanden hatte, empfing sie Schaulustige und schrieb in einer unbekannten Sprache. Ich hätte der Geschichte der Prinzessin Caraboo nicht soviel Raum gegeben, wäre es mir nicht darum gegangen aufzuzeigen, daß ihre Geschichte beispielhaft für vieles andere ist. Wenn es einen Gott gibt, und wenn er allgegenwärtig ist, dann muß in der Allgegenwärtigkeit ein gewisses Gedränge herrschen, weil auch der Fischhändler aus Worcester überall anzutreffen ist.
Ich könnte mir vorstellen, daß Bewohner anderer Welten oder anderer Teile der einen Existenz auf unsere Erde teleportiert worden sind. Wie es mir gefallen würde, in die Gegenrichtung teleportiert zu werden, ist eine andere Frage; das heißt aber nicht, daß ich nicht darüber nachdenken darf. Aber ich kann nicht behaupten, daß unsere Geschichten, bisher jedenfalls,

den gleichen glatten und überzeugenden Schluß haben wie die konventionellen Geschichten.
Ende des Jahres 1850 hat man einen Fremden, oder sollte ich sagen, einen »geheimnisvollen Fremden« gesehen, der in einem Dorf in der Nähe von Frankfurt an der Oder herumgewandert ist. Niemand wußte, wie er dorthin gekommen ist. Siehe *Athenaeum*, 15. April 1851. Wir erfahren, daß er die deutsche Sprache nur unvollkommen beherrscht hat. Würden alle Unvollkommenheiten von einem Manuel Eynesso ausgefüllt, dann fürchte ich, es könnte sich kein neues geographisches oder kosmographisches Wissen entwickeln. Der Mann wurde nach Frankfurt geschafft, wo er seine Geschichte erzählte, oder wo jemand, der sich als Linguist hervortun wollte, eine Geschichte für ihn erzählte. Es hieß, sein Name sei Joseph Vorin, und er sei aus *Laxaria* gekommen. *Laxaria* liegt in *Sakria*, und *Sakria* ist weit von Europa entfernt – »hinter weiten Meeren«.
In der Londoner *Daily Mail*, 18. September 1905, und in folgenden Ausgaben sind Berichte über einen jungen Mann zu lesen, der in Paris wegen Landstreicherei verhaftet worden ist. Man konnte nicht verstehen, was er sagte. Vergeblich hat man es mit europäischen und asiatischen Sprachen versucht, aber mit Hilfe von Gebärden hat er immerhin erklären können, daß er aus *Lisbian* komme. *Eisar* war das Wort des jungen Mannes für einen Stuhl, ein Tisch hieß *Lotoba* und *Sonar* seine Nase.
Mr. George R. Sims, ein bekannter Kriminologe und Autor ging die Sache wissenschaftlich an. Wie versprochen, konnte er das Rätsel lösen. Der junge Mann war ein Hochstapler, der sich die Worte zurechtlegte, indem er die Buchstaben existierender Worte verdrehte. Das englische Wort *raise* wird durch eine solche Umstellung zu *eisar*. Aber was hat »raise« (heben) mit einem Stuhl zu tun? Es heißt, die wahre Wissenschaft sei immer einfach. Ein Stuhl erhöht einen, sagte Mr. Sims einfach. Nehmen wir jetzt das Wort *sonar*. Wie wir sofort erkennen, sobald Mr. Sims es uns erklärt, ist dieses Wort durch Umstellung aus *snore* (schnarchen) entstanden, oder wenigstens beinahe, was doch eindeutig mit Nasen zu tun hat.

Die Kriminologen sind nicht so gefesselt wie manche Wissenschaftler. So sagten die entfesselten Weisen in Paris, Mr. Sims' Umstellungen seien zu weit hergeholt. Mit einer Freizügigkeit, die ängstlicheren Wissenschaftlern tollkühn erscheinen würde, oder jedenfalls ohne drei oder vier Monate auf die Urteile der Kollegen zu warten, brachten sie ihre Meinung zum Ausdruck. Einer der Weisen von Paris, die Mr. Sims bezichtigten, etwas zu weit hergeholt zu haben, war der bedeutende Wissenschaftler Monsieur Haag. »Nehmen wir das Wort *Odir*, das der junge Mann für *Gott* benutzt«, sprach Monsieur Haag. »Stellen Sie die Buchstaben um, und Sie bekommen das Wort *Dio*, oder beinahe jedenfalls. *Dio* ist Gott im Spanischen. Der junge Mann ist Spanier.«
Monsieur Roty war ein anderer angesehener Weiser. Er ließ seine Gedanken bereits drucken, als Monsieur Haag noch beim Erklären war. »Man beachte das Wort *sacar* für *Haus*«, sagte Monsieur Roty. »Fraglos haben wir es hier mit einer Verdrehung des Wortes *casa* zu tun, wobei nur ein einziger Buchstabe abweicht. *Casa* ist das italienische Wort für *Haus*. Der junge Mann ist Italiener.«
Le Temps, 18. September 1905 – wieder ein anderer Weiser, ein bekannter Geograph dieses Mal, hat den jungen Mann als russischen Duchoborzen[14] identifiziert.
Wo kämen wir hin und wer würde noch seine Kinder zur Schule schicken, wenn alle Weisen unserer Stämme sich solche Freiheiten erlaubten? Gäbe es nicht eine Verschwörung, die man aber wohl als glückliche Fügung bezeichnen muß, daß alles, was in einer Schule gelehrt wird, auch in den anderen Schulen unterrichtet wird, so müßte man sein ganzes Leben mit Lernen und Verlernen verbringen, Schule auf Schule. Wie die Dinge aber stehen, kann man zum Glück gleich nach der ersten Schule mit Verlernen anfangen.
Der junge Mann wurde von der Polizei als Rinaldo Agostini identifiziert. Er war Österreicher, und man hatte schon mehr-

[14] Eine den Quäkern ähnliche Sekte.

mals an anderen Orten, wo er wegen Landstreicherei verhaftet worden war, seine Fingerabdrücke genommen.
Ob die Polizei dieses Rätsel zu einem Pseudo-Abschluß gedrängt hat oder nicht, muß dahingestellt bleiben. Wir lesen im Londoner *Daily Express*, 16. Oktober 1906, von einem anderen vielsagenden Beispiel. Eine junge Frau sei in Paris unter dem Verdacht des Taschendiebstahls verhaftet worden. Sie habe auf alle Fragen in einer unbekannten Sprache geantwortet. Dolmetscher hätten es erfolglos mit europäischen und asiatischen Sprachen versucht, und schließlich hätte der Friedensrichter die Delinquentin in einem Gefängniskrankenhaus unter Beobachtung stellen lassen.
Fast sofort, so berichteten die Beobachter, hätte sie dort genau das geliefert, was man über sie berichten wollte – sie hätte im Schlaf gesprochen und nicht auf eine unverständliche Weise gemurmelt, sondern in »fließendem Französisch mit echtem Pariser Akzent« geredet. Wenn jemand glaubt, dieses Buch sei ein Angriff auf die Wissenschaftler als eine eigene Gattung, dann hat er da viel weiter gedacht als ich selbst. Wie ich die Dinge sehe, ist jeder Mensch ein Wissenschaftler.
Wenn es jemals Beispiele für Teleportationen von menschlichen Wesen von irgendeinem anderen Ort auf unsere Erde gegeben hat, dann sollte eine genaue Untersuchung der Insassen von Krankenanstalten und Armenhäusern und Heimen zu wahrhaft erstaunlichen astronomischen Offenbarungen führen. Man wird mir wohl vorwerfen, ich machte wieder einmal allen das Leben schwer, wenn nach der Veröffentlichung dieser Ansichten allenthalben seltsame Fremde auftauchen, die, nach ihrer Herkunft befragt, auf Orion oder Andromeda zeigen. Angenommen, ein menschliches Wesen wird von irgendwo auf unserer Erde versetzt und soll darüber erzählen. Welche Aussichten hat es, Gehör zu finden? Ich vergaß, das Ereignis zu erwähnen, aber im Jahre 1928 ist in einer Stadt in New Jersey ein Mann aufgetaucht, der erzählt hat, er käme vom Mars. Woher der Mann auch gekommen ist – jeder kann sich denken, wohin man ihn gesteckt hat, nachdem er diese Geschichte erzählt hatte.

Aber wenn menschliche Wesen je von einem anderen Ort auf unsere Erde teleportiert worden sind, dann sollte man doch meinen, daß ihre Kleidung in Schnitt und Stoff andersartig wäre und unsere Aufmerksamkeit erregen sollte. An die Kleidung hat Manuel Eyenesso durchaus gedacht. Er tat so, als habe Caraboo ihm erzählt, sie hätte, bevor sie in Bristol ankam, ihr goldbesticktes javanisches Kleid gegen englische Kleider eingetauscht. Was das auch zu bedeuten hat, mir fällt ein, daß eine ganze Reihe von »geheimnisvollen Fremden« oder »wilden Männern« nackt war.

Ein geheimnisvoller Fall, der mit anderen Rätseln zusammenhängen mag, wurde in verschiedenen Londoner Zeitungen gemeldet (*Daily Mail*, 2. April 1923, *Daily News*, 3. April 1923). Etwa zu dieser Zeit lag Lord Carnarvon in Kairo im Sterben. Er litt an einer Krankheit, die die Ärzte als septische Lungenentzündung diagnostiziert hatten, die aber nach Ansicht mancher Leute irgendwie mit dem Öffnen des Grabs von Tutanchamun zusammenhing. Auf Lord Carnarvons Gut in der Nähe von Newbury in Hampshire rannte ein nackter Mann herum, der oft gesehen aber nie gefangen wurde. Das erste Mal ist er am 17. März aufgetaucht. Am 17. März ist Lord Carnarvon erkrankt, am 5. April ist er gestorben. Nach dem 5. April wurde der wilde Mann von Newbury nicht mehr gesehen.

Wenn menschliche Wesen jemals von irgendwo auf unsere Erde versetzt worden sind –

Dann gibt es auf beiden Seiten Geheimnisse, und die Geschichte des Cagliostro liegt dazwischen.

Er ist in London und dann in Paris aufgetaucht und sprach mit einem Akzent, der nie mit irgendeiner auf der Erde bekannten Sprache in Verbindung gebracht werden konnte. Wenn er, wie die meisten Berichte sagen, Guiseppe Balsamo war, ein sizilianischer Krimineller, der nach außergewöhnlich erfolgreichen Hochstapeleien in Rom ins Gefängnis gesteckt worden ist, wo er bis zu seinem Tode blieb, dann ist seine Lebensgeschichte damit erzählt.

Aber vieles bleibt im unklaren – und alles geht in alles andere über, so daß die Geschichten, die wir oder einige von uns als »absolut bewiesen« angenommen haben, sich als bloße Geschichten oder bloß als Wissenschaft herausgestellt haben. Viele Menschen glauben, die Entlarvung Cagliostros als Hochstapler sei so unstrittig oder rational gesichert wie die Prinzipien der Geologie oder der Astronomie. Ich bin der Meinung, daß sie damit recht haben.

Wir suchen Daten – am liebsten natürlich solche, die unsere eigenen Ansichten unterstützen, aber immerhin, wir suchen –, die es uns erlauben, die konventionalisierte Geschichte Cagliostros nicht mehr zu akzeptieren:

Siehe Trowbridges Bericht über Cagliostro. Nach Trowbridge war die Identifizierung Cagliostros ein Täuschungsmanöver. Zur Zeit der Halsbandaffäre brauchte die Pariser Polizei einen Sündenbock. So hat man ihn »identifiziert«, um ihn zu diskreditieren, wie Trowbridge ausführt. Kein Zeuge kam, ihn zu identifizieren. Man zog Schlüsse aus dem Umstand, daß Balsamo einen Onkel hatte, dessen Name Guiseppe Cagliostro lautete. Man vermutet, daß ein Polizeibeamter, dessen Mühen durch Zuwendungen von den Doktoren in Paris ein wenig versüßt wurden, die Unterlagen durchsuchte, bis er auf den Namen Cagliostro in der Familie eines Kriminellen stieß. Von diesem Fund aus ging man dann weiter.

Als nächstes wurde bezeugt, daß die Handschriftproben Balsamos und Cagliostros identisch seien. Für die Überzeugung praktisch aller Menschen, Cagliostro sei als Guiseppe Balsamo identifiziert worden, gibt es nur diese eine Grundlage. Im Februar 1928 berichteten die New Yorker Zeitungen über einen Graphologen, der sich geweigert hatte, eine Handschriftprobe den Wünschen seiner Arbeitgeber entsprechend zu identifizieren. Nach allen anderen Fällen, von denen ich je gelesen habe, gewinne ich den Eindruck, daß jedermann für jede Handschriftprobe jede Identifizierung bekommen kann, wenn er nur dafür bezahlt. Wenn vor irgendeinem Gericht in irgendeinem Land eine wissenschaftliche Einschätzung für irgend jemand peinlich ist, dann kann das nur daran liegen, daß der Betreffende zu geizig war, sich zwei Expertenmeinungen zu kaufen.

Cagliostro ist aufgetaucht, und über seine Herkunft läßt sich nichts Eindeutiges sagen. Er hat sich erhoben und die Szene beherrscht, wie jemand aus Europa, wenn er auf eine Südseeinsel versetzt wird, seine Überlegenheit ausnutzen mag. Er wurde von den medizinischen Weisen gehetzt wie Mesmer[15] gehetzt wurde und wie jeder gehetzt wird, der es wagt, den Strom ihrer Honorare zu gefährden. Ganz gleich, ob auf ihren Wunsch oder weil die alltäglichen Auflösungen von Geheimnissen veröffentlicht werden müssen – wir erfahren jedenfalls aus allen konventionellen Berichten, daß Cagliostro ein Hochstapler war, dessen ganze Lebensgeschichte bekannt und ohne Rätsel ist.

Es heißt, außer im Umgang mit Frauen, wo man aber sowieso nicht viel erwarten kann, habe Cagliostro ein helles Köpfchen besessen. Dennoch hören wir, daß er, nachdem man ihn als italienischen Verbrecher identifiziert hatte, nach Italien gegangen sein soll.

Über Cagliostros Verschwinden gibt es zwei Berichte. Einer stützt sich auf bloße Gerüchte: daß er angeblich in Aix-les-Bains gesehen wurde; und daß man ihn in Turin erkannt habe. Der zweite Bericht besagt unzweideutig, daß er als Guiseppe Balsamo nach Rom gefahren ist und ins Gefängnis gesteckt wurde. Ein paar Jahre später, als Napoleons Truppen in Rom standen, ging jemand zum Gefängnis und erkundigte sich. Cagliostro war nicht dort. Vielleicht war er gestorben.

[15] Franz Anton Mesmer (1734–1815). Begründer der Lehre vom animalischen Magnetismus. Daraus ist ein Vorläufer der Hypnosebehandlung entstanden.

KAPITEL 16

Hier ist die kürzeste Geschichte, die ich kenne: *St. Louis Globe-Democrat*, 2. November 1886 – ein Mädchen hat das elterliche Haus verlassen, um zu einer Quelle zu gehen.
Wir werden zwar noch Einzelheiten und Kommentare betrachten, aber ich weiß von vielen Vorfällen, über die sich, was eindeutige Erkenntnisse angeht, kaum mehr erzählen läßt.
Aber vielleicht kann ich sogar eine noch kürzere Geschichte erzählen:
Er ging um die Pferde herum.
Am 25. November 1809 hielt sich Benjamin Bathurst, nachdem er aus Wien zurückgekehrt war, wo er die britische Regierung am Hofe des Kaisers Franz vertreten hatte, in der deutschen Kleinstadt Perleberg auf. In Gegenwart seines Burschen und seines Sekretärs begutachtete er die Pferde, die seine Kutsche einen Teil des weiten Weges zurück nach England ziehen sollten. Unter den Augen von Zeugen ging er um das Gespann herum. Er verschwand. Einzelheiten können Sie dem *Cornhill Magazine*, 55-279, entnehmen.
Ich habe hier nicht viele Worte über das Verschwinden des Benjamin Bathurst verloren, weil so viele Berichte so leicht zu bekommen sind. Nur Reverend Sabine Baring-Gould erwähnt in *Historic Oddities* einen Begleitumstand, den ich in keinem anderen Bericht, den ich gelesen habe, finden konnte. Es heißt dort, am 23. Januar 1810 sei in einer Hamburger Zeitung eine Meldung erschienen, daß Bathurst wohlauf und gesund sei, denn seine Freunde hätten einen Brief von ihm bekommen. Aber seine Freunde haben keinen solchen Brief bekommen. Baring-Gould fragt sich, woher dieser Artikel wohl stammen mochte und wie er zu erklären sei und meint: »Wurde er veröffentlicht,

damit die Behörden die Suche einstellen?« Ich würde es so formulieren: Sollte er weitere Nachforschungen unterbinden? Manche Autoren glaubten, Bathurst sei auf Veranlassung von Napoleon Bonaparte aus politischen Gründen entführt worden. Bonaparte machte sich die Mühe, dies abzustreiten.

Im *Literary Digest*, 46-922, heißt es, in den Polizeiakten von London würden für die Jahre 1907 bis 1913 170472 auf geheimnisvolle Weise verschwundene Personen aufgeführt. In 3260 Fällen habe man überhaupt nichts herausfinden können. Wer sich von 167212 ordentlich erklärten Fällen beeindrucken läßt, hält womöglich nicht viel von 3260 ungeklärten Fällen. Aber einige von uns, die durch die Erfahrungen mit den Pseudo-Auflösungen von Geheimnissen wenigstens vorläufig etwas klüger geworden sind, werden fragen, ob jene 167212 Fälle wirklich befriedigend erklärt wurden, außer vielleicht für Menschen, die stets leicht zu befriedigen sind.

Wenn es um Wiederverheiratung und das Auszahlen von Versicherungssummen geht, wird ein halbes Dutzend trauernder Hinterbliebener ohne weiteres eine im Fluß gefundene oder vom Meer angespülte Leiche »identifizieren«. Sie einigen sich untereinander, wer wieder heiraten und wer die Prämie kassieren darf. Natürlich ist, wo eine neue Liebe wächst, oft auch die Habgier nicht weit, und beide sind in Leichenhallen Stammgast.

Wir wissen kaum etwas über uns selbst, ganz gleich, ob unser astronomisches und geologisches und biologisches Wissen nun nahezu vollkommen ist oder nicht.

Einige von uns können offenbar nicht den eigenen Gatten oder die eigene Gattin vom jeweiligen Partner eines Mitmenschen unterscheiden. Im Jahre 1920 bekam eine Frau in New York City, deren Gatte in einer Nervenklinik war, Besuch von einem Mann, der sie liebevoll begrüßte und ihr sagte, er sei ihr Mann. Sie bereitete ihm ein freundliches Willkommen in ihrem Heim. Eine Weile später erfuhr sie, daß ihr Gatte immer noch in der Anstalt war. Sie nahm es dem anderen anscheinend übel und ließ ihn verhaften. Dem Zyniker dürften hier mancherlei Erklärungen einfallen.

Ich besitze Unterlagen zu einem weiteren Fall. Ein Mann ist aufgetaucht und hat einer Frau, die mit einem Seemann verheiratet war, erklärt, er sei ihr Ehemann. »Geh weg!« hat sie gesagt. »Du bist dunkler als mein Mann.« »Oh«, antwortete er, »aber ich hatte das Gelbfieber.« Sie besann sich, aber dann ging doch noch etwas schief, und der Fall kam vor Gericht.
Da alle angeblichen Dinge fließen und schwanken, vergleiche ich alle Urteile in allen Angelegenheiten – in alltäglichen Dingen wie in wissenschaftlichen Fragen, die angeblich von äußerster Wichtigkeit sind – mit dieser Geschichte von einer Frau und ihrer Unsicherheit. Wenn ein Ehemann oder ein Sachverhalt unveränderlich bliebe, dann könnte ein Verstand, falls man ihn von seinen Unstetigkeiten abzuhalten weiß, möglicherweise behaupten, diesen Menschen oder diesen Sachverhalt zu kennen.
Es gibt viele Berichte über Menschen, die auf geheimnisvolle Weise verschwunden sind. Die Situation ist hier die gleiche wie bei jedem anderen Thema oder sogenannten Thema, insofern, als es kein Thema gibt, das unabhängig für sich existieren könnte. Nur wer wenig über eine Sache weiß, kann eine klare und eindeutige Meinung über sie haben. Ganze Zivilisationen sind verschwunden. Man muß aus statistischen Gründen bezweifeln, daß damals wirklich fünf Sechstel des Stammes Israel auf einen Schlag untergegangen sind, aber so will es die Überlieferung. Die Historiker lassen uns wissen, was aus den Kolonisten von Jamestown geworden ist, aber was wird aus Historikern? Leute, die so bekannt waren wie Bathurst, sind verschwunden. Zum Verschwinden von Conant, einem Redakteur von *Harper's Weekly*, können Sie die New Yorker Zeitungen vom 29. Januar 1885 zur Hand nehmen. Man hat nichts herausgefunden. Weitere Beispiele für bekannte Menschen, die verschwunden sind, finden Sie in der *New York Tribune*, 29. März 1903, und in *Harper's Magazine*, 38-504.
Chicago Tribune, 5. Januar 1900 – »Sherman Church, ein junger Mann, der bei den Augusta Mills in Battle Creek, Michigan, beschäftigt war, ist verschwunden. Er hatte sich im Büro der Firma

aufgehalten und war plötzlich aufgestanden und ins Sägewerk gerannt. Danach hat ihn niemand mehr gesehen. Die Ermittler haben das Sägewerk fast völlig zerlegt, und man hat den Fluß, die Wälder und die ganze Umgebung abgesucht, aber es hat zu nichts geführt. Niemand hat Church die Stadt verlassen sehen, wozu er im übrigen ohnehin keinen Grund gehabt hätte.«

Da alles in alles andere übergeht – ohne eigene Gestalt, Identität oder Seele –, kann man mit einigem Recht auch alles, oder was man so als »alles« bezeichnet, behaupten. Wem der Sinn danach steht, der wird mit der besten Legitimation, die man sich nur wünschen kann, alle rätselhaften Fälle von vermißten Personen im Stil von Mrs. Christies Verschwinden aufklären können. Im Dezember 1926 ist Mrs. Agatha Christie, die Autorin von Kriminalromanen, aus ihrem Haus in England verschwunden. Die Zeitungen, die Mrs. Christies Beruf kannten, veröffentlichten gutmütige Kommentare, bis berichtet wurde, daß die Polizei für die Suche in Mooren und Wäldern und Dörfern und Städten mittlerweile angeblich bereits 10000 Pfund aufgewendet hatte. Nun wurde den sparsamen Engländern der moralische Aspekt der Angelegenheit bewußt, und man nahm die Sache ernst. Mrs. Christie wurde gefunden. Aber laut einer abschließenden Schätzung hatte die Polizei bloß 25 Pfund ausgegeben. Daraufhin vergaß man den moralischen Aspekt und gab wieder gutmütige Kommentare ab. Man erzählte sich, Mrs. Christie sei irgendwo in England unter falschem Namen in einem Hotel abgestiegen und habe sich jeden Morgen die Zeitungen bringen lassen. Ihr Mann habe sie schließlich wieder nach Hause geholt. Ihre Freunde sagten, sie hätte sich an niemand erinnern können, aber dann dachten sie noch einmal darüber nach und sagten, sie hätte sich an niemand außer an ihren Ehemann erinnern können. Ein paar Wochen später erschien ein neues Buch von Mrs. Christie. Anscheinend war es ein halbwegs lesbares Buch, das die sparsamen Engländer freundlich aufgenommen haben, die äußerst humorvoll und tolerant sind, solange sie nicht wegen der Vergeudung von Steuergeldern ernst und moralisch werden.

Ende 1913 ist der amerikanische Journalist und Satiriker Ambrose Bierce verschwunden. Man hat es erklärt. Er sei nach Mexiko gefahren, um sich Pancho Villas Revolutionsarmee anzuschließen, und sei in der Schlacht von Torreon gefallen. *New York Times*, 3. April 1915 – das Rätsel von Bierces Verschwinden gelöst – er sei beim Rekrutierungsamt in London in Lord Kitcheners Stab. *New York Times*, 7. April 1915 – beim Kriegsministerium in London sei nichts über Bierce bekannt. Im März 1920 wurde in den Zeitungen eine Meldung aus San Francisco veröffentlicht, derzufolge Bierce nach Mexiko gegangen sei, um gegen Villa zu kämpfen. Dort sei er auch erschossen worden. Es wäre ein passender Höhepunkt für das Leben dieses weitsichtigen Autors, in London emsig zu arbeiten, während er sich in Mexiko aufhält und getötet wird, als er gleichzeitig für und gegen Villa kämpft. Ich finde, das ist ein recht aktiver Lebensabend für einen Menschen, der, wie Joseph Lewis French in *Pearson's Magazine*, 39-245, erklärt, hinfällig und mehr als siebzig Jahre alt war. Das Neueste, was ich im Augenblick finden kann, ist vom 1. Januar 1928 aus der *New York Times*. Dort entdecke ich eine verständliche Erklärung für sein Verschwinden: Bierce hätte Villa kritisiert.

Der Londoner *Daily Chronicle*, 29. September 1920 – ein junger Mann geht am Abend des 27. September im Süden Londons eine Straße entlang –

Zauberei – Häuser schmelzen dahin – Wiesen erscheinen –

Oder da war eine Lücke zwischen den Wahrnehmungen.

Wie immer er auch hingekommen war – plötzlich stand er inmitten von Feldern auf einer Landstraße. Der junge Mann bekam es mit der Angst. Vielleicht war er weit weg von zu Hause und würde nicht mehr zurückkehren können. Er befand sich auf einer Straße in der Nähe von Dunstable, 30 Meilen von London entfernt. Ein Polizist fand ihn, wie er laut rufend hin und herlief, und nahm ihn auf die Wache mit. Dort erholte er sich ein wenig, bis er erklären konnte, er heiße Leonard Wadham, stamme aus Walworth bei London und sei beim Gesundheitsministerium angestellt. Er konnte sich nicht erklären, wie er

an diesen Ort in der Nähe von Dunstable gekommen war. Das vermochte auch sonst niemand zu sagen.
Anfang 1905 sind in England mehrere Menschen auf rätselhafte Weise verschwunden. Schlagen Sie das Kapitel über die außergewöhnlichen Phänomene jener Zeit nach. Hier nun ein Bericht über einen Menschen, der zur Abwechslung auf rätselhafte Weise aufgetaucht ist. Ich entnehme ihn dem *Liverpool Echo*, 8. Februar 1905. Am 4. Februar wurde in der Nähe von Douglas auf der Isle of Man eine bewußtlos am Strand liegende Frau gefunden. Niemand hatte sie zuvor gesehen, aber man vermutete, daß sie am 3. Februar mit dem Boot aus England gekommen sei. Sie starb, ohne das Bewußtsein wiederzuerlangen. Viele Bewohner der Insel hatten aus verschiedenen persönlichen Gründen die Ankunft des Bootes erwartet und aufgrund ihres Interesses die Passagiere mehr als flüchtig in Augenschein genommen. Aber von den 200 Inselbewohnern, die die Leichenhalle aufsuchten, konnte kein einziger sagen, daß er die Frau hätte ankommen sehen. Eine entsprechende Meldung wurde veröffentlicht, worauf eine Anfrage aus Wigan in Lancashire einging. In Wigan war eine Frau auf »rätselhafte Weise verschwunden«, und anhand der Beschreibung konnte man die in der Nähe von Douglas gefundene Person als die 66jährige Alice Hilton aus Wigan identifizieren. Im *Wigan Observer* wird berichtet, daß Mrs. Hilton zum letzten Mal am 2. Februar auf dem Weg nach Ince in der Nähe von Wigan, wo sie eine Cousine besuchen wollte, gesehen worden war. Aber niemand hatte sie Wigan verlassen sehen, und soweit bekannt war, hatte sie keine Not gelitten. Der Spruch der gerichtlichen Untersuchungskommission lautete, daß Mrs. Hilton nicht ertrunken sondern an Herzversagen infolge der Kälte und des Aufenthalts im Freien gestorben sei.
Ich frage mich, ob Ambrose Bierce je mit Selbstteleportation experimentiert hat. In dreien seiner Geschichten geht es um »rätselhaftes Verschwinden«. Er muß ein ungewöhnlich großes Interesse daran gehabt haben, wenn er sich auf diese Weise wiederholt hat.

Am 4. September 1905 berichteten die Londoner Zeitungen über Professor George A. Simcox, Senior Fellow am Queen's College in Oxford, der in Ballycastle im County Antrim in Irland verschwunden war. Am 28. August sei Professor Simcox zu einem Spaziergang aufgebrochen, von dem er nicht zurückgekehrt sei. Man hat nach ihm gesucht, konnte aber nichts in Erfahrung bringen.
Professor Simcox war zuvor schon mehrmals verschwunden und hatte dadurch für Aufsehen gesorgt. Sein Verschwinden in Ballycastle war endgültig.

KAPITEL 17

Ich kann nicht behaupten, daß wir große Ambitionen hätten, als Traumdeuter in Erscheinung zu treten, aber ich denke an einen Traum, den viele Menschen immer wieder hatten und der für unser gegenwärtiges Thema von Interesse sein könnte. Da schnarcht einer inmitten der alltäglichen Wunder des Traumlandes vor sich hin – und ein anderer gelangt nackt auf einen öffentlichen Platz und hat keine Ahnung, wie er hingekommen ist. Ich möchte gern wissen, was die Vorliebe für diesen Traum oder die Abneigung gegen ihn bestimmt, die, denke ich, stark von der Meinung des Betreffenden von sich selbst abhängt. Ich glaube, es hat zu tun mit der unbewußten Aufmerksamkeit für etwas, das die Menschen oft befallen hat, und das in früheren Zeiten häufiger aufgetreten ist. Es ist möglich, daß okkulte Transporte von Menschen tatsächlich vorkommen, und daß aufgrund der Selektivität die Kleidung manchmal nicht mitgenommen wird.

»Nackt auf der Straße – seltsames Benehmen eines seltsamen Mannes.« Siehe die *Chatham News* aus Kent in England vom 10. Januar 1914. Am frühen Abend des 6. Januar – »bei bitterer Kälte« – ist, von wo, ließ sich nicht ermitteln, auf der High Street in Chatham ein nackter Mann aufgetaucht.

Der Mann ist die Straße hinauf und hinunter gelaufen, bis ihn ein Polizist erwischt hat. Er konnte nichts über sich aussagen. »Geistesgestört«, erklärten die Ärzte, die wie üblich so taten, als hätten sie damit etwas Bedeutsames gesagt.

Ich akzeptiere, daß es relativ gesehen so etwas wie Geisteskrankheit gibt, auch wenn zwischen den Menschen, die in Heimen sind und Menschen, die nicht in Heimen sind und Menschen, die noch nicht in Heimen sind, keine klare Grenze

gezogen werden kann. Wenn mit Geistesgestörtheit solche Denkprozesse gemeint sind, die in sich zwar logisch scheinen, die aber auf falschen Voraussetzungen beruhen, was kann dann gemeint sein, wenn nicht unser aller Geistesgestörtheit? Ich akzeptiere, daß manche den Zustand, der uns allen gemein ist, ins Extreme übersteigern, weshalb man sie als geistesgestört bezeichnen kann; aber aufgrund meiner Erfahrungen mit falschen Klassifikationen oder der Unmöglichkeit, etwas anderes als falsche Klassifikationen vorzunehmen, vermute ich, daß viele Menschen nur deshalb als geistesgestört weggeschlossen wurden, weil sie mit ungewöhnlichen Einsichten begabt waren oder ungewöhnliche Erfahrungen gemacht haben. Es ist möglich, daß sich unter diesem Deckmantel Wege für erstaunliche neue Forschungen auftun. Es könnte sein, daß Geschichten, die von angeblichen Irren erzählt worden sind, eines Tages Gehör finden werden und daß man ihnen auf den Grund gehen und zu außergewöhnlichen Schlußfolgerungen gelangen wird.
Was die Geistesgestörtheit angeht, so ist die Hilflosigkeit der Wissenschaft sattsam bekannt, aber dies ist nur eine der Hilflosigkeiten der Wissenschaft. Höchstwahrscheinlich sind die hochgeschätzten Ansichten der Psychiater manchmal beinahe aufrichtig; aber wie auf jedem anderen Gebiet des sogenannten menschlichen Wissens gibt es auch hier keinen wirklichen Maßstab, nach dem man urteilen könnte. Es gibt kein Phänomen, das Geisteskrankheit hieße und für sich genommen als von anderen unterschiedenes und reales Phänomen wahrgenommen werden könnte. Falls es jemals schwierig werden sollte, mit den professionellen Weisen abzuklären, ob sie für oder gegen die geistige Gesundheit eines Menschen stimmen sollen, werde ich daran denken, daß die nichtorganische Wissenschaft so vage eigentlich nicht sein dürfte.
Der nackte Mann von Chatham ist plötzlich aufgetaucht. Niemand hat ihn auf dem Weg zu seinem Ankunftspunkt gesehen. Man hat seine Kleidung gesucht, konnte sie aber nicht finden. Aus der Umgebung von Chatham war niemand als vermißt gemeldet worden.

Kleine Frösche, Steinschauer und Wassergüsse – und sie haben sich wiederholt, was darauf hinweist, daß Transportströme zu konstanten Ankunftspunkten eine Weile angehalten haben, was wiederum auf Abgangspunkte an irgendeinem anderen Ort schließen läßt. In der Londoner *Times*, 30. Januar 1874, steht ein Bericht über das wiederholte Verschwinden junger Männer in Paris. Wahrscheinlich wird es infolge des Feminismus irgendwann Blaubärtinnen geben, aber ich denke, im Jahre 1874 mußte man noch nicht mit ihnen rechnen. »Jedenfalls erklären Verwandte und Freunde, daß sie sich keinen Grund für das Verschwinden vorstellen könnten, und die Vermißten scheinen ihre Wohnungen wegen ganz alltäglicher Verrichtungen verlassen zu haben.«

Ein Acker in der Nähe von Salem, Virginia, im Jahre 1885 – daß dieser Acker eine Sogwirkung hatte. In der *New York Sun*, 25. April 1885, heißt es, der junge Farmer Isaac Martin, der in der Nähe von Salem lebte, sei zur Arbeit auf einen Acker gegangen und dort verschwunden. Es heißt, in dieser Region seien noch weitere Menschen auf rätselhafte Weise verschwunden. Im Juli und August 1892 gab es in Montreal so viele unerklärliche Fälle, daß in den Zeitungen die Schlagzeile »Wieder ein Vermißter« zur Alltäglichkeit wurde. Im Juli 1883 hatte es in Montreal bereits eine ähnliche Serie gegeben. Der Londoner *Evening Star*, 2. November 1926 – »geheimnisvolle Serie von Vermißtenmeldungen – binnen weniger Tage acht Menschen verschwunden«. Dies hat sich in und um Southend zugetragen. Zuerst ist Mrs. Kathleen Munn mit ihren beiden kleinen Kindern verschwunden. Dann ein 15jähriges Mädchen, ein 16jähriges Mädchen, ein 17jähriges Mädchen und wieder ein 16jähriges Mädchen. Ein weiteres Mädchen namens Alice Stevens ist ebenfalls verschwunden, aber »sie wurde ohnmächtig aufgefunden und ins Krankenhaus gebracht«.

New York Sun, 14. August 1902 – binnen einer Woche sind in Buffalo im US-Bundesstaat New York fünf Männer verschwunden.

Anfang August 1895 ist in Belfast in Irland ein kleines Mäd-

chen namens Rooney verschwunden. Detektive nahmen die Ermittlungen auf. Während sie ermittelten, ist ein kleiner Junge namens Webb verschwunden. Dann ist ein weiteres Kind verschwunden. 10. September – ein Siebenjähriger namens Watson verschwindet. Zwei Tage später ist ein Junge mit Namen Brown verschwunden. Siehe die *Irish News* aus Belfast vom 20. September. In den folgenden Ausgaben der Zeitung kann ich keine weiteren Informationen finden.
Der Londoner *Daily Mirror*, 5. August 1920 – »Die Polizei von Belfast gab die sensationelle Erklärung ab, daß seit Montag letzter Woche aus der Newtownards Road in East Belfast acht Mädchen, alle unter zwölf Jahre alt, verschwunden sind.«
Im August 1869 berichteten englische Zeitungen, daß im irischen Cork 13 Kinder verschwunden seien. Ich entnehme dies der *Tiverton Times* vom 31. August. Es ist möglich, daß sich das Phänomen nicht mit Entführern aus der Umgebung erklären läßt, weil zur gleichen Zeit auch an anderen Orten Kinder verschwunden sind. Die Londoner *Daily News*, 31. August – Aufregung in Brüssel, weil Kinder verschwunden sind.
Fünf »wilde Männer« und ein »wildes Mädchen« sind am 1. Januar 1888 in Connecticut aufgetaucht. Siehe *St. Louis Globe-Democrat*, 5. Januar, und die *New York Times*, 9. Januar 1888.
Ich habe Angaben zu sechs Personen, die zwischen dem 14. Januar 1920 und dem 9. Dezember 1923 in oder nahe der englischen Kleinstadt Romford herumwandernd aufgegriffen wurden und die weder Angaben zu ihrer Person machen noch erklären konnten, wie sie dorthin gekommen waren. Ich bin auf keinen einzigen Fall gestoßen, in dem jemand überzeugend erklärt hätte, daß er beispielsweise in New York über die Straße gegangen und plötzlich gepackt und in Sibirien oder in Romford abgesetzt worden sei. Ich bin aber auf zahlreiche Fälle wie den des Mannes gestoßen, der erzählte, daß er die Euston Road in London entlanggegangen und – allerdings erst neun Monate später – bei der Arbeit auf einer Farm in Australien wieder zu sich gekommen sei. Wenn je Menschen teleportiert sind, und wenn einige Fälle, in denen Menschen auf rätselhafte Weise

verschwunden sind, auf andere Weise nicht erklärbar sind, dann müssen wir jedenfalls festhalten, daß eine Nebenwirkung der Erfahrung die Auslöschung des Gedächtnisses ist.

Aus allen Ländern sind Geschichten über plötzlich erschienene Kinder bekannt. In Indien lautet die Erklärung für das Auftauchen unbekannter Kinder, daß sie von Wölfinnen gebracht worden seien.

Es hat seltsame Zieheltern gegeben: Kleine Kaninchen wurden von Katzen adoptiert, Ferkel haben an fremden Zitzen gesäugt. Aber dies sind Beispiele für mütterliche Zwangslagen und unerwartetes Wohlwollen, und wir sind aufgefordert, an wohlwollende Wölfinnen zu glauben. Ich leugne nicht, daß in einem gewissen Maße Wohlwollen auch in Wölfen, Katzen, Menschen und Ameisen steckt; aber Wohlwollen ist willkürlich, und man kann sich nicht lange darauf verlassen. Manchmal bin ich auch selbst wohlwollend, aber ich komme meist rasch darüber hinweg. Die Hilflosigkeit eines Menschenkindes dauert länger als die Stillzeit einer Wölfin. Wie lange können Wölfinnen oder wir anderen Menschen selbstlos bleiben, wenn die Selbstlosigkeit anscheinend zu nichts führt?

Einen Bericht über eins der neueren »Wolfskinder« aus Indien (1914) finden Sie in *Nature*, 93-566. Im *Zoologist*, 3-12-87, ist ein Bericht über eine ganze Reihe dieser Kinder abgedruckt, der bis ins Jahr 1852 zurückreicht. In *Field*, 9. November 1895, erzählt ein Assistant Commissioner die Geschichte eines »Wolfskindes« aus Oude, das er selbst gesehen hat. Es war ein des Sprechens unfähiges kleines Tier von ungefähr vier Jahren. Polizisten erklärten, sie hätten dieses Kind, dem praktisch jede menschliche Intelligenz abging, in einer Wolfshöhle gefunden. Das Kind ist herangewachsen und Polizist geworden.

In *Human Nature*, 7-302, finde ich die Geschichte zweier »Wolfskinder«, die zu verschiedenen Zeiten in der Nähe von Agra in Nordindien gefunden worden sind. Die beiden waren sieben oder acht Jahre alt. Einen neueren Fall können Sie im Londoner *Observer*, 5. Dezember 1926, nachschlagen. Hindus hatten zwei »Wolfskinder«, eins zwei Jahre und das andere etwa acht Jahre alt, ins Waisenhaus von Midnapore gebracht. Wenn mehrere Kinder gleichzeitig aufgegriffen werden, verliert die Annahme, ein Kind sei als schwachsinnig ausgesetzt worden, an Glaubwürdigkeit. Wenn mehrere Kinder betroffen sind, muß es außerdem irgendwo eine ungeheuer selbstlose Wölfin gegeben haben. Die Kinder krochen auf allen Vieren, aßen nur rohes Fleisch, knurrten und gingen den anderen Insassen des Waisenhauses aus dem Weg. Ich vermute, sie aßen nur rohes Fleisch, weil sie, um eine Theorie zu bestätigen, nichts anderes bekommen haben.

Die Londoner *Daily Mail*, 6. April 1927 – wieder wurde ein »Wolfskind« – ein siebenjähriger Junge – in der Nähe von Allahabad in einer Höhle gefunden. Das Beispiel, das in diesem Augenblick das neueste ist, finden Sie in der *New York Times* vom 16. Juli 1927. Von Elefantenrackern und Nashorngören habe ich noch nichts gehört, aber in der Londoner *Morning Post*, 31. Dezember 1926, steht die Geschichte eines »Tigerkindes«. Im Londoner *Observer*, 10. April 1927, lese ich von einem »Leopardenjungen« und einem »Affenmädchen«.

Unsere Daten betreffen Ereignisse, die Pferde in Erstaunen versetzt und Springböcke gekitzelt haben. Sie haben Polizisten schockiert. Ich habe Aufzeichnungen über einen Ausbruch von zehn »wilden Männern«, die im Winter 1904/1905 in England während der erwähnten Periode außergewöhnlicher Phänomene aufgetaucht sind. Einer von ihnen, dessen Herkunft nicht ermittelt werden konnte, ist in Cheadle mitten auf der Straße aufgetaucht. Er war nackt. Ein empörter Polizist versuchte, dem Mann einen Mantel umzuhängen und ihm gut zuzureden, aber er hatte mit ihm die gleichen Schwierigkeiten, die Euklid und Newton und Darwin und alle anderen haben, wenn sie versuchen, vernünftig zu sein oder wenn sie sich bemühen, auf nichtorganische, wissenschaftliche Weise eine Grundlage zu finden, auf der sie argumentieren könnten. Ich vermute, die Auseinandersetzung ist ungefähr folgendermaßen verlaufen –

Ob er sich denn nicht schämte?

Keineswegs. Manche Leute mochten Gründe haben, sich zu schämen, aber er hatte keinen. Was denn falsch an Nacktheit sei? Ob denn etwa Katzen und Pferde und Hunde auch mit Kleidern herumliefen?
Aber die hätten von der Natur ihr Fell als Bedeckung bekommen.
Nun, dann eben mexikanische Hunde.
Soll es doch jemand anders versuchen – jemand, der glaubt, die Lehren der Astronomie, der Biologie, der Geologie oder irgendeines anderen Gebiets seien als Produkte der Logik nahezu endgültig, wenn auch natürlich getrübt durch strittige nebensächliche Fragen. Versuchen Sie sich zu Beginn an folgendem einfachen Problem. Warum sollte der Mann eigentlich nicht nackt herumlaufen? Man sieht sich gezwungen, auf der Grundlage von Konventionen zu argumentieren. Wir leben jedoch in einer Existenz, die ihrerseits eine Grundlage sein mag, in der es aber keine Grundlagen gibt. Argumentieren Sie auf der Grundlage der Konventionalität, und Sie sind durch die bekannten Gegenargumente angreifbar. Was ist Fortschritt, wenn nicht Trotz gegenüber der Konventionalität?
Der Polizist, der sich in einem ähnlichen Zustand der Verzweiflung befunden hat wie Euklid, nahm es als offensichtliches öffentliches Ärgernis. Euklid hat seine Theoreme in Tüten gesteckt. Er hat Probleme gelöst, indem er manche Umstände mit einer Trennlinie umgab, die ausschloß, was die Lösung hätte stören können. Der Polizist aus Cheadle hat die klassische Methode angewendet. Er hat den »wilden Mann« in einen Sack gesteckt und zur Wache geschleppt.
Ein anderer dieser zehn »wilden Männer« sprach in einer Sprache, die niemand je zuvor gehört hatte, und er hatte ein Buch bei sich, dessen Schrift nicht einmal von Scotland Yard entziffert werden konnte. Wie ein Reisender aus fernen Ländern hatte er Zeichnungen von Dingen gemacht, die er auf den Straßen gesehen hatte. In Scotland Yard sagte man über die Schrift: »Sie ist nicht französisch, deutsch, holländisch, italienisch, spanisch, ungarisch oder türkisch. Sie ist auch nicht

böhmisch, griechisch, portugiesisch, arabisch, persisch, hebräisch oder russisch.« Siehe die Londoner Zeitungen und die *East Anglian Daily Times*, 12. Januar 1905.

Ich bin auf unzusammenhängende Angaben zu einem Fall gestoßen, den ich hier rekonstruieren will:

Etwa im Jahre 1910, aber vielleicht doch nicht in diesem Jahr, hat ein Hindu-Zauberer einen Jungen von irgendwo in England zu sich herteleportiert, vielleicht aus Wimbledon in London, vielleicht auch nicht. Eine Nachwirkung dieser Behandlung war eine geistige Umnachtung wie bei tiefer Hypnose oder Amnesie. Der Junge konnte lernen, als hätte sein Leben gerade erst begonnen, aber sein Gedächtnis war zum größten Teil leer. Irgendwann lag der Zauberer im Sterben. Er bereute, und sein Problem bestand nun darin, den Knaben, wenn schon nicht in sein Elternhaus, dann wenigstens in sein Heimatland zurückzubringen. Er konnte dem Jungen nichts über die okkulte Transportart sagen, und es schien ihm, als würde niemand eine Geschichte über eine gewöhnliche Entführung glauben wollen. Es wäre auch eine höchst unglaubwürdige Geschichte gewesen: ein Hindu hätte in London einen Knaben entführt und auf dem Weg nach Indien mehrere Wochen mit dem Knaben auf einem Schiff verbringen können, ohne neugierige Fragen auf sich zu ziehen und ohne daß der Junge sich an andere Passagiere gewendet hätte. Dennoch ist eine Geschichte über eine Entführung wenigstens eine Geschichte, die mit alltäglichen Begriffen arbeitet. Die Gedächtnislücken des Jungen konnte man mit einer Entführung nicht erklären, aber es würden höchstens einige Leute die Begleitumstände für seltsam halten und die Sache sowieso rasch wieder vergessen.

Einige Einzelheiten dieser Geschichte können Sie in *Lloyd's Sunday News* aus London vom 17. Oktober 1920 nachschlagen. Irgendwann im Jahre 1917 erhielt die Society for the Propagation of the Gospel in Nepal eine Botschaft von einem ortsansässigen Priester, der im Sterben lag und etwas zu erzählen hatte. Beim Priester befand sich ein gut gewachsener Junge. Der Priester erzählte, er habe den Jungen etwa im Jahre 1910 in Wimbledon auf offener Straße entführt. Er hat keine Einzelheiten über die Reise nach Indien verraten. Der Junge wurde nach Gorakapur gebracht, wo er eine Anstellung in einer Eisenbahnwerkstatt fand. Er konnte etwas Englisch sprechen, konnte sich aber nicht daran erinnern, jemals in England gewesen zu sein.

Dies ist der Bericht, den die Society an ihre Londoner Vertreterin Mrs. Sanderson in Earl's Court in London schickte. Eine Bestätigung der Geschichte von Richter Muir aus Gorakapur wurde beigelegt. Mrs. Sanderson setzte sich mit Scotland Yard in Verbindung.

Lloyd's Sunday News, 24. Oktober – »der Junge konnte von Scotland Yard noch nicht identifiziert werden. Seine Geschichte hat aber die höchst ungewöhnlichen Informationen ans Licht gebracht, daß vor zehn Jahren in Wimbledon eine ganze Reihe von Jungen verschwunden ist.« Es heißt, die Polizei hätte keine Möglichkeit gefunden, die Spur des Jungen zurückzuverfolgen, weil bei Scotland Yard alle Berichte über vermißte Kinder nach ein paar Jahren vernichtet werden. Ich habe die *Wimbledon News* des Jahres 1910 auf Meldungen über vermißte Kinder abgesucht, konnte aber keine Artikel über abgängige Kinder finden. Mag sich jemand anders das Vergnügen machen und die Zeitungen für die Jahre 1909 und 1911 durchsehen. In der *Thompson's Weekly News*, 23. Oktober 1920, finde ich weitere Einzelheiten. Dort heißt es, der Junge sei zweifellos ein englischer Junge gewesen: Wie der Priester erklärt habe, sei sein Taufname Albert gewesen.

Hants and Sussex News, 25. Februar 1920 – »eine der sensationellsten Entdeckungen und eine der geheimnisvollsten Tragödien, die aufzuzeichnen wir uns je auferlegt haben« – eine nackte Männerleiche wurde in der Nähe von Petersfield in der englischen Grafschaft Hampshire gefunden.

Das Rätselhafte daran ist, daß es sich nicht um einen Mord gehandelt hat. Die Leiche war nicht aus einem Auto aufs Feld geworfen worden. Erschienen ist ein nackter Mann, der seiner Sinne nicht mächtig war. Er ist herumgelaufen und dann gestorben. Er war nur ein Stück von der Straße und nicht weiter als eine Meile vom nächsten Haus entfernt. Abdrücke der nackten Füße des Mannes wurden bis zur Straße zurückverfolgt und von der Straße aus auf ein anderes Feld. Polizisten und zahlreiche Helfer haben nach seiner Kleidung gesucht, konnten aber nichts finden. In ganz England wurden Photos des Mannes veröffentlicht, aber niemand hatte ihn, bekleidet oder unbekleidet, gesehen. Im Rahmen der gerichtlichen Untersuchung erklärte der Arzt, der die Untersuchung durchführte, es handle sich um die Leiche eines 35 bis 40 Jahre alten Mannes; er sei gut genährt gewesen und habe vermutlich nicht körperlich gearbeitet; nach den sorgfältig beschnittenen Fingernägeln zu urteilen, sei er außerdem gepflegt gewesen. Auf der Leiche fand man Kratzer, als hätte er sich durch Büsche und Hecken gedrängt, aber es gab keine Wunde, die man hätte auf eine Waffe zurückführen können, und in seinem Magen fand sich weder Gift noch Medikament. Der Tod war nach einer Ohnmacht infolge Unterkühlung eingetreten. »Der Fall ist und bleibt eine äußerst erstaunliche Tragödie.«

Das Rätsel ist nicht sofort wieder in Vergessenheit geraten. Hin und wieder gab es noch Kommentare in Zeitungen. Die Londoner *Daily News*, 16. April – »Zwar hat man sein Photo im Norden, Osten, Süden und Westen im ganzen Vereinigten Königreich verbreitet, doch die Polizei hat nach wie vor nicht den geringsten Hinweis erhalten, und es sind keine vermißten Personen aktenkundig, die diesem Mann, vor allem, was Bildung und gesellschaftliche Stellung angehen dürfte, auch nur entfernt ähnlich wären.«

KAPITEL 18

Da war zum Beispiel der Fall der Mrs. Guppy am 3. Juni 1871. Wie uns die Spiritisten erklären, hat sie ihr Haus in London durch die Luft verlassen. Ein paar Meilen weiter ist sie durch ein Dach gebrochen. Mrs. Guppy hat 200 Pfund gewogen. Aber Mrs. Guppy war ein Medium. Sie war ein bedeutendes Medium und wurde deshalb gründlich überprüft, und man hat sie, womöglich genau deshalb, mehrmals bei Tricks erwischt. Ich suche mir das Garn für meine Geschichten oder ernsthaften Berichte lieber anderswo.

In der *New York World*, 25 März 1883, finde ich eine Geschichte über ein Mädchen. Es handelt sich um die Tochter von Jesse Miller aus Greenville Township im Somerset County in Pennsylvania. Sie ist mehrmals aus dem Haus auf den Hof vor dem Haus transportiert worden. Aber sie glaubte daran, daß dort Erscheinungen umgingen, und die meisten unserer Daten haben nichts mit gespenstischen Erscheinungen zu tun.

Wie im *Cambrian Daily Leader* (Swansea, Wales) am 7. Juli 1887 berichtet wird, sind im Haus des Reverend David Phillips in Swansea Poltergeist-Phänomene beobachtet worden. Warum haben so viele angebliche Geister der Verstorbenen Geistliche heimgesucht? Vielleicht werden die Leute Atheisten, wenn sie zum Himmel auffahren. Ich weiß aber nicht, ob man Poltergeister als echte Geister ansehen darf. Es kann sein, daß viele unserer Aufzeichnungen – siehe etwa die Phänomene des Winters 1904/1905 – nichts mit okkulten Wesen zu tun haben, die als eigenständige Geschöpfe aufgetreten wären, sondern mit projizierten Geistesinhalten lebendiger Menschen. Eine Frau aus Mr. Phillips' Haus ist über eine Mauer in Richtung eines Baches befördert worden, wo sie »halb benommen« ankam. Ich bemerke, daß diese Frau im Gegensatz zu unseren sonstigen Angaben zur Teleportation davon überzeugt war, daß eine Erscheinung sie getragen habe. Mr. Phillips und sein Sohn – ein Cambridge-Absolvent, der wahrscheinlich dazu erzogen war, an derartige Dinge nicht zu glauben – haben bestätigt, daß der Transport tatsächlich geschehen ist.

Eine Menge ist über das Phänomen oder das angebliche Phänomen der Gebrüder Pansini geschrieben worden. Ihre Geschichte wird in *Occult Review*, 4-17, wiedergegeben. Diese Knaben, einer sieben, der andere acht Jahre alt, waren die Söhne des Architekten Mauro Pansini aus dem italienischen Bari. Ihre Erfahrungen oder angeblichen Erfahrungen haben im Jahre 1901 begonnen. »Eines Tages hielten sich Alfredo und sein Bruder um 9.00 Uhr in Ruvo auf, wurden jedoch bereits um 9.30 Uhr im dreißig Meilen entfernten Kapuzinerkloster von Malfatti aufgegriffen.« In den *Annals of Psychic Science* heißt es, am 31. Januar 1901 seien die Pansini-Jungen von Ruvo ins Haus eines Verwandten in Trani befördert worden und dort in tiefer Hypnose angekommen. In den Bänden 2 und 3 der *Annals of Psychic Science* wird die Erörterung dieser Ereignisse fortgesetzt.

Aber das Verdammteste habe ich noch gar nicht erzählt. Wenden wir uns also dem Verdammtesten des Verdammten zu. Ein Hafen am Mittelmeer – ein Mann in einem Boot – und wie Mrs. Guppy in jenes Haus hageln ihm die Pansini-Jungen in den Kahn.

Und in viele Köpfe hagelt die Idee: »Es ist nicht so sehr die Unglaublichkeit dieser Geschichte allein; aber wenn wir das glauben, was blüht uns dann noch alles, das die konventionellen Lehren gefährden wird?«

Ich muß einfach streiten und disputieren. Ich habe das Rauchen ein wenig eingeschränkt, und unser selbstgebrautes Bier wird so häufig schal, daß ich fast ohne Bier auskommen muß, aber ich muß Einwände machen. Das kann ich mir beim besten Willen nicht abgewöhnen. Es hat keine Bedeutung, aber ich muß vorbringen, daß vieles, was wir heute für alltäglich halten,

einstmals von der Kanzel als schnellster Weg zur Hölle beschrieben worden ist. Ich weiß nur, daß zwei Jungen in ein Boot gepurzelt sind. Ich fühle mich überhaupt nicht teuflisch dabei. Der Gedanke, den weiterzuentwickeln ich mir vorerst keine besondere Mühe gebe, ist folgender: Wenn es etwas gibt, das die Pansini-Jungen versetzt hat, könnten wir es uns möglicherweise zunutze machen, um an Stelle von Kaianlagen und Bahnhöfen Abgangs- und Ankunftspunkte für Güter zu bauen, die man sich gleichsam von Kalifornien nach London »wünschen« kann. Sollten die Aktionäre der Transportunternehmen eines Tages, wenn ich nicht mehr damit zufrieden bin, bloß Wissenschaft und Religion gegen mich zu haben, Wind von dieser Idee bekommen, dann werde ich so viele Gegner haben, wie es sich nur jemand wünschen kann, der nicht darauf angewiesen ist, beliebt zu sein. Vorläufig will ich aber meine New York Central-Aktien noch nicht abstoßen.
Hat schon einmal jemand, der eine Straße entlanggegangen ist und ohne besondere Absicht einen Passanten vor sich angesehen hat, beobachtet, wie dieser Mensch verschwunden ist? Es liegt sicher nahe zu glauben, daß schon einmal jemand so etwas gesehen hat. Genauso naheliegend ist das Gefühl, über das James[16] und andere Psychologen Theorien abgeliefert haben – das Gefühl, man wäre schon einmal da gewesen, wenn man irgendwo ist, wo man noch nie war. Es kann sein, daß viele Menschen hin und her teleportiert worden sind, ohne es zu wissen oder ohne mehr als eine schwache Erinnerung an das Erlebnis zu haben.
Aber eine Straße entlanggehen und das Gefühl bekommen, daß jemand verschwunden ist – es hat unzweideutige Berichte über Beobachtungen des Verschwindens von Menschen gegeben. In diesen Fällen lautete die Erklärung, daß jemand einen Geist gesehen habe und daß der Geist wieder verschwunden sei. Wir werden Berichte untersuchen, die uns vorkommen werden, als

[16] Vermutlich William James (1842–1910). Amerikanischer Psychologe und Philosoph.

hätten die Beobachter keine Gespenster, sondern Geschöpfe wie sie selbst verschwinden sehen.
Im *Journal of the Society for Psychical Research*, 11-189, ist eine Geschichte veröffentlicht, die ein Maler namens John Osborne aus der Hurst Street Nr. 5 in Oxford erzählt hat. Er sagte, er sei am 31. März 1895 auf einer Straße in Richtung Wolverton gegangen, als er hinter sich Geräusche wie von Pferdehufen gehört habe. Er habe sich umgedreht und einen berittenen Mann gesehen, der Mühe hatte, sein Pferd unter Kontrolle zu halten. Er machte, daß er aus dem Weg kam, und beobachtete weiter, als er sich in Sicherheit wußte. Pferd und Reiter waren verschwunden. Dann kam die Konventionalisierung, auch wenn man sie weithin für eine unorthodoxe Konventionalisierung halten würde. Es heißt, eine Woche zuvor sei ein berittener Mann genau an dieser Stelle auf der Straße getötet worden. Das schwer verletzte Pferd sei erschossen worden. Normalerweise ist es sinnlos, in einer Publikation, in der eine Konventionalisierung erschienen ist, weiter zu suchen, aber dieser Fall ist eine Ausnahme. In der Juniausgabe des *Journal* finde ich eine Richtigstellung: Es heißt dort, der Unfall, mit dem das Verschwinden in Verbindung gebracht worden war, habe sich nicht eine Woche, sondern mehrere Jahre vorher ereignet und sich außerdem ganz anders zugetragen, denn betroffen gewesen sei ein Bauer auf einer Wiese. Mehrere Personen haben Nachforschungen angestellt, unter ihnen auch ein Friedensrichter, der schrieb, er sei überzeugt, daß zumindest Osborne selbst glaubte, die »Gestalten« verschwinden gesehen zu haben.
Nun könnte man fragen, warum ich mir nicht eine Zeitung aus Wolverton besorgt habe, in der ich, selbst wenn man es für einen »reinen Zufall« halten möchte, die Meldung finden konnte, daß jemand, der zuletzt beritten gesehen worden war, verschwunden sei? Ich habe vergessen, warum ich es nicht getan habe, glaube aber, der Grund war, daß ich keine Zeitung aus Wolverton finden konnte.
Ich kann es nicht belegen, aber aufgrund unserer Erfahrungen mit Erklärungen sollten wir auch so begreifen, was passiert ist.

Ich stelle mir einen Mann auf einem Pferd vor, der plötzlich ein Stück weit, ein paar Meilen nur, transportiert worden ist. Wenn er bei seiner Rückkehr ein weiser Mann auf einem Pferd war, dann ist er abgestiegen und hat kein Wort darüber verloren. Allgemein denken wir aber, daß er bei diesem Erlebnis das Bewußtsein verloren haben dürfte. Wenn Osborne sich noch eine Weile in der Nähe aufgehalten hätte, dann hätte er möglicherweise Mann und Pferd wieder auftauchen sehen können.

Im *Journal of the Society for Psychical Research*, 4-50, finde ich die Geschichte einer jungen Frau, die am Fuße des Milton Hill in Massachusetts mehr als nur flüchtig angesehen worden ist. Sie ist verschwunden. Mehrere Zeugen haben sie beobachtet. Dies ist also eine Geschichte über einen Ort, an dem es »gespukt« hat, und wo die »Gestalt« ein Gespenst gewesen sein soll. Ausnahmsweise gibt es hier keine Vorgeschichte über einen Mord, der Jahre vorher in der Nähe des Hügels begangen worden ist.

Soweit ich es sagen kann, hatte eine junge Frau, die in Boston oder New York oder sonstwo in einiger Entfernung gelebt hat, möglicherweise eine teleportative Affinität zu einem Ankunftspunkt oder dem Endpunkt einer okkulten Strömung auf diesem Hügel und ist mehrmals hin und zurück versetzt worden, ohne es zu bemerken oder ohne sich daran erinnern zu können oder mit so schwammigen Erinnerungen, daß sie glaubte, es sei ein Traum gewesen. Vielleicht hätte sie, wenn sie irgendwann später mit alltäglicheren Transportmitteln an diesem Hügel vorbeigefahren wäre, eine unheimliche Vertrautheit empfunden, die sie aber nicht hätte erklären können, weil sie sich nicht hätte bewußt daran erinnern können, schon einmal dort gewesen zu sein.

Psychologen kennen das Phänomen von Szenen, die sich in verschiedenen Träumen oder angeblichen Träumen mehrmals wiederholen. Das Phänomen muß womöglich nicht als Ausschmückung eines Traums, sondern als unscharfe Erinnerung an Teleportationen zum immer gleichen Ankunftspunkt gesehen werden. Eine naive kleine Idee von mir ist, daß so viele Gespenster weiße Gewänder tragen, weil schlafende Menschen im Nachthemd teleportiert worden sind.

In *Real Ghost Stories*, herausgegeben von *Review of the Reviews* (Englische Ausgabe) berichtet ein Mitarbeiter, er habe auf einem Feld eine Frau verschwinden sehen. Wie andere, die eine ähnliche Erfahrung gemacht haben, sagt er nicht, daß er eine Frau verschwinden sah, sondern daß er »eine Frauengestalt« beobachtet hätte. Er wollte sich nach Ereignissen erkundigen, die zur Erklärung dienen konnten, und erfuhr, daß irgendwo in der Nachbarschaft eine Frau ermordet worden war und daß ihre »Gestalt« in der Gegend herumspukte.

In *Proceedings of the Society for Psychical Research*, 10-98, erzählt eine Frau, sie sei mit ihrem Vater in der Nähe von Aldershot über sandigen Boden gelaufen. Sie habe Schritte gehört und, als sie sich umdrehte, einen Soldaten bemerkt. Plötzlich waren die Schritte nicht mehr zu hören. Sie drehte sich wieder um und sah, daß der Soldat verschwunden war. Die Frau berichtet, ihr Vater habe nie etwas anderes glauben wollen, als daß es »ein echter Soldat war, der sich irgendwie davongestohlen hat«.

In *Occult Review*, 23-168, schreibt jemand anders, als er in Twickenham eine Straße entlanggegangen sei, habe er »eine Männergestalt« auf sich zukommen sehen. Die »Gestalt« habe sich umgedreht und sei verschwunden oder habe sich »durch eine Gartenhecke gedrückt«. Der Mitarbeiter hat nichts von einem Mord gehört, der in der Gegend geschehen wäre, aber beeinflußt von der vertrauten Konvention erwähnt er, daß sich ein Duellplatz in der Nähe befunden hätte.

Die detailreichste Geschichte ist im November 1893 im *Journal of the Society for Psychical Research* erschienen. Miss M. Scott schreibt dort, sie sei am 7. Mai 1893 zwischen siebzehn und achtzehn Uhr in der Nähe von St. Boswells in der Grafschaft Roxburghshire eine Straße entlanggegangen und habe vor sich plötzlich einen großen Mann gesehen, der, in Schwarz gekleidet, wie ein Geistlicher ausgesehen habe. Es gibt keine

Andeutung, daß diese »Gestalt« irgendwie gespenstisch ausgesehen hätte, aber es gibt einen kleinen Hinweis, daß diese »Gestalt« oder das Lebewesen mehr als flüchtig angesehen worden ist. Da sie noch ein gutes Stück Weges vor sich hatte, begann Miss Scott zu laufen, aber dann fiel ihr ein, daß es nicht damenhaft wäre, an diesem Fremden einfach vorbeizurennen. So blieb sie wieder stehen und wartete, bis sich die Distanz zwischen ihnen wieder vergrößert hatte. Sie konnte sehen, wie der einem Geistlichen ähnliche Mann um eine Ecke bog. Der Oberkörper war oberhalb einer Hecke sichtbar – »und dann ist er von einem Augenblick auf den anderen verschwunden«. Nicht weit vom Punkt des Verschwindens entfernt traf Miss Scott ihre Schwester, die mitten auf der Straße stand, verwirrt dreinschaute und erklärte, sie hätte mitangesehen, wie vor ihren Augen ein Mann verschwunden sei.

Wir denken uns jetzt, daß Teleportationen, hin und zurück, häufig vorkommen. Es gibt viele Berichte, von denen manche womöglich nicht nur Märchen oder nicht ganz und gar erfunden sind, über Menschen, die weit entfernt von dem Ort gesehen worden sind, an dem sie sich, soweit sie selbst es sagen konnten, eigentlich hätten befinden müssen. Beispiele finden Sie in Gurneys *Phantasms of the Living*. Wir denken uns, daß Menschen irgendwo weggeschnappt und wieder zurückversetzt worden sind, und daß man sie dann anderswo gesehen hat, daß ihr Erscheinen aber den Beobachtern als deren eigene Halluzination erklärt worden ist.

Vielleicht kann ich mit dem Fall eines Mannes aufwarten, der schon am Verschwinden war, aber gerade noch rechtzeitig von einem Abgangspunkt zurückgezogen werden konnte. Ich denke an die Kinder von Clavaux, die beinahe in einen Strudel gezogen worden wären, die aber von ihren Eltern, die nicht anfällig waren, zurückgehalten werden konnten. Die Daten sehen aus, als hätte es eine Transportströmung durch sogenannte feste Materie gegeben, die sich »geöffnet« und dann wieder »geschlossen« hat, ohne daß so etwas wie eine Spalte gesehen wurde. Es kann sein, daß das, was wir Substanz nennen, ebenso offen wie abgeschlossen ist. Ich akzeptiere für mich, daß es nur relative Substanz gibt, soweit die Ebene der Phänomene betroffen ist; ich interessiere mich deshalb nicht besonders für das, was die Physiker tun, wenn sie herauszufinden versuchen, was die bloß phänomenhafte Substanz eigentlich oder endgültig sei. Sie ist oder ist nicht die Mittlerin zwischen Existenz und Nichtexistenz. Falls es eine organische Existenz gibt, die mehr als relativ ist, wenn auch nicht absolut, dann ist sie das Substantielle, während ihr Eisen, ihr Blei und ihr Gold nur Phänomene sind. Die größte vermeintliche Sicherheit ist nur eine vergängliche Verkleidung des Abgründigen. Wir alle existieren auf dünnem Eis.

Früh am Morgen des 9. Dezember 1873 wurden Thomas B. Cumpston und seine Frau, die »angesehene Bürger von Leeds« waren, im Bahnhof von Bristol verhaftet und der Erregung öffentlichen Ärgernisses angeklagt, weil sie beide Nachthemden trugen, und weil Cumpston außerdem eine Pistole abgefeuert hatte. Siehe die Londoner *Times*, 11. Dezember 1873. Cumpston erklärte erregt, er sei am Vortag mit seiner Frau aus Leeds kommend in Bristol eingetroffen und habe ein Hotelzimmer genommen. Am frühen Morgen habe sich der Boden »aufgetan«, aber seine Frau habe ihn retten können, bevor er in die »Öffnung« gezogen wurde. Sie beide seien daraufhin so verschreckt gewesen, daß sie aus dem Fenster gesprungen und zum Bahnhof gerannt seien, um einen Polizisten zu suchen. In der *Bristol Daily Post* vom 10. Dezember steht ein Bericht über die Gerichtsverhandlung. Cumpston war dort immer noch so erregt, daß er kaum ein klares Wort herausbekam. Mrs. Cumpston sagte aus, sie seien beide früh am Abend durch laute Geräusche aufgeschreckt worden, doch die Vermieterin habe sie beruhigt. Um drei oder vier Uhr morgens waren die Geräusche dann wieder zu hören. Sie seien aus dem Bett gesprungen und hätten das Gefühl gehabt, der Boden gebe unter ihnen nach. Sie hörten Stimmen, die ihre Rufe wiederholten, oder aber verzerrte Echos ihrer eigenen Stimmen. Dann hätte sich, soweit sie es gesehen oder zu sehen geglaubt hätte,

der Boden weit aufgetan. Ihr Mann sei in die »Öffnung« gefallen, aber sie hätte ihn zurückgezogen.
Sie riefen die Vermieterin hinzu, die bezeugen konnte, daß auch sie Geräusche gehört hatte, die sie allerdings nicht beschreiben konnte. Polizisten sagten aus, sie hätten den Ort des Geschehens, das Victoria Hotel, aufgesucht, um das Zimmer zu überprüfen, hätten aber nichts finden können, was das außergewöhnliche Benehmen der Cumpstons hätte erklären können. Sie ließen durchblicken, daß es sich um einen Fall kollektiver Halluzination gehandelt haben könnte. Die Cumpstons, ein älteres Ehepaar, wurden entlassen und der Obhut eines anderen Besuchers aus Leeds übergeben.
Kollektive Halluzinationen ist ebenfalls eins der täuschenden Etiketten, mit deren Hilfe die Konventionalisten sich ums Nachdenken herumdrücken. Wir erkennen hier jedoch ein weiteres Beispiel für die Tatsache, daß es auf der Ebene der Phänomene keine Maßstäbe gibt, mit denen man irgend etwas beurteilen könnte. Die Geschichte eines einzelnen Menschen wird, wenn den Vorlieben der Konventionalisten nicht genehm, nicht akzeptiert, weil sie nicht bestätigt werden kann; die Zeugenaussagen mehrerer Menschen werden, soweit unerwünscht, nicht akzeptiert, weil es sich um kollektive Halluzinationen handelt. Bei dieser Art von Rechtsprechung gibt es keine Hoffnung für irgendeine Zeugenaussage, die gegen die akzeptierten Überzeugungen der konventionellen Wissenschaftler verstößt.
Eine amüsante Unterlassung ist dabei die Einsicht, daß man mit dem gleichen Wahrheitsgehalt auch ihre eigenen Übereinstimmungen als kollektive Täuschungen bezeichnen könnte.
Die lauten Geräusche im Cumpston-Fall deuten eine gewisse Korrelation zu Poltergeist-Phänomenen an. Spiritisten haben Poltergeist-Geräusche seit jeher als »Klopfzeichen« bezeichnet. Manchmal hat es wirklich geklopft, aber oft hat es auch Detonationen gegeben, die das ganze Gebäude erschüttert haben. Die Bewohner ganzer Straßenzüge konnten deswegen nicht schlafen. Vielleicht öffnen und schließen sich Existenzen unter Geräuschentwicklung. Aus eigener Erfahrung weiß ich nicht, ob

es jemals einen Poltergeist gegeben hat. Aber ich hatte auch nur ein einziges Erlebnis, für das es mehrere Erklärungen geben könnte. Andererseits, was würde es nützen, ein Buch über Dinge zu schreiben, die wir für gesichert halten? Es sei denn, wie es in einem großen Teil dieses Buches auch geschieht, um es den anderen mal so richtig zu zeigen.

Im Londoner *Sunday Express*, 5. Dezember 1926, berichtet Lieutenant-Colonel Foley von einem Erlebnis, das dem der Cumpstons ähnlich zu sein scheint. Im Corpus Christi College an der Cambridge University hat man im Oktober 1904 geglaubt, daß es in einem Zimmer spuke. Vier Studenten, einer von ihnen war der Autor Shane Leslie, gingen der Sache auf den Grund. Hauptsächlich handelt die Geschichte von einem nur manchmal verschwommen sichtbaren, aber meist unsichtbaren und dennoch greifbaren Ding oder Wesen, das dieses Zimmer bewohnt oder heimgesucht hat. Die vier Studenten betraten das Zimmer, und einer wurde von den anderen fortgezerrt. Die Gefährten packten ihn. »Wie ein mächtiger Magnet« zog ihnen etwas den Freund aus den Händen. Sie hielten dagegen, kämpften einen wilden Kampf und gewannen das Tauziehen. Andere Studenten, die draußen warteten, feuerten sie mit Rufen an. Studenten höherer Semester kamen schließlich die Treppe heruntergerannt, stürmten ins Zimmer und zerlegten es in seine Einzelteile. Sie rissen sogar die Eichenvertäfelung von den Wänden.

Unter der Geschichte ist im *Sunday Express* eine Erklärung von Mr. Leslie abgedruckt: »Colonel Foley hat das Ereignis korrekt wiedergegeben.«

KAPITEL 19

In der *Encyclopaedia Britannica* heißt es, die Geschichte des Kaspar Hauser sei eines der verblüffendsten Rätsel der Menschheitsgeschichte. Das ist eine ungewöhnliche Aussage, denn meist wird ja bestritten, daß es überhaupt Geheimnisse gibt. In allen Werken, die ich zu diesem Fall gelesen habe, wird das Ereignis behandelt, als sei es einmalig. Ein Autor wie Andrew Lang, der eine Vorliebe für Geheimnisse hat, greift die Sache auf, ohne auch nur einen Gedanken darauf zu verschwenden, daß dieser Fall möglicherweise nicht für sich genommen, sondern nur in Korrelation mit ähnlichen Fällen betrachtet werden darf. Ich irre mich sicher nicht, wenn ich sage, daß man durch induktives Denken alles, was von endgültiger Natur ist, herausfinden kann. Ich denke nicht so sehr an eine Erweiterung der Wahrheit, sondern an eine Verminderung des Irrtums. Ich bin auf meine eigene Art naiv genug, aber ich besitze gewiß nicht die jugendlichen Hoffnungen eines John Stuart Mill und eines Francis Bacon.

Was einen der rätselhaftesten Aspekte in der Geschichte des Kaspar Hauser angeht, so habe ich viele Aufzeichnungen über Angriffe auf Menschen mittels einer unbekannten Waffe, die keine Geschosse benutzt. In den Zeitungen können Sie ein paar Dutzend Berichte nachschlagen, daß jemand oder etwas die Einwohner von Camden und Umgebung in New Jersey im Winter 1927/1928 terrorisiert habe. Es wurde auf Menschen geschossen, und in Automobilen hat man Einschußlöcher gefunden, aber man hat nie die zugehörigen Kugeln finden können. Ich weiß noch von zwei weiteren Fällen im Staat New Jersey. Um das Jahr 1910 hat es auch in Frankreich eine lange

Serie solcher Angriffe gegeben, die man »Phantombanditen« zugeschrieben hat.
Es kann sein, daß Menschen telepathisch veranlaßt worden sind, Selbstmord zu begehen. Schlagen Sie die Geschichte des ertrunkenen Frank Podmore nach. Es kann sein, daß der geheimnisvolle Kaspar Hauser zuviel Aufmerksamkeit erregt hat. Zwischen den Abgängen von Frank Podmore, Houdini, Washington Irving Bishop und vielleicht auch Dr. Crawford bestehen seltsame Ähnlichkeiten. Nach dem Öffnen der Grabkammer von Tutanchamun gab es eine ganze Reihe von Todesfällen.
In psychologischer wie physiologischer Hinsicht ist der Fall des Reverend Thomas Hanna dem des Kaspar Hauser so ähnlich, daß man denken muß, daß auch Hauser kein Schwindler war, wenn Hanna schon keiner gewesen ist. Einzelheiten zu Hanna können Sie bei Sidis, *Multiple Personality*, nachschlagen. In beiden Fällen war dem Vernehmen nach die Erinnerung getrübt oder auf das Vermögen eines Neugeborenen beschränkt; ungewöhnlich oder wunderbar daran war aber, daß das Lernvermögen erhalten geblieben war. Den beiden waren die fehlende Zeitvorstellung und die Ahnungslosigkeit in bezug auf Geschlechtlichkeit gemeinsam; alle Dinge kamen ihnen so vor, als seien sie gleich weit entfernt, ihnen fehlte also die perspektivische Wahrnehmung; und sie waren unfähig oder hatten Schwierigkeiten, aufrecht zu gehen. Kaspar Hauser war kein Hochstapler, der eine von ihm selbst erfundenen Masche durchgezogen hat, wie manche Erzähler seiner Geschichte vermutet haben. Wenn er damals, als man kaum etwas über Amnesie wußte, ein Schwindler gewesen sein soll, dann muß er irgendwie eine Menge Einzelheiten über eine umfassende Amnesie in Erfahrung gebracht haben. Und zwar, obwohl er erst siebzehn Jahre alt war.
Vielleicht hat er sich auch in tiefer Hypnose befunden. Wenn der Junge in Nepal dem Priester davongelaufen wäre, der ihn ganz normal entführt oder auch nicht normal entführt hat, und unter Engländern aufgetaucht wäre, dann hätte er

sich seine Lage nicht erklären können und wäre damit in einer ähnlich rätselhaften Situation gewesen wie Kaspar Hauser.

Wenn ein »Wolfskind«, das »fast bar jeder menschlichen Intelligenz« ist, aufgefunden wird und später den Beruf des Polizisten ergreift, dann werden wir nicht ganz so zynisch wie ein Drehbuchschreiber oder ein Autor von Detektivgeschichten. Wenn wir nicht glauben können, daß das Kind vom Alter von wenigen Monaten an in Gesellschaft von Wölfen aufgewachsen ist, dann stellen wir uns wenigstens einen verwischenden Prozeß vor, der es in ein »des Redens unfähiges kleines Tier« verwandelt hat, der es aber geistig nicht so weit beschädigt hat, daß das Kind mit Lernen nicht noch einmal ganz von vorn anfangen konnte.

Wir sind der Ansicht, daß Kaspar ein »Wolfskind« war, und daß er, wäre er irgendwo in Indien aufgetaucht, den örtlichen Konventionen entsprechend wahrscheinlich als »Wolfskind« bezeichnet worden wäre, und daß sein Unterschlupf, wäre Kaspar Hauser an einem solchen gefunden worden, als »Wolfsbau« bezeichnet worden wäre; aber unserer Ansicht nach ist die wölfische Erklärung in diesem wie in allen anderen Fällen sogenannter »Wolfskinder« nicht akzeptabel. »Wolfskinder« sind aufgetaucht, und die konventionelle Erklärung für ihre Herkunft ist unbefriedigend. Wenn die »Wolfskinder« Auffälligkeiten an den Beinen hatten oder auf allen Vieren gekrochen sind, dann reicht es nicht zu sagen, daß dies so sei, weil sie bei Wölfen aufgewachsen sind, weil man ja auch nicht behaupten würde, daß ein junger Vogel, der nicht von seinen Alten aufgezogen wird, nicht fliegen lernen kann, wenn er bei Säugetieren aufwächst.

Wenn wir akzeptieren, daß die Pansini-Jungen überhaupt teleportiert worden sind, dann fallen uns die geistigen Nebenwirkungen ihres Erlebnisses auf, denn sie befanden sich in tiefer Hypnose.

Kleine Frösche haben Pferde bombardiert – aber bisher, auch wenn es viele Versuche gab, Kaspar Hauser zu erklären, ist noch niemand auf die Idee gekommen, kleine Frösche in die Erklärung einzubinden –

Oder Robben in einem Park im Teich – und die markierten Rentiere in Spitzbergen – blättern Sie in diesem Buch zurück. Später sollten Sie dann besonders die Lichter am Himmel und ihr Verschwinden nachschlagen, über die eine Geschichte erzählt worden ist, die sie, solange sie nicht näher überprüft wurde, zu erklären schien. Die leuchtende Eule – der *Malmoot* – und wenn ein Mensch nicht konventionell erklärt werden kann, dann muß er ein Hochstapler sein – oder, wenn wir alle in gewissem Maße Hochstapler sind, dann ist er ein außergewöhnlicher Hochstapler.

Am Nachmittag des Pfingstmontags im Mai 1828 taumelte ein sechzehn- oder siebzehnjähriger Bursche mit forschem Schritt in die Stadt Nürnberg. Oder er sprang, sich mühsam übers Pflaster schleppend, fröhlich in die Stadt hinein. Die Geschichte ist von Theoretikern erzählt worden. Die Erzähler haben die Beschreibungen ihren Theorien angepaßt. Der junge Mann war nach Andrew Lang beispielsweise nicht fähig, die Bewegungen seiner Beine zu steuern. Er ist aber, wie die Gräfin von Cleveland berichtet hat, mit festen, raschen Schritten gegangen. Die Theorie der Gräfin hat es erfordert, daß mit seinen Beinen alles in Ordnung sei. Durch das Neutor hat er die Stadt betreten, und es war etwas mit seinen Beinen nicht in Ordnung, wie alle Autoren schreiben, außer denen, die es lieber haben, daß mit seinen Beinen alles in Ordnung war.

Den Nürnbergern, die sich um ihn sammelten, zeigte der Junge zwei Briefe, von denen einer an einen Kavalleriehauptmann adressiert war. Er wurde zum Haus des Hauptmanns geführt, aber da der Hauptmann nicht daheim war und da der Junge keine Auskunft über sich geben konnte, brachte man ihn auf eine Polizeiwache. Dort hat man festgehalten, daß er nur zwei Sätze in deutscher Sprache sprechen konnte, und wenn man ihm Papier und Stift gab, schrieb er den Namen Kaspar Hauser auf. Aber er wurde nicht weggeschlossen und vergessen.

Er hatte die Nürnberger im Haus des Hauptmanns in Verwunderung und Erstaunen versetzt, und diese Stadtbewohner hatten es anderen weitererzählt, so daß er von einer Menschenmenge zur Polizeiwache begleitet wurde. Die Leute warteten draußen und redeten über den seltsamen Neuankömmling. In der Menge erzählte man sich, wie es Feuerbach[17] berichtet, daß in der Nähe des Neutors ein Junge in der Stadt aufgetaucht sei, der die alltäglichsten Gegenstände und Vorgänge des menschlichen Lebens nicht zu kennen schien. Das Erstaunen, mit dem er den Säbel des Hauptmanns angesehen hatte, hatte ebenfalls die Aufmerksamkeit der Leute erregt. Man hatte ihm einen Krug Bier gegeben. Die Glasur des Kruges und die Farbe des Biers hatten ihn interessiert, als hätte er noch nie so etwas gesehen. Als er später eine Kerze brennen sah, schrie er vor Entzücken auf, und bevor jemand ihn aufhalten konnte, versuchte er, die Flamme in die Hand zu nehmen. Von diesem Augenblick an begann er zu lernen.

Dies ist die Geschichte, die von allen, die sie so sehen wollten, als Hochstapelei angesehen worden ist. Ich kann nicht sagen, ob alle angeblichen Fälle von Amnesie Täuschungsmanöver sind oder nicht. Ich sage nur, wenn es etwas wie Amnesie gibt, dann stimmen die Phänomene von Kaspar Hausers Fall mit den Phänomenen vieler anderer Fälle überein, die angeblich gut bekannt sind. Die sicherste und einfachste und faulste aller Erklärungen ist der Vorwurf der Hochstapelei.

Einer der Briefe stammte angeblich von der Mutter des Jungen. Er war sechzehn Jahre zurückdatiert und erklärte, daß sie ihr Kind aufgeben müsse. Sie bat den Finder, den Jungen nach Nürnberg zu bringen, sobald er sechzehn Jahre alt sei, wo er sich beim sechsten Kavallerieregiment bewerben solle, dem sein Vater angehört habe. Der zweite Brief stammte angeblich von dem, der das Kind gefunden hatte. Er hätte, schrieb er, zehn eigene Kinder und könne den Jungen nicht länger durchfüttern.

Bald darauf hat jemand herausgefunden, daß die Briefe nicht

[17] Paul Johann Anselm, Ritter von Feuerbach (1775–1833). Strafrechtler. Veröffentlichte 1832 *Kaspar Hauser, ein Beispiel eines Verbrechens am Seelenleben eines Menschen*.

im Abstand von sechzehn Jahren von zwei verschiedenen Personen geschrieben worden waren. Einer von ihnen war mit lateinischen Buchstaben geschrieben, aber beide Briefe waren mit der gleichen Art Tinte auf dem gleichen Papier geschrieben. Im »späteren« Brief heißt es: »Ich lehrte ihn Lesen und Schreiben, und er schreibt in der gleichen Handschrift wie ich.«
Daraufhin wurde der Name, den Kaspar auf der Polizeiwache aufgeschrieben hatte, untersucht, und es hieß, die Handschriften seien einander ähnlich. Hauptsächlich aufgrund dieser Zusammenhänge hat man behauptet, daß Kaspar Hauser ein Schwindler sei – oder daß er die Briefe selbst geschrieben hätte. Dabei wird allerdings nicht erklärt, welchen Gewinn er sich davon versprochen haben soll. Wenn ich mich schon auf einen Streit einlassen muß, dann will ich vorbringen, daß ein Schwindler gewußt haben muß, daß man Handschriften vergleichen kann. Wäre er ein guter Schwindler gewesen, dann hätte er sich als des Schreibens und Sprechens unfähig eingeführt. Diejenigen, die Kaspar Hauser für einen Schwindler halten, sagen, daß er ein sehr guter Schwindler war. Die Erklärung im Brief, warum die Handschriften einander ähnlich seien, klingt ziemlich einleuchtend.
Man hat Menschen befragt, die längs der Straße wohnten, die zum Neutor führt. Kein Mensch hatte den Jungen bemerkt, bevor er in der Nähe des Stadttors aufgetaucht ist. Aber wenn wir akzeptieren, daß jemand anders seine Briefe geschrieben hat, dann war dieses Tor möglicherweise nicht sein »Ankunftspunkt« in dem Sinne, wie wir es uns vorstellen. Er muß sich mindestens für eine Weile in der Obhut eines anderen Menschen befunden haben. In den Straßen in der Nähe des Gefängnisses, wo er vorübergehend untergebracht wurde, sammelten sich Menschen und stellten neugierige Fragen. Rings um Nürnberg erregten sich die Menschen und stellten Nachforschungen an. Eine Belohnung wurde ausgesetzt, und in ganz Deutschland wurde ein Bild des Kaspar Hauser an öffentlichen Plätzen ausgehängt. Selbst in Ungarn hat man sich an den Nachforschungen beteiligt. Autoren in Frankreich machten viel

Aufhebens von diesem Rätsel, und die Geschichte wurde auch in England veröffentlicht. Menschen aus allen Teilen Europas kamen, um den Jungen anzustaunen. Die Situation wurde durch Flugblattschreiber weiter angeheizt, und auch wenn das Wort »fiebrig« extrem scheint, so haben die Autoren doch immerhin die Erregung, die wegen dieses Jungen ausgebrochen ist, nachdem er »aus heiterem Himmel auf die Erde gefallen war«, als »Fieber« beschrieben. Wegen des internationalen Interesses wurde Kaspar Hauser auch das »Kind Europas« genannt.
Die Stadt Nürnberg hat Kaspar adoptiert. Er wurde zu Professor Daumer, einem bekannten Wissenschaftler, gegeben, und der Bürgermeister von Nürnberg informierte die Bürger, man solle sich »von seinem derzeitigen Wohnsitz fernhalten, um Händel mit der Polizei zu vermeiden«. Die vermeintliche Lähmung seiner Beine ließ nach. Er lernte rasch die deutsche Sprache, redete aber immer mit einem fremden Akzent. Über die genaue Färbung dieses Akzents konnte ich allerdings nichts in Erfahrung bringen. Wer nichts über die Wiedererweckung verlorener Erinnerungen weiß, könnte seine raschen Fortschritte beim Lernen unglaublich finden. Manche Autoren haben geschrieben, seine angebliche Lernfähigkeit sei so unglaublich, daß er nur ein Schwindler gewesen sein könne, der schon vorher über eine gute Bildung verfügt habe.
Obwohl die Schwindler-Theorie die sicherste und einfachste war, haben einige Autoren erkärt, der Junge sei ein Schwachsinniger gewesen, den man ausgesetzt habe. Diese Erklärung kann ernsthaft nur von jemand vorgebracht werden, der die Glaubwürdigkeit aller Aufzeichnungen bestreitet, die nach Auftauchen des Jungen angefertigt wurden. Ob Schwindler oder Idiot – das große Geheimnis ist die Herkunft dieses auf dem ganzen Kontinent bekannten Jungen.
Mir scheint es, wenn ich die Umstände berücksichtige, als habe jemand Kaspar loswerden wollen, weil er ihn für einen Schwachsinnigen hielt, dem er nicht mehr als zwei deutsche Sätze beibringen konnte. Daraus würde ich folgern, daß er Kaspar nicht seit Jahren, sondern nur ein paar Wochen lang

gekannt hat, weshalb dessen Behinderungen für ihn neu waren. Wo der Hüter aber seinerseits den Jungen aufgefunden hat, bleibt nach wie vor ein Geheimnis.

Im Jahre 1829 hat Kaspar Hauser seine Geschichte selbst aufgeschrieben. Er hat erzählt, daß er bis zum Alter von sechzehn oder siebzehn Jahren bei Brot und Wasser in einer kleinen, dunklen Zelle gelebt hätte. Er hätte nur einen einzigen anderen Menschen gekannt, den er als »den Mann« bezeichnete. Gegen Ende seiner Gefangenschaft hätte ihm dieser Mann zwei Sätze beigebracht. Einer war der Wunsch, in ein Kavallerieregiment aufgenommen zu werden, der zweite Satz lautete: »Ich weiß nicht«. Er war freundlich behandelt worden, und man hatte ihn nur einmal geschlagen, weil er Lärm gemacht hatte.

Fast jeder, der diesen Bericht liest, wird, womöglich bedauernd, vielleicht auch nicht, von der Idee Abschied nehmen, der Junge sei teleportiert worden. »Das wäre damit erledigt.« Aber nichts ist je erledigt worden, es sei denn, man wollte es partout erledigt wissen. Da wir aber dazu neigen, das als erledigt Abgelegte nicht erledigt sein zu lassen, können wir sicher sein, daß wir oder irgendein anderer Theoretiker in den Ungewißtheiten eines jeden menschlichen Dokuments, ob von höchster Stelle diktiert oder von einem Knaben geschrieben, genug Material finden werden, um genau das zu denken, was unsere Theorien erfordern.

Wir stoßen in Kaspars Geschichte auf die Aussage, daß er kein Zeitgefühl hatte. Das gibt unserer dahinschwindenden Theorie neue Nahrung. Wir könnten meinen, daß er sein Leben lang in dem kleinen, dunklen Raum gesessen hat, an den er sich erinnern kann, daß aber seine Erinnerung nur wenige Wochen zurückreicht. Wir sehen uns nun seine Erklärung an, er sei einmal geschlagen worden, weil er Lärm gemacht habe. Für uns heißt das, daß er nicht in einer Zelle oder einem Kerker eingesperrt gewesen ist, sondern im Raum in einem Haus, wo ringsherum Nachbarn gewohnt haben, und daß jemand Angst hatte, andere Leute könnten aufmerksam werden, wenn der Junge zu laut würde – oder, daß die

Nachbarn so nahe an diesem Ort wohnten, daß die Gefangenschaft eines Jungen nicht länger als ein paar Wochen geheim zu halten war.
Wir sind unzufrieden. Wir suchen nach Daten, die uns annehmen lassen, daß Kaspar Hauser nicht länger als ein paar Wochen in ein dunklen Zimmer eingesperrt worden ist.
»Er hatte eine gesunde Farbe«, sagt Hiltel. »Er hatte eine sehr gesunde Hautfarbe: er wirkte nicht bleich oder zerbrechlich wie jemand, der lange Zeit eingesperrt war«, sagte der Polizist Wüst.
Nach allem, was man über einen anderen Fall in Erfahrung bringen kann, ist am 21. Februar 1920 in der Nähe von Petersfield in Hampshire ein nackter und fast hilfloser Mann aufgetaucht. Er hat sich in so tiefer Hypnose befunden, daß er auch körperlich beeinträchtigt war und kaum laufen konnte. Seine Erinnerung war getrübt, und er konnte sich kaum gut genug orientieren, um eine Straße zu überqueren und hinunterzugehen. Wenn wir uns vorstellen können, daß ein Bauer auf seinem Hof in der Nähe von Nürnberg einen Knaben in ähnlichem Zustand gefunden und bei sich aufgenommen hat, daß er ihn dann aber als Schwachsinnigen einschätzte, den er wieder loswerden wollte, daß er ihn gefangenhielt, weil er fürchtete, man werde ihn für den Jungen verantwortlich machen, daß er zwei Briefe schrieb, die keine Nachforschungen auslösen würden, weil sie einen ausgesetzten Jungen in alltäglichen Begriffen erklärten, daß er aber in derlei Dingen nicht besonders geschickt war – wenn wir das denken, dann sieht es so aus, als könnten wir einiges erklären.
Aus Kaspars Geschichte glauben wir entnehmen zu können, daß sich dies alles der Nähe von Nürnberg zugetragen hat. Der Pfingstmontag war ein Feiertag, und die Bauern oder die Nachbarn haben vermutlich nicht auf den Feldern gearbeitet. Dies war also der richtige Tag, um den vermeintlichen Schwachsinnigen loszuwerden. An diesem Tag, hat Kaspar erzählt, hat ihn »der Mann« aus dem dunklen Raum geholt und nach Nürnberg getragen oder getrieben, wobei Kaspar den Blick gesenkt

halten mußte. Bei dieser Gelegenheit hätte er auch Kaspars Kleider ausgetauscht.
Vielleicht hatte er den Jungen nackt gefunden und ihm behelfsmäßige Kleider zur Verfügung gestellt. Vielleicht hatte er ihn auch in Kleidern von einem Schnitt und einem Stoff gefunden, die bemerkenswert waren und Nachforschungen nach sich gezogen hätten. Die Kleidung, die man Kaspar gegeben hatte, war jedenfalls die eines Bauern. Man hat in Nürnberg bemerkt, daß sie ihm nicht zu gehören schienen, weil Kaspar, nach den weichen Händen zu urteilen, kein Bauernjunge war. (Von Feuerbach.)
Die Geschichte ähnelt der des englischen Knaben in Nepal. In beiden Fällen wollte jemand sich eines Jungen entledigen, und in beiden Fällen wurde höchstwahrscheinlich eine falsche Geschichte erzählt. Wenn »der Mann« in Kaspars Fall wirklich die zehn Kinder hatte, die er als Entschuldigung für das Aussetzen anführte, dann hätte er kaum Aussichten gehabt, sein Geheimnis geheim zu halten. Zwischen den beiden Geschichten gibt es allerdings auch Unterschiede. Ich neige zu der Ansicht, daß diese Unterschiede mit der sehr unterschiedlichen Aufmerksamkeit zu erklären sind, die beiden Fällen zuteil wurde.
17. Oktober 1829 - Kaspar wird im Keller von Professor Daumers Haus gefunden. Er blutet aus einem Schnitt auf der Stirn. Er sagte, ein Mann in einer schwarzen Maske sei plötzlich erschienen und habe auf ihn eingestochen.
Man griff zu der Erklärung, es habe sich um einen Selbstmordversuch gehandelt. Allerdings ist ein Stich in die Stirn eine seltsame Art, Selbstmord zu begehen, und so machte in Nürnberg das Gerücht die Runde, Kaspars Leben werde von unbekannten Feinden bedroht. Zwei Polizisten wurden abgeordnet, um ihn zu beschützen.
Eines Nachmittags im Mai 1831 hörte einer der Polizisten im Nebenzimmer einen Pistolenschuß. Er rannte hinüber und fand Kaspar vor, der abermals an der Stirn verletzt war. Kaspar sagte, es sei ein Unfall gewesen. Er sei auf eine Stuhllehne geklettert,

habe nach einem Buch gelangt, das Gleichgewicht verloren, wild herumgefuchtelt, eine Pistole erwischt, die an der Wand gehangen hatte, und versehentlich den Schuß gelöst.

14. Dezember 1833 – Kaspar Hauser kommt aus einem Park gerannt und schreit, er sei von einem Messerstecher angegriffen worden. Mit einer tiefen Wunde in der Seite wurde er nach Hause gebracht. Der Park, in dem frisch gefallener Schnee lag, wurde abgesucht, aber man konnte keine Waffe finden, und im Schnee waren nur Kaspars Fußabdrücke zu erkennen. Zwei der betreuenden Ärzte erklärten, ihrer Meinung nach hätte Kaspar sich die Verletzung nicht selbst zufügen können. Der dritte Arzt beschuldigte ihn indirekt eines Selbstmordversuchs: Der Hieb sei von einem Linkshänder geführt worden. Kaspar war kein Linkshänder, konnte aber beide Hände gleich gut benutzen.

Kaspar lag, berühmt wie eh und je, im Bett. Er war von Folterern umgeben, die ihn drängten, die Widersprüche in seiner Geschichte zu erkennen. Er war, wie aus den Spuren im Schnee hervorging, der einzige Besucher des Parks gewesen. Aber nicht nur Kaspar war verletzt. Auch die Begleitumstände hatten eine Verletzung davongetragen. Die Peiniger drängten ihn zu gestehen, damit sie seine Geschichte mit bekannten Begriffen ausschmücken konnten. Der Glaube an Geständnisse und der Drang, ein Rätsel mit einem Geständnis aufzulösen, sind so stark, daß manche Autoren gar behaupteten, Kaspar hätte gestanden. Als Geständnis interpretierten sie seinen Protest gegen seine Ankläger: »Mein Gott! Daß ich so in Schimpf und Schande sterben muß!«

Kaspar Hauser starb. Die Herzspitze war von etwas durchbohrt worden, das das Zwerchfell durchtrennt und Magen und Leber durchdrungen hatte. Nach Ansicht zweier Ärzte und der meisten Einwohner Nürnbergs konnte er sich diese Verletzung nicht selbst zugefügt haben. Es wurde eine Belohnung für die Ergreifung des Mörders ausgesetzt. Abermals tauchten in ganz Deutschland auf allen öffentlichen Plätzen Plakate auf, und in Deutschland und anderen Ländern erschienen massenhaft

Traktate. Der Junge war »aus heiterem Himmel gekommen«, und mehr ließ sich nicht in Erfahrung bringen.
Kaspar hatte erklärt, im Park hätte ihn ein Messerstecher angegriffen. Wer glauben will, daß es unmöglich nur eine einzige Spur im Schnee gegeben haben kann, der möge verschiedene Berichte nachlesen, wo er alle Bestätigungen finden wird, die er nur zu finden wünscht. Für praktisch alle Aussagen, die ich hier gemacht habe, und je nachdem, welche widerstreitenden Theorien jeweils von ihnen abhängen, lassen sich Autoritäten finden, die sie bestreiten, und andere Autoritäten, die sie bestätigen. Man kann nachlesen, daß Kaspar Hauser äußerst intelligent und sogar brillant gewesen sei. Oder man liest, die Autopsie habe gezeigt, daß sein Gehirn auf die Größe des Gehirns eines kleinen Tiers geschrumpft sei, was seine Geistesschwäche erkläre. Man stößt dabei auf das, was man immer findet, wenn man irgendein historisches Ereignis überprüfen will. Es heißt, der Umgang mit Historischem sei eine Wissenschaft. Ich halte das für zutreffend.
Viele Details, etwa Kaspars angebliche Fähigkeit, im Dunkeln zu sehen, seine Abneigung, Fleisch zu essen und seine Unfähigkeit zu laufen, ließen sich erklären, wenn man die beliebte Theorie akzeptieren könnte, daß Kaspar Hauser der rechtmäßige badische Erbprinz war, der aus politischen Gründen sechzehn oder siebzehn Jahre in einem Kerker gefangen gehalten wurde. Das würde auch die beiden angeblichen Angriffe auf ihn erklären. Aber betrachten Sie seinen eigenen Bericht über seine Gefangenschaft im Haus oder in der Hütte eines Bauern in der Nähe von Nürnberg, wo seine Gefangenschaft vermutlich nicht länger als ein paar Wochen geheimgehalten werden konnte. Siehe die Aussagen von Hiltel und Wüst.
Schlagen Sie zu einigen anderen Dingen zurück, die in diesem Buch erwähnt worden sind –
Nehmen Sie den Wolf von Shotley Bridge und den Wolf von Cumwinton – oder, daß etwas den einen Wolf entfernt und einen anderen geliefert hat, um ein Rätsel, das zuviel Aufmerksamkeit erregt hatte, als gelöst hinzustellen.

Es hieß, Kaspar Hauser sei ermordet worden, um politische Blamagen zu vermeiden. Wenn man sich vorstellen will, daß Kaspar ermordet worden ist, um die Aufdeckung eines Geheimnisses zu verhindern – ob nun politischer oder weniger klar definierbarer Natur –, dann wird man Aussagen finden, die zur Annahme verleiten, daß einige Einwohner Nürnbergs, die in Kaspars Leben eine wichtige Rolle gespielt haben, ebenfalls ermordet worden sind. Man kann lesen, daß von Feuerbach ermordet wurde, oder man kann nachlesen, daß er an einem Schlaganfall starb. Siehe Evans (*Kaspar Hauser*, S. 150) – daß bald nach Kaspar Hausers Tod mehrere Menschen, die sich sehr für seinen Fall interessiert hatten, zu Tode gekommen sind, und daß man in Nürnberg gemunkelt habe, sie seien vergiftet worden. Es handelt sich bei diesen Personen um Bürgermeister Binder, Dr. Osterhauser, Dr. Preu und Dr. Albert.

»Kaspar Hausers Vokabular erwies sich als so lückenhaft, und er wußte so wenig über die einfachsten Dinge und Vorgänge in der Natur, er hatte eine solche Abscheu gegenüber allen Gebräuchen und Sitten und Notwendigkeiten des zivilisierten Lebens, und er zeigte zudem so außergewöhnliche Eigenarten in seiner sozialen, mentalen und physischen Disposition, daß man sich beinahe zur Vermutung getrieben sieht, er sei der Bürger eines anderen Planeten, der durch irgendein Wunder auf den unseren versetzt worden ist.« (Von Feuerbach).

ZWEITER TEIL

KAPITEL 20

Allem Anschein nach ist unsere Erde ein zentraler Körper im Innern einer sich drehenden, mit Sternen besetzten Kugel.

Will ich wirklich nach dem Anschein urteilen?

Die entgegengesetzte Doktrin urteilt nach einem anderen Anschein. Wer etwas dagegen hat, die Dinge nach ihrem Anschein zu beurteilen, gründet sein Urteil auf einem anderen Anschein. Monistisch gesehen, kann man behaupten, daß jeder, der gegen etwas eintritt, seine Argumente wenigstens teilweise auf einen Aspekt dessen gründet, was er bekämpft. Wer etwas angreift, rotiert auf Windmühlenflügeln und beschimpft ein Karussell.

»Man kann nicht dem Anschein nach urteilen«, sagen die Astronomen. »Sonne und Sterne scheinen sich um die Erde zu drehen, aber sie sind wie ein Acker, der an einem Zug vorbeizufliegen scheint, während sich in Wirklichkeit der Zug durch die Landschaft bewegt.« Allem Anschein nach wollen sie uns sagen, daß wir nicht nach dem Anschein urteilen dürfen.

Unsere Urteile müssen sich auf Beweise gründen, sagen uns die Wissenschaftler.

Lassen Sie jemand etwas riechen, hören, tasten, sehen und anfühlen, das mir unbekannt ist, und mir anschließend davon erzählen. Wie jeder andere werde ich höflich zuhören, wenn er nicht zu lange braucht, und dann instinktiv zu meinen vorgefaßten Bildern greifen, bevor ich entscheide, ob seine Aussagen als Beweis gelten dürfen. Eine Meinung ist ein Beweis, und ein Beweis ist eine Meinung.

Wir können uns auf unsere Intuition verlassen, sagt Bergson.

Ich könnte einige erschütternde Berichte über die Dinge veröffentlichen, die mir zugestoßen sind, als ich mich auf meine

Intuition, meine »Ahnungen« oder mein »transzendentes Bewußtsein« verlassen habe. Aber diese Erfahrungen hat wohl jeder schon gemacht. Es wäre nett gewesen, wenn Bergson im Oktober 1929[18] in der New Yorker Börse aufgetaucht wäre und seine Doktrin gepredigt hätte.
Wir haben nur den Glauben, der uns leiten kann, sagen die Theologen.
Welchen Glauben?
Ich bin der Ansicht, daß das, was wir als Beweis bezeichnen, oder was wir mit Intuition und Glauben meinen, die Phänomene von Zeitepochen sind, und daß die besten Geister, oder auch jene, die am stärksten mit dem Leitmotiv einer Ära übereingestimmt haben, Intuitionen, Anschauungen und Überzeugungen besessen haben, die mit sogenannten Beweisen begründet werden konnten – zunächst in Relation zu heidnischen Göttern, dann relativ zum Gott der Christen und dann relativ zur Gottlosigkeit – und hernach eben relativ zu dem, was als nächstes kommen mag.
Wir werden Daten sehen, die den Gedanken nahelegen, daß unsere Existenz ein einziger, umfassender Organismus ist. Zuerst werden wir vorbringen, daß er ein Gebilde von vorstellbarer Größe ist, ob organisch oder nicht. Wenn nun heute auf unserer Erde eine neue Epoche zögernd beginnt, und wenn ich einigen heraufdämmernden Gedanken dieser Epoche einen Ausdruck verleihe, dann verändern sich Tausende anderer Geister, und wir alle werden die neuen Gedanken in Harmonie annehmen und als wichtigen Beweis für den Unfug der Vergangenheit ansehen.
Selbst in orthodoxen Spekulationen findet man mehr oder weniger befriedigende Gründe für die Annahme, daß unsere Existenz vielleicht nur eine unter unzähligen anderen ist, die jeweils wie Eier geformt sind und den Rest des Kosmos draußen halten. Viele Astronomen haben bemerkt, daß die Milchstraße

[18] Anspielung auf den Kurssturz an der New Yorker Börse am sogenannten »schwarzen Freitag« (24. 10. 1929), der eine Weltwirtschaftskrise einleitete.

ein breites Band am Himmel ist, das aussieht, als läge eine Schnur um ein kugelförmiges Objekt. Konventionelle Gründe für die Ansicht, das »Sonnensystem« liege zentral in einem »mächtigen Sternhaufen« finden Sie bei Dolmage, *Astronomy*, S. 327. Dolmage spekuliert sogar über eine Grenzlinie, die, einer Schale ähnlich, diese Existenz von allen anderen abschirmt.
Damals in der pessimistischen Epoche eines Sir Isaac Newton hat man eine allgemeine Erklärung für die Existenz formuliert, die der unseren widerspricht. Es war die melancholische Doktrin vom universellen Fall. Sie stimmte mit der Theologie ihrer Zeit überein: gefallene Engel, der Fall der Menschheit aus der Gnade. So fielen auch Planeten, fielen Monde, fiel einfach alles. Der Keim dieser Verzweiflung war der vermeintliche Fall des Mondes nicht auf die Erde, sondern um sie herum. Aber wenn sich der Mond von den Beobachtern an einem Punkt der Erde fallend entfernt, steigt er relativ für andere Beobachter am Himmel empor.
Nur Geister, die in Zeiten gehören, in denen angeblich alles gefallen ist, können sich mit diesem Märchen vom steigenden Mond, der dennoch fällt, zufrieden geben. Sir Isaac Newton hat den fallenden Mond angesehen und alle Dinge in Begriffen der Anziehung erklärt. Es wäre genauso logisch, den steigenden Mond anzusehen und alle Dinge in Begriffen der Abstoßung zu erklären. Es zeugte von einer noch umfassenderen Logik, wenn man den Aufstieg gegen den Fall aufrechnen und erklären würde, daß da nichts ist.
Ich stelle mir unsere Erde als zentralen und beinahe stationären Körper vor, um den die auf einer Hülle sitzenden Sterne sich drehen. Indem ich dies denke, stelle ich mir zugleich ein Objekt und die Existenz als Ganzheit vor. Das Problem mit dieser Erklärung ist aber, daß sie so einleuchtend ist. Man kann nicht behaupten, daß das menschliche Bewußtsein immer der Vernunft entsprechend Vernunft annimmt. Man muß zum Beispiel die Vorliebe fürs Paradoxe berücksichtigen. Wir stimmen mit Beobachtungen überein, aber ein Bauer oder ein Landei denkt womöglich wie wir. Wir haben nichts Paradoxes zu bieten, mit

dessen Hilfe wir uns irgendwelchen Bauerntölpeln überlegen fühlen könnten.
Wie kann man etwas überprüfen? Wenn es keine Maßstäbe gibt, dann müssen natürlich alle Prüfungen als Fälschungen enden. Wenn wir aber den Anschein von Vernunft erwecken, und wenn die andere Seite ebenfalls behauptet, vernünftig zu sein, wer wollte da entscheiden?
Wir lesen immer und immer wieder, daß die Fähigkeit der Vorhersage ein Prüfstein der Wissenschaft sei.
Die Astronomen können die Bewegungen einiger Teile dessen, was sie als Sonnensystem bezeichnen, voraussagen.
Aber sie sind von einem umfassenden Verständnis des Sonnensystems so weit entfernt, daß man, nimmt man eine stationäre Erde an, um die sich Sonne und Planeten und die Sterne auf einer Schale drehen, die gleichen Bewegungen der Himmelskörper vorausberechnen kann. Nehmen Sie als Grundlage eine Erde, die sich um die Sonne dreht, oder nehmen Sie eine Sonne, die sich um die Erde dreht – so oder so können die Astronomen Sonnenfinsternisse voraussagen und Ruhm und Ansehen genießen, als wüßten sie, wovon sie reden. So oder so gibt es Ungenauigkeiten.
Unsere Gegnerschaft ist alteingesessen und ein wenig anmaßend.
Professor Todd sagt in seinem Buch *Stars and Telescopes*: »Die Astronomie mag man als die edelste aller Wissenschaften bezeichnen.«
Ähnliche Beschreibungen der eigenen Wichtigkeit finden Sie implizit in den Büchern aller anderen Astronomen.
Es gibt edle Menschenwesen. Ich will gar nichts dagegen sagen. Es gibt edle Hunde, und sämtliche Katzen sind, von gelegentlichen Ausfällen abgesehen, Aristokraten. Es gibt edle Goldfische. Was immer sich fortpflanzen kann, hat einen Hang zum Adel. Stachelschweine, unnahbar und dumm, sind viel vornehmer als die meisten anderen. Der Adelsstand ist angeblich gleichbedeutend mit Erhabenheit, Beständigkeit und Etabliertheit. Dumm ist er, weil Intelligenz bloß ein Mittel der

Anpassung ist. Wer adlig ist, paßt sich nicht an. Wäre dieser Status des relativ Etablierten und relativ Dummen das wirkliche oder endgültig Etablierte und Dumme, wir könnten gute Gründe dafür finden, warum Kämpfer, Parvenüs oder Emporkömmlinge streben und bewundern und nachäffen und sich in nämlicher Starre stabilisieren wollen. Aber auf der Ebene der Phänomene verharrt der Aristokrat oder Akademiker, mag man ihn auch für arriviert halten, nur in einem Zwischenzustand zwischen Ankommen und Scheiden. Zu weit fortgeschritten, gehört er gar zu den Sterbenden. Soweit sie ein Ziel hat, ist unsere Existenz, wenn auch nur örtlich begrenzt, eine selbstmörderische. Die Literatur des Akademikers endet mit der Totenrede. Professor Todds Selbstbeweihräucherung nehme ich zum Anlaß für meine Anklage.

Aber auch Aristokratie ist relativ. Wenn ich zeigen kann, daß, relativ zu einem Standpunkt und ganz im Gegensatz zur üblichen Selbstbeweihräucherung der Astronomen, die angebliche Wissenschaft der Astronomie nur ein Flechtwerk aus Märchen, Ausflüchten, Mythen, Irrtümern, Abweichungen, Übertreibungen, Aberglauben, Mutmaßungen und Vernebelungen ist, dann verbreite ich die frohe Kunde, daß sie noch sehr fehlerhaft und intellektuell und daher lebendig ist und sich womöglich anpassen kann, worauf ihre Vertreter in neue Bewunderungsstürme für sich selbst ausbrechen mögen.

Zu Beginn wollen wir uns ansehen, was hinter der mathematischen Astronomie steckt. Wenn wir nicht akzeptieren können, daß sie einen vernünftigen Anfang nahm, werden wir uns nicht lange bei der Vermutung aufhalten, sie könnte irgendwo hinführen.

Die frühen mathematischen Astronomen konnten in ihren Berechnungen nicht auf Gewichte eingehen, weil diese nicht konstant und relativ sind; nicht auf Größenverhältnisse, weil diese relativ und veränderlich sind. Aber sie konnten behaupten, sie wüßten, wo sie anfangen mußten, weil niemand sie gestört und gefragt hat, ob sie das wirklich wußten. Sie gaben das Gewicht auf und sagten, es ginge ihnen um die *Masse*.

Wenn es letzte Materiepartikel gibt, dann könnte man sich unter *Masse* eine ganze Menge vorstellen. Solange er an Atome als endgültige Größen geglaubt hat, konnte ein Astronom so tun, als wüßte er, was eine bestimmte Menge von Materie oder *Masse* sei. Als dann die Elektronen entdeckt wurden, konnte er noch eine Weile mehr oder weniger ernsthaft so tun. Aber nun ist die Rede von noch kleineren Elementarteilchen. Und woraus sollen die nun wieder bestehen? Vielleicht kann man das Vorstellungsvermögen noch ein wenig weiter strapazieren, aber die Ernsthaftigkeit ist schon arg mitgenommen. Wenn niemand weiß, was eine bestimmte Quantität von Materie ausmacht, dann hat auch ein Astronom keine Ahnung, wovon er spricht, wenn er von *Masse* spricht. Seine Wissenschaft ist eine Wissenschaft der *Massen*.

Aber vielleicht kann man auch einwenden, daß die Berechnungen eines Astronomen immerhin funktionieren, obwohl er nicht die leiseste Ahnung hat, was er da berechnet.

Es war einmal, zum Beispiel, die *Masse* des Planeten Mars: oder die »bekannten« Unbekannten, die den Planeten ausmachen. Es hieß einmal, die *Masse* des Mars sei bekannt. Warum sollte sie auch nicht bekannt sein? Die Gleichungen haben ja angeblich funktioniert, wie sie funktionieren sollten.

Im Jahre 1877 wurden zwei Monde des Planeten Mars entdeckt. Aber ihre Entfernungen und ihre Umlaufzeiten haben nicht dem entsprochen, was theoretisch zu erwarten gewesen wäre. Also ist alles, was zur allseitigen Zufriedenheit ausgearbeitet worden war, wie es ausgearbeitet werden mußte, auf eine Weise ausgearbeitet worden, die doch nicht ganz zufriedenstellend war. Man mußte dem Planeten Mars eine neue *Masse* verordnen.

Nun funktioniert alles wieder, wie es funktionieren soll.

Aber ich glaube, es wäre geschickter, die Dinge nicht auf so wunderbare Weise zum Funktionieren zu bringen, wie sie funktionieren sollen, sondern ein Auge auf das zu werfen, was möglicherweise daherkommt und uns zeigt, daß sie funktioniert haben, wie sie nicht hätten funktionieren sollen. Daten über dieses Funktionieren finden Sie in Todd, *Astronomy*, S. 78.

Es scheint mir, als machten die Astronomen den Fehler, sich vorzustellen, daß es in einer relativen Existenz etwas anderes geben könnte als eine bloß relative Masse, falls man überhaupt sagen kann, daß der Begriff der Masse irgend etwas zu bedeuten hat. Aber das ist mehr ein Ausweichen als ein Fehler. Die Astronomen haben bloß versucht, ein Pseudo-Konzept von einer Konstanten oder einer endgültigen Größe zu entwickeln und der Relativität aus dem Weg zu gehen. Das ist keine Wissenschaft, das ist Metaphysik. Es ist der kindische Versuch, etwas absolut Zuverlässiges in etwas Fließendem zu finden, oder ein intellektuell nicht sehr erleuchteter Versuch, das Absolute im Relativen aufzuspüren.

Die Wissenschaftler borgen sich ihr Konzept von Masse oder Gewichtigkeit bei den Theologen, die freilich nicht das Geringste zu verleihen haben. Die Theologen waren unfähig, zuverlässig mit menschlichem Charakter, mit Persönlichkeiten, Neigungen, mit Temperament und Intellekt umzugehen, weil sich diese allesamt verändern können. Deshalb haben sie sich endgültige oder unveränderliche Größen vorgestellt, die sie als »Seelen« bezeichnet haben. Würden Ökonomen und Psychologen und Soziologen alles vernachlässigen, was mit Hoffnungen und Ängsten und Bedürfnissen und anderen Veränderlichkeiten der menschlichen Natur zusammenhängt und die »Seele« zur Grundeinheit machen, dann würden ihre Wissenschaften so aristokratisch und steril werden wie die Wissenschaft der Astronomie, die sich um Seelen dreht, die in Massen umbenannt worden sind.

Eine endgültige oder unveränderliche Größe kann man sich nur im Zustand der Beziehungslosigkeit vorstellen. Alles, was auf andere Dinge reagiert, muß man sich als veränderliche Größe vorstellen. Wenn ein Astronom also formuliert oder zu formulieren behauptet, welche Wirkung eine »Masse« oder ein Planet als »Masse« auf einen anderen habe, dann ist seine Aussage sinnlos, weil man keine Gleichungen über die Beziehungen des Beziehungslosen aufstellen könnte.

Wenn Konstanten oder Endgültigkeiten der menschlichen

Erfahrung nicht zugänglich und für das menschliche Denken nicht vorstellbar sind, dann ist auch das Problem der zwei Massen, nach Aussage der Astronomen selbst ihr erster und leichtester Triumph, nichts Denkbares, über das man nachdenken könnte.

Dieses einfachste aller Probleme der Himmelsmechanik ist frei erfunden. Als Bielas Komet sich aufspaltete, sind die beiden »Massen« nicht um ein gemeinsames Schwerkraftzentrum gekreist. Auch andere Kometen sind zerborsten, ohne sich auf diese Weise zu drehen. Sie waren anderen Anziehungskräften nicht in stärkerem Maße ausgesetzt als unsere Erde und ihr Mond. Das Theorem ist die Wissenschaft der Sonntagsschule. Es ist die Geschichte eines Mathematikers über das, was Körper im Weltraum tun sollten. In den Lehrbüchern heißt es, der Stern Sirius und sein Begleiter seien der Beleg für die Theorie, aber das ist auch nur ein Märchen. Wenn sich dieser Stern bewegt hat, dann hat er sich nicht bewegt, wie er sich den Berechnungen nach hätte bewegen sollen. Er belegt überhaupt nichts außer den Ungenauigkeiten der Lehrbücher. Mit Hilfe ihrer Ungenauigkeiten haben sie ihren Ruf der Exaktheit erworben.

Viele Astronomen umreißen in ihren Büchern ein Thema, lassen es wieder fallen, weil es zu komplex sei, und behaupten dann, sie könnten die Sache mathematisch beweisen. Der Leser, der auch selbst gern zu Ausweichmanövern greift, ist erleichtert, weil ihm die kompliziertesten Dinge erspart bleiben und folgt dem Autor faul und gläubig. Das ist Vernebelung. Viele Menschen haben heutzutage eine Ahnung, was Mathematiker mit Statistiken tun oder was sie ihnen antun können. Der Verweis auf eine mathematische Demonstration wiegt nicht schwerer als der Verweis auf eine politische Demonstration. Lesen Sie im Wahlkampf die Flugblätter beider Seiten, und Sie werden sehen, daß man alles beweisen kann. Man kann mathematisch zeigen, daß zweimal zwei vier sind, und man kann mathematisch zeigen, daß zwei niemals vier werden können. Soll sich jemand zwei Lieblingsfrüchte der Arithmetik nehmen, zwei Äpfel, und versuchen, zwei weitere zu addieren. Er wird keine

Schwierigkeiten haben, das zu tun, aber man kann mathematisch beweisen, daß es eigentlich unmöglich ist. Oder, daß nach Zenos Paradoxie nichts durch einen dazwischenliegenden Raum transportiert und zu etwas anderem dazugefügt werden kann. Statt aber skeptisch mit der Mathematik umzugehen, will ich zustimmen, daß man mit ihr alles beweisen kann.
In den Lehrbüchern oder Katechismen, wie ich die Propagandaschriften der Sonntagsschulwissenschaft nenne, erfahren wir, daß man mit Hilfe der Parallaxe oder der jährlichen Verlagerung der Sterne relativ zu anderen Sternen die Bewegung der Erde um die Sonne durch Messungen bestimmen könne. Diese Verlagerungen haben ungefähr die Größenordnung eines halben Dollars, den jemand in New York City hochhält und den jemand in Saratoga beobachtet. Das ist eine erstklassige Leistung. Wir fragen diese ätherischen Wesen, was ihre Entschuldigung ist, wenn sie eine Finsternis um ein Millionstel Zoll oder eine Millionstel Sekunde falsch berechnen.
Wir schlagen nach und vergewissern uns.
Wir stellen fest, daß die Abweichungen so groß sind, daß manche Astronomen sogar etwas beobachtet haben wollen, das sie als *negative Parallaxe* bezeichnet haben, als angebliche Verlagerung in eine der Theorie gegenläufige Richtung. Siehe Newcomb, *The Stars*, S. 152. Siehe *English Mechanic*, 114-100, 112. Wir sind angetreten zu zeigen, daß die Astronomen selbst nicht an alle Bestimmungen der Parallaxe glauben, sondern an die, die sie glauben wollen. Newcomb erklärt, daß er nicht an Messungen glaubt, die dem widersprechen, was er selbst glauben will.
Spektroskopische Messungen werden durch das bestimmt, was der Benutzer des Spektroskops zu bestimmen sucht. Wer das nicht glauben mag, soll die »Messungen« der Astronomen nachschlagen, die für oder gegen Einstein waren. Grebe und Bachem fanden in Bonn Verlagerungen der Spektrallinien, die für Einstein sprachen. Sie standen auf Einsteins Seite. St. John am Mount Wilson Observatory fand, daß das Zeugnis des Spektroskops nicht für Einstein sprach. Er war gegen Einstein.

Angeblich spricht das Spektroskop gegen unsere Ansichten. Aber wenn wir selbst ein Spektroskop hätten, dann würde es für uns sprechen.

In *The Earth and the Stars* erklärt Abbot, das Spektroskop »scheint uns zu zeigen«, daß gewisse veränderliche Sterne, die Cepheiden, Doppelsterne seien. Aber er sagt weiter: »Die Entfernungen zwischen den angeblichen Sternenpaaren haben sich als unmöglich klein erwiesen.« Wenn ein spektroskopischer Beweis nicht ausfällt, wie er sollte, dann heißt es, er »scheint uns zu zeigen«.

Die Kamera ist ein anderer Götze der Astronomen. Mir fällt auf, daß die Verwirrspiele, die überall sonst aus der Mode gekommen sind, in der Astronomie nach wie vor prächtig funktionieren. Photographische Tricks kommen natürlich nicht in Frage. Wenn wir im Kino jemand am Rand eines Dachs taumeln sehen, dann glauben wir nicht im Traum, daß er sich jemals in der Nähe des Randes aufgehalten hat. Aber in einer Glaubensfrage wie der photographischen Astronomie sagt uns die Kamera, was sie uns sagen soll, denn sonst wird es der Astronom nicht glauben.

Wenn die Astronomen sich stärker gegenseitig bekämpften, würde mehr herauskommen. Wie kann ich Pazifist sein, solange ich mich weiterbilden will? Im Krieg kommt vieles ans Licht. In astronomischer Hinsicht ist während des Streits um den Planeten Mars einiges ans Licht gekommen. Alles, was Lowell mit seinem Spektroskop, mit seiner Kamera und seinem Teleskop herausgefunden hatte, war ihm ein Hinweis dafür, daß es Leben auf dem Mars gab. Campbell hat mit seinem Spektroskop, seiner Kamera und seinem Teleskop herausgefunden, daß dem nicht so war. Die Frage ist nicht, was ein Instrument mißt. Die Frage ist, wem das Instrument gehört. Und wenn alle Astronomen der Welt vereint gegen unsere Ansichten antreten, ihre Überlegenheit beruht zum größten Teil doch nur auf ihren teureren Mitteln der Selbsttäuschung.

Foucaults Experiment oder der angebliche Beweis mit Hilfe des Pendels soll zeigen, daß sich die Erde einmal am Tag um sich selbst dreht. Wenn ein Pendel – eine Weile wenigstens – auf einer annähernd konstanten Linie schwingt, wobei es aber relativ zur Umgebung seine Bahn verändert, und wenn wir glauben, daß es weder religiös noch zufällig angestoßen wurde, dann akzeptieren wir, daß dies ein Hinweis auf die jährliche, aber nicht auf die tägliche Rotation der Erde ist. Das würde die alljährliche Verlagerung und nicht die alltägliche Verlagerung der Sterne erklären. Ich weiß nicht, ob ich das akzeptieren kann, aber ich habe kein gegenteiliges Vorurteil.

Wenn ich die Erde als »nahezu stationär« bezeichne, denn so muß ich sie betrachten, wenn ich sie mir in einer sternenbesetzten Hülle denke, die nicht weit entfernt ist, dann meine ich stationär verglichen mit den gewaltigen Geschwindigkeiten, von denen die Konventionalität ausgeht. Aber das angebliche Experiment ist niemals vollständig durchgeführt worden. Ich zitiere aus einem der neuesten Lehrbücher der Astronomie. Professor John C. Duncan hat es unter dem Titel *Astronomy* im Jahre 1926 veröffentlicht. Wir erfahren dort, daß ein Pendel, wenn es nicht beeinflußt wird, »mehrere Stunden lang« an »weitestgehend« derselben Stelle schwingt. Weiter lesen wir, daß auf der Breite von Paris, wo Foucault sein Experiment durchführte, die Zeitspanne für einen vollständigen Versuch 32 Stunden beträgt. Professor Duncan gibt keinen Kommentar dazu ab, und so ist der Leser selbst schuld, wenn er aus diesen Aussagen liest, daß der Schwung eines Pendels, das über weite Strecken des nicht vollständigen Experiments »weitestgehend« an derselben Stelle gependelt ist, die tägliche Rotation der Erde bewiesen haben soll.

In den Lehrbüchern, die für widerborstige Menschen wie unsereins ein ziemlich guter Lesestoff sind, heißt es, der Umstand, daß die Erde eine etwas abgeflachte Kugel sei, deute auf ihre schnelle Rotation hin. Aber unser negatives Prinzip lautet, daß nichts ausschließlich auf irgend etwas Bestimmtes hinweist. Es spielt keine Rolle, was ein Astronom oder sonst jemand vorbringt, um irgendeine Aussage zu stützen, denn die Unterstützung kann nicht mehr sein als ein Mythos. Selbst wenn ich akzeptieren wollte, daß die Astronomen recht haben, ich könnte nicht akzeptieren, daß sie das auch beweisen können. Wir forschen also nach widersprüchlichen Daten und wissen, daß sie irgendwo zu finden sein müssen. Wir stoßen auf die Gestalt der Sonne. Die Sonne rotiert schnell, aber die Sonne ist keine abgeflachte Kugel. Wenn sie überhaupt von der Kugelform abweicht, dann ist die Sonne eine zugespitzte Kugel. Oder wir wenden ein, daß die Abplattung ein Hinweis darauf ist, daß die Erde in früheren Zeiten, als sie sich gebildet hat, rasch rotiert ist, daß die Erde aber abgeplattet geblieben und heute praktisch stationär ist. Mag es auch nur ein weiterer Beweis für meine Gutgläubigkeit sein, so will ich doch an dieser Stelle einfach akzeptieren, daß unsere rundliche oder vielleicht birnenförmige Erde an den Polen abgeplattet ist, wie man es von ihr behauptet.

Astronomen zitieren das häufige Vorkommen von Meteoren als Beweis dafür, daß sich die Erde auf einer Umlaufbahn bewege. Professor Duncan (*Astronomy*, S. 262) erklärt, daß Meteore nach Mitternacht etwa doppelt so zahlreich auftreten wie vor Mitternacht. »Das liegt daran, daß wir uns in der zweiten Nachthälfte auf der Außenseite der Erde befinden, während sie ihre Umlaufbahn entlangläuft, so daß wir aus allen Richtungen von Meteoren getroffen werden, während wir in der ersten Nachthälfte nur die sehen, denen wir entgegenfliegen.«

Es ist sinnlos, die kleinen Funken der Meteore, die zu unterschiedlichen Zeiten in der Nacht gesehen werden, miteinander zu vergleichen, weil selbstverständlich bald nach Mitternacht mehr dieser kleinen Dinger zu sehen sind als am frühen Abend im letzten Zwielicht. Professor Duncan sagt uns demnach, daß man mehr Meteore sehen kann, wenn man Meteore deutlicher sehen kann. Das ist eine Weisheit, die wir nicht anzutasten wagen.

In den Aufzeichnungen zu den großen Meteoren, die im Jahre 1926 in England beobachtet worden sind – siehe *Nature*, *Observatory* und *English Mechanic* – finde ich achtzehn, die vor Mitternacht und keinen einzigen, der nach Mitternacht registriert wurde. Alle anderen Aufzeichnungen, die ich kenne,

sprechen gegen diesen angeblichen Hinweis, daß sich die Erde auf einer Umlaufbahn bewegt. Schlagen Sie beispielsweise die Liste von Meteoren und Meteoriten nach, die in *Report of the British Association*, 1860, veröffentlicht wurde. Schlagen Sie Seite 18 auf. 51 Exemplare nach Mitternacht (von Mitternacht bis Mittag); 146 Beobachtungen vor Mitternacht (Mittag bis Mitternacht). Ich besitze selbst Aufzeichnungen, die sich über 125 Jahre erstrecken, in denen die Vorherrschaft früher Meteore so erdrückend ist, daß man, wäre der angebliche Hinweis überhaupt irgendwie sinnvoll, den Schluß ziehen müßte, daß sich die Erde rückwärts bewegt oder auf eine Weise um die Sonne läuft, auf die sie nicht laufen dürfte. Ich nehme natürlich zur Kenntnis, daß große Meteore wahrscheinlich vor Mitternacht eher bemerkt werden, weil nach Mitternacht zwar immer noch viele Leute unterwegs sind, denen jedoch nicht viel daran gelegen ist, Meteore zu melden. Aber Professor Duncan hat eine Behauptung aufgestellt, die auf Unterlagen beruht, und ich rücke sie, den Unterlagen entsprechend, zurecht. Nehmen wir als Beispiel das Jahr 1925 – Meteore in Frankreich und England – 14 vor Mitternacht, 3 nach Mitternacht. Diese Aufzeichnungen, wie sie vor mir liegen, sind nicht vollständig, aber ich will davon ausgehen, daß das Verhältnis stimmt. Die meisten großen Meteore des Jahres 1930 wurden vor Mitternacht beobachtet.
Was auch immer aus Professor Duncans Behauptung wird, ich werde jetzt selbst eine aufstellen, und zwar: Wenn niemand nachsieht oder überprüft, was die Astronomen uns erzählen, haben sie die Freiheit, uns zu erzählen, was immer sie uns erzählen wollen. Ich behaupte ferner, daß ihr System eine schlüpfrige Zumutung aus Ausflüchten ist, die nicht überprüft werden können oder die aus verschiedenen Gründen zum größten Teil nicht überprüft werden. Aber mindestens einmal hat es eine große Überprüfung gegeben.
Der 24. Januar 1924 – Aufregung in New York City.
Es war so gewaltig, wie es, so glaubt man in allen anderen Ländern, in Amerika immer dann ist, wenn jemand eine neue Art gefunden hat, Geld zu verdienen.

Es war der Morgen vor einer Sonnenfinsternis, die über einem Teil von New York City total werden sollte.
An allen Lichtungen im Central Park in Höhe der 83rd Street drängten sich Menschen. Droben in der Luft flogen Flugzeuge voller Beobachter. Die Stadt schäumte über vor wissenschaftlicher Fachsimpelei. Krankenhäuser richteten sich darauf ein, daß die Patienten die Finsternis sehen konnten. Es war kaum ein Dollar dabei zu verdienen, und man wird diesem Bericht in England oder Frankreich nicht mehr Glauben schenken als unseren anderen Berichten. Im Gerichtsgebäude an der Fifth Avenue unterbrach Richter Dale die Sitzung und ging mit Anwälten und Wachpersonal und auf Kaution Entlassenen aufs Dach. In Brooklyn vergaß die Handelskammer alle Exporte und Importe und ging aufs Dach. Ich glaube nicht, daß wirklich alle Einwohner zugesehen haben. Eine derartige Homogenität kann ich nicht akzeptieren. Wahrscheinlich gab es ein paar Störrische, die schon deshalb in den Keller gingen, weil ihre Nachbarn aufs Dach gestiegen waren. Aber die New Yorker Telefongesellschaft berichtet, daß, als die Finsternis kam, zehn Minuten lang kein einziger Anruf bei ihr aufgelaufen sei. Wenn es Unruhe in New York gibt, dann ist es eine Unruhe, wie man sie sonst nirgends auf der Welt findet; aber ich glaube, das Verblüffendste in den Annalen des Schweigens ist die Stille, die sich für zehn Minuten über New York City gelegt hat.
Längs einer Linie in Höhe der 83rd Street, die von den Astronomen als südliche Grenze der totalen Finsternis exakt vorausgesagt worden war, und an südlich und nördlich davon gelegenen Stellen, waren 149 Beobachter postiert. Die New Yorker Elektrizitätsgesellschaften hatten sie ausgesandt, weil sie auf Lichteffekte achtgeben sollten. Begleitet wurden sie von Photographen.
In Petropawlowsk auf der Kamtschatka-Halbinsel und in Chachapoyas in Peru ist eine Eklipse genau das, was sie sein soll, und in Büchern von Astronomen erfahren wir von exakten Rechnungen der Astronomen. Aber diese Finsternis hat sich in New York City ereignet. Hier war Wissenschaft im Einsatz. Auf

den Dächern standen Polizisten und Richter und Gangster, und die Telefone schwiegen. 149 erfahrene Beobachter, die keine Astronomen waren, hatten ihre Positionen bezogen. Bei ihnen waren Photographen.
Was die Zeit anging, lagen die Astronomen gar nicht so falsch. Aber wenn sie hernach noch einmal mit ihrer Genauigkeit zu prahlen beginnen und von Scheiben reden, die Hunderte Meilen entfernt sind, dann will ich nicht an Fünfzigcentstücke, sondern an Riesenräder denken. Sie haben sich mit ihrer Vorhersage um vier Sekunden geirrt.
Die 149 Beobachter der Elektrizitätswerke berichteten, daß sich die Astronomen räumlich gesehen um eine Dreiviertelmeile geirrt hätten.
Es war der Tag der großen Prüfung.
Wenn die Sonne und die Planeten ein System bilden, das ungeheuer weit von allem anderen, was existiert, entfernt ist, was regelt dann die Bewegungen und wieso wird der Mechanismus nicht abgebremst? Die Astronomen sagen, die Planeten bewegten sich immer weiter, und das ganze System werde nicht gebremst, weil der Weltraum leer sei und weil es dort »absolut« nichts gebe, was die sich bewegenden Körper aufhalten könne. Siehe Abbot, *The Earth and the Stars*, S. 71.
Astronomen sagen dies in ihren Büchern am Anfang. Später vergessen sie es dann. Später, wenn etwas anderes einer Erklärung bedarf, erzählen sie eine andere Geschichte. Sie erklären das Zodiakallicht mit Hilfe von ungeheuren Mengen von Materie im Weltraum. In ihren Kapiteln über Meteore erwähnen sie Millionen Tonnen von meteorischem Staub, der jedes Jahr aus dem Weltraum auf die Erde fällt. Abbot sagt, der Weltraum sei »absolut« leer. Ball beispielsweise erklärt, die Umlaufzeit von Enckes Komet habe sich aufgrund der Reibung mit enormen Mengen Materie im Weltraum verkürzt. Ich weiß nicht, wie befriedigend, außer für uns selbst, unsere Ansichten sein werden, aber vergleichen Sie sie mal mit einer Geschichte über eine absolute Leere, in der drangvolle Enge herrscht.
Es besteht eine Neigung zur Regelmäßigkeit. Kristalle, Blumen

und Schmetterlingsflügel. Je zivilisierter die Menschen werden, desto regelmäßiger werden sie oder bewegen sie sich auf Umlaufbahnen. Die Menschen wachen und schlafen regelmäßig. Romeo und Julia treten auf wie Uhrwerke. Überall, wo die Neigung nicht zum Unregelmäßigen geht, geht sie zur Regelmäßigkeit. Hier ist eine nette Probe meiner eigenen Weisheit: Etwas ist so, außer es ist nicht so.

Nicht in Begriffen der Schwerkraft, sondern in Begriffen dieser Neigung zur Regelmäßigkeit lassen sich himmlische Zeitphasen erklären.

Warum läuft der Mechanismus dessen, was die Astronomen als Sonnensystem bezeichnen, nicht ab?

Die Astronomen sagen, der Grund sei, daß sich ihm kein Medium in den Weg stellt, das seinen Lauf hemmen könnte.

Warum läuft ein Herz nicht ab? Jedenfalls für lange Zeit nicht?

Es ist nur ein Teil, und als Teil wird es von dem erhalten, was man als Ganzes betrachten kann. Wenn wir uns das sogenannte Sonnensystem nicht als isoliertes, unabhängiges Ding vorstellen, dessen nächste Nachbarsterne Billionen Meilen entfernt sind, sondern als Teil eines, sagen wir, organischen Ganzen innerhalb einer sternenbesetzten Hülle, dann kommen wir zu der Ansicht, daß das Sonnensystem ebenso am Laufen gehalten wird, wie ein kleinerer Organismus sein Herz am Schlagen hält.

Warum ist nun das System der Astronomen oder die systematisierte Doktrin kein Auslaufmodell, oder warum läßt es sich soviel Zeit dabei? Weil es nur ein Teil einer größeren Organisation ist, von der es mit Geschenken, Gaben und Hilfsleistungen verschiedenster Art unterhalten wird.

Es stellt sich uns ein antiquiertes Denksystem entgegen, das sich vor allem um das Undenkbare dreht. Es wird unterstützt durch Instrumente, denen man glaubt, wenn sie beweisen, was sie beweisen sollen. Der Kern des Systems ist der Fall des aufsteigenden Mondes. Schon das einfachste Problem scheint einem Märchen entsprungen, gut genug für altkluge Kinder, aber zu

phantasievoll für ausgewachsene Realisten. Sein Prestige beruht auf seinen Voraussagen. Wir haben festgestellt, daß eine von ihnen um eine Dreiviertelmeile daneben gelegen hat.
Der Newtonismus reicht uns nicht mehr. Es gibt zu vieles, was er nicht erklären kann.
Der Einsteinismus hat sich erhoben.
Wenn uns der Einsteinismus nicht mehr reichen wird, dann wird es Raum für neue Ansichten geben.
Angaben zu Finsternissen, in deren Verlauf die Sterne nicht gewandert sind, wie sie nach Einstein hätten wandern sollen, finden Sie in den Indizes von *Nature*. Nehmen Sie die Bände 104 und 105 zur Hand. Die Verlagerung von Spektrallinien - siehe die Aufzeichnungen von Astronomen, die nicht einer Meinung waren. Die Bewegung von Merkur im Perihel - Einstein hat berechnet, ohne zu wissen, wem oder was die Berechnung gegolten hat. Niemand weiß, wie groß Merkurs Exzentrizität wirklich ist. Schlagen Sie die Aufzeichnungen über Merkur-Durchgänge nach. Weder Newton-Anhänger noch Einsteinschüler haben sie korrekt vorausgesagt.
Siehe die Londoner *Times*, 17. und 24. April 1923. Dort zeigt Sir J. Larmor, daß, wenn Einsteins Vorhersagen über die im Laufe von Eklipsen auftretenden Lichteffekte zuträfen, seine eigene Theorie widerlegt sei - daß Professor Einstein, wenn in unserer Existenz irgend etwas wirklich irgend etwas sein könnte, zwar ein großer Mathematiker wäre, daß aber die Relativität so sehr gegen ihn spricht, daß er nur ein relativ großer Mathematiker ist, und daß ihm in seinen Berechnungen ein schlimmer Fehler unterlaufen ist und er gewisse Effekte versehentlich doppelt veranschlagt hat.
Die Niederlage ist unbewußt das letzte Ziel jeder Religion, jeder Philosophie und jeder Wissenschaft. Wenn sie bewußt zu verlieren versuchten, dann wären sie erfolgreich. Ihre Suche gilt stets dem Absoluten, mit dessen Hilfe sie das Phänomenale erklären wollen, oder dem Absoluten, auf das sie sich beziehen wollen. Soweit man glaubte, es gefunden zu haben, wurde es Jehova oder Gravitation oder Massenträgheit genannt.

Professor Einstein hat die Lichtgeschwindigkeit als das Absolute genommen, auf das man sich beziehen müsse.
Wir können den Begriff der Wechselseitigkeit nicht von dem der Beziehung trennen. Etwas auf das Absolute zu beziehen heißt, das Absolute auf etwas zu beziehen. Damit wird aber die angebliche Vorstellung vom Absoluten durch die Pseudo-Vorstellung vom relativen Absoluten ersetzt. Die Doktrin des Professor Einstein beruht nicht auf einer absoluten Erkenntnis, sondern auf einer Frage:
Welches ist die eher einleuchtende Interpretation des Michelson-Morley-Experiments:
Daß man nicht auf die Bewegung der Erde auf einer Umlaufbahn schließen kann, weil die Lichtgeschwindigkeit absolut ist;
Oder, daß man nicht auf die Bewegung der Erde auf einer Umlaufbahn schließen kann, weil die Erde stationär ist?
Zum Unglück für meine eigenen Ansichten muß ich eine dritte Frage stellen:
Wer, außer jemandem, der ausgezogen ist, eine Theorie zu verbreiten, hat je bewiesen, daß das Licht überhaupt eine Geschwindigkeit hat?
Professor Einstein ist ein Girondist der wissenschaftlichen Revolution. Er rebelliert gegen die klassische Mechanik, aber seine Methoden und seine Selbsttäuschungen sind so antiquiert wie das, was er angreift. Ich bin allerdings der Ansicht, daß er gut funktioniert hat. Seine Schwertstreiche waren zitternd geführt, aber mit seinem Bibbern hat er uns die Unsicherheiten all dessen verdeutlicht, was in der Wissenschaft als das Allerhöchste angebetet worden ist.
Ich bin der Ansicht, daß die Auflösung von Dingen auf der Ebene der Phänomene ebenso eine Angelegenheit innerer Störungen wie äußerer Kräfte ist. Daß sich so viele Astronomen Einstein untergeordnet haben, der im Grunde nichts geleistet hat, ist ein Hinweis auf eine verbreitete Unzufriedenheit, die wir als Vorbotin einer Revolution verstehen könnten – und wenn in den Observatorien eine Revolte beginnt, dann werden die Astro-

nomen selbst Regimenter von unvereinbaren Beobachtungen veröffentlichen und die Entfernungen zwischen Planeten und Sternen beträchtlich kürzen. Ich will die Aufzeichnung eines Astronomen anführen, wie sie wahrscheinlich früher kein Nicht-Astronom zu veröffentlichen gewagt hätte. Anscheinend wurde sie nur widerstrebend notiert, und man hat sich auch an einer konventionellen Erklärung versucht – aber man hat sie veröffentlicht.

Ich greife zu einem Ausschnitt aus dem *Los Angeles Evening Herald*, 28. April 1930, den mir Mr. L. E. Stein aus Los Angeles geschickt hat. In einem Bericht über die Sonnenfinsternis vom 28. April 1930 erklärt Dr. H. M. Jeffers, der Leitende Astronom des Lick Observatory: »Wir haben erwartet, daß der Schatten nicht breiter als eine halbe Meile sein sollte. Ich denke aber, daß er beinahe fünf Meilen breit war.« Er sagt weiter: »Außenstehende könnten nun meinen, der Schatten sei aufgrund astronomischer Fehler zu groß berechnet worden, weil der Mond näher an der Erde sei, als wir theoretisch gezeigt haben. Ich glaube allerdings, daß dieser breite Schatten durch nichts weiter als Lichtbrechung entstanden ist.«

Der Unterschied zwischen einer halben Meile und fünf Meilen ist beachtlich. Wenn die Propheten vom Lick Observatory die Lichtbrechung in ihren Berechnungen nicht berücksichtigt haben, dann kann der ganze Rest ihres angeblichen Wissens nur dank ausgemachter Unfähigkeit gewonnen worden sein. Dieser Unterschied könnte bedeuten, daß der Mond nicht weiter als eine Tagesreise von der Erde entfernt ist.

In *The Earth and the Stars*, S. 211, erzählt Abbot von spektroskopischen Bestimmungen, mit deren Hilfe am 22. Februar 1901 ein neuer Stern im Sternbild Perseus »gefunden« wurde, der 300 Lichtjahre von der Erde entfernt sei. Die Nachricht wurde in den Zeitungen veröffentlicht. Ein neuer Stern ist um das Jahr 1600 erschienen, und sein Licht wurde erst am 22. April 1901 auf der Erde gesehen. Und die Astronomen konnten uns dies sagen – daß damals, als Queen Elizabeth I. gerade – nun, was immer sie gerade getan hat – vielleicht wäre es etwas indiskret zu fragen, was sie getan hat – aber die Astronomen konnten jedenfalls sagen, daß just als Queen Elizabeth getan hat, was sie getan hat, ein neuer Stern am Himmel erschienen ist. Wo stehe ich nun im Vergleich dazu? Wo bleibe ich mit meinen armen, kleinen Märchen von Spiritus, der von der Decke tropft und von »geheimnisvollen Fremden« und von Leichen auf Eisenbahngleisen, verglichen mit einem Märchen über einen neuen Stern und Queen Elizabeth?

Aber der brave kleine Stern gibt mir meine Selbstgefälligkeit zurück. Im Angesicht aller Spektroskope in allen Observatorien spuckte er Dunstkreise aus, die sich mit einer Geschwindigkeit von 2 oder 3 Bogensekunden am Tag bewegten. Wären diese Kreise 300 Lichtjahre entfernt gewesen, dann hätte ihre Geschwindigkeit viel höher als die angebliche Lichtgeschwindigkeit sein müssen. Wären sie 300 Lichtjahre entfernt gewesen, dann hätten sie sich mit einer Geschwindigkeit von 220000 Meilen pro Sekunde bewegt. Es gab Dogmen, die dies nicht ertragen konnten, und die spektroskopischen Untersuchungen, die übereinstimmten, mußten eine weitere Übereinstimmung erarbeiten, weil sie offenbar nicht richtig funktioniert hatten. Die Astronomen mußten eine ihrer geliebten Ungeheuerlichkeiten zurechtstutzen. Ob aus Ritterlichkeit oder nicht, sie nahmen uns die Möglichkeit, Queen Elizabeths Rechtschaffenheit in Frage zu stellen, auf daß Ihre Majestät vor peinlichen Nachfragen, was sie gerade zu tun beliebte, geschützt werde, und setzten an diese Stelle eher unromantische Spekulationen über das, wonach, sagen wir, US-Präsident Andrew Jackson gerade der Sinn stand.

Abbot hat den Fehler erklärt, indem er die ersten »Bekanntgaben« durch »Unschärfe in den Beobachtungen« entschuldigte. Astronomen auf der ganzen Welt stimmten in diesen »Bestimmungen« überein. Sie galten als Stand der Wissenschaft, bis etwas anderes erschien und ihnen die Schärfe nahm.

Es scheint mir, die Astronomen hätten aus dieser unglücklichen Anpassung des Interesses an den Tätigkeiten verschiedener historischer Persönlichkeiten etwas lernen müssen. Aber wenn

Professor Todd mit seiner Charakterisierung der Astronomen recht hat, dann ist das unmöglich. Etwa zwanzig Jahre später hat sich diese Situation, im Grunde sogar bis in die Einzelheiten, wiederholt. Am 27. Mai 1925 wurde im südlichen Sternbild des Malers ein neuer Stern entdeckt. Mittels spektroskopischer Messungen hat man »bestimmt«, daß er 540 Lichtjahre entfernt war. Ich entnehme diese Angaben dem Bulletin des Observatoriums von Harvard, November 1927.
27. März 1928 – der neue Stern hat sich geteilt.
Als die Teilung offensichtlich wurde, verwarfen die Astronomen vom südafrikanischen Observatorium das drei Jahre alte Evangelium ihrer Spektroskope. Es muß immer noch eine Menge Unschärfe gegeben haben, obwohl sie drei Jahre Zeit gehabt hatten, ihre Brillen zu putzen. Sie führten die Entfernung von 540 auf 40 Lichtjahre zurück. Gibt es noch mehr solcher Verkleinerungen, dann wird dieser Niedergang der Ungeheuerlichkeiten eines Tages in Sternenformationen von vorstellbarer Größe enden. Eine Zurücknahme um 60 x 60 x 24 x 500 x 186000 Meilen ist ein guter Anfang.
Professor Einstein, der keine Möglichkeit hatte, etwas in dieser Art zu tun, sagt eine Verlagerung der Sterne voraus.
Astronomen gehen auf eine Expedition, um eine Finsternis zu beobachten, und da sie nicht wissen, daß Einstein auch kein besonderes Hilfsmittel hat, um irgend etwas vorherzusagen, berichten sie, daß er recht habe, weil sie das berichten wollen.
Dann kommt Finsternis auf Finsternis, und Einstein hat sich geirrt.
Aber er hat die inneren Widersprüche eines alten Systems ans Licht gebracht, und er hat überalterte Denkmodelle in Zweifel gezogen, und es scheint, als hätte er beim pedantischen Herumraten mehr Glück gehabt als andere.
Ob die Zeit gekommen ist oder nicht, hier ist etwas, das aussieht, als würde sie kommen.
Ein Kommentar in der *New York Sun*, 3. September 1930. Jemandes Ansichten werden dort wie folgt zitiert:
»Die Öffentlichkeit wird durch die Träumereien der rivalisieren-

den mathematischen Astronomen und Physiker, die den Skandal zur Kunst erheben – von den Geistlichen ganz zu schweigen –, hinters Licht und in die Irre geführt. In Konkurrenz zur religiösen Mystik wird eine wissenschaftliche Pornographie entwickelt, die um so anziehender ist, weil sie so geheimnisvoll daherkommt.«

Dies sind die Ansichten von Professor Henry E. Armstrong, dem emeritierten Leiter des Chemischen Instituts am City and Guilds College in South Kensington, London.

Das ist die Revolte von innen. Dies ist es, was sich zu einer Revolution entwickeln wird.

Professor Armstrongs Vorwurf der Pornographie mag ungebührlich stimulierend wirken, aber nach ihrer Lüsternheit in anderer Hinsicht zu urteilen, brauchen die Astronomen nur herauszufinden, daß die Sterne Sex haben, damit wir in Buchläden schleichen und saftige »Erklärungen« und »Bestimmungen« zu den neuesten himmlischen Skandalen kaufen. Das würde sie populär machen. Und nachdem etwas populär geworden ist, passiert – was?

Daß die Zeit gekommen ist – oder kommt – die Revolte von innen zu beginnen –

Oder, daß die Astronomen, wenn sie nicht mit ihren heutigen Vorspiegelungen von Fortschritt fortfahren können, von ihrer Unbeweglichkeit Abschied nehmen müssen. Vor einer Generation haben sie uns etwas über unvorstellbare Entfernungen zwischen den Sternen erzählt. Dann haben sie einige dieser Entfernungen um das Tausenfache multipliziert; aber wenn das Unvorstellbare multipliziert wird, bleibt es doch immer noch das alte Unvorstellbare. Weil beim Unvorstellbaren das Vorstellen aufhört, weil sich aber die Gedanken irgendwo hinbewegen müssen, denken die Astronomen, da sie nicht weiter expandieren können, in Reduktionen. Wenn die Zeit gekommen ist, wird es so etwas wie einen Börsenkrach in Observatorien geben, und die Astronomen werden panikartig Unvorstellbarkeiten abstoßen.

Am 2. September 1930 begann in Chicago eine Tagung der *Ame-*

rican Astronomical Society. Ein Beitrag, den Dr. P. van de Kamp verlesen hat, könnte als Anzeichen von Panik gelten. Sprach er doch: »Einige Sterne könnten in Wirklichkeit Tausende Lichtjahre näher sein, als die Astronomie bisher geglaubt hat.«
Das gibt – verkürzt gesagt – das wieder, was ich sagen will.
Es sprach der Astronom Leverrier – damals zu einer Zeit, als das astronomische System noch im Heranwachsen begriffen und zur Bekämpfung einer älteren und niedergehenden Orthodoxie nützlich war und Unterstützung und Ansehen brauchte – er hub also an und sprach – »Blickt zum Himmel hinauf an den Punkt, den ich berechnet habe, und ihr werdet den Planeten finden, der die Bahn des Uranus stört.«
»Siehe!« wie manche Astronomen in ihren Büchern schreiben. An einem Punkt am Himmel – dies für den, der die Behauptungen nicht selbst überprüfen will –, der fast exakt Leverriers Berechnungen entsprach, wurde der Planet Uranus gefunden, mit dem – soweit wir wissen – die Bahnstörungen des Uranus in Verbindung gebracht werden können.
Und schon steigt das nützliche Ansehen der Astronomen. Bestärkt von diesem Triumph funktionieren sie.
Aber wenn sie nur Erfindungen einer der traumähnlichen Handlungsfäden unserer Pseudo-Existenz sind, dann müssen auch sie vergehen, und sie müssen untergehen durch Abschlachten oder durch Auslachen. Bedenkt man, was sie sich geleistet haben, scheint mir Lächerlichkeit der passendere Abgang.
Etwas später:
»Blickt zum Himmel«, soll der Astronom Lowell gesagt haben, »und an dem von mir berechneten Punkt werdet ihr den Planeten finden, der die Bahn des Neptun stört«.
Aber dies geschieht im Jahre 1930.
Dennoch erfahren wir, daß ein Planet fast exakt am vorausberechneten Punkt gefunden worden sei. Die Freudensprünge der Astronomen werden in dicken Schlagzeilen beschrieben.
Wieder etwas später erfahren wir, daß das verdammte Ding sich auf einer Bahn bewegt, auf der Neptun es nicht mehr stören

kann, als ich eine Sitzung der National Academy of Sciences stören könnte, indem ich am Haus vorbeigehe.
Sie müssen ermordet werden, oder wir werden sie verlachen. Es läßt sich immer etwas zugunsten eines Mordes sagen, aber im Fall der Astronomen wäre das vorsätzliche Vergeudung humoristischen Materials. Orthodoxe Astronomen haben gesagt, Leverrier habe keine mathematische Methode benutzt, um die Position Neptuns zu bestimmen. Siehe *The Evolution of Worlds*, S. 124, von Lowell. Mit humoristischem Material meine ich, daß einer der kritisierenden Astronomen Lowell hieß.
Als ich einmal in deprimierter Stimmung die Stadtbücherei von New York aufsuchte, weil mir nach einfacher, leichter Lektüre war, ließ ich mir Lowells Buch *Memoir on a Trans-Neptunian Planet* geben. Ich bekam damit mehr Amüsement, als ich erwartet hätte.
Wo war nun dieser von Lowell bestimmte Punkt, an dem, beinahe exakt, der Planet gefunden wurde? Die Schlagzeilen – die Artikel der Sonderkorrespondenten – in allen Zeitungen auf der ganzen Welt: »beinahe exakt«.
Aber so spricht Lowell auf Seite 105: »Eine präzise Bestimmung dieses Ortes scheint unmöglich. Man kann nur die ungefähre Richtung vorhersagen.«
Das humoristische Material, das fast so befriedigend scheint wie ein Mord, liegt in der feierlichen Erklärung der Astronomen vom 1. April 1930, daß sie Lowells Planeten fast exakt an der Stelle gefunden hätten, deren präzise Bestimmung nicht möglich scheint –
Ihr Geschnatter über Lowells wundervolle Genauigkeit, als er in eine ungefähre Richtung gedeutet hat –
Dann die Bahn eines Objekts, aus der hervorging, daß es so unbestimmbar gar nicht war –
265 statt 3000 Jahre Umlaufzeit –
Und statt sich zu entfernen, kam das Ding näher.
Wenn sie nicht sagen können, ob etwas näherkommt oder sich entfernt, dann sind ihre feierlichen Erklärungen über Nähe oder Entferntheit ebenfalls lächerlich.

Wenn Adams und Leverrier die Position des Planeten Neptun nicht mit mathematischen Mitteln bestimmen konnten, oder wenn er, wie Lowell meint, nur durch einen »glücklichen Zufall« gefunden worden ist, wie wollen wir dann diesen Frohsinn oder den gelegen kommenden, sensationellen Prestigeschub erklären, der vielleicht doch nicht ganz zufällig gekommen ist?
Ich vertrete in dieser Sache die Ansicht, daß die organische Kontrolle, wie ich sie sehe, sich hinter menschlicher Eitelkeit verbirgt und uns glauben macht, wir täten alle Dinge selbst; daß sie die Institutionen der Menschen unterstützt, wenn sie zur rechten Zeit auf die rechte Weise wirken, ihre Lieblinge aber dem Verderben und dem Untergang preisgibt, sobald sie ihre Nützlichkeit überlebt haben.
Wenn Leverrier wirklich die Macht hatte, auf einen unsichtbaren Planeten zu zeigen, dann wäre dies eine Endgültigkeit des Wissens gewesen, welche einen nie zu überbietenden Ruhm nach sich gezogen hätte. Stellen wir uns eine Kirche vor, die nicht auf der Grundlage von Lug und Trug und verkniffenem Gelächter gebaut ist. Stellen wir uns vor, ein Kirchenmann hätte nicht auf Geschwätz und Mummenschanz gebaut. Es gäbe nichts, weswegen wir seinen Despotismus verlachen könnten.
Angenommen, wir akzeptieren eine jede Theorie über Wachstum, Entwicklung oder Evolution, ob wir dabei nun an organische Kontrolle denken oder nicht –
Dann akzeptieren wir auch, daß die grundlegendsten Phänomene unserer Existenz ein Wackelpudding sind – uraltes Gestein ist ja sowieso nichts als verhärteter Schlamm – oder, daß im Herzen alles Heiligen eine Lüge steckt –
Weil es sonst kein Wachstum, keine Entwicklung und keine Evolution geben könnte.

KAPITEL 21

Ein Heerzug von Umständen, der den Staub der Einzelheiten aufwirbelt – eine weitläufige, schmutzige Bewegung, die mit Details gepudert ist –
Das Alltagsgerede von Männern und Frauen, die Schreie der Bälger – ob das Essen heute noch fertig wird – junge Paare stehlen sich des Nachts ins Gebüsch – und wo, zum Teufel, ist die Schmiere für die Wagenräder geblieben – hat jemand mal ein Streichholz?
Ein Wagenzug, der sich über die Prärie tastet.
Ein Schluck Wasser – ein Priem Kautabak – wo kann man eine Tasse Mehl borgen – und doch, obwohl alle diese Bedürfnisse oft an erster Stelle stehen, liegt hinter all dem –
Die Hoffnung, in Kalifornien Gold zu finden.
Der Wagenzug tastet sich in die Prärie hinaus. Er folgt einem Weg, den andere Wagenzüge tiefer ausfahren werden – und so beginnt eine Bewegung, deren Verlauf wir bis heute sehen können.
Aber nach der Hoffnung auf Gold und dem vorweggenommenen Gefühl eines Nuggets in der Hand –
Das Gold hat ausgespielt. Ein dominantes Motiv verwandelt sich in etwas anderes. Heute beginnt ein gesellschaftliches Wachstum. Sein Material, die Menschen, die gewöhnlich seßhaft sind, haben sich gen Westen bewegt.
Die ersten zarten Strukturen des embryonischen Organismus bestehen aus Knorpeln. Später werden sie durch Knochen ersetzt.
Die Wege durch die Prärie wurden durch die stählernen Bänder des Schienenstrangs ersetzt.
Oder, daß früher einmal, um künftige Entwicklungen zu stimu-

lieren, in Kalifornien Gold ausgestreut wurde – und daß Kontrolle über die Lagerstätten ausgeübt wurde; daß gerade genug ausgestreut wurde, um eine Entwicklung anzuregen, aber nicht so viel, daß das westliche Finanzsystem zerstört worden wäre –

Daß in anderen Gegenden unserer Erde in früheren Zeiten die kleinen gelben Knollen absichtlich ins Erdreich gelegt worden sind, um – wenn die Zeit gekommen war – soziales Wachstum in anderen Gegenden zu fördern.

Aber die Worte *Absicht* und *Vorsehung* sind belastet. Sie sind der Sprache der Theologen entnommen und hängen mit der Vorstellung zusammen, es gebe ein übergeordnetes Wesen, das die Existenz beherrscht und ihr überlegen ist, das ihr aber nicht angehört und kein Teil von ihr ist. Statt neue zu prägen, würde ich diese Worte gern weiterhin benutzen, der jetzigen Eignerschaft durch bestimmte Kulte zum Trotz. Auch ohne notwendigerweise an einen äußeren Planer und Kontrolleur zu denken, kann ich mir Planung und Kontrolle und Vorsehung und Absicht und Vorbereitung auf künftige Nützlichkeit vorstellen, sobald ich nicht mehr schwammig an irgendwelche Naturkräfte denke, sondern an *eine* Natur, die ein organisches Ganzes ist. Jedes Wesen ist, wenn man die Abhängigkeit von der Umgebung außer acht läßt, der Gott seiner Teile.

In den nördlichen Regionen der Erde sind die Zivilisationen, die sich behaupten konnten, herangewachsen und haben sich kolonialistisch nach Süden ausgebreitet. Wie in Südamerika und Afrika zu sehen, spitzt sich die Geschichte im Süden zu. Es gibt keine Ruinen von Tempeln, Pyramiden oder Obelisken in Australien, Argentinien, Südafrika. Halbinseln sind überwiegend kraftlose Ausstülpungen in Richtung Süden. Wie aufgrund eines Plans oder in Übereinstimmung mit der Hervorhebung der Länder und Völker im Norden scheint die Sonne im Norden jedes Jahr etwa eine Woche länger als im Süden. Die Kälte ist in den weniger wichtigen antarktischen Regionen tiefer als in der Arktis, und dort gibt es keine Vegetation wie die Gräser und Blumen der Arktis im Sommer. Im Süden schwindet das Leben. Moschusochsen, Bären, Wölfe, Füchse, Lemminge im hohen Norden – aber nur amphibische Säugetiere in der Antarktis. Felder voller arktischer Mohnblumen im Sommer – aber der Sommer in der Antarktis ist grau vor knapp überlebenden Flechten. Wenn die Erde kegelförmig ist, wie manche Geodäten glauben, dann ist sie eine Blüte, die auf Trostlosigkeit gewachsen ist.

Es gibt im Süden keine Kohlevorkommen, die denen der nördlichen Regionen vergleichbar wären. Die größten Ölvorkommen hat man nördlich des Äquators gefunden. Es sieht aus, als hätte es während der Entstehung der Erde, bevor menschliches Leben auf der Erde aufgetaucht ist, eine Vorbereitung auf Zivilisationen gegeben, die im Norden heranwachsen sollten. Ganze Zeitepochen lang wußten die Menschen nicht, wie Kohle und Öl, von denen ihre späteren Entwicklungen abhängen würden, zu benutzen waren.

Aber die Gedanken der meisten Menschen sind hinsichtlich dieser Angelegenheit so stark konventionalisiert, daß man sich, wenn ich annehme, das Gold sei in Kalifornien zum zukünftigen Gebrauch bewußt ausgestreut worden, entweder einen übergroßen Sämann vorstellt, der herumgelaufen ist und Nuggets von sich geschleudert hat, oder daß man rundweg abstreitet, daß es, außer im vernunftbegabten Menschen selbst, überhaupt etwas wie Absicht, Kontrolle, Planung oder Vorsehung geben kann –

Aber die Entstehung einer Lunge in einem Embryo, der noch nicht atmen kann – der aber atmen wird. Diese Entstehung ist eine Vorbereitung auf künftigen Gebrauch. Oder die Gewebeansammlungen, die Muskeln heißen, und die nicht jetzt, sondern später gebraucht werden. Mechanische Voraussicht oder Vorbereitung auf zukünftigen Gebrauch durchdringt jedes embryonische Wesen. In jedem Mutterschoß steckt ein kleiner Wahrsager.

Aber nicht nur in der Theologie hat es Spekulationen über die Existenz einer Absicht, einer Planung, einer Kontrolle oder einer Führung in der »Natur« gegeben. Es gibt philosophische

Doktrinen, die als *Orthogenese* und *Entelechie* bezeichnet werden. Wir befinden uns damit abermals in einer Situation, die wir schon umrissen haben. Wenn es eine Orthogenese oder Führung von innnen gibt – in welchem Innern ist sie dann? Bislang hat uns diese Doktrin keinen Rahmen aufgezeigt, in dem wir denken können. Wenn man denken will, statt verwirrt zu sein, braucht man nichts weiter zu tun, als den Versuch aufzugeben, die Natur als Universalität erklären zu wollen. Man braucht sich bloß eine Existenz von endlicher Größe vorzustellen und von einer Gestalt, die sich im Denken nachbilden läßt, und sich innerhalb dieser Existenz eine organische Orthogenese zu denken.

In organischem Sinne wird in den arktischen Regionen nicht viel Wasser gebraucht. Die Kälte ist dort zwar nicht so groß, wie man gemeinhin glaubt, aber das Klima verhindert dennoch eine intensive Besiedelung. Ich habe noch nie von einer Sintflut in der Arktis gehört. Unwetter sind die Ausnahme. Manche Forscher haben in der Arktis noch nie ein Unwetter erlebt. Außerdem gibt es drückend warme, fast tropische Sommertage in der Arktis. Der Schneefall im hohen Norden ist »sehr leicht« (Stefansson) und kommt keineswegs in gewaltigen Mengen, wie man allgemein annimmt. Es sieht aus wie eine in organischer Hinsicht ökonomisch sinnvolle Vernachlässigung eines Erdteils, der nicht benutzt werden kann. Wo Gewitter nicht gebraucht werden, dort kommen, außer als Irrläufer, keine Gewitter vor, obwohl die sommerlichen Bedingungen in Gebieten, wo sie gebraucht werden, den Bedingungen dort, wo sie nicht gebraucht werden, sehr ähnlich sind. Siehe Heilprins Bericht über seine Erlebnisse in Grönland – so heiße Sommertage, daß das Pech in den Fugen seines Schiffes geschmolzen ist.

Die regelmäßigen Veränderungen, die wir Jahreszeiten nennen, sind nützlich. Sie sind zufällig entstanden oder wurden durch automatische Planung eingerichtet oder dank einer alles durchdringenden Intelligenz oder aus Gründen des Gleichgewichts, wenn wir dies dem Wort »Intelligenz« vorziehen. Es sieht aus, als wäre ein komplexes Problem gelöst worden. Meist glaubt man, nur ein Gehirn könnte ein Problem lösen, oder besser, sich einer Lösung annähern. Aber jedes Lebewesen hat eine Waffe oder ein Werkzeug, die vermutlich nichts mit dem Gehirn, sondern mit der Intelligenz zu tun haben, die alle Substanzen durchdringt – so daß es mit der Intelligenz seines Körpers Probleme lösen kann. Es sieht aus, als sei ein komplexes Problem gelöst worden, sagte ich, wenn auch in realem oder endgültigem Sinne kein Problem je gelöst worden ist.

Aber aufgrund des unterschiedlichen Einfalls von Sonnenlicht hätte der Wechsel von Fruchtbarkeit und Ruhephase im Norden wie im Süden entstehen können, nur in den Tropen wären die Rhythmen kurz geblieben. Es sieht aus, als wären dort aufgrund intelligenter Absicht die Veränderungen entstanden, die wir als Trockenzeit und Regenzeit bezeichnen. In konventionellen, meteorologischen Begriffen habe ich noch keine einzige befriedigende Erklärung für diese Veränderungen gelesen.

Die Aprilregen sind ein Beweis – oder sie könnten es sein, wenn wir eine rationale Vorstellung hätten, was wir mit Beweis meinen – für eine Absicht oder eine automatisch intelligente Vorsehung und Kontrolle. Allem Anschein nach, den wir als Anschein von Kontrolle verstehen, steuert etwas die Bewegungen der Planeten. Indem ich dies akzeptiere, mache ich nur deutlich, was vorhanden ist. Regen, sanft und häufig, vorteilhaft für junge Pflanzen oder am besten an sie angepaßt, fällt im April. Aber man muß einen konventionellen theologischen oder organischen Standpunkt einnehmen, um diese Wechselseitigkeit zu erkennen. Wenn man gern an einen freundlichen und liebevollen Gott denkt, der uns den Aprilregen schickt, dann muß man auch an andere Regenfälle denken oder wird mit solchen konfrontiert, die überhaupt nicht liebevoll und freundlich waren, sondern Tod und Trostlosigkeit und Kummer gebracht haben.

Es gibt einen unbekannten Umstand, der das Klima in Großbritannien mild macht, als sei dieses Zentrum, das Kolonien ausgesät hat, von einer automatischen Zielstrebigkeit vorbereitet und vor den üblichen Unruhen westlicher Breiten bewahrt worden.

Der Golfstrom galt einst als eines der eindeutigsten Modelle der weisen Männer. Sie schrieben über seine »eindeutige Trennung« von umgebenden Gewässern. Sie waren sich des Golfstroms so sicher, wie sie sich heute der Billionen Meilen entfernten Sterne sicher sind. In letzter Zeit ist viel darüber geschrieben worden, daß der Golfstrom in einiger Entfernung von seinem Ursprung jenseits von Kap Hatteras kaum noch Einfluß auf das Klima haben könne, so daß ich nicht weiter auf das Thema eingehen will.

Irgend etwas macht das Klima in Großbritannien warm, und man kann sich nicht vorstellen, daß es der Golfstrom ist. Es könnte eine organisch vorausschauende Milde sein. Vielleicht hat sie ausgedient, wenn Großbritannien seinen Zweck erfüllt hat. Ich neige sonst nicht zu Prophezeiungen, aber ich will dieses Risiko eingehen - wenn England Indien verliert, müssen wir mit harten Wintern in England rechnen.

Wir sind der Ansicht, daß Nationen zusammenarbeiten oder funktionieren, indem sie gegeneinander wirken, oder daß sie funktionieren, wie es die mörderische Vorsehung eines Gesamtorganismus will. Oder, um wieder eine Entschuldigung zu finden, ich bezeichne dieses organisierte Abschlachten als die Tätigkeit eines *Super-Stoffwechsels*. So gewaltig ist das Thema der menschlichen Geschichte, die als Teil eines Ganzen dessen Einflüssen ausgesetzt ist, daß ich die Erörterung auf einen späteren Zeitpunkt verschieben will. Monistisch gesehen - obwohl ich bei anderer Gelegenheit pluralistisch denken und einen anderen Standpunkt einnehmen will - bin ich der Ansicht, daß Menschen als Individuen so wenig existieren, wie Zellen im Körper eines Tiers eine eigene Existenz besitzen. Dennoch muß man berücksichtigen, daß es in jeder Zelle etwas Individuelles oder Eigensinniges gibt. Diese Ansicht über die Verbundenheit aller Dinge ist heute weit verbreitet und wird von vielen Autoren auf vielen Gebieten formuliert. Aber ihnen fehlt die Vorstellung vom Ganzen. Sie versuchen nicht, sich den sozialen Organismus als Ganzes vorzustellen, obwohl doch jeder soziale Quasi-Organismus Beziehungen zu anderen sozialen

Quasi-Organismen hat und stark oder gar in vitaler Weise von der Umgebung abhängig ist. Andere mehr als zweifelnde Denker sagten, sie könnten sich das unvorstellbare Absolute als das Ganze vorstellen.

Ich bin der Ansicht, daß seit Urzeiten der australische Teil im Kern unserer Existenz, dieser Erde, ein reserviertes Gebiet war. Wenn man das nicht nachvollziehen mag, wird man kaum die Frage beantworten können, warum Australien nicht längst von Asiaten kolonisiert worden ist. Australien hat in relativer Isolation existiert. Aber es war keine geographische Isolation. Die Entfernung zwischen Cape York in Australien und Neuguinea beträgt nur 100 Meilen. Trotzdem war die Annäherung an die Isolation so groß, daß eigene Formen tierischen Lebens herangewachsen sind und überdauert haben. Die Beuteltiere Australiens haben die Distanz überbrückt. Die Frage lautet nun – warum, wenn nicht einer Hemmung gehorchend, wurde sie nicht auch in entgegengesetzter Richtung übersprungen? Natürlich können wir uns keine absolute Meinung bilden, aber die Frage, wann die Dingos und die wilden Rinder von Queensland in Australien angekommen sind, ist immer noch offen.

In beiden Teilen Amerikas hat es Zivilisationen gegeben, die aber den relativ spät auftauchenden Europäern nichts entgegenzusetzen hatten. Lange zuvor hatten andere Zivilisationen in Mittelamerika existiert, aber sie sind verschwunden oder entfernt worden. Unter Archäologen gilt ihr Untergang ebenso als Rätsel wie der Untergang der Dinosaurier bei den Paläontologen – oder wie Zellen einer späteren Phase die vorbedachte und geplante Ausrottung der Knorpelzellen des Embryos rätselhaft finden mögen.

Ich bin der Ansicht, daß Australien und Amerika reservierte Orte waren, relativ leere Gegenden, in denen die Menschen in gewisser Weise viele Konventionen und überlieferte Behinderungen abschütteln und etwas Neues aufbauen konnten.

Drohnen tauchen in einem Bienenstock auf. Sie sind einem bestimmten Zweck vorbehalten. Zunächst haben sie nichts zum Wohlergehen des Bienenstocks beizutragen, aber es gibt eine

Vorsehung, die auf sie achtgibt, solange ihr zukünftiger Nutzen erhalten bleibt.

Dies ist eine automatische Voraussicht und Zielstrebigkeit, die in einem Bienenstock, den wir als Ganzes betrachten, automatisch abläuft. Der Gott der Bienen ist der Bienenstock. Es ist hier nicht notwendig, an eine äußere Kontrolle zu denken, an irgendein Wesen, das über die Bienen wacht und ihre Angelegenheiten regelt.

Auch in anderen als den Angelegenheiten von Bienen und Menschen gibt es Vorkehrungen. Manche Bäume haben Knospen, die sich nicht entwickeln dürfen. Diese schlafenden Triebe werden in Reserve gehalten, falls die bereits entwickelten Blätter des Baumes zerstört werden. Auf die eine oder andere Weise gibt es in jedem Organismus derlei Vorkehrungen.

Wir stellen uns Abschirmungen zwischen den Welten vor, wie einst der amerikanische Kontinent von Europa nicht durch gewaltige, unüberbrückbare Entfernungen, sondern durch den Glauben an gewaltige, unüberbrückbare Entfernungen von Europa getrennt war.

Ich fühle mich nicht vereinsamt, wenn ich daran denke, daß die nichtorganischen Wissenschaften, die aufgrund ihrer Schwerfälligkeit die Isolation der Erde aufrechterhalten wollen, einen großen Teil ihrer Macht über unser Denken verloren haben. Es gibt allenthalben Unzufriedenheit und Verachtung.

Vielleicht gibt es Zivilisationen in den Ländern der Sterne, oder im Hohlraum im Innern der sternenbesetzten Schale werden bewohnbare Regionen für zukünftige Kolonisierung durch die Erde bereitgehalten. Zwar gibt es beträchtliche Einwände gegen Kriege, aber wie man in jedem Lichtspielhaus sehen kann, sind sie nach wie vor beliebt. Andere Arten der Beseitigung menschlicher Wesen haben dagegen an Bedeutung verloren, und höchstwahrscheinlich werden Verhütungsmittel noch für lange Zeit den größten Beitrag leisten. Die Pestepidemien, denen früher Millionen Menschen zum Opfer gefallen sind, gibt es heute praktisch nicht mehr.

Es ist möglich, daß eine organische Existenz, indem sie die

Vernichtung unterläßt, auf der Erde einen Bevölkerungsdruck aufbaut, der nur dadurch abgebaut werden kann, daß an einem anderen Ort eine gewaltige Kolonisierung beginnt. Es ist, als wären die USA vor dem Überfluß an Menschen in Europa abgesperrt worden, und als hätten, übereinstimmend dem gleichen Plan oder Ratschluß folgend, Australien und Kanada neben den USA beschlossen, alle Asiaten auszusperren. Es ist, als entwickle sich gleichzeitig mit verschiedenen Spielarten des Bedürfnisses die Luftfahrt als Mittel, das Populationswanderungen erleichtert –

Wenn es ein benachbartes Land gibt, das eine sich drehende Hülle aus Sternen ist –

Und wenn es, wie die von mir gesammelten Daten besagen, jenseits einer nicht weit von unserer Erde entfernten Zone keine zunehmende Kälte und Verdünnung der Luft gibt.

Neunzehnhundertdreißig oder so – vielleicht auch neunzehnhundertvierzig oder neunzehnhundertfünfzig –

Ein Blitz am Himmel. Angeblich ein Meteor. Ein Glühen ist zu sehen. Angeblich ein Nordlicht –

Die Zeit ist reif.

Der Schlachtruf lautet –

Auf zum Himmel!

Die Wagenzüge zu den Sternen. Ströme von Abenteurern – und die Wochenschauen – Presseagenten und Interviews – und jemand, der zur Lyra fahren will, senkt seine Kosten durch Werbung, indem er uns wissen läßt, welche Zigarettensorte er mitnimmt –

Karavellen mit Flügeln – die geschlossenen Flugzeuge des Himmels – und empörte Leserbriefe in den Zeitungen: Daß die Expeditionsteilnehmer Milchflaschen und Schlimmeres einfach herabfallen lassen, sei eine Unverschämtheit. Neue Kometen werden von der Erde aus beobachtet – lange Züge von Sternenreisenden, die des Nachts das Licht einschalten. Neue Sternbilder erscheinen – die Städte im Land der Sterne.

Und dann die Alltäglichkeit all dessen.

Ausflüge mit persönlichem Fremdenführer zum Orion. Sommerfreizeiten am Rand der Wega. »Mein Vater weiß von einer Zeit zu berichten, als die Menschen ihr Testament aufgesetzt haben, bevor sie zum Mond gefahren sind.« – »Trotzdem, damals war der Himmel irgendwie friedlicher. Es geht mir auf die Nerven, wenn ich bei jedem Blick nach oben Reklame für Lippenstifte und Seife und Badeanzüge sehe.«

Im übrigen bin ich der Ansicht, daß wir unsere Existenz nicht verstehen können, wenn wir die Ironie hinter all dem übersehen –

Die aristokratischen Astronomen – ihr angeblicher Rapport mit der Unendlichkeit – ihre angebliche Vertrautheit mit dem äußerst Entfernten – die Akademiker – die Klassiker –

Man blickt nach oben und sieht statt dessen das selbstleuchtende Abbild einer Dose Spaghetti mit Tomatensoße am Himmel.

Die Alltäglichkeit all dessen. Natürlich sind die Sterne in der Nähe. Wer außer ein paar rückständigen Zeitgenossen hätte je etwas anderes geglaubt? Ob der Autor dieses Buches etwa meint, er hätte etwas Neues herausgefunden? All seine Ansichten waren früher allgemein bekannt, damals im alten Griechenland.

KAPITEL 22

Daß im Sommer 1880 eine andere Welt oder wie wir sie auch nennen wollen, nach einer langen, düsteren Zeit wieder fröhlich wurde und ihre Verzweiflung abgeschüttelt hat, die auf der Erde – wo wir immer reichlich Platz für neue Melancholie haben – gelandet und in langen, schwarzen Trauerzügen über uns gekommen ist.

18. August 1880 – an der Küste bei Le Havre haben die Menschen die Ankunft einer Dunkelheit gesehen. Die Segel im Hafen von Le Havre sind plötzlich schwarz geworden. Aber wie in jeder Verfinsterung hat es auch in dieser so etwas wie Linderung gegeben. Die flatternden Segel wurden wieder weiß. Schwarz und Weiß flackerten abwechselnd. Dann legte sich diese Düsternis auf die Straßen von Le Havre. Es waren große, längliche schwarze Fliegen.

In einem Kommentar des Londoner *Daily Telegraph*, 21. August 1880, heißt es, das Auftauchen dieser Fliegen in Le Havre sei »ein äußerst geheimnisvolles Rätsel« gewesen. Die Fliegen waren von einem Punkt über dem Ärmelkanal heruntergekommen. Sie stammten nicht aus England. Ich habe in zahlreichen auf dem Kontinent erschienen Werken gesucht, konnte aber nirgends einen Hinweis auf diesen großen Fliegenschwarm finden, bevor er über dem Ärmelkanal vom Himmel fiel.

Lotsenboote, die nach Le Havre zurückkehrten, waren schwarz von Fliegen. Siehe das Pariser *Journal des Debats*, 20. August – daß es sich um erschöpfte Fliegen handelte, die zu Boden fielen, wenn man sie berührte, und sich nicht bewegen konnten, wenn man sie in die Hand nahm. Vielleicht waren sie auch ausgekühlt und deshalb gelähmt. Wahrscheinlich hat es einige

Überlebende gegeben, aber die meisten der hilflosen Fliegen sind ins Wasser gefallen, und der Schwarm hörte als Schwarm zu existieren auf. Wenn dies schon ein »höchst geheimnisvolles Rätsel« sein soll, dann werden uns bald die Beschreibungen ausgehen, wenn wir weitermachen. Ich weiß nicht, was nach einem Superlativ noch kommen soll.

Drei Tage später tauchte irgendwo anders ein weiterer Schwarm großer schwarzer Fliegen auf. Das Ausmaß unserer Verblüffung, wenn uns etwas Geheimnisvolleres als das höchst Geheimnisvolle begegnet, hängt davon ab, wie weit dieser andere Ort von Le Havre entfernt ist. Siehe die *New York Times*, 8. September 1880 – daß am 21. August ein Schwarm großer schwarzer Fliegen, der für den Vorbeiflug zwanzig Minuten brauchte, in East Pictou auf Nova Scotia gesehen worden sei. *Halifax Citizen*, 21. August 1880 – daß sie niedrig fliegend an Lismore vorbeigekommen und daß einige anscheinend ins Wasser gefallen seien.

Am 2. September fiel ein weiterer Schwarm vom Himmel. Er ist plötzlich an einem Ort aufgetaucht, und es lassen sich keine Angaben dazu finden, daß er vorher über Land oder Wasser an einem anderen Ort gesehen worden wäre. Im *Entomologists' Monthly Magazine*, November 1880, ist die Rede von einer Sturzflut, die vor der Küste von Norfolk in England auf einem Schoner niedergegangen sei – »Millionen und Abermillionen von Fliegen«. Die Seeleute mußten Schutz suchen, und es dauerte fünf Stunden, bis sie wieder an Deck gehen konnten. »Um etwa 16.00 Uhr hat es aufgeklart. Die Fliegen wurden vom Deck geschaufelt, und was dann noch übrig war, wurde mit Eimern voll Wasser fortgespült und mit Besen von den Planken geschrubbt.« Auch in diesem Fall waren es erschöpfte oder fast leblose Fliegen.

Scientific American, 43-193 – »Am Nachmittag des 4. September, es war ein Sonnabend, geriet das Dampfschiff *Martin* auf dem Hudson River zwischen New Hamburg und Newburgh in eine riesige Wolke von Fliegen. Sie reichte, so weit das Auge blicken konnte, von Ufer zu Ufer nach Süden und erinnerte an eine schwarze Schneeverwehung. Die Insekten flogen, dicht wie Schneeflocken und getrieben von einem starken Wind, nach Norden.« Es waren längliche, schwarze Fliegen. *Halifax Citizen*, 7. September – daß am 5. September ein dichter Schwarm von Fliegen, deren Vorbeiflug eine halbe Stunde gedauert habe, in Guysboro, Nova Scotia, gesehen worden sei. Unzählige Tiere seien ins Wasser gefallen.

Ich glaube, diese Fliegenversammlung war nicht die gleiche wie die am Hudson River, obwohl letztere nach Norden geflogen ist. Ich vermute, die Fliegen von Guysboro sind wie jene in Le Havre von einem Punkt über dem Meer gekommen. »Sie kamen von Osten«, schreibt der *Brooklyn Eagle* am 7. September.

Diese Daten erwecken den Eindruck, daß sich ein Fliegenschwarm von der Größe eines kleinen Planeten, der von irgendwo auf unsere Erde gelangt ist, draußen im Weltraum in zwei Schwärme aufgeteilt hat, deren Erscheinungspunkte durch einen Ozean voneinander getrennt waren. Man muß sich einfach einen einzigen Ursprung vorstellen, der weder in Nordamerika noch in Europa gelegen hat.

Wenn wir uns vorstellen, daß diese Fliegen vom Mond oder vom Mars oder aus einer fruchtbaren Gegend zwischen den Sternen auf die Erde gekommen sind, dann ist das interessant; aber unsere Ansichten sind mittlerweile den Kinderschuhen entwachsen, und wir sind bereit, uns nicht nur den einfach geheimnisvollen Erscheinungen zuzuwenden, sondern jenen geheimnisvollen Erscheinungen, die uns Daten für unsere organischen Ansichten liefern werden. Die Daten über die Insektenschwärme des Sommers 1921 sind nicht nur Daten über Insektenschwärme, die sich auf konventionelle Weise nicht erklären lassen, sondern auch über eine Reaktion auf ein Bedürfnis. Wenn man sich nicht vorstellen kann, daß irgendwo ein Bedürfnis nach Insekten entstehen kann, dann liegt das daran, daß wir nicht weit genug denken und uns nicht die Wechselbeziehungen zwischen Insekten und allen anderen Dingen vorzustellen vermögen.

Im Sommer 1921 ist England seiner Insekten beraubt worden.

Die Vernichtung der Insekten in England durch die Dürre des Jahres 1921 war höchstwahrscheinlich ein Jahrhundertereignis. Die Geschichte des Abnehmens und Verschwindens wird beispielsweise in *Garden Life* erzählt – es gab immer weniger Blattläuse – kaum noch Mücken, weil die Teiche ausgetrocknet sind – keine einzige Libelle mehr – kaum noch Ameisen – Stechfliegen fast völlig ausgerottet – verdorrte Felder, auf denen sich kein Schmetterling regte – Stubenfliegen wurden zur Seltenheit, Schmeißfliegen galten als ausgerottet. In *Field* und *Entomologists' Record* finden Sie ähnliche Berichte.
Dann kamen Insektenschwärme und Insektenplagen: fremde Insekten und unbekannte Insekten. Sie können die Daten in verschiedenen englischen Publikationen nachschlagen. Ich merke an, daß einer der Schwärme exotischer Insekten ein Libellenschwarm war, der in Wales beobachtet worden ist (*Cardiff Western Mail*, 12 Juli). Heuschrecken sind in London aufgetaucht (*Weekly Dispatch*, 6 Juli). Ich vermute, die meisten konventionellen Entomologen würden meine Behauptung, in jener Zeit seien in England riesige Schwärme unbekannter Insekten aufgetaucht, gern in Zweifel ziehen; aber am 24. September hat der *Daily Express* Professor Le Froy zitiert, der von einer stechenden Insektenart gesprochen habe, die ihm unbekannt sei.
Eine Vernichtung, die der Ausrottung nahekommt – und dann ein vielfältiger Ersatz. Ich habe gesucht, aber keine Angaben finden können, die mich vermuten ließen, man habe diese Verstärkungen den Ärmelkanal überqueren sehen. Drei Schwärme bestanden aus Insekten einer unbekannten Art.
Vor langer Zeit einmal, lehrt uns die Geschichte, hat ein Jemand diese Welt so geliebt, daß er ihr seinen einzigen Sohn schenkte. Ein Etwas hat im Jahre 1921 nach neueren Berichten in den Straßen von London verschwundene Frauen wieder auftauchen lassen. Verhungernden Menschen hat dieses Etwas Almosen gegeben. Aber als die Insekten verschwanden, hat es freigebig Insekten geschenkt.
Alle unsere Ansichten sind von relativer Wichtigkeit.

Im Sommer 1869 gab es in vielen Teilen Englands eine Insektenknappheit, die in mancher Hinsicht noch bemerkenswerter war als die des Jahres 1921. Diese Knappheit wurde in allen entomologischen Zeitschriften jener Zeit erörtert und in allen Zeitungen und anderen Publikationen erwähnt. Eine dieser Diskussionen können Sie in *Field*, 31. Juli und 14. August 1869, nachschlagen. Vor allem wunderte man sich über das Fehlen eines gewöhnlich weit verbreiteten Insekts, eines kleinen, weißen Schmetterlings mit Namen *pieris rapae*. Auch einige andere sonst häufig vorkommende Arten waren kaum nachweisbar.
In der Londoner *Times*, 17. Juli, schreibt ein Leser, in seinem Garten in Kent sei ein tropisches oder subtropisches Insekt, nämlich ein Leuchtkäfer von der Art *Lampyris Italia* gefangen worden. In der *Times* vom 20. Juli wird das Auftauchen dieses Insekts in England scheinbar erklärt. Jemand anders schreibt, daß er am 29. Juli in Dover, das nur 15 Meilen von Ashford entfernt ist, zwölf Leuchtkäfer freigesetzt habe, die er in einer Flasche aus Koblenz mitgebracht habe. Aber in der gleichen Ausgabe dieser Zeitung schreibt ein dritter Korrespondent, in Catherham in der Grafschaft Surrey seien zahlreiche Leuchtkäfer aufgetaucht. Der Londoner *Weekly Dispatch* berichtet: »Sie waren so zahlreich, daß die Menschen sich von ihnen belästigt fühlten.« Nicht einmal ein Leuchtkäfer kann frei herumfliegen, ohne daß ein Mann mit einer Flasche daherkommt und behauptet, er hätte ihn freigelassen. Wir werden weitere Berichte über andere Schwärme sehen. Nur Titanen, die riesige Gläser, so groß wie Gebirge, geöffnet haben, könnten behaupten, sie hätten die Insekten aus Flaschen freigelassen.
Die Küste von Lincolnshire – und eine Straße der Ausrottung. Die Küste von Norfolk – mehrere tragische Meilen. In *Zoologist*, 1869-1839, berichtet jemand von Streifen im Wasser, mehrere Meilen vor der Küste von Lincolnshire, manche ein paar Yards und manche ein paar hundert Yards breit, die ausgesehen hätten wie »dicke Erbensuppe«. Es habe sich um ertrunkene Blattläuse gehandelt. Vor der Küste von Norfolk hat

man ein etwa zwei oder drei Meilen langes und ungefähr zehn Fuß breites Band aus ertrunkenen Marienkäfern gefunden. Woher dieser kleine tote Komet auch gekommen ist, es lassen sich keine Aufzeichnungen finden, daß er vorher irgendwo in Europa lebendig gesichtet worden wäre.

Am 26. Juli sind in Bury St. Edmunds, etwa 60 Meilen von der Küste von Lincolnshire entfernt, Blattlausschauer heruntergekommen. Der Niederschlag war so heftig, daß ein beißender Gestank entstand, und so dicht, daß die Menschen, die hineingerieten, kaum noch atmen konnten. Am gleichen Tag sind in Chelmsford, das 40 Meilen südlich von Bury St. Edmunds liegt, ähnlich große Massen der gleichen Insekten vom Himmel gefallen. Siehe *Gardener's Chronicle*, 31. Juli und 7. August.

Blattläuse sind in Bändern im Meer geschwommen. Andere sind in Streifen heruntergeregnet, wie dicke, grüne Stengel aus farnähnlichen Wolken. Weniger dekorativ haben andere einfach den Himmel verdunkelt. Etwas anderes Gewaltiges hat am 1. August die Küste von Essex heimgesucht. Zuschriften an das *Maidstone Journal* vom 23. August zufolge haben Schleier von Blattläusen die Sonne verdunkelt. Sie sind auch in anderen Regionen im Südosten Englands aufgetreten. »Sie kamen in so dichten Schwärmen, daß der Himmel tagelang verdunkelt blieb, und es schien für Mensch und Vieh fast lebensgefährlich, sich draußen aufzuhalten.«

Der 9. August – die ersten Marienkäfer, die England lebendig erreicht haben, wurden in der Nähe von Ramsgate gesehen. Drei Tage später landeten zwischen Margate und Nore Light in der Nähe der Themsemündung Tausende von Marienkäfern auf einem Schiff. So fleckig das Schiff dabei schon wurde, der kranke Eindruck verstärkte sich noch, als weitere Flecken von kleinen, gelben und schwarz gezeichneten Fliegen hinzukamen. Zum Schmuck ließen sich schließlich noch einige Schmetterlinge blicken.

Das war die Vorhut. Die Invasion begann am 13. August. Ich beziehe mich hauptsächlich auf die Londoner *Times*.

Über dem Ärmelkanal, nicht weit vor der Küste, wurde eine

Wolke beobachtet, die sich bewegt hat, als wäre sie aus Calais gekommen. Als sie Ramsgate erreichte, regneten Marienkäfer auf die Stadt herab. Der Wind hat die Tiere in den Straßen zu Haufen zusammengeweht. Die Stadt färbte sich gelb. Es waren keine roten Marienkäfer dabei. Die Angelegenheit wäre weniger geheimnisvoll, wenn man rote Marienkäfer gesehen hätte. Die Menschen in der Stadt waren angesichts der Verwehungen in der Stadt beunruhigt, und ein neuer Beruf wurde erfunden, der die Aufmerksamkeit eines jeden verdient, der Angaben über seltsame Berufe sammelt. Marienkäferschaufler wurden angeheuert, um die Verwehungen in die Kanalisation zu befördern.

Marienkäferwolken sind über die Grafschaften gezogen. Sie bewegten sich nach Norden und erreichten London am 14. August 1839, wo die Tiere auf die Straßen prasselten und die Gossen füllten. Kinder schaufelten sie zusammen und füllten sie in Tüten und Eimer, um »Kaufladen« mit ihnen zu spielen. Eine gewaltige Anzahl dieser Tiere gelangte bis nach Worcester.

Am 14. August sind »unzählige« andere Marienkäfer an den Küsten von Kent und Surrey aufgetaucht. Auch diese Wolken schienen aus Frankreich gekommen zu sein. Sie seien wie bunter Hagel an die Fenster geprasselt. Sie waren eine »gelbe Pest«, und die Einwohner bekamen es mit der Angst, denn sie fürchteten, wegen der großen Menge toter Tiere könnten Seuchen ausbrechen. Man hat Feuer entfacht und Millionen von ihnen verbrannt, und Menschen, die noch nie im Leben Marienkäfer geschaufelt hatten, fanden einen neuen Beruf.

Am nächsten Tag tauchte eine »ungeheure Menge« von Neuankömmlingen in Dover auf, als seien sie aus Frankreich gekommen. Die Leute, die während des Sturms unterwegs waren, mußten Schirme mitnehmen, die nach kurzer Zeit aussahen wie riesige Sonnenblumen. Menschen, die stehenblieben, um über das Phänomen zu reden, verwandelten sich in Blumensträuße. Der Sturm ließ nach, und die Regenschirme wurden geschlossen. Dann gingen die Blüten wieder auf: Eine weitere Wolke rollte von keinem bestimmbaren Ort oder Ursprung heran. Die lebenden Sturzbäche aus dem Unbekannten zogen weiter in Richtung London, und die Berichte über sie, die wir in *Land and Water* finden, sind amüsante Beschreibungen des Erstaunens, das sie hervorriefen. Es gibt eine Geschichte über fünf hypnotisierte Katzen. Eine große Menge von Marienkäfern landete auf einer Wiese. Fünf Katzen saßen reglos da und starrten die Insekten an. Eine Frau berichtet von ihrer Verblüffung, als sie zu ihrer Wäscheleine hinausblickte und statt makellos flatternder reiner Wäsche fleckige und schwer herabhängende Kleidungsstücke sah. In Shoeburyness prasselten die Marienkäfer in solchen Mengen herab, daß die Arbeiter der Ziegeleien ihren Arbeitsplatz verlassen mußten. Ich kann mir keinen anderen Ursprung dieser Fluten vorstellen, als daß die Käfer aus himmlischen Fontänen auf die Erde gespült worden sind.

Manche Entomologen haben sich an der Erklärung versucht, daß die Insekten sich in anderen Teilen Englands gesammelt hätten und nach Frankreich aufgebrochen, unterwegs aber vom Wind zur südöstlichen Küste Englands zurückgetrieben worden seien.

Wenn man mir folgen und akzeptieren will, daß die Insekten keine englischen Marienkäfer waren, und daß sie nicht aus Frankreich gekommen sind, daß sie auch nicht Tag für Tag aus Holland, Schweden, Spanien oder Afrika zu einem bestimmten Punkt gekommen sind – man bedenke nur das unzulängliche Flugvermögen von Marienkäfern –, wenn man mir also folgen und eigentlich nicht akzeptieren kann, daß die Marienkäfer nicht von irgendeinem Punkt auf unserer Erde zu ihrem Ankunftspunkt geflogen sind, dann wird man trotzdem lieber glauben wollen, daß sie eben doch hergeflogen seien.

Es gibt Daten, die mich zur Annahme bringen, daß die Insekten keine englischen Marienkäfer waren:

Im Londoner *Standard*, 20. August, finde ich eine Beschreibung der Tiere. »Sie schienen allesamt erheblich größer zu sein als die gewöhnlichen Marienkäfer, und sie waren blasser und hatten mehr Flecken.« In *Field*, 28. August, schreibt jemand, daß die Tierchen bis auf wenige Ausnahmen gelb waren. Er könne sich nicht erinnern, schon einmal Exemplare dieser Gattung gesehen zu haben. Der Redakteur von *Field* meint dazu: »Das Rot ist blasser, und es gibt verschiedene kleine Unterschiede, die auf einen ausländischen Ursprung schließen lassen.« Er sagt weiter, nach Ansicht des Naturkundlers Mr. Jenner Weir seien diese Marienkäfer nicht mit den gewöhnlichen englischen Exemplaren zu vergleichen.

Aber irgendwo müssen diese Millionen ein gewöhnlicher Anblick gewesen sein.

Es gibt Daten, die mich zur Annahme bringen, daß die Insekten weder aus Frankreich noch aus Belgien gekommen sind:

Es gibt Dutzende von Beobachtern, die die Schwärme in einem Abschnitt von einer oder zwei Meilen an der englischen Küste gesehen haben, aber keinen einzigen Hinweis auf einen Beobachter, der weiter entfernt und Frankreich näher gewesen wäre. In den Publikationen der französischen und belgischen entomologischen Gesellschaften wird nichts dergleichen erwähnt. Dabei hätten diese gewaltigen Wolken, beim Abflug von der Küste Frankreichs oder Belgiens ebenso große Aufmerksamkeit erregt wie bei der Ankunft in England. Andere wissenschaftliche Werke, in denen ich gesucht habe, ohne einen Hinweis auf Beobachtungen von Marienkäfern in Frankreich oder sonstwo auf dem Kontinent zu finden, sind die folgenden: *Comptes Rendus*, *Cosmos*, *Petites Nouvelles Entomologiques*, *Revue et Magazin de Zoologie*, *La Science Pour Tous*, *L'Abeille*, *Bib. Universelle* und *Rev. Cours. Sci.* In *Galignani's Messenger* (Paris) wird über die Invasion der Marienkäfer in England ausführlich berichtet, aber es wird keine einzige Beobachtung erwähnt, die jemand außerhalb Englands oder weiter als eine Meile von der englischen Küste entfernt gemacht hätte.

So hat eine Invasion begonnen. Über die Bedingungen im eroberten Land ist viel geschrieben worden. Wahrscheinlich war die Knappheit von Insekten in England beispiellos. Es hatte keine Dürre gegeben. Die Insekten waren einfach ausgestorben. Und Milliarden Insekten kamen von irgendwo.

»Margate überflutet!«

In *Field*, 28. August, schreibt ein Korrespondent: »Am Mittwoch, dem 25. August fuhr ich mit dem Dampfer nach Ramsgate. Als wir bis auf fünf oder sechs Meilen an Margate herangekommen waren, hörte ich die ersten Klagen über Wespen. Ich konnte mich rasch vergewissern, daß es sich nicht um Wespen, sondern um bienenähnliche Fliegen handelte. Als wir uns Margate weiter näherten, kamen sie in Millionen, und in Margate konnte man es kaum aushalten.« Einige Exemplare wurden an den Redakteur von *Field* geschickt, der sie als *Syrphi* identifizierte. In Walton, etwa 30 Meilen nördlich von Margate, waren sie am Vortag ebenso massiert aufgetreten.
Die kleine Gruppe Späher in Ashford – sie hatten als Leuchtkäfer ihre Laternen dabei. Dann der große Zug – unzählige gelbe Käfer – die militärisch scheinenden *Syrphi*, die wie Husaren kostümiert waren –
Ein Pilgerzug war im Gange.
Zwischen Wingham und Adisham sind »Gewitterkäfer« aufgetaucht. Die bedauernswerten Bewohner jener Gegend meinten, so etwas hätten sie noch nie gesehen (*Field*, 21. August). Wespen und Fliegen in »ungeheurer Menge« belagerten Southampton (*Gardener's Chronicle*, 18. September). London war ein Ankunftspunkt – Schnaken gingen auf London nieder – Treppen und Gehwege waren mit einer dicken Schicht überzogen – die Menschen rückten ihnen mit Eimern kochenden Wassers zu Leibe und töteten unzählige Tiere (*Illustrated London News*, 18. September). Eine feine Art, mit Touristen umzugehen.
Ich glaube, es gibt bei den Insekten ebenso eine Massenpsychologie, wie es eine bei den Menschen gibt. Erst wenn Millionen gemeinsam ziehen, kommt die rechte Freude auf. Sie brummten nach England, und dazu spielten nicht bloß ihre Kapellen, sondern jeder einzelne stieß in sein eigenes Horn. Es gibt sicher Leute, die erst richtig aufleben würden, wenn sie mit Millionen anderer, die alle auf Saxophonen blasen, gen Himmel fahren oder am Himmel herumschwärmen könnten.
Pilgerzüge, Expeditionen oder Kreuzzüge – es war eher ein

Kreuzzug, als Volk auf Volk oder Art auf Art sich auf England ergoß, um etwas zu ersetzen, was verloren gegangen war.

In *Sci. Op.*, 3-261, finde ich einen Bericht über ein neues Insekt, das im Juli 1869 in England aufgetaucht sei. Berichte über weitere unbekannte Insekten, die im gleichen Sommer in England gefunden wurden, finden Sie in *Naturalist's Note Book*, 1869-318, *Science Gossip*, 1870-141, *Entomologists' Monthly Magazine*, 1869-86 und Februar 1870, und in *Sci. Op.*, 2-359. Es war eine Zeit der »geheimnisvollen Fremden«.

In der Londoner *Times*, 21. August 1869, brachte jemand die Abwesenheit von kleinen weißen Schmetterlingen zur Sprache und fragte sich, wie man dies erklären könne. Im *Entomologist* schrieb Newman, daß er bis zum 12. Juli von diesem sonst so häufig vorkommenden Insekt nicht mehr als drei Exemplare gesehen habe. Auf den Seiten 313 bis 315 hat ein halbes Dutzend Korrespondenten diese erstaunliche Seltenheit erörtert. In *Field* vom 4. September hat jemand etwas zur erstaunlichen Seltenheit von Stubenfliegen gesagt: Im Laufe von mehr als sechs Wochen habe er in Axminster nur ganze vier Fliegen gesehen. Der Londoner *Standard*, 20. August – daß in St. Leonard's-on-Sea alle Insekten außer Marienkäfern und schwarzen Ameisen »nur äußerst selten« anzutreffen wären. In *Symons' Meteorological Magazine*, August 1869, heißt es, in Shiffnal habe man kaum einen weißen Schmetterling zu Gesicht bekommen, und bis zum 21. Juli habe man nur ein Wespennest gefunden. Im *Entomologist* vom September und Oktober schreiben Korrespondenten über die Seltenheit dreier weißer Schmetterlingsarten und weisen auf die noch nicht dagewesene Seltenheit von Käfern, Bienen, Wespen und Motten hin. Über das Fehlen von Hornissen schrieb *Field* am 24. Juli.

Sie haben sich über England ergossen.

Eine Armee von Käfern ist am Himmel erschienen. In Ullswater war es wie eine Militärparade. Regiment auf Regiment zog eine halbe Stunde lang über die Stadt hinweg (*Land and Water*, 4. September).

Dann kamen die Spinnen.

Unzählige Spinnen fielen in Carlisle vom Himmel, und im 35 Meilen entfernten Kendall kamen große Mengen von Spinnweben herunter (*Carlisle Journal*, 5 Oktober). Um den 12. Oktober kam in Tiverton in der Grafschaft Devonshire, 280 Meilen südlich von Carlisle, »eine große Zahl« von Spinnweben und Spinnen herunter. Siehe *English Mechanic*, 19. November, und die *Tiverton Times*, 12. Oktober. Es war, als hätte es innerhalb eines beständigen Stroms eine Wiederholung gegeben. Am Morgen des 15. Oktober kamen in South Molton in der Nähe von Tiverton Spinnweben »wie Baumwollfetzen« herunter. Sie fielen »in erstaunlicher Menge« den ganzen Nachmittag über, bis »Felder, Häuser und Menschen bedeckt waren«. Es war keine Gegend für Fliegen, aber zu diesem Ort, an dem Spinnennetze gefallen waren, sind sie gekommen.

Art um Art – es war wie ein Weltkongreß von Kreuzritterinsekten –

Dann kamen die Heuschrecken.

Am 4. September wurde in Yorkshire eine Heuschrecke gefangen (*Entomologist*, 1870-58). Es gibt in England keine einheimischen Heuschrecken. Vor dem Mai 1895 ist in England noch nie eine Heuschrecke im Larvenstadium gefunden worden (*Science Gossip*, 1895-83). Am 8. und 9. Oktober sind Heuschrecken in großer Zahl an mehreren Orten in Pembrokeshire, Derbyshire, Glucestershire und Cornwall aufgetaucht. Sie waren so geheimnisvoll wie die Marienkäfer. Sie gehörten zu einer Art, die, nach den vorliegenden Berichten, noch nie zuvor in England beobachtet worden war. Ein Entomologe, der für das *Journal of the Plymouth Institute*, 4-15, schrieb, meinte dazu, er glaube nicht, daß dieses Insekt (*Acridium peregrinum*) bisher schon einmal in England gesehen worden sei. Anscheinend war diese Art in ganz Europa noch nicht gesehen worden. In *Entomologists' Monthly Magazine*, 7-1, heißt es, diese Heuschrecken seien neu in der europäischen Fauna, und sie würden in keinem Werk über europäische *Orthoptera* erwähnt.

Auf der Sitzung der Entomological Society of London am 15. November 1869 beschloß man nach einer Diskussion, daß die

Marienkäfer nicht aus Frankreich gekommen, sondern von Orten innerhalb Englands losgeflogen und von Winden in andere Teile Englands getrieben worden sein. Es gab keine aufgezeichnete Beobachtung, die dies hätte bestätigen können. Es war das alltägliche Ende eines Rätsels.

Ich führe mehrere Schilderungen an, die darauf hinweisen, daß Londons wichtigsten Käferkundlern zum Trotz die Marienkäfer keineswegs englische Marienkäfer waren. *Inverness Courier*, 2. September - »Es sind zweifellos ausländische Tiere. Sie sind beinahe doppelt so groß wie die gewöhnlichen englischen Marienkäfer und von einer helleren Färbung.« Siehe *Student*, 4-160 - »Die Mehrzahl war größer und trübgelb gefärbt.« Im Londoner *Standard*, 23. August, ist die Rede davon, daß einige dieser Insekten beinahe einen halben Zoll groß gewesen seien.

Die Entomological Society of London hat nicht darüber diskutiert, daß die Heuschrecken Zugereiste waren. Man hat überhaupt nicht diskutiert. Schnaken und *Syrphi* und Spinnen und all die anderen - kein Kommentar. Mir ist kein Wissenschaftler bekannt, der Heuschrecken erwähnt hätte, als er versucht hat, die Marienkäfer zu erklären. Kein Wissenschaftler, der über die Seltenheit von Insekten geschrieben hat, hielt es für nötig, die Schwärme zu erwähnen - und kein Wissenschaftler, der sich über Schwärme ausgelassen hat, erwähnte die Seltenheit anderer Insekten.

Die Spinnen, die als örtlich begrenzter Niederschlag mehrere Stunden lang herabgeregnet sind, kamen möglicherweise von einem stationären Ankunftspunkt über einer Stadt, und die Marienkäfer sind aufgetaucht, als wären sie von einem Ankunftspunkt gekommen, der mehrere Meilen vor der Küste gelegen hat. Die Heuschrecken sind nicht in einem einzigen Zug aufgetaucht, sondern wie ein Strom oder auf einer Art Bahn, die an Ort und Stelle geblieben ist, denn mehr als einen Monat vorher waren schon einmal große Mengen von Heuschrecken aufgetaucht (*Field*, 23. Oktober).

Im schottischen Burntisland kam ein Mob vom Himmel

herab – Weberknechte, die sich auf Simsen und Fensterbänken versammelt und die Straßen unsicher gemacht haben. Eine Invasion in Beccles war »ein einzigartiges Erlebnis«. Ein Kriegsberichterstatter meldete sich in *Gardener's Chronicle*, 18. September, zu Wort. Die Invasoren waren Stechmücken – der Korrespondent versucht, über sie zu schreiben und taucht die Feder in ein Tintenfaß voller ertrunkener Mücken – die Leute atmen ein und schlucken Mücken. In der Nähe von Reading sind »Wolken gelber Schmetterlinge« aufgetaucht, die noch nie vorher in Berkshire gesehen worden waren (*Science Gossip*, 1869-210). In Hardwicke wurden viele Bienen von einer dem Beobachter unbekannten Art gesehen (*Nature*, 2-98). *Field*, 21. August und 20. November – Wolken von Schwärmern und mehreren Arten von Schmetterlingen.

Insekten schwebten im Battersea Park in London in so dichten Wolken über den Bäumen, daß die Menschen glaubten, die Bäume stünden in Flammen (*Field*, 4. Juni 1870). Eine Invasion in Tiverton, anscheinend zusammen mit den Spinnen eingetroffen – »ein erstaunlicher Schwarm schwarzer Fliegen« wählte das Rathaus als Hauptquartier und bedeckte das Gebäude samt Fensterscheiben, daß es drinnen dunkel wurde (*Tiverton Times*, 12. Oktober). In Maidstone wurde ein großer Trupp fliegender Ameisen gesichtet, der möglicherweise mit den Marienkäfern eingetroffen war (*Maidstone Journal*, 23. August).

Am 18. August fielen in Inverness Mückenschwärme ein. »Nach einer Weile war die Wolke so dicht, daß die Menschen mit angehaltenem Atem hindurchrennen mußten« (*Inverness Courier*, 19. August). Blasenfüßer sind am 25. August plötzlich in Scarborough aufgetaucht (*Sci. Op.*, 2-292). In Long Benton gingen Wolken dieser Tiere in der Stadt nieder und sind in die Häuser geweht, wo sie mit Staubtüchern abgewischt und vom Boden aufgefegt werden mußten (*Entomologists' Monthly Magazine*, 1869-171). In Long Benton ist außerdem ein gewaltiger Schwarm der weißen Schmetterlinge aufgetaucht, die anderswo so selten geworden waren. Gärtner haben Tausende von Tieren getötet (*Entomologists' Monthly Magazine*,

Dezember 1869). In Stonefield, Lincolnshire, sind Käfer von einer Art aufgetaucht, die dort noch nie zuvor gesehen worden war (*Field*, 16. Oktober).

Es war mehr als eine Flut von Insekten. Es war ein Ansturm verschiedenster Arten. Es war mehr als das. Es war eine Sintflut, die einen Mangel ausgleichen sollte.

Entomologists' Record, 1870 – daß im Sommer des Jahres 1869 in England ein solcher Mangel an Insekten geherrscht habe, daß Schwalben verhungert seien.

KAPITEL 23

Melbourne Age, 21. Januar 1869 – es war einmal ein Fuhrmann, der fuhr mit einem Fünfspänner ein ausgetrocknetes Flußbett entlang. Und den Graben herab fuhr eine Wasserfaust, deren Knöchel aus Felsbrocken bestand. Ein toter Mann, ein umgestürzter Wagen, fünf Pferde in die Bäume geschleudert.

New Orleans Daily Picayune, 6. August 1893 – eine Frau in einer Kutsche überquert im Rawlings County in Kansas einen ausgetrockneten Bach. Es war ein stiller Sommertag.

Wasser rauschte. Die Kutsche wurde zerstört. Verstreute Überbleibsel: der Hut der Frau, die Köpfe von Pferden.

Philadelphia Public Ledger, 16. September 1893 – in Villa-Canas in der spanischen Provinz Toledo schlafen die Menschen. Die Stadt wird von Bäumen überfallen. Bäume dringen durch Hauswände. Menschen werden in ihren Betten von Wurzeln gepackt. Eine Sintflut war in einem Wald niedergegangen.

Ein heller, klarer Tag in Pittsburgh, Pennsylvania. Aus dem Himmel ergießt sich göttlicher Zorn, der einen Fluß entstehen läßt. Es war eine gewaltige Masse Wasser, aber zwei Meilen entfernt ist kein Regen gefallen (*New Orleans Daily Picayune*, 11. Juli 1893).

Ein tobender Fluß verspottete seine alten Grenzen. Warf mutwillig Güterwaggons um. Stieg hohnlachend über Brücken. Nachdem er eine rebellische Hochwassermarke gesetzt hatte, fiel er in sich zusammen und zerrte nur noch nörgelnd an Ruderbooten herum. Die Ganzheit im Blick, muß ich akzeptieren, daß es keine klare Trennlinie zwischen den zornigen Aufwallungen von Menschen und Flüssen gibt.

Diese plötzlichen, erstaunlichen Güsse aus heiterem Himmel

sind bis heute nicht richtig verstanden worden. Meteorologen studieren sie meteorologisch. Das scheint plausibel und erregt deshalb unseren Verdacht. Das ist der Fehler aller Wissenschaft: daß die Wissenschaftler wissenschaftlich arbeiten. Sie vertreten die nichtorganische Wissenschaft. Eines Tages mag es eine organische Wissenschaft geben oder die Interpretation aller Phänomene in Begriffen eines Organismus, der alle Phänomene einschließt.

Wenn unsere Existenz ein Organismus ist, in dem alle Phänomene ineinander übergehen, dann können im Lichte der Kontinuität Träume nicht etwas völlig anderes sein als Ereignisse, die wir für real halten. Manchmal verwandelt sich im Alptraum ein Kätzchen in einen Drachen. Louth in der englischen Grafschaft Lincolnshire, 29. Mai 1920 – der Fluß Lud, eigentlich nur ein Bach, der auch »Tennyson's Brook« genannt wird, murmelte, oder vielleicht brabbelte er auch –

Und dann fiel der kleine Wasserlauf aus der Rolle und machte einen zwanzig Fuß hohen Buckel. Ein wildgewordener Bach besprang die Häuser von Louth und pulverisierte fünfzig Gebäude. Später murmelte oder brabbelte der kleine Bach wieder zwischen Ufern, an denen die Überreste der Häuser standen, in denen jetzt zweiundzwanzig Leichen lagen. Hunderte Einwohner hatten ihr Heim verloren.

In wissenschaftlichen Werken, die Anfang 1880 erschienen sind, wurde auf die übliche wissenschaftliche Weise über ein Ereignis berichtet. Es heißt dort, eine »Wasserhose« sei auf der Insel St. Kitts in Britisch-Westindien niedergegangen. Eine große Menge Wasser war auf die Insel herabgefallen, hatte Gräben aufgerissen, Häuser und Menschen davongetragen und 250 Einwohner ertränkt. Eine gigantische Wassertatze mit Bodenspalten als Krallen hatte die Menschen gepackt.

In Übereinstimmung mit unserem allgemeinen Vorgehen glauben wir, daß es Wasserhosen und Wolkenbrüche gibt, daß aber die Wasserhosen und Wolkenbrüche zur bequemen Ausrede werden, wenn man an nichts anderes denken will oder darf, und daß sie als Etiketten auf Ereignisse geklebt werden, die man keinesfalls auf diese Weise klassifizieren dürfte, es sei denn zum Wohle wissenschaftlichen Ansehens und wissenschaftlicher Faulheit. Manche der aalglatten, plumpen Wissenschaften sind Vorbilder für Wohlverhalten und Passivität, denn da sie sonst nicht viel zu tun haben, lassen sie sich den ganzen Tag von geduldigen Fischhändlern huckepack tragen.

Als Monist denke ich mir, daß wir Menschen etwas Meteorologisches an uns haben. Aus den Bibliotheken werden uns Flutwellen von Daten anspringen, und auch wir werden uns hohnlachend gegen alte Beschränkungen auflehnen. Unsere Späße werden erschütternd sein, und wir werden mit Katastrophen herausplatzen.

Die »Wasserhose« von St. Kitts – als ob das ein einzelnes Ereignis gewesen wäre, das mit nichts anderem etwas zu tun hatte. *The West Indian*, 3. Februar 1880 – daß, just als die Flutwelle, die man als Wasserhose bezeichnet hat, St. Kitts überspülte, auch auf der Insel Grenada Wasser vom Himmel fiel. Es hat geregnet, »wie es noch nie zuvor in der Geschichte der Insel geregnet hat«. Grenada ist 300 Meilen von St. Kitts entfernt.

Ich nehme Daten über ein weiteres Ereignis aus *Dominican* und *The People* hinzu, die in Roseau, Dominica, Britisch-Westindien, erscheinen. Am Morgen des 4. Januar um 11.00 Uhr wurde Roseau von mitternächtlicher Dunkelheit getroffen. Die Menschen auf den Straßen wurden von Dunkelheit geradezu angegriffen. In den Häusern hörten die Menschen das Bersten von Fensterscheiben. Die Nacht fiel so lastend herab, daß Dächer zerstört worden sind. Hellichter Tag wurde in fallendem Schlamm zur Nacht. Mit dem Schlamm kam eine Sintflut.

Der Roseau-Fluß ist gestiegen, und ein Streit ist entbrannt. Bewaffnet mit den beweglichen Gütern einer ganzen Insel, hob der Fluß seine Schilde, bestehend aus Maultieren und durchbohrte die tobende Dunkelheit mit Speeren aus Ziegen. Lange Kolonnen solcher Dinge schleuderte der Fluß durch die schwarzen Straßen von Roseau.

Im Boiling Lakes District von Dominica hatte es zur Zeit der Überschwemmung einen Schlammausbruch gegeben, der dem

Niedergang von Wasser auf St. Kitts acht Tage zuvor ähnlich war. Es gab keine Aufzeichnungen, daß so ein Ausbruch schon einmal geschehen wäre.

Drei Monate zuvor hatte es in einer anderen Region in Westindien schon einmal eine Katastrophe wie die auf St. Kitts gegeben. Am 10. Oktober 1879 ging auf Jamaika eine Sintflut nieder, die hundert Einwohner ertränkte (Londoner *Times*, 8. November 1879). Auf dieser Flutwelle schwammen ganze Dschungel fort – Mahagonistämme in kunterbuntem Durcheinander mit Bäumen und Büschen, durchwirkt mit den Hörnern von Ziegen und Rindern und mit Schaffellen behängt wie mit einer Art von Moos. Einlaufende Schiffe zogen Furchen durch das Treibgut, als wollten sie einen der fruchtbarsten, übelriechendsten Äcker pflügen, die je auf einem Ozean gelegen haben. Passagiere bestaunten das Gewirr von Bäumen und Leichen wie ein Bilderrätsel. Im Blattwerk erkannten sie Gesichter.

In den spanischen Provinzen Murcia und Alicante hatte es über Monate eine so schwere Dürre gegeben, daß die Einwohner nach Algerien auszuwandern begannen. Ob wir nun glauben, daß die Dürre und die Gebete der Menschen um Regen damit zusammenhingen oder nicht, jedenfalls gab es einen Niederschlag, der so heftig war, wie es die Not geboten hatte. Siehe die Londoner *Times*, 20. Oktober 1879. Am 14. Oktober ergossen sich Sturzfluten über die verdorrten Provinzen. Vielleicht geschah dies als Reaktion auf die Gebete der Menschen. Fünf Dörfer wurden zerstört, tausendfünfhundert Menschen fanden den Tod.

In Kolumbien, praktisch in der gleichen Zone wie Spanien und die Westindischen Inseln, kam im Dezember ein sintflutartiger Niederschlag herunter. Der Cauca-Fluß stieg so abrupt über alle bisherigen Hochwassermarken, daß die Menschen in ihren Häusern festsaßen. Dies hat sich am 19. Dezember ereignet.

Am nächsten Tag hat in Salvador in der Nähe des Ilopanga-Sees die Erde gebebt. Man hält den See für den Krater eines erloschenen Vulkans. Ich entnehme die Daten dem *Panama Daily Star and Herald* vom 10. Februar 1880.

Am 31. Dezember – vier Tage vor den Ereignissen auf der Insel Dominica – hat in Salvador die Erde gebebt, und in der Mitte des Ilopanga-Sees stieg eine Felsformation empor. Wasser stürzte in solchen Mengen vom Himmel, daß die Gullis überliefen. Neue Bäche wanden sich auf der bebenden Erde. Die Einwohner schrien flehend zum Himmel und beteten, bis sie in Ohnmacht fielen. Schlamm fiel auf die zuckende Erde. Eine Vulkaninsel erhob sich im Ilopanga-See und verdrängte das Wasser, das in sich windenden Sturzbächen abwärts lief. Eine Gestalt erhob sich im See und füllte ihn aus – schüttelte sich und warf schwarze Ströme um sich – Medusenhaupt, auf dem sich Schlangen wanden.

Beginnend am 10. Oktober gab es bis zu den Ereignissen in St. Kitts Überschwemmung auf Überschwemmung in einer einzigen Zone unserer Erde – oder ein Geschwader Seen wurde aus einem Reservoir zwischen den Sternen ausgesandt, ist über einer bestimmten Zone der Erde gekreist und hat sich dort entladen. Die meisten Menschen werden denken, daß so etwas nicht sein kann. Man hat uns gelehrt, zu den um uns kreisenden Sternen hinaufzublicken und sie so zu sehen, als kreisten sie nicht.

Unsere Daten betreffen Menschen, die ums Leben kamen, nachdem sie mit fischhändlerischen Erklärungen davon abgehalten worden waren, ein Bewässerungssystem zu begreifen. Die Daten handeln von den Emotionen der Menschen und den elementaren Emotionen von Ländern. In einem Geist ist Hoffnung, aber dann macht sich Verzweiflung breit – oder ein fruchtbares Gebiet in einem südamerikanischen Land – und ein unvermuteter Vulkanausbruch verkohlt sie, daß nur erbärmliche blattlose Bäume stehen bleiben. Ebenen und die Verheißung von Getreidefeldern, die im Sonnenlicht funkeln – Enttäuschungen tun sich in den Ebenen auf, und die Erwartungen stürzen hinein. Eine Insel erscheint im Meer, und nach einer Weile tasten sich junge Palmen ins Licht. Es gibt ein Zucken, die Insel fällt zusammen, und aus dem Untergrund quillt Dreck und befleckt die keimenden Hoffnungen. Erschütterte

Länder haben die Äcker gerungen und mit den Wäldern geknirscht.
Die Metaphysiker haben alle Katastrophen als Ding an sich erklärt. Die Wissenschaftler sind die armen Verwandten der Metaphysiker, denn sie suchen auf lokaler Ebene nach Vollständigkeit und behaupten in ihren Verlautbarungen, daß, von winzigen Fehlern in die eine oder andere Richtung abgesehen, Vollständigkeiten gefunden worden seien. Ich kann akzeptieren, daß es eine über den Phänomenen stehende Vollständigkeit gibt, aber nicht, daß die Phänomene selbst vollständig wären. Es ist möglich, daß der weit verbreitete Gedanke, es gebe einen Gott oder ein Ganzes, nur eine Erweiterung der Täuschung ist, dank welcher ein Schwarm von Marienkäfern oder ein Niederschlag von Wasser in St. Kitts in den Ruch der Vollständigkeit kommen kann - oder daß es genau anders herum ist - daß es also eine Ganzheit gibt - die vielleicht nur eine von unzähligen Ganzheiten im Kosmos ist - und daß der Versuch, Ganzheiten zu erreichen und Begriffe von Ganzheiten zu entwickeln örtliche Äußerungsformen eines alles umfassenden Daseins oder Zustandes sind, welcher - soweit dessen eigene Phänomene betroffen sind - eine Ganzheit ist.
Es hat Schauer von Teichen gegeben. Aus heiterem Himmel fuhren im Sonnenschein golden funkelnde Wassersäulen herab. Von den Sternen sind plötzlich dunkle Wassersäulen herabgeschossen. Heftig bebende Wassertempel sind entstanden - Säulengänge, von Blitzen vor dunklem Hintergrund erhellt - schäumende Fassaden so weiß wie Marmor. Nächte waren wie Höhlen, überdacht von gewaltigen, fließenden Stalagtiten.
Es ist bloß ein Gesprenkel.
März 1913.
Die Meteorologen studieren meteorologisch. Die Meteorologen zeigten sich überrascht.
23. März 1913 - 250000 Menschen aus ihren Häusern vertrieben - es gießt in Strömen, Flüsse steigen in Ohio über die Ufer. In Dayton, Ohio, waren die Überschwemmungen besonders schlimm.

Leichen treiben durch die überfluteten Straßen von Dayton. Der Wind pfeift, und ein Taxi hält an. Nacht – und die fließenden Straßen befördern Leichen – aber was noch kommen soll, ist schlimmer als der Anblick verendeter Geschöpfe, die nie ankommen werden und dennoch vorübereilen. Das Wrack einer Straßenbahn rast eine Straße hinunter – ein toter Mann stürmt durch eine Seitenstraße. Wenn er die Bahn erwischt, wird er ungefähr dorthin befördert werden, wohin er sein Leben lang schon von anderen Bahnen befördert worden ist. Eine letzte Meldung aus Dayton – »Dayton in totaler Dunkelheit«.

23. März, 24. März, 25. März – ein wäßriger Himmel ließ sich auf den Adirondack Mountains nieder. Er geriet ins Rutschen. Er riß sich an einem Berggipfel eine Seite auf, und in den Straßen von Troy und Albany gingen die Straßenlaternen unter. Ein symbolisches Ereignis in Paterson, New Jersey – etwas, das man als »großen Wolkenbruch« bezeichnete, packte einen Fabrikschornstein und kritzelte eine häßliche Botschaft auf das Karomuster der Straßenzüge. Mit den Eingeweiden von Pferden und anderen Abscheulichkeiten stellte es seine Volksnähe unter Beweis. Die Liste der Toten in Columbus, Ohio, wies vermutlich tausend Namen auf. Der Connecticut River ist schnell gestiegen. Der Delaware River in Trenton, New Jersey, stieg 14 Fuß über den normalen Pegel.

26. März – in Parkersburg, West Virginia, haben die Menschen, die ihre Nachbarn besuchen wollten, mit Ruderbooten an den Fenstern im ersten Stock angelegt. Wenn sie in den Kellern hatten, was man heute so in Kellern hat, dann waren Taucher gefragte Leute. Neue Seen sind in Vermont entstanden, und Indiana wurde ein Binnenmeer. »Bauern im Schlaf überrascht.« Überall Überraschungen, überall tiefer Schlaf. Wo die Wissenschaft auch war, sie muß im Koma gelegen haben. Überschwemmungen in Wisconsin, Überflutungen und Zerstörung in Illinois und Missouri.

27. März – siehe die *New York Tribune* vom 28. März – das Wetteramt gab Sturmwarnungen heraus.

Von den professionellen Weisen war vor der Sintflut nichts zu hören. Mancher interessiert sich vielleicht für das, was sie danach zu sagen hatten. Sie haben sich in *Monthly Weather Review*, April 1913, zu Wort gemeldet.

Die Geschichte wird »vollständig« berichtet. Die Geschichte wird berichtet, als hätte es in Ohio und in vier Nachbarstaaten außergewöhnlich schwere Regenfälle gegeben. Liest man diesen Bericht, dann denkt man, an was man denken soll, nämlich an heftige oder außergewöhnliche Regenfälle in einer kleinen Region und an die Herkunft des Regens von anderen Teilen unserer Erde, wo außergewöhnlicher Sonnenschein außergewöhnliche Verdunstungen bewirkt hatte.

Kanada – dort hat die Sonne nicht geschienen. Wasser stürzte in Kanada vom Himmel und gefror. Bäume und Telegraphenleitungen waren mit Eis schwer beladen – Kraftwerke wurden überflutet, und Städte lagen im Dunkeln – Bäume, schwer von Eis, sind umgestürzt. Kalifornien war durchnäßt. Sturzbäche kamen in Washington und Oregon herunter. Noch nie dagewesene Schneefälle in Texas, New Mexico und Oklahoma – Alabama überflutet – Überschwemmungen in Florida.

»Ohio und vier Nachbarstaaten.«

Wolkenbrüche in Frankreich und anderen europäischen Ländern.

Spanien – es scheint, als hätte es dort eines Abends eine miese Theatervorstellung gegeben. So große Hagelkörner sind gefallen, daß ein Zug aufgehalten wurde – ein riesiger Mime in schwarzem Mantel baut sich über dem Schornstein der Lokomotive auf – Waggonfenster als Rampenlicht – und Mißfallen wurde mit Hagelkörnern, groß wie Taubeneier, ausgedrückt. Wie auch immer, in der Nähe von Valencia ist der Hagel drei Fuß hoch gefallen und hat Züge aufgehalten. Wo war nur all der Sonnenschein?

Südafrika – bewegte Bilder von der schlechten Qualität der inzwischen altmodischen »Cliff Hanger«. Wasser fiel in Colesburg, Murraysburg und Prieska vom Himmel. Die Menge, die an jedem dieser Orte herunterkam, entsprach einem Zehntel der jährlichen Regenmenge von ganz Südafrika.

Schnee fiel zwei Monate vor der Zeit in den Anden - Überschwemmungen in Paraguay, und die Menschen rannten in Panik davon - Schiffe der Regierung brachten den vertriebenen, hungernden Menschen Vorräte - der Uruguay-Fluß stieg rasch. Schwere Regenfälle auf den Fidschi-Inseln.
Die Regenfälle, die im März in Tasmanien herunterkamen, waren um 26 Prozent ergiebiger als normal.
Am ersten Tag der Überschwemmungen in »Ohio und vier Nachbarstaaten« (22. März) begann eine Serie heftiger Gewitter in Australien. In New South Wales gab es einen gewaltigen »Regen-Blizzard«. In Queensland wurde die Postauslieferung durch Überschwemmungen verzögert.
Neuseeland.
Wellington Evening Post, 31. März - »Die größte Katastrophe in der Geschichte der Kolonie!«
Wo träge Flüsse geflossen waren, tanzten unzählige Schafe in wolligem Tumult auf den Wogen. Vielleicht gibt es ein mächtiges, altes Wesen namens Gott, und vielleicht waren die Reihen tanzender Schafe ein Stück seines Schnurrbarts, der wütend gezuckt hat. In den Städten waren wilde Szenen zu beobachten. Wo die Fluten vorher auch gewesen sein mögen - es scheint, als wären sie aufs College gegangen. Eine von ihnen tobte durch die Straßen von Gore, nachdem sie ein paar Schaufensterscheiben zerbrochen hatte. Sie trieb Schindluder mit den Leichen von Tieren, wickelte sich in Spitzenvorhänge, Samt und Seide. Den Matura River auf und ab waren »gräßliche Schreie« zu hören. Es war eine Woge ertrinkender Rinder. Es war ein Fiebertraum, in dem unsichtbare Collegestudenten Fanfaren bliesen.
»Ohio und vier Nachbarstaaten.«
Paraguay gestrichen, Neuseeland gekürzt, Südafrika herausgeschnitten und alles andere zurechtgestutzt, was nicht zur Theorie passen wollte. Wer gesagt hat, daß die Feder die mächtigste aller Waffen sei, hat eine noch mächtigere übersehen: die Schere.
Woher all dieses Wasser auch gekommen ist, der vollständige Bericht muß Nordamerika und vier Nachbarkontinente nennen.

Pfirsiche sind in Neuseeland vom Wind aus Obstgärten gefegt worden – Eiszapfen sind über die Straßen von Montreal geklappert. Die tropfnassen Palmen Paraguays – und die Kiefern in Oregon, die in Schneewehen untergingen. Nachts war unsere Erde ein schwarzes Loch, aus dem panische Schreie schallten. Wenn ich an den Ursprung des Ozeans denke, der auf die Erde gestürzt ist, dann kann ich an nichts Kleineres als an Sternbilder denken. Vielleicht ist der Orion oder der Stier trocken gefallen.

Wenn ein Ort, sagen wir in China, dringend Wasser braucht, und wenn an einem anderen Ort Wasser gespeichert ist, dann kann ich mir vorstellen, daß innerhalb eines alles umfassenden Organismus ein Ausgleich stattfindet, genau wie es die Wechselwirkung von Bedürfnis und Reaktion ja auch in jedem kleineren Organismus oder Suborganismus gibt.

Ein Kamel hat Bedürfnisse – und einen Speicher – und findet Linderung.

Ein Bär überwintert – und hat sich einen Vorrat angefressen.

Auf der Sitzung der Royal Geographical Society am 11. Dezember 1922 berichtete Sir Francis Younghusband von einer Dürre im August 1906 im Westen Chinas. Der Statthalter von Chungking betete um Regen. Er betete inbrünstiger. Er betete nachdrücklich um Regen. Es regnete. Dann fiel etwas, das man als »Wasserhose« bezeichnet, vom Himmel. Viele Einwohner sind ertrunken.

In organischem Sinne stelle ich mir Menschen und Wälder und austrocknende Seen vor, die allesamt ein Bedürfnis zum Ausdruck bringen und schließlich eine Reaktion erzwingen. Mit »Gebeten« meine ich Äußerungen von trockenen Mündern und rissigen Lippen, aber auch das Rascheln ausgetrockneter Blätter und Gräser. Es scheint, als hätte es Reaktionen gegeben. Es gibt dafür zwei Erklärungen. Eine lautet, daß es die Gnade Gottes gewesen sei. Wenn Sie sich dazu eine Meinung bilden wollen, dann betrachten Sie die Daten. Die andere Erklärung lautet, daß es einen Organismus gibt, der sich selbst am Leben hält.

Die britische Regierung hat mittels glänzender Ingenieurleistungen die Wasserversorgung Ägyptens gesichert. Vielleicht wäre es besser gewesen, überzeugende Bäume und Priester nach Ägypten zu versetzen.
Aber Priester sind bekanntermaßen recht wortgewandt, und ich glaube, man sollte dabei den weniger leidenschaftlichen Tipgebern Gottes den Vorzug geben, die ihren Herrn zur Mäßigung anhalten können.
Pro Jahr fallen in Norfolk in England für gewöhnlich 29 Zoll Regen auf den Quadratmeter. In *Symons' Meteorological Magazine*, 1889, S. 101, hat Mr. Symons über die Regenfälle in Höhe von 29 Zoll pro Jahr geschrieben und dann von Niederschlägen in Höhe von 20 bis 24 Zoll erzählt, die allein vom 25. bis zum 28. Mai 1889 in New South Wales gefallen seien – und von einer noch größeren Sintflut – 34 Zoll –, die am 29. und 30. Mai Hongkong verwüstet habe. Mr. Symons lenkt unsere Aufmerksamkeit auf diese beiden, Tausende von Meilen voneinander entfernten Wolkenbrüche und sagt, es könnte sich hier um einen Zufall handeln, vielleicht aber auch nicht; er wolle es jedoch anderen überlassen, Schlüsse zu ziehen. Ich möchte betonen, daß ein Berufsmeteorologe zwei Überschwemmungen, die zur gleichen Zeit, aber weit voneinander entfernt, geschehen sind, in Begriffen der irdischen Meteorologie für bemerkenswert oder schwer erklärbar hält.
Es blieb lange Zeit anderen überlassen.
Aber als die Zeit für meinen Auftritt gekommen war, trat ich auf, und vielleicht sogar im richtigen Augenblick, und ich bekam australische Zeitungen in die Finger. Die Zeitungen von Sydney haben über den Guß in New South Wales berichtet. Ich habe herausgefunden, daß der Rest Australiens anderen überlassen blieb – oder vielleicht auch gewartet hat, bis ich im richtigen Augenblick erschienen bin. Kein Regen, sondern veritable Wassersäulen fielen in der Nähe der Stadt Avoca im Territorium Victoria vom Himmel. Im *Melbourne Argus* wird darüber gesagt, ein »Wolkenbruch« sei niedergegangen. In Tasmanien gab es große Überschwemmungen. Felder haben

sich in öde Flächen verwandelt, die mit toten Kaninchen übersät waren.
Es hatte eine Dürre in Australien gegeben, und die Überschwemmungen kamen als Reaktion auf eine Notwendigkeit, aber die noch stärkeren Niederschläge in China wecken unser Interesse an den Bedingungen in China.
In China hatte eine schlimme Dürre und eine schlimme Hungersnot geherrscht. *Homeward Mail*, 4. Juni – daß in manchen Gegenden, wo der Kannibalismus noch nicht ausgerottet war, nicht selten Frauen und Kinder verkauft worden seien. Es heißt, es sei Menschen fast unmöglich, das eigene Kind zu verspeisen. Die Eltern hätten deshalb ihre Kinder ausgetauscht.
Aufgrund eines gewaltigen Bedürfnisses ist eine gewaltige Erlösung gekommen. In Hongkong sind unter dem lindernden Ansturm Häuser zusammengebrochen. Ein Sturm der Gnade riß fast alle Straßen der Kronkolonie auf. Die Menschen haben um Regen gebetet. Sie haben ihn bekommen. Die Gottheit hat Hongkong so geliebt, daß sie sechzehn Einwohner in die Leichenhalle brachte.
In Kanton haben alle frommen Menschen an die Kraft des Gebets geglaubt, und ich denke, sie hatten recht damit; das Problem besteht allerdings darin, die Wirksamkeit aufs rechte Maß zu beschränken. Wenn wir das, was ich als Organismus bezeichne, als Person ansehen wollen, dann scheint mir, daß ihm, oder besser ihr, jeder Begriff von Mäßigung abgeht. Das Steigen des Flußpegels in Kanton wies darauf hin, daß im Landesinneren eine katastrophale Wirksamkeit gewütet hatte. In Kanton war die Wirksamkeit so extrem, daß die Menschen noch Monate später mit dem Wiederaufbau beschäftigt waren.
Zeigen Sie mir irgendeinen hungernden Menschen – ich achte nicht auf ihn. Zeigen Sie mir einen halb verhungerten Menschen – es kümmert mich nicht. Zeigen Sie mir einen verhungernden Menschen, der im Sterben liegt – und ich schnappe mir Lebensmittel und springe ihm bei. Ich stopfe ihm Brot in den Mund und Kartoffeln in Augen und Ohren. Ich reiße ihm die Lippen auf, um immer mehr Essen hineinzupressen, und

schlage ihm die Zähne aus, um ihn besser vollstopfen zu können. Die Erklärung – es ist das Gottähnliche in mir.
In der Bibliothek ließ ich mir Zeitungen aus der ganzen Welt geben. Keinen einzigen Hinweis fand ich, daß etwas hinter all dem steckt – nichts in wissenschaftlichen Publikationen jener Zeit – kein weiteres Wort von Mr. Symons – aber es gibt ein Gerät, das noch mächtiger ist als die Feder – und wir werden aufgrund unserer früheren Erfahrungen zu einer unserer vermutlich bestehenden Korrelationen geführt.
Deutschland – eine so schlimme Dürre, daß man öffentlich um Regen gebetet hat. Etwas, das man als »Wolkenbruch« bezeichnet hat, fiel vom Himmel, und die Menschen, die nicht alle Einzelheiten kannten, gingen deshalb in die Kirche. *Liverpool Echo*, 20. Mai – einhundert Menschen haben den Tod gefunden.
Zur gleichen Zeit gab es öffentliche Lobpreisungen in Smyrna, wo sich eine andere lindernde Tragödie abgespielt hat.
Eine Dürre in Rußland. *Straits Times*, 6. Juni – die Dürre in Bengalen und auf Java fand durch Regengüsse ein Ende. In Kaschmir und im Punjab sind heftige Gewitter und Erdbeben gleichzeitig aufgetreten (*Calcutta Statesman*, 1. und 3. Juni). In der Türkei hat es eine schreckliche Wassernot gegeben, aber am 1. Juni stellten unter Wehklagen und Danksagungen zerstörerische Erlösungen ihre Wirksamkeit unter Beweis. Eine Woche lang haben sie dort Freude und Elend zugleich verbreitet. *Levant Herald*, 4. Juni – Überschwemmungen gingen Erdbeben voraus und rissen auch während der Überflutungen nicht ab.
In der konventionellen Meteorologie sieht man den Zusammenhang zwischen Dürren und außergewöhnlichen Regenfällen als unzulässig an. Unsere Daten betreffen ausgedehnte Dürrezeiten und gewaltige Wassergüsse. Zu beiden Seiten erhaschen wir Blicke auf rasch vorbeifliegende Bilder. Auf der einen Seite steht der mildtätige Gott. Auf der anderen Seite – ist überhaupt nichts. Wer schon einmal solche Kontroversen über längere Zeit verfolgt hat, weiß, daß solche Gegensätze meist in einem

Zwischenzustand aufgelöst werden. Mai 1889 – auf der Erde herrschte große Bedürftigkeit – von irgendwo kamen große Wassermassen. In organischen Begriffen spreche ich über das, was mir wie funktionelle Teleportation vorkommt, oder wie eine gewaltige Manifestation dessen, was sich manchmal, sagen wir in Oklahoma, als leises Tröpfeln über einem Baum äußert.
Vulkanausbrüche haben sich auf unserer Erde gleichzeitig mit Überschwemmungen ereignet – und vielleicht hat es im Mai 1889 im Land zwischen den Sternen einen Ausbruch gegeben. Am 31. Mai 1889 hat man in Frankreich einen jener seltsamen, grausigen Sonnenuntergänge registriert, die als »Nachglühen« bezeichnet werden und die häufig nach Vulkanausbrüchen beobachtet werden. Es hat auf der Erde keinen Vulkanausbruch gegeben, dessen Auswurf in den Himmel über Frankreich hätte gelangen können. Allem Anschein nach hat er aber nicht Millionen von Meilen zurücklegen müssen, um unsere Erde zu erreichen.
Andere Auswürfe vielleicht dagegen schon – roter Regen ist in Cardiff niedergegangen (*Cardiff Western Mail*, 26. Mai). Roter Staub ist auf der Insel Hyères vor der französischen Mittelmeerküste heruntergekommen – siehe *Levant Herald*, 29. Mai. *St. Louis Globe-Democrat*, 30. Mai – eine unbekannte Substanz kam mehrere Stunden lang vom Himmel herunter – kristalline Teilchen, manche rosafarben und manche weiß. *Quebec Daily Mercury*, 25. Mai – ein feiner Staub, der aussah wie ein Schneesturm, ist in Dakota niedergegangen.
Ausufernde Festlichkeiten in Griechenland – ein Land, das mit Morden überzogen worden war. Die Flüsse waren Girlanden – riesige Weinranken, besprenkelt mit den Leichen von Kühen.
Die malaiischen Staaten haben sich verschluckt. Die Bergwerke von Kamunting wurden Sauglöcher, in die sich Ströme ergossen (*Penang Gazette*, 24. Mai). Die Bahamas waren durstig – eine Dürrezeit, ein Ernteausfall – und dann kam es in großen Schüben vom Himmel herunter. Andere westindische Inseln gaben sich gewaltigen Trinkgelagen hin – ich werde noch als

Antialkoholiker enden. Orgien in Griechenland und mehr oder weniger überall – die Erde hat sich am Wasser berauscht. Ich habe experimentiert – versuchen Sie es auch mal mit Autosuggestion – Sie können sich an jedem Wasserhahn einen leichten Schwips ansaufen, wenn Sie wollen. Tanger – »großes Leid aufgrund der Dürre« – Regen im Überfluß am 1. Juni. Eine Dürre in Britisch-Honduras, schwere Regenfälle am 1. und 2. Juni. Gewaltige Niederschläge werden in der Zeitung erwähnt, die auf der Insel St. Helena erscheint. Ein Erdbeben in Jackson in Kalifornien – am nächsten Tag hat ein Wasserguß aus heiterem Himmel einen Damm zerstört.
Ich mache einen Zug durch die Gemeinde – lese wie im Rausch – Bibliothekare bringen mir auf Karren stapelweise alle Zeitungen der Welt. Zypern – ein Guß kam vom Himmel, und der Fluß Pedias erhob sich begeistert, daß die Leute in Nikosia kaum entkommen konnten. Überschwemmungen in Ceylon. 4. Juni – eine wochenlange Dürre wurde in Kuba durch Regenfälle beendet. Eine Dürre in Mexiko – aus heiterem Himmel kam ein wahrer Massenmörder von Wolkenbruch. Plantagen zerfetzt und Städte verstümmelt – der Fluß in Huezutla war über die Ufer getreten – als er zurückging, waren die Straßen mit Leichen übersät.
In England brachte unterdessen Mr. Symons sein Erstaunen zum Ausdruck, weil es zwei Überschwemmungen gegeben hatte.
Überschwemmungen und Niederschläge von Eisklumpen in ganz England. Frankreich unter Wasser. Wasser fällt in Lausanne vom Himmel und strömt fünf Fuß hoch durch die Straßen. Das war kein Regen. Das waren Wassersäulen, die als kompakte Massen niedergingen. Am meisten überraschen die Aussagen, daß ganze Wasserkörper heruntergekommen seien. Einer wurde beobachtet. Oder eine Art riesige, dunstige Kuh trieb über eine Stadt hinweg, und die Menschen blickten zu ihrem Wassereuter hinauf. Etwas, das als »großer Wasserkörper« beschrieben wurde, konnte in Coburg, Ontario, beobachtet werden. Es überquerte die Stadt und behielt seine

euterähnliche Form bei. Zwei Meilen weiter fiel es herunter. Es ließ die Flüsse anschwellen, die zwischen Coburg und dem Ontariosee alle Dämme hinwegspülten. Im *Toronto Globe*, 3. Juni, wird dieser fallende Wasserkörper als »Wasserhose« bezeichnet. Ein ähnlicher Klotz kam in der Schweiz herunter – Feldfrüchte und Häuser und Brücken wurden in einem Tal bei Sargans durcheinandergeworfen. Im sächsischen Reichenbach kam ebenfalls ein Wasserkörper herunter. »Es war eine Wasserhose« (die Londoner *Times*, 6. Juni).

Dieses Mal ist der Fischhändler eine Wasserhose.

Spanien erbebte unter niederstürzendem Wasser. Madrid überschwemmt, viele Gebäude bei heftigem Hagelsturm beschädigt. Sintflutartige Niederschläge in China gehen weiter. Überschwemmungen in Australien gehen weiter. Land unter in Argentinien: die Einwohner von Ayacuchio aus den Häusern vertrieben, plötzliches Anschwellen eines Flusses in Buenos Aires. Im *South American Journal* dieser Zeit sind Berichte über gewaltige Niederschläge und Verwüstungen in Brasilien und Uruguay nachzulesen.

Einer dieser Wasserkörper, die kein gewöhnlicher Regen waren, kam in Chetnole in der englischen Grafschaft Dorsetshire herunter. Die Leute hörten es krachen, blickten zu einem Hügel hinauf und sahen Wellenkämme. Ein acht bis zehn Fuß hoher Wassersaum türmte sich dort droben auf. Das Dorf wurde von der Brandung überflutet. »Die Ursache dieses bemerkenswerten Vorfalls blieb eine Weile im ungewissen, aber inzwischen konnte eindeutig festgestellt werden, daß ein Wolkenbruch auf dem Batcombe Hill niedergegangen ist.« Dies hat Mr. Symons geschrieben, der sich der Vorgänge in seiner Umwelt etwa so bewußt war wie eine Schere.

Es stand nicht fest, daß ein Wolkenbruch auf dem Batcombe Hill niedergegangen ist. Man hat keine Wasserhose gesehen. Was man sehen konnte, war, daß Wassersäulen von einem unbekannten Ursprung hoch droben auf dem Hügel niedergegangen sind. Die Säulen haben acht oder neun Fuß tiefe Löcher in die Erde geschlagen. Mr. Symons hat uns zwar die

Wolkenbruch-Erklärung angeboten, aber er dachte immerhin noch daran anzumerken, es gäbe keinen Hinweis dafür, daß es sich um Salzwasser gehandelt habe –

Diese Wasserkörper und ihre Säulen – daß es Wolkenbrüche gewesen sind –

Oder daß sich die Mordlust zum Leben gelegt hat, worauf mörderische Muttertiere ihre Euter schleuderten, aus denen die Erde durch Zitzen trank, die wie Wasserfälle waren.

Woher die Sturzbäche auch gekommen sind, ich stelle fest, daß – ähnlich wie bei den Phänomenen vom März 1913 – ein für die Jahreszeit ungewöhnlicher Schneefall registriert wurde. Um den 1. Juni fiel Schnee in Michigan. Es steht zu vermuten, daß es keine Kristallisation am sommerlichen Himmel von Michigan gegeben hat, sondern daß dies die Folge einer großen Kälte in höheren Luftschichten war, in welche das Wasser aus den Reservoiren eines Planeten oder aus einem Speicher im Sternenland gelangt ist. Ich erinnere hier an die Niederschläge von Eisklumpen in England.

Woher die Sintfluten auch gekommen sein mögen, es sind auch Meteore niedergegangen. Wenn wir uns vorstellen können, daß Niederschläge von Wasser und abstürzende Meteore in Zusammenhang stehen, dann finden wir darin eine Bestätigung unserer Ansicht, daß das Wasser von irgendeinem anderen Ort auf die dürstende Erde gekommen ist. Fünf bemerkenswerte Meteore werden in der *Monthly Weather Review* erwähnt.

In der *New York Sun*, 30. Mai, steht ein Bericht über einen Meteor, der am Himmel über dem Putnam County in Florida explodiert sei. Man konnte den Knall noch in einem Umkreis von 15 Meilen hören. Im indischen Madras, wo eine »sehr schwere Dürre« herrschte, wurde am Abend des 4. Juni ein außergewöhnlicher Meteor beobachtet (*Madras Mail*, 26. Juni). In Südafrika, wo die Dürre so extrem war, daß es eine Büffelherde zu einem Teich gezogen hatte, der nur fünf Meilen außerhalb der Stadt Uitenhage lag, explodierte ein Meteor mit einem Knall, der noch in 40 Meilen Entfernung zu hören war (*Cape Argus*, 28. Mai).

22. Mai – im italienischen Otranto explodiert ein großer Meteor. Der Meteor, der am 29. Mai in England und Irland beobachtet wurde, wird in *Nature*, 40-174, erwähnt. Angaben zu drei weiteren großen Meteoren finden Sie in *Nature* und *Cosmos*. Im neuseeländischen Dunedin hat man am frühen Morgen des 27. Mai (*Otago Witness*, 6. Juni) etwas Spektakuläres beobachtet. Grollende Geräusche – eine Erschütterung – der Himmel flammte auf – ein Meteor explodiert.

In manchen Teilen der Vereinigten Staaten herrschte eine extreme Wassernot. In der *New Orleans Daily Picayune* sind Berichte über die »schlechten Aussichten für die Ernte« in sechs Südstaaten abgedruckt. Ungefähr zwanzig Berichte über diese Dürre wurden in der *Monthly Weather Review* veröffentlicht.

Eine gewalttätige Gnade stürzt heran – überschwemmt den Süden und zerschmettert den Norden – in Littleton, New Hampshire, bricht ein Staudamm – in Laurel, Pennsylvania, birst ein weiterer Damm –

Mai 1889 – Wissenschaft und Religion –

Ich bin der Ansicht, daß die beiden herausragenden Segnungen oder Geschenke oder »göttlichen Gaben« an die Menschheit die Wissenschaft und die Religion sind. Ich folgere dies – weil ich denke, daß die Annalen der beiden so voller Gemetzel, Täuschung, Ausbeutung und Heuchelei sind, daß sie etwas ungeheuer Gutes sein müssen, wenn sie dies entsetzliche Böse aufwiegen können –

Oder die Vernarrtheit der Medizin in den Blinddarm. Er hat inzwischen ausgedient. Wer das Geld hat, kann es sich heute leisten, sich die Mandeln herausnehmen zu lassen. Zeitungsschlagzeilen – »achtköpfige Familie an den Mandeln operiert« – »Retten Sie Ihre Haustiere – Hunde und Katzen durch ihre eigenen Mandeln in Gefahr.«

Konzentrieren wir diese blutige Modeerscheinung oder diese wissenschaftliche »Masche« auf einen einzigen Ort, und es gibt einen Tumult wie den in Andover im Staat New York im Mai 1889 –

Aus einem Wasserklumpen, vor Schaum so weiß wie ein Chirurg, fuhr ein Blitz nach Andover hinein. Er operierte auf Farmen und schnitt die Bewohner von der Außenwelt ab. Ausgebildete Wolken standen dabei und drückten ihm blitzende Instrumente in die Hand. Ein Damm brach, und eine Stadt wand sich auf dem Operationstisch. Ein weiterer Damm brach - aber die Operation verlief erfolgreich, und wenn dabei viel zerstört wurde, dann lag das an gewissen Komplikationen und hatte andere Gründe.

31. Mai - Johnston, Pennsylvania -

Weil ich mir ein Massaker ohne Anbetung nicht vorstellen kann, glaube ich, daß ein See in religiöser Besessenheit durchgedreht ist. Er ist ein Tal hinunter gestürmt und hat, wenn ich mich recht erinnere, auf seinem Wellenkamm das entsetzlichste aller Symbole getragen - einen Schiffsmasten, der von einem Telegraphenmasten überkreuzt wurde. In einem Pogrom wandte er sich gegen die Häuser und prügelte die Einwohner mit Brücken hinaus. Er spießte Häuser auf Kirchtürme auf. Seine wäßrigen Kosacken haben, hoch auf Wellenkämmen reitend, Fabriken verdroschen. Und an den Hängen des Conemaugh Valley hat er Rosenkränze mit aufgereihten Leichen gebetet.

Dürreperioden auf der ganzen Erde - Gebete an viele Götter - etwas ließ sich herab und schickte Katastrophen -

Daß von irgendwo anders in der Existenz große Mengen Wasser auf die trockene Erde geschickt oder organisch teleportiert wurden -

Oder daß sich, zufällig und unbemerkt, Wassersäule auf Wassersäule aus dem Atlantik und aus dem Pazifik erhoben hat, aus dem Indischen Ozean und aus der Südsee und dem Mittelmeer, aus dem Golf von Mexiko und dem Ärmelkanal und aus dem Ontariosee - oder, daß eine solche Erweiterung der Fischhändlerei ein brutales Überstrapazieren der Bequemlichkeit wäre -

Oder, daß von irgendwo in einer sternenbesetzten Schale, die nicht unglaublich weit von der Erde entfernt ist, mehr als ein

Mississippi auf die bedürftige Erde geströmt ist und seine wohltätigen Katastrophen von Australien bis Kanada verteilt hat. 15000 Menschen sind in Johnstown ertrunken. *Chicago Tribune*, 10. Juni 1889 – »Die Einwohner von Johnstown haben allen Glauben an die Vorsehung verloren. Viele haben nach der Katastrophe ihre Bibeln fortgeworfen oder öffentlich verbrannt.«

Mit Vorsehung meine ich das, was das Organische vorsieht.

Mit Gott meine ich einen automatischen Jehova.

DRITTER TEIL

KAPITEL 24

Ausstoßungen von Armen – blubbernde Gesichter in Spalten – Feuer und Rauch und ein Lavastrom nackter Geschöpfe. Aus einem Krater sind Auswürfe nackter Körper zu phantastischen Formationen heraufgekocht –

Fünf Uhr morgens am 28. Dezember 1908 auf Sizilien – heftige Erdstöße auf der ganzen Insel. Die Stadt Messina wurde in Trümmer gelegt, und die Trümmer fingen Feuer. Es ist in Sizilien üblich, unbekleidet zu schlafen, und so kam aus diesem Krater voller lodernder Trümmer eine Eruption nackter Körper. In hellen Scharen stürzten sie in den Dunst hinaus.

In Messina hat die Erde gebebt, und der Regen fiel wie eine Sintflut. Nach *Nature*, 31. Dezember 1908, war wenige Tage vor dem Beben aus Spanien ein Meteoritenschauer gemeldet worden. Den Weisen unserer mehr oder weniger wilden Stämme zufolge kamen die Wasserfluten in Messina nur zufällig während des Erdbebens herunter. Kein Weiser hat den Fall der Meteoriten erwähnt und eine Verbindung hergestellt.

Es gab damals weltweite Störungen oder vielmehr Störungen in einer bestimmten Zone auf unserer Erde – Kleinasien, Griechenland, Sizilien, Spanien, Kanarische Inseln, Mexiko. Aber alle Weisen, die über dieses Thema schrieben, schnitten alles andere weg und schrieben nur, daß es in Sizilien eine Bodensenkung gegeben hätte. Es ist die übliche alte, örtlich beschränkte Erklärung. Wissenschaftler und Priester mögen sich in mancher Hinsicht unähnlich sein, aber in ihrer Engstirnigkeit sind sie einander ähnlich.

3. Dezember 1887 – aus einer Ebene voller Trümmer erhob sich ein Obelisk des Wehklagens in den Himmel.

Dies geschah in Roggiano in Italien. 900 Häuser wurden von

einem Erdbeben zerstört. Das Jammern, das sich aus den Ruinen erhob, hielt lange an, bevor einzelne Schreie zu unterscheiden waren. Dann zersprang die Säule des Wehklagens in einzelne Schreie und Gebete.

Die Überlebenden berichten, sie hätten Feuer am Himmel gesehen. In *Cosmos*, 69-422, erfahren wir, daß Professor Agamennone den Berichten über himmlische Flammen nachgegangen sei. Aber sie warfen nur ein neues Licht auf alte Erklärungen. Ein entflammter Himmel konnte nichts mit einer örtlich begrenzten, geologischen Störung zu tun haben. Die orthodoxe Erklärung lautete, daß eine Gesteinsschicht sich verlagert habe.

Was könnte die Verlagerung einer Gesteinsschicht mit Feuer am Himmel zu tun haben? Wir erfahren, daß der Professor alle angeblichen Zeugen des himmlischen Brandes bis auf einen einzigen, der »mit wenig Ernsthaftigkeit« berichtet hätte, unberücksichtigt gelassen hat. Wie dem Zeugen trotz Zerstörung und Tod seine Erfindungsgabe erhalten blieb, wurde nicht erforscht, aber die Geschichte konnte als Scherz abgetan werden, der um so subtiler scheint, weil der Spaß nicht auf den ersten Blick ersichtlich ist.

Um 6.00 Uhr am 23. Februar 1887 haben die konventionellen Überzeugungen in der Nähe von Genua einen Dammbruch erlitten. Es gab eine Flutwelle von menschlichen Wesen. Ein Erdbeben schleuderte Tausende Menschen auf die Straßen. Der Himmel brannte lichterloh. Die Menschen strömten aus der Stadt. Es war eine hell beleuchtete Flucht. Wenn während eines Waldbrandes einmal ein Damm brechen sollte, dann würden die rotglühend auf den Wogen tanzenden Stämme ein ähnliches Bild abgeben wie dieser Strom von Menschen unter einem brennenden Himmel.

Auch an anderen Orten an der Riviera wurde ein schweres Erdbeben registriert. An anderen Orten hat man eine Schilderung zu hören bekommen, die in der orthodoxen Wissenschaft nicht zugelassen ist – daß der Himmel gebrannt habe. Siehe *Popular Science News*, 21-58. Man wird dies nicht zulassen, oder man wird es als Zufall abtun. Siehe *L'Astronomie*, 1887, S. 137 – daß in Apt (Vaucluse) eine feurige Erscheinung beobachtet worden sei, und daß ein gewaltiges Licht wie ein bengalisches Feuer aufgeflammt sei – »ohne Zweifel ein Zufall«.

Der 16. August 1906 – plötzlich verloren die Menschen, die an der Straße nach Valparaiso lebten, die Stadt aus den Augen. Eine »schreckliche Dunkelheit« hatte sich herabgesenkt. Gleichzeitig gab es ein Erdbeben. Der Boden, der sich auftat und das Donnern der einstürzenden Häuser – schwärzeste Dunkelheit – und dann eine Stimme, die das Chaos übertönte. Es war ein Schrei. Die Menschen an der Straße hörten ihn näherkommen.

Es wurde Licht über Chile. Unter loderndem Himmel stürzten die Einwohner von Valparaiso aus ihrer zerfallenden Stadt – Menschen so rot wie Flammen unter einem brennenden Himmel: schreiend und fallend und über die Leichen der Gefallenen springend – ein Ausbruch lodernder Gestalten, die sprangen und verzehrt wurden. Die rote Flut in Valparaiso – steigende, fallende Körper – kurz aufflackernde Gesichter und vorbeischwingende Arme – es war, als blickte man in ein großes Feuer und stellte sich vor, daß einzelne Flammen darin Lebewesen wären.

In *Nature*, 90-550, heißt es, der Seismologe Graf de Ballore hätte 136 Berichte über die Leuchterscheinungen am Himmel über Valparaiso untersucht. Auf einen Schlag hat er 98 von ihnen mit der Bemerkung erledigt, sie seien zu unbestimmt. Die verbliebenen 38 Berichte, die mehr oder weniger eindeutig waren, kamen, wie er sagte, aus einem Gebiet, wo zur gleichen Zeit ein Wolkenbruch im Gange war. So konnte er auch diese Berichte wegschneiden. Erstaunlicherweise gab es Einwände: Ein Autor brachte in *Scientific American*, 107-67, vor, daß de Ballore das Thema kurzerhand erledigt hatte, ohne zu untersuchen, ob Erdbeben und Sturzregen womöglich in Verbindung standen.

Hätte er die Möglichkeit einer Verbindung eingeräumt, dann wäre Dogma auf Dogma erschüttert worden, und auf dem

Antlitz dieser Erde hätte die Unwissenheit ein wenig abgenommen.
»Die Lichter, die am Himmel gesehen wurden«, erklärt de Ballore, »waren höchstwahrscheinlich Suchscheinwerfer von Kriegsschiffen.«
»Der ganze Himmel schien zu brennen« heißt es in *Scientific American*, 106-464. In *Symons' Meteorological Magazine*, 41-226, erklärt William Gaw aus Santiago in seiner Schilderung des brennenden Himmels, es hätte den Anschein gehabt, als seien die üblichen Gesetze der Physik außer Kraft gesetzt gewesen.
»Oder«, schreibt de Ballore, »die Leute haben die Lichter von Straßenbahnen gesehen.«
Es spielt keine Rolle, wie anmaßend manche meiner Ansichten scheinen mögen. Ihre Übereinstimmung mit den Ereignissen auf unserer Erde kann nicht geringer sein als die Glaubwürdigkeit der Behauptung, ein lichterloh brennender Himmel sei mit Suchscheinwerfern oder den Lampen von Straßenbahnen verwechselt worden. Falls ich einmal schreiben sollte, daß die Sterne wahrscheinlich nur zwischen vierzig und fünfzig Meilen entfernt sind, dann hätte ich die Umstände nicht stärker zurechtgestutzt als ein Barbier, der behauptet, seine Schnitte seien wissenschaftlich gesetzt. Vielleicht sind sie wirklich wissenschaftlich. Barbiere sind im allgemeinen eher Künstler, aber manche bezeichnen sich als Wissenschaftler.
Am 11. Juli 1856 ging die Sonne rot über dem Kaukasus auf. Siehe die Londoner *Lloyd's Weekly News*, 21. September 1856. Um 17.00 Uhr hat es an den Orten, wo die Sonne immer noch rot schien, ein Erdbeben gegeben, das 300 Häuser zerstört hat. Am 23. Juli gab es ein weiteres Beben. Zwei Tage später fiel in Irland schwarzer Regen vom Himmel (*News of the World*, 10. August 1856).
Was hat irgendein Teil davon mit irgendeinem anderen Teil davon zu tun? Wenn ein rothaariges Mädchen oder ein rotes Kleid auf einer Wäscheleine erwähnt worden wäre, dann hätte dies nach der orthodoxen Wissenschaft ebensowenig eine Beziehung

zu einem Erdbeben wie eine rote Sonne. Schwarzes Wasser fiel in Irland vom Himmel – jemand hat in Kansas Tinte verschüttet.
Der Mond hat sich grün gefärbt.
Zwei Beobachtungen des grün gefärbten Mondes an Orten, wo Erdbeben ausbrechen sollten, können Sie im *Englishman* (Kalkutta), 14. und 21. Juli 1897, nachschlagen. Eine der Beobachtungen wurde sechs Tage, die andere einen Tag vor dem Erdbeben in Assam am 12. Juni 1897 gemacht. Es war eine Zeit, in der es in Indien Dürren und Hungersnöte gab.
Der Seismologe kennt keine Beziehung zwischen einem grünen Mond oder einer roten Sonne und einem Erdbeben, aber der Vulkanologe kennt viele Fälle, in denen Mond und Sonne von Vulkanstaub und Rauch, der manchmal als »Trockennebel« bezeichnet wird, auf diese Weise verfärbt worden sind. Man ist der Meinung, daß solche Trockennebel, die von Vulkanausbrüchen herrührten, sechs Tage beziehungsweise einen Tag vor der Katastrophe in den Himmel über Indien gelangt sind.
Das Geheimnis ist nun:
Wenn es an irgendeinem anderen Ort Vulkanausbrüche gegeben hat, warum wurden solche vulkanischen Phänomene dann nicht auch in Italien, Patagonien oder Kalifornien beobachtet – warum ausgerechnet an dem Ort, an dem es ein Erdbeben geben sollte?
Zufall.
Am 11. Juni kamen im oberen Assam, wo am 12. das Zentrum des Erdbebens sein sollte, plötzlich Wassermassen vom Himmel. Ein Mitarbeiter des *Englishman* schreibt am 14. Juli, der Niederschlag sei weitaus heftiger gewesen als alles, was er bisher in Assam oder sonstwo gesehen habe.
Am 12. Juni um 17.15 Uhr gab es in Shillong etwas zu sehen, das für die unschuldigeren unter den Lehrbuchschreibern ein Wunder gewesen wäre. Ich erzähle viel über Schneiden und Stutzen und Scheren, aber es könnte auch sein, daß wir es mit einer bemerkenswerten Unschuld zu tun haben.
Kein Wölkchen war am Himmel zu sehen – aus heiterer blauer

Leere fiel ein See herunter. Dieser Sturz eines Wasserkörpers oder seine Beförderung oder seine Teleportation geschah zur Zeit eines schrecklichen Erdbebens, dessen Zentrum ein Stück weiter nördlich in Assam gelegen hat.

Das Erdbeben war eher ein unterirdischer Sturm. Hügel wurden zu Wellen, auf denen Häuser trieben und schiffbrüchig wurden. Menschen rannten aus den Dörfern auf die Äcker hinaus und schienen in langen Reihen mit ihrer weißen Sommerkleidung auf der Brandung der Erdwellen zu reiten. Aus den Brechern spritzten Kinder. Die Menschenwogen brachen sich an Viehinseln.

Nicht nur in der Meteorologie werden meteorologische Phänomene beobachtet. Die Zuckungen waren so heftig, daß sich die Szenerie verändert hat. Als die Menschen wieder zu sich kamen und sich umsahen, schien es ihnen, als sei die ganze Landschaft verändert, als sei zwischen den Akten des Dramas ein Vorhang gefallen und wieder aufgezogen worden. Sie sahen, daß die Felder, Seen und Straßen, die das Land vor dem Beben gestaltet hatten, nun verschwunden waren. Theatervorstellungen gibt es nicht nur in Theatern zu sehen. Wenn unsere Existenz eine organische ist, in der alle Dinge ineinander übergehen, dann ist nichts ausschließlich an nur einem ganz bestimmten Ort.

Es hat noch weitere Überschwemmungen gegeben, die nicht zu den konventionellen Erklärungen passen wollen. Der *Pioneer* (Allahabad), 23. Juni 1897 – eine schreckliche Dürre – das Erdbeben – gewaltige Niederschläge von Wasser.

Es gibt Daten, die uns annehmen lassen, daß irgendwo ein Vulkanausbruch stattgefunden hat. Eine weitere Information besagt, daß es in Kalkutta nach dem Erdbeben ein »Nachglühen« gegeben habe. Ein »Nachglühen« ist ein außergewöhnlicher Sonnenuntergang, manchmal in der Art eines Nordlichts, der durch Reflexionen des Sonnenlichts in Vulkanstaub hoch am Himmel entsteht und oft noch eine Stunde nach dem eigentlichen Sonnenuntergang sichtbar ist. *Friend of India*, 15. Juni – »Der ganze westliche Himmel hat in tiefem Purpur

geglüht, und die Farben sind erst eine Stunde nach der Zeit, zu der die Dunkelheit gewöhnlich eintrat, verblaßt.«
Außerdem fällt mir auf, daß die Erde an vielen Orten in Assam vulkanisch aktiv war. Unzählige kleine Krater sind aufgebrochen und haben Asche gespien.
Bedenke ich das Vulkanische und das beginnende Vulkanische, dann denke ich an eine Beziehung zwischen der Katastrophe in Assam und einem Vulkanausbruch an einem anderen Ort.
Aber ich kann keine Angaben zu einem Vulkanausbruch auf der Erde finden, dem ich die Effekte zuschreiben könnte, über die wir gesprochen haben.
Ich möchte noch einmal betonen, daß ein Vulkanausbruch in einem Teil unserer Existenz, außerhalb unserer Erde oder auf unserer Erde, ein »Nachglühen« mit ebenso großer Wahrscheinlichkeit in England wie in Südafrika oder in Indien hervorbringen könnte, solange man nicht an eine spezielle Beziehung denkt.
Wir nehmen an, daß es irgendwo außerhalb unserer Erde – soweit wir keine irdische Erklärung finden – einen Vulkanausbruch gegeben hat, und daß das Erdbeben in Indien eine Reaktion darauf war, und daß Wasserkörper und andere Entladungen von irgendwo ausschließlich auf dem ganz bestimmten Teil der Erde niedergegangen sind, der als Reaktion oder aus funktionellen Gründen gebebt hat, weil ein Teleportationsstrom von irgendeiner Art, höchstwahrscheinlich elektrischer Natur, zwischen den beiden Brennpunkten der Störung bestanden hat.
Am 25. Juni ist in der Nähe von Kalkutta Staub vom Himmel gefallen (*The Englishman*, 3. Juli). In der Ausgabe vom 14. Juli beschreibt ein Meteorologe, ein Angestellter des Observatoriums von Kalkutta, »einen höchst eigenartigen Dunst«, ähnlich dem Rauch eines Vulkans, der in den Regionen gesehen worden sei, die von den Erdbeben betroffen waren. Vermutlich hätte er es gern als »reinen Zufall« abgetan. Aber dann berichtet er, am 27. Juni sei in Thurgrain (Midnapur) Schlamm vom Himmel gefallen. Im Distrikt Jessore in Bengalen ist am

29. Juni ebenfalls Schlamm vom Himmel gefallen. »Er ist aus wolkenlosem Himmel, an dem die Sterne funkelten, heruntergekommen« (*Madras Mail*, 8. Juli).

Angenommen, es hat sich um »kosmischen Staub« gehandelt. Angenommen, wir folgen der konventionellen Ansicht, daß unsere Erde ein sich rasch bewegender Planet sei, der eine Wolke aus »kosmischem Staub« im Weltraum überholt hat. Binnen einer Minute hätte sich die Erde auf ihrer Umlaufbahn um mehr als tausend Meilen vom Eintrittspunkt in die Staubwolke entfernt und sich außerdem ein Stück weit um ihre Achse gedreht.

Aber in Indien ist mehrmals Staub heruntergekommen, während die Erschütterungen weitergegangen sind. So entstand der Eindruck, daß der Staub nach einem Ausbruch an irgendeinem anderen Ort auf unsere Welt gelangt ist, die sich nicht auf einer Umlaufbahn rasch davonbewegt und die sich nicht aufgrund der täglichen Rotation unter ihm weggedreht hat, so daß sich der Staub an einer bestimmten Stelle setzen und niederschlagen konnte.

Fünf Tage später, nach dem ersten Niederschlag von Staub, kam in Ghattal eine Substanz herunter, »die an Schlamm erinnerte« (*Friend of India*, 14. Juli). Beschreibungen eines solchen »Staubnebels«, wie er oft nach Ausbrüchen des Vesuv in Italien beobachtet worden ist, finden Sie in *Madras Mail*, 5. Juli, und in *Friend of India*, 14. Juli – »ein Dunst, der sich ringsum beharrlich am Horizont gehalten hat«, »der Himmel war mit dichten Staubschichten bedeckt, die an Nebelschwaden erinnerten«. Am 1. Juli kam in Hetamphore (Berbhoom) Schlamm herunter, wie *Friend of India* am 14. Juli meldet.

Ich führe diese Niederschläge von Staub und Schlamm an, messe ihnen aber nicht die gleiche Bedeutung wie den Phänomenen bei, die dem Erdbeben vorangegangen sind. Bisher habe ich keinen Bericht gefunden, aus dem hervorginge, daß die Niederschläge aus vulkanischem Material bestanden hätten. Aber es ist möglich, daß es andere gab, und daß diese aus einer Substanz bestanden haben, die auf unserer Erde unbekannt ist. In *Englishman* (Kalkutta) schreibt ein Korrespondent am 7. Juli, es habe mehrere Tage zuvor in Khurdah einen Schauer gegeben, und die Luft sei mit dem Duft von Sandelholz erfüllt gewesen. Am nächsten Morgen sei alles bedeckt gewesen mit »einer Substanz, die den Duft von Sandelholz verströmte«. Ungefähr zur gleichen Zeit - am 8. Juli - schrieb jemand anders in *Madras Mail*, in Nadia sei eine Substanz vom Himmel gefallen, die »mehr oder weniger dem Sandelholz ähnelte, welches die Einwohner bei der Anbetung ihrer Götter benutzen«.

Vor einem Erdbeben wird der Mond grün.

Sintflutartige Regenfälle gehen einem Erdbeben voraus.

Wir haben gerade erst begonnen, die Phänomene aufzulisten, die vor Katastrophen aufgetreten sind. Man kann sie als Warnungen interpretieren. Aber sie wurden von einer Bartscherer-Wissenschaft von den Ereignissen losgeschnitten.

Man hat die Phänomene in Assam untersucht. Die Untersuchung war wissenschaftlich, soweit das Haareschneiden wissenschaftlich sein kann. Dr. Oldham hat eine Katastrophe energisch auf handhabbare Dimensionen zurückgeschnitten. Er hat sie mit seinen Erklärungen eingeseift und alle unkonventionellen Einzelheiten abrasiert. Diese Art, zu Katastrophen »der Nächste, bitte!« zu sagen, ist für ordentliche kleine Geister ein schöner und befriedigender Anblick, ganz ähnlich den Dauerwellen, zu denen Astronomen zerzauste Begleitumstände frisiert haben. Eine Besprechung von Dr. Oldhams Bericht finden Sie in *Nature*, 62-305.

Dort wird nicht erwähnt, daß etwas am Himmel beobachtet worden oder daß irgend etwas vom Himmel gefallen sei oder daß es irgendwoanders bedeutsame Begleitumstände gegeben habe. Dr. Charles Davison hat diese Katastrophe in *A Study of Recent Earthquakes* auf 57 Seiten abgehandelt, aber auch er erwähnt nichts, das am Himmel gesehen wurde oder das vom Himmel gefallen sei. Er erwähnt auch keine Phänomene, die gleichzeitig an einem anderen Ort beobachtet worden sind. Es ist ein ordentlicher und sauber gestutzter Bericht, aber er hat

einen Geruch an sich, wie er nach dem Gebrauch von zuviel Rasierwasser entsteht.
Gleichzeitig auftretende Phänomene werden aus konventionellen Berichten über Erdbeben sauber herausgehalten – eine der heftigsten Erschütterungen, die je in Mexiko beobachtet worden ist, hat sich ereignet, als in Indien die Erde bebte. Am Himmel strahlte etwas, und die Mexikaner glaubten, das Strahlen sei vulkanischen Ursprungs. Allerdings war zu dieser Zeit in Mexiko kein Vulkan aktiv (*New Orleans Daily Picayune*, 22. Juni). Sintflutartige Regengüsse sind auf das erschütterte Land niedergegangen. Einer dieser Wasserfälle hat eine mexikanische Stadt getroffen und ein paar Einwohner ertränkt, wie wir aus dem *San Francisco Chronicle*, 17. Juni, erfahren.
Bei diesem Teil unserer Aufgabe bestehen unsere Schwierigkeiten nicht so sehr darin, daß Daten geleugnet würden, sondern vielmehr in der verbreiteten Überzeugung, daß die Ereignisse, zwischen denen wir Beziehungen erkennen, rein zufällig gleichzeitig beobachtet worden seien. Falls ich jemals eine solche Erklärung akzeptieren sollte, dann werde ich mich gezwungen sehen, sie auf alles andere auszuweiten. Wir werden die Theorie aufstellen, daß es in unserer Existenz nichts als Zufälle gibt, und dank meiner Erfahrungen mit Theoretikern werden wir diese Theorie ziemlich vernünftig vertreten können.
Chemische Reaktionen, die angeblich bekannt und erklärt sind, funktionieren nicht immer so, wie sie nach den Formeln funktionieren sollten. Fehlgeschlagene Experimente werden Unreinheiten in den Chemikalien zugeschrieben, aber vielleicht sind es nur beharrliche Zufälle, ähnlich den Leuchterscheinungen, die so oft im Laufe von Erdbeben auftreten, die dafür sorgen, daß Wasser erscheint, wenn Sauerstoff und Wasserstoff sich verbinden.
Meteore fallen häufig im Laufe von Erdbeben auf unsere Erde, aber das sind ebenso Zufälle wie die Nachkommen, die häufig nach Eheschließungen beobachtet werden – jedenfalls sind die Nachkommen keine Qualität, die ausschließlich Beziehungen

zuzuordnen wären, denn uns sind Fälle von jungfräulicher Fortpflanzung bekannt. Wenn die Feministinnen noch ein bißchen fanatischer werden, dann werden sie vermutlich Listen mit Beispielen für solche weiblichen Unabhängigkeiten veröffentlichen. Entweder, unsere Daten sind keine Zufälle, oder alles andere beruht ebenfalls auf Zufällen.

Bei manchen Überschwemmungen, die zugleich mit Erdbeben aufgetreten sind, werden wir nicht mit Zufällen abgespeist, und es gibt auch kein Geheimnis. Ein Erdbeben geschieht, und Wasser fällt vom Himmel. Dann erfahren wir, daß ein Vulkan - einer der Vulkane unserer Erde - gerade ausgebrochen sei, daß die Erde infolge des Ausbruchs gebebt habe, und daß Wassermassen, ein Teil davon schwarz, ein Teil nicht verfärbt, vom Vulkan ausgeworfen worden und gleichsam als zusammenhängende Masse oder als sintflutartige Regenfälle heruntergefallen seien.

Manchmal verdunkelt sich der Himmel während eines Erdbebens, und wir werden nicht mit der Erklärung abgespeist, es sei lediglich Zufall, und es gibt kein Geheimnis. Am 11. März 1875 ist beispielsweise über Guadalajara in Mexiko eine riesige schwarze Wolke aufgetaucht. Gleichzeitig gab es ein Erdbeben. Siehe *L'Année Scientifique*, 1876-322. In diesem Fall konnte man die Verdunkelung des Himmels während eines Erdbebens erklären, weil man in Erfahrung brachte, daß beide Phänomene die Folgen eines Ausbruchs des Coborucuco-Vulkans waren.

Es hat gleichzeitig mit Erdbeben Schauer von Meteoren gegeben - oder von Feuerkugeln, die wie Meteore aussahen -, die überhaupt nicht geheimnisvoll waren. Es hat Vulkanausbrüche auf unserer Erde gegeben, und die Feuerkugeln oder Meteore konnten auf sie zurückgeführt werden. Besonders spektakuläre Schauer vulkanischer Bomben, die wie Meteore aussahen oder die wie Meteore erschienen sind, hat es im Laufe von Vulkanausbrüchen im August 1883 auf Java, im Juni 1886 in Neuseeland und im Mai 1902 in der Karibik gegeben.

Aber unsere Daten drehen sich um Phänomene, die im Laufe von Erdbeben am Himmel beobachtet werden, während kein irdischer Vulkan, der die Effekte hätte hervorrufen können, aktiv war.

Bislang haben wir noch keine Korrelationen zu Ereignissen hergestellt, die man als Vulkanausbrüche in einer Region ansehen könnte, die außerhalb unserer Erde liegt. Jetzt aber stoßen wir auf Daten, die nicht nur auf Vulkanausbrüche hinweisen, die sich in einer nahegelegenen Sternenhülle, welche die Erde umgibt, ereignet zu haben scheinen, sondern wir bekommen es mit Daten zu tun, die man als Beobachtungen von aktiven himmlischen Vulkanen ansehen könnte.

KAPITEL 25

Mit einer Woge und einem Strahlen hat die bebende Erde ein Bild gemalt –
Oder es hat, ganzheitlich gesehen, in Peru eine Katastrophe gegeben, die eine schreckliche und prachtvolle Emotion war. Wahrscheinlich entstehen bei heftiger Erregung Verletzungen im Gehirn –
Rot die zuckende Erde, rot der bebende Ozean – und dazwischen die karminrote Brandung, die von Ecuador bis Chile peitscht –
So malt sich das Ganze eine Mordswut aus, wenn es in sich geht.
Den Winzlingen der Orthodoxie zufolge ist ein solches Bild jedoch inakzeptabel. Siehe de Ballores kleine Kritikerschule. Aber Erdbeben, die die Bilder einer sehr eigensinnigen Kunstfertigkeit waren –
Schnee, der weiß auf Berggipfeln gelegen hat – wilde Zuckungen – die Kuppen werden abgeschlagen – Wogen von rotglühendem Schnee stürzen stoßweise aus den enthaupteten Bergen herab. Ein Funkeln am brennenden Himmel – auf Land und See tanzten Häuser und Schiffe wie Flitter. Wälder schlugen mit brennenden Peitschen um sich, aus denen Vögel und fliehende Tiere wie Funken stoben.
13. August 1868 – Menschen rennen in Peru aus ihren einstürzenden Häusern, stolpern trotz Verbots auf die Straßen, sehen den Himmel droben brennen und rufen: »El Vulcan!«
Damals im Jahre 1868 war die wissenschaftliche Frechheit noch ungebrochen, und es gab keinen wissenschaftlichen Clown, der einen lodernden Himmel mit Geschichten über die Laternen von Pferdefuhrwerken abtun wollte. Das Rätsel dieses

Ereignisses liegt in der Überzeugung, daß es irgendwo in Peru zu dieser Zeit einen Vulkanausbruch gegeben habe.
Städte wurden ins Meer geschleudert. Das Meer überspülte Ruinen. Diese Katastrophe übertrumpfte alle anderen, denn Schiffswracks wurden auf die Ruinen der Häuser geworfen. Felder strömten über die Klippen in die Bucht von Arica. Es war ein Wasserfall von Wiesen. Wir haben in unserem Nachweis der Kontinuität große Fortschritte gemacht, denn wir sind von Froschschauern zu Wiesenstürmen gelangt.
Große Wassermassen sind vom Himmel gefallen. Es war eine schreckliche Vorsehung: Das Wasser wurde gebraucht. Das Wasser wurde von der bedürftigen Erde aufgesogen, und die überschüssigen Wohltaten ließen neue Flüsse entstehen. In den Strömen gab es ein garstiges Defilée von Leichenzügen, und die Küste Perus bekam einen Saum aus tänzelnden Toten. Diese Art von Reizwäsche könnte das Allerböseste wecken. Der Putz der toten Menschen, die auf den Wellen tanzten, waren die Gewänder der Vorsehung.
Am 19. August gab es ein weiteres heftiges Erdbeben, und abermals wurde ein Leuchten am Himmel beobachtet. Beide Male konnte man sich dieses Schauspiel nur erklären, indem man sich vorstellte, daß es in Peru einen Vulkanausbruch gegeben habe. Laut *New York Herald*, 29. September, geriet der Vulkan Moquequa in Verdacht. Die Londoner *Times*, 21. Oktober – ein Brief von einem Zeugen, der den brennenden Himmel gesehen hatte. Er habe gehört, daß der Canderave der verantwortliche Vulkan sei. An anderer Stelle hieß es, der Ausbruch sei dem Aqualonga zuzuschreiben, dann hieß es wieder, es sei nicht der Aqualonga, sondern der Cayambe gewesen.
Ein Leuchten am Himmel, das mehrere Stunden anhielt, wird in *Comptes Rendus*, 67-1066, erwähnt. Dort äußert sich ein Autor dahingehend, daß es sich bei dem dafür verantwortlichen Vulkan um den Saajama gehandelt habe. Andere, die das Leuchten beobachtet hatten, erklärten, es sei vom Cotopaxi gekommen. *Cosmos*, 3-3-367 – dort wird angenommen, daß der Cotocachi der fragliche Vulkan gewesen sei. Aber es ist nicht möglich,

diese Diskrepanzen in irgendeinem Lehrbuch wiederzufinden, denn alle stimmen darin überein, daß es nur ein Vulkan gewesen sein könne – der Mt. Misti.
New York Herald, 30. Oktober 1868 – daß der Mt. Misti nicht aktiv war.
Siehe *Comptes Rendus*, 69-262 – die Ergebnisse von Monsieur Gays Untersuchung – daß in der fraglichen Zeitspanne kein einziger der genannten Vulkane aktiv war. Siehe *Student*, 4-147. Manchmal leuchten Vulkanausbrüche, aus der Ferne betrachtet, wie Sterne. Ich gelange deshalb zu der Ansicht, daß neue Sterne Vulkanausbrüche im Sternenland sind. Eine Beschreibung eines irdischen Ausbruchs, der aussah wie ein Stern, finden Sie in *American Journal of Science*, 2-21-144. In der *New York Times*, 23. September 1872, finden Sie die Schilderung eines Ausbruchs des Mauna Loa, der aus der Ferne an einen Stern erinnerte.
Am 4. September 1872 um 12.30 Uhr wurde etwas gesichtet, das man oft in Neapel beobachten kann, wenn der Vesuv ausbricht. Es ähnelte der bereits erwähnten vulkanischen Entladung in Guadalajara in Mexiko. Eine dichte Wolke, die aussah wie ein Gebirge, erschien über Callao in Peru am westlichen Himmel. Die Erde hat ähnlich heftig gebebt wie am 13. August.
New York Tribune, 7. Oktober – daß am südwestlichen Himmel ein Stern zu sehen gewesen sei.
Ich bin der Ansicht, daß dies der Stern war, der Peru verwüstet hat.
Der Abend des 4. Februar 1872 – abermals ein Leuchten am Himmel – daß das Sternbild des Orion gebrannt habe – daß eine Tragödie unserer Erde im Himmel begonnen hat als Schauspiel, das die Menschen von Norwegen bis Südafrika erregte – daß aber die Tragödien, die von Menschen geschrieben werden, wie auch jene, die am Himmel und auf der Erde ihren Ausdruck finden, den gleichen Konventionen folgen, und daß das organische Drama die Katastrophe ebenso durch vorangehende Phänomene ankündigt, wie ein irdischer Autor den letzten Schicksalsschlag nicht ohne Hinweise kommen läßt –
Daß einer Überraschung eine Warnung vorausgegangen ist, die

vielleicht so gewaltig war, wie es ein Brand aller Wälder Nordamerikas gewesen wäre – ein Zeugnis der Sonne und des Mondes angesichts der kommenden Zerstörung – Ankündigungen, die in Blitzen geschrieben wurden – Schauer funkelnder Proklamationen – strahlende und lang anhaltende Vorzeichen – Aber, daß die Köpfe auf unserer Erde mit Dogmen vollgestopft waren – und daß die wissenschaftlichen Weisen, durch ihr Credo verdummt, beim Gemetzel den Vorsitz führten oder überrascht waren, als das lange und leuchtend Angekündigte kam.

Der Abend des 4. Februar 1872 – ein Lodern im Sternbild des Orion. Alarmzentralen auf der ganzen Erde telegraphierten. Eine Stadt rief die andere an. Die Menschen dachten, die Nachbarstadt stünde in Flammen. In der Karibik rief eine Insel die nächste an. Auf jeder Insel glaubte man, das Strahlen am Himmel käme von einem Vulkanausbruch auf der Nachbarinsel. Im italienischen Moncalieri registrierten die Seismographen ein Erdbeben oder eine Reaktion unserer Erde auf eine Katastrophe an einem anderen Ort. In Italien könnte es eine besondere Beziehung zum Untergrund gegeben haben.

Gleichzeitig mit diesem Leuchten, das man als Nordlicht bezeichnet hat, weil man es auf konventionelle Weise nicht erklären konnte, obwohl auch Nordlichter bisher noch nicht befriedigend erklärt sind, gingen Meteore nieder. Denza erwähnt, daß sie in Italien beobachtet wurden, nimmt die scheinbare Beziehung zur Leuchterscheinung zur Kenntnis und erklärt, daß die Beziehung nur scheinbar und reiner Zufall sei. Das muß zwangsläufig jeder denken, der sich dem widersetzt, was dieses Buch erreichen will. Wenn es kein Zufall war, dann sind die Meteore von dem Ort auf die Erde gefallen, von dem das Leuchten ausging. Wenn es vom Sternbild des Orion ausging, dann ist der Orion womöglich nicht weiter von Italien entfernt als San Francisco.

Am Abend des 22. Februar hat man am Himmel abermals ein Leuchten beobachtet, und »rein zufällig« war es in jeder Hinsicht, abgesehen von der Größenordnung, mit dem vom

4. Juli identisch. »Rein zufällig« sind auch dieses Mal Meteore niedergegangen. Siehe *Comptes Rendus*, 74-641.
Fünf Tage nach dem zweiten scheinbaren Ausbruch im Orion ist im italienischen Cosenza Staub vom Himmel gefallen (*Comptes Rendus*, 74-826).
Die Meteore, die zur Zeit des ersten Leuchtens beobachtet wurden, waren außergewöhnliche Exemplare. Sie sind ausschließlich auf der Breite Italiens aufgetaucht. In der *Allahabad Pioneer Mail*, 12. Februar, und in der *Bombay Gazette*, 19. Februar, werden sie in Zusammenhang mit dem Leuchten erwähnt. Ich verweise auf unsere übrigen Angaben zu Phänomenen, die auf bestimmte Breitengrade beschränkt geblieben sind.
Sechzehn Tage nach dem zweiten Leuchten im Orion ging in Sizilien rötlich-gelber Staub nieder. Er fiel auch am nächsten Tag und wurde überdies weiter nördlich beobachtet.
Bebende Billionen - oder eine Panik der Ungeheuerlichkeiten - und das Blinzeln der Sterne ist augenzwinkernde Nähe - und unsere Daten quetschen vermeintliche Entferntheit zur Vertrautheit zusammen - denn wenn der Staub vom Ausbruch eines Sternbilds binnen weniger Wochen zur Erde getrieben ist, dann kann er nicht Billionen Meilen weit getrieben sein -
Aber war der Staub wirklich der Auswurf eines Vulkans?
Es war, erklärte Professor Silvestri, vulkanischer Staub. Siehe das *Journal of the Chemical Society of London*, 25-1083. Professor Silvestri war der Meinung, er müsse von einem Ausbruch irgendwo in Südamerika ausgegangen sein. Aber obwohl meine Aufzeichnungen über Phänomene des Jahres 1872 besonders umfangreich sind, habe ich keine Angaben zu einem Vulkanausbruch in Südamerika - oder sonstwo auf unserer Erde - dem man diesen Staub zuschreiben könnte.
Einen Bericht über die Serie von Ereignissen, die nun in Gang kam, finden Sie in *Comptes Rendus*, Bände 74 und 75, und in *Les Mondes*, Band 28. In Italien waren vom 1. April an Serien von »Nordlichtern« und Niederschläge von Meteoren zu beobachten. Die Nacht vom 7. auf den 8. April - zahlreiche Meteore im italienischen Mondovi. Sonne und Mond hatten Höfe, was

möglicherweise – vielleicht aber auch nicht – der Gegenwart von Vulkanstaub zugeschrieben werden kann. Dies wurde in Italien am 6., 7. und 8. April beobachtet. Zwei Tage später wurde der Vesuv aktiv, aber es hat nur kleinere Eruptionen gegeben.
Unbehagen herrschte in Italien. Aber in Neapel war zu erfahren, daß die weisen Männer den Vesuv im Auge behielten. Aufgrund der kleinen Ausbrüche zogen ein paar Bauern an den Hängen des Berges um. Das waren die Ungläubigen. Die anderen glaubten den weisen Männern, die sagten, es bestünde kein Grund zur Sorge. Nacht auf Nacht stürzten Meteore aus dem Himmel über Italien, während der Vulkan grollte. Ich kann keine Aufzeichnungen finden, daß auch anderswo Meteore heruntergekommen wären. Sie gingen in dieser begrenzten Gegend der Erde nieder, als wäre die Erde stationär.
19. April – die dritte Staubwolke – Massen von Staub aus unbekannter Quelle sind in Italien vom Himmel gefallen.
Die Leute erschraken. Der Vesuv grollte lauter, aber ein stiller Niederschlag von Staub aus unbekannter Quelle verbreitet einen ganz eigenen Schrecken.
Die Weisen beobachteten weiterhin den Vesuv. Sie achteten auf Niederschläge von Staub und Meteoren in einem Land, in dem ein Vulkan grollte, nicht aufmerksamer als auf die Ankunft von Singvögeln oder Touristen. Ihre Versicherungen, daß kein Grund zur Sorge bestünde, die allein auf örtlichen Beobachtungen beruhten, hielten alle bis auf ein paar Ungläubige an den Hängen des Vulkans zurück –
Der 20. April –
Ausbruch des Vesuv.
Wallende Wolken – ein Durcheinander von Gehirnen, die aus einer unterirdischen Akademie der Riesen ausgebrochen waren – und nun versuchten, selbständig zu denken – und sich von unterirdischen Zwängen befreien wollten. Aber Wolken und Gehirne gehören einer tieferen Ganzheit an: Die Kämpfe gingen bald in allgemeiner Dunstigkeit unter. Ob aus einem Vulkan oder aus einem Hirn – die Produkte sind nebelhaft. Neapel lag im Dunkeln.

Die Einwohner von Neapel tasteten sich durch die Straßen, jeder in einer ganz eigenen höllischen Geometrie gefangen, jeder in einem nur wenige Meter durchmessenden Kreis herumblickend, während, abgesehen vom alles übertönenden Brüllen, keine kleineren Geräusche mehr zu hören waren, so sich deren Quelle in mehr als ein paar Yards Entfernung befand. Ströme von Flüchtlingen stolperten durch die Straßen von Neapel. Die Menschen tappten im Kreis herum, und manchmal wurden Hände ausgestreckt, die Heiligenbilder oder auch Plündergut hielten. Geräuschfetzen im übermächtigen Brüllen - Geometrie der Verwirrung - oder Kreise im Nebel, und etwas dominiert, während alles andere unterdrückt wird. Huschende Füße, drängende Schultern, bandagierte Köpfe - Heilige werden angerufen - die Gottlosigkeit von einem, der sich keinen Deut um den Vesuv schert - die Beine einer Leiche, die von Unsichtbaren getragen wird - Gebete an Gott und Spaßvögel, die falschen Alarm schlagen, daß die Lava käme.

Ein Stoß aus dem Vulkan hat Rauch und Nebel vertrieben. Hoch auf dem Vesuv lag ein feuriges Zickzackband. Es war der Lavastrom, der von unten aussah, als stünde er still. Unter unablässigem Donnern flammte er auf wie ein Blitz - wie ein Blitz, der an einen Berg genagelt worden war.

Ein Leuchten, auf welches Dunkelheit folgte - eine Sturzflut von polternden Felsen und stolpernden Menschen, kein Flüchtling konnte einen rollenden Brocken vom anderen unterscheiden, krachende Felsen und kreischende Frauen ziehen im übermächtigen Brüllen des Vulkans lautlos vorbei. Als es dunkel wurde, kamen Feuerregen, und dann, im Leuchten, kamen dunkle brennende Aschebrocken herunter. Mit strahlenden Lichteffekten verbrannte schwarzer Regen die rennenden Bauern. Gebt mir eine Tinte, die beißt wie dieser Regen, und ich will den Leuten Beine machen.

Irgendwo inmitten von Rauch und Flammen fiel an der Bergflanke ein Spatz vom Himmel. Wenn wir den Theologen glauben können, wurde dies höheren Orts registriert.

Am nächsten Tag kam eine neue Woge die Hänge des Vesuv

herunter. Es war eine Woge von Karren, die mit Leichen beladen waren.
Vielleicht hat man dies übersehen, weil man sich zu sehr auf den Spatz konzentrierte. Die Daten, die wir für eine reifere Betrachtungsweise brauchen, werden wir uns gleich vornehmen.
In wenigstens einem Bewußtsein auf unserer Erde, oder in einem Quasi-Bewußtsein oder in dem, was wir für Bewußtsein halten, entstand die Erkenntnis, daß es mehr als ein Zufall war, wenn in Italien gleichzeitig Meteorschauer niedergingen und Vulkane ausbrachen. In *Comptes Rendus*, 74-1183, berichtet Monsieur Silberman von den Meteoren in Italien und vom Ausbruch des Vesuv und äußert sich dahingehend, daß eine Beziehung bestünde. Es war dies der flüchtige Verdacht einer früheren Generation. Der Beitrag ist nicht lang. Es gab keine Diskussion. Bis auf den heutigen Tag will kein konventioneller Wissenschaftler zugeben, daß ein Zusammenhang besteht. Aber wenn ein Zusammenhang besteht, dann gibt es noch eine andere Beziehung. Die Beziehung nämlich zwischen Dogmen und dem Abschlachten von Menschen.
Nach orthodoxer Vorstellung kreuzt eine sich bewegende Erde die Umlaufbahnen von Meteorschwärmen, für welche ein bestimmter Teil unserer Erde wie beispielsweise Italien keine besondere Anziehungskraft besitze, weshalb es keine Erklärung für die wiederholte Beobachtung von Meteoren besonders oder ausschließlich in Italien gibt, es sei denn –
Nacht auf Nacht auf Nacht –
Zufall auf Zufall auf Zufall.
Unsere unorthodoxe Ansicht geht dahin, daß sich dies so zugetragen hat, weil die Erde stationär ist.
Nach den Daten, die seit sechzig Jahren vernachlässigt werden, kann es sein, daß zwischen einem Vulkan unserer Erde und einem Vulkan in den Sternen eine teleportative oder elektrolytische Strömung bestanden hat. Wenn wir uns vorstellen, daß ein Vulkan in einem Land, das wir als Sternbild des Orion bezeichnen, mit einem Vulkan in Italien in Wechselwirkung getreten ist – an erster Stelle wären Vesuv und Ätna zu nennen –, dann

müssen wir die Entfernung zwischen Erde und Orion überdenken.

Der einzige Punkt, den orthodoxe Astronomen uns zugestehen, oder über den sie sich mokieren – weil ein Zugeständnis dazu führen würde, daß sie unser ganzes Buch akzeptieren müßten – ist, daß das Leuchten, das im Orion zu sein schien, tatsächlich im Orion war.

Hier sind die Daten, die uns zu der Annahme bringen, daß das Leuchten, das im Orion war, im Orion war, und daß Orion nicht weit entfernt sein kann:

Das Leuchten, das am frühen Abend des 4. Februar 1872 beobachtet wurde, hat sich westlich des Orion befunden, als wäre es der Widerschein eines Ausbruchs hinter dem Horizont auf der Erde. Als aber Orion im Osten aufging, war das Leuchten im Orion und blieb auch dort. In Paris kamen nach 20.00 Uhr alle Lichtstrahlen vom Orion (*Comptes Rendus*, 74-385). In England wurden sie ebenfalls auf Orion zurückgeführt (*Symons' Meteorological Magazine*, 7-1). In Südafrika war der Punkt, von dem alle Strahlen ausgingen, das Sternbild des Orion (*Cape Argus*, 10. Februar). Ein Bericht von Professor A. C. Twining über Beobachtungen in den Vereinigten Staaten wurde im *American Journal of Science*, 3-3-273, veröffentlicht. Folgende »bemerkenswerte Tatsache«, wie Professor Twining sie nennt, ohne sich aber an einer Erklärung zu versuchen, wird registriert: daß das Licht von 19.15 Uhr abends bis um 22.00 Uhr, obwohl Orion in dieser Zeit ein Achtel seiner ganzen Bahn zurückgelegt hatte, innerhalb des Sternbildes blieb.

Es gibt keine konventionelle Erklärung, die sich uns in den Weg stellen könnte. Meiner Ansicht nach blieb das Leuchten im Orion, weil es sich im Orion befunden hat. Wer glaubt, es sei von einem Punkt zwischen der Erde und dem Sternbild ausgegangen, wird nicht nur die Tatsache erklären müssen, daß es einem sich bewegenden Sternbild wie angenagelt gefolgt ist, sondern daß zwischen so weit entfernten Gegenden wie Südafrika und den Vereinigten Staaten keine Parallaxe auszumachen war.

KAPITEL 26

Pferde bäumen sich in einem Hagel aus Fröschen auf – und Würmer prasseln auf Regenschirme. Marienkäfer schwärmen in England – die schwärmenden Amerikaner im irischen Templemore. Das Auftauchen Cagliostros – Professor Einsteins Theorien. Ein Polizist steckt einen wilden Mann in einen Sack – und auf allen Kontinenten der Erde wird Alarm geschlagen, weil ein Sternbild brennt –

Daß all dies zusammenhängt, weil all dies die Phänomene einer einzigen organischen Existenz sind – genau wie am 26. August 1883 gewisse Ereignisse zusammenhingen, weil sie alle Reaktionen auf eine gemeinsame Ursache waren.

Der 26. August 1883 – die Menschen in Texas diskutieren erregt über einen angeblichen Krieg in Mexiko – junge Männer erleben im australischen Staat Victoria den ersten Schneesturm ihres Lebens – unzählige Chinesen haben Gongs bearbeitet – schlingernde Seeleute vor dem Kap der Guten Hoffnung.

Ich habe Daten, die mich denken lassen, daß es vor diesen Ereignissen irgendwo jenseits unserer Erde, aber nicht ungeheuer weit entfernt, einen Ausbruch gegeben hat. Am 10. August 1883 wurde an verschiedenen Stellen ein »Nachglühen« beobachtet, das sich nicht auf irdische Eruptionen zurückführen läßt. Am 13. August wurde ein »Nachglühen« aus Indiana gemeldet, und zehn Tage später eines aus Kalifornien (*Monthly Weather Review*, 1883-289). Am 21. und 22. August wurde ein »Nachglühen« in Südafrika beobachtet (*Knowledge*, 5-418).

Es hat keinen mir bekannten Ausbruch auf der Erde gegeben, mit dem sich diese atmosphärischen Effekte erklären ließen, aber es hat eine Störung auf der Erde gegeben, deren Begleitumstände denen im April 1872 in Italien ähnlich waren. Der

Vulkan Krakatau hatte damals eine leichte Aktivität gezeigt, die man für nicht besonders beunruhigend hielt.
Am 25. August war ein Korrespondent des *Perth Inquirer* (Westaustralien) weit im Landesinneren unterwegs - siehe dazu *Nature*, 29-388. Er staunte, als plötzlich Asche vom Himmel fiel und der Niederschlag den ganzen Nachmittag über nicht aufhörte. Wenn dieses Material von einer Region außerhalb der Erde gekommen ist, dann ist es Stunde um Stunde niedergegangen wie auf einen Punkt auf einer stationären Erde. Ein Versuch, das Ereignis zu erklären, bestand darin zu sagen, daß es einen Ausbruch in einem wenig erschlossenen Teil Australiens gegeben habe. In australischen Zeitungen wird kein Vulkanausbruch zu dieser Zeit in Australien erwähnt, und in meinen eigenen Unterlagen finde ich überhaupt nur eine einzige Angabe zu einem Vulkanausbruch in Australien, und selbst die ist zweifelhaft. Neuseeland kann ich ebenfalls ausschließen. Es hat zur fraglichen Zeit in Neuseeland keinen Vulkanausbruch gegeben.
Krakatau hat leichte Aktivitäten gezeigt. Die Weisen in Batavia fanden wie die Weisen am Vesuv im April 1872 eine lokale Erklärung. Sie untersuchten nur den Krakatau. Wenn man das Ding für sich genommen betrachtete, ohne Beziehungen zu irgend etwas anderem herzustellen, waren die Vorgänge nicht sehr beunruhigend. Man sagt den Eingeborenen, daß keine Gefahr bestünde - und die Eingeborenen - an der Columbia University und der East Side und West Side in New York - oder auf Java - glauben, was die Weisen sagen.
19. April 1872 - Staub aus einer unbekannten Quelle fiel vom Himmel - einen Tag vor dem Ausbruch des Vesuv.
25. August 1883 - Asche unbekannter Herkunft fällt vom Himmel -
26. August 1883 - der Krakatau ist explodiert. Es war der größte Knall, den die Welt je gehört hat, und den Bergen im Umkreis flogen die Gipfel weg. Oder sie warfen wie eine Abschlußklasse in Annapolis[19] ihre Mützen in die Luft, die als neue Riffs im

[19] US-Marineakademie

Ozean landeten. Die Bomben, die hinaufschossen, waren wie Meteore. Der Berg war eine stationäre Meteorquelle und spuckte Krakatauiten aus. Hätte der Wind nach oben geweht, wären Häuser und Vieh und Menschen mitgerissen worden. Die Explosion veränderte Küstenlinien, daß man den Karten nicht mehr trauen konnte.

Der Krakatau hielt inne.

Am frühen Morgen des 27. August erhob sich die Sunda-Straße. Als Kampfeinheiten wurden Dörfer rekrutiert. 95 Dörfer erhoben sich auf einer Flutwelle, die 90, 100 oder 120 Fuß hoch war. Zehntausende Menschen wurden in den Dörfern ausgehoben und starben in den Kriegswirren. In den gigantischen Flutwellen prallten Armeen von Toten aufeinander. Genau wie in vielen anderen Schlachten war unbekannt, warum es so weit hatte kommen müssen. Trupps toter Menschen stürmten die Wogen hinunter und wurden von Regimentern, die dem Boden entsprossen, in Stücke gehauen. Ein Gefecht der Leichen – und mittendrin grüne Felder, die die Wipfel von Palmen waren. Zu Tausenden stürmten die Krieger über die flüchtigen Wiesen, und es gab panische Fluchtbewegungen, die so sinnlos waren wie die Angriffe.

Steinerne Wolken rollten über dem Schlachtfeld dahin. Die wildbewegten toten Menschen kamen unter Ladungen von Bimsstein zur Ruhe, aus denen glitschige Palmen hervorstanden. Unter dem Druck des Gesteins sind die Wogen stellenweise bis zu zwanzig Fuß tief in den Boden geschlagen. Über Schlachtfelder auf dem Land legt sich nach einer Weile immer Friedhofsstille, aber noch nie ist eine Grablegung so schnell gekommen wie die in der Sundastraße. Die Wellen wurden vom Bimsstein flachgedrückt. Über den Überresten der Bewohner von 95 Dörfern lag eine graue Steinplatte. Schwarze Palmen, schwer von Schleim, ließen zu beiden Seiten dieser langen, grauen Platte die Wipfel hängen.

Durch den Vulkanstaub wurde die Sonne verdunkelt, und eine für die Jahreszeit ungewöhnliche Kälte breitete sich aus. An verschiedenen Stellen in Victoria, Australien, wo man seit fünfund-

zwanzig Jahren keine Schneeflocke mehr gesehen hatte, fiel jetzt Schnee. Ich möchte eines besonders hervorheben – daß man an weit entfernten Orten die vulkanischen Bomben mit Meteoren verwechselt hat – oder daß es Meteore waren. Die Vulkanbomben des Krakatau, die aussahen wie »Sternschnuppen«, wurden von einem Schiff etwa 90 Meilen vom Vulkan entfernt beobachtet.
In Foochow in China war ein Leuchten am Himmel zu sehen, das an ein Nordlicht erinnerte. Diese Angaben, die für uns wichtig sind, finden Sie in *Report of the Krakatao Committee of the Royal Society*, S. 269. Menschen in Texas haben Lärm wie von einer Schlacht gehört. Vor dem Kap der Guten Hoffnung tanzten Schiffe auf den Wellen, die von der Katastrophe ausgelöst worden waren.
Ich bin der Ansicht, daß die Explosion des Krakatau eine Reaktion auf eine Eruption in einem Land zwischen den Sternen war, das nicht ungeheuer weit entfernt ist. Nachglühen, soweit es nach dem 26. August beobachtet wurde, hat man Krakatau zugeschrieben –
Daß die vorangehenden Beobachtungen von Nachglühen und der Niederschlag von Asche mit Material zusammenhingen, das nach einem Ausbruch an irgendeinem anderen Ort auf die Erde über eine Distanz, die man nicht als groß ansehen kann, binnen weniger Wochen oder in ein paar Tagen auf die Erde gekommen ist –
Und daß die Bewohner der Erde das Licht eines Vulkanausbruchs gesehen haben, der irgendwo am Himmel stattgefunden hat.
Siehe *Perth Inquirer*, 3. Oktober – ein Korrespondent berichtet von mehreren Beobachtungen von Anfang September 1883: In der Nähe der Sonne sei ein strahlend helles Licht am Himmel beobachtet worden: Ein Lichtstrahl sei aus ihm hervorgebrochen, und die Beobachter hätten geglaubt, daß es sich um einen Kometen gehandelt habe. Diese Erscheinung wurde als auffällig beschrieben. Auch wenn dies zutraf – kein Observatorium in Australien hat sie zur Kenntnis genommen.

Der Umstand, daß kein Berufsastronom in Australien das helle Licht gesehen hat, weckt in unserem normalerweise respektvollen Denken den Zweifel, ob es überhaupt ein solches Licht gegeben hat. Aber die Erscheinung am Himmel ist ein wichtiges Detail unserer Ansicht, und ich werde als akzeptabel darstellen, daß es zu dieser Zeit eine auffällige neue Erscheinung am Himmel gegeben hat, auch wenn diese nur von Amateuren beobachtet worden ist. Neuseeland - Schweigen in den Observatorien - aber Berichte von Amateuren über ein »sehr großes« Licht am Himmel. Siehe die *New Zealand Times*, 10. September 1883. Ob ein Märchen aus Australien so rasch nach Neuseeland übersetzen konnte?

Ceylon - ein unbekanntes Licht wurde etwa eine Woche nach dem Ausbruch des Krakatau am Himmel beobachtet (*Madras Athenaeum*, 22. September). *Straits Times*, 13. Oktober - eine Erscheinung wie ein Komet wurde in Samarung am Himmel beobachtet. Die Einheimischen und die Chinesen hatten Angst und verbrannten Weihrauch, um sich vor der Erscheinung zu schützen. England - eine Beobachtung am Abend des 28. August 1883 von Captain Noble, einem bekannten Amateurastronomen. Was die Berufsastronomen in Australien und Neuseeland auch getan haben, die Berufsastronomen in England taten das gleiche, soweit das eine Nichtstun einem anderen Nichtstun überhaupt entsprechen kann. In *Knowledge*, 4-173, berichtet Captain Noble von einem Anblick am Himmel, den er folgendermaßen beschreibt: »Wie ein neuer, prächtiger Komet«. Ein Amateur in Liverpool hat ihn auch gesehen. *Knowledge*, 4-207 - ein Objekt, das aussah wie der Planet Jupiter, und von dem ein Strahl ausging. Allerdings hat auch ein Berufsastrononom etwas berichtet. Professor Swift aus Rochester, New Jersey, sah an den Abenden des 11. und 13. September 1883 ein Objekt, das ihm wie ein Komet vorkam, das aber, wenn es einer war, nicht noch einmal beobachtet wurde (*Observatory*, 6-343).

Von diesem Objekt ging ein Lichtstrahl aus, und so hielt man es für einen Kometen. Wir werden noch einige Angaben zu Licht-

strahlen sehen, die mit neuen Sternen in Verbindung gebracht wurden.
Zwei Nächte nach der Explosion des Krakatau wurde zum ersten Mal ein neues Licht am Himmel beobachtet. Es könnte, auffällig aber unbemerkt, bereits zur Zeit der Eruption gestrahlt haben.
Nun verfällt ein Konventionalist schnell auf die angebliche Lichtgeschwindigkeit oder die Eilfertigkeit des Sichtbaren. Aber in der Vergangenheit haben die Wissenschaftler die Lichtgeschwindigkeit jeweils so bestimmt, wie es ihren Theorien am besten entsprochen hat, und so fühle auch ich mich berechtigt, einen Standpunkt einzunehmen, der meinen Ansichten genehm ist. Schlagen Sie's nach, und Sie werden sehen, daß die angebliche Lichtgeschwindigkeit anfangs mit angeblichen Entfernungen in diesem angeblichen Sonnensystem übereingestimmt hat; als aber die veränderten Theorien neue Festlegungen dieser Entfernungen erforderlich machten, wurde die Lichtgeschwindigkeit abgesenkt, bis sie mit den neuen angeblichen Entfernungen übereinstimmte. Im Kindergarten der Wissenschaft haben die mehr oder weniger intelligenten Kinder, die diese Experimente durchgeführt haben, alles nachgeplappert, was ihnen die kindischen Astronomen in den Mund gelegt haben. Ein Konventionalist würde sagen, selbst wenn zur Zeit einer Katastrophe auf der Erde ein neuer Stern entstanden ist, könnte man sein Licht erst Jahre später auf der Erde wahrnehmen. Ich bin aber der Ansicht, daß die Sterne der Erde so nahe sind, daß, wenn ein neuer Stern erscheint oder ausbricht, die Auswirkungen sogleich auf der Erde bemerkt werden, und daß ein solcher Stern, sei es nun wegen der Nähe oder weil das Licht keine Geschwindigkeit hat, augenblicklich gesehen wird – oder augenblicklich sichtbar ist – falls zufällig Amateure hinsehen.
Am Abend des 6. August 1885, als alle Berufsastronomen der Erde dem nachgingen, was man für ihre berufsastronomischen Pflichten hielt, machte ein Geistlicher eine astronomische Entdeckung. Reverend S. H. Saxby blickte zu einem neuen Stern im Andromeda-Nebel hinauf, und er bemerkte ihn.

Es steckt viel Überheblichkeit in den Worten eines Menschen, der sagt oder verkündet, daß von allen Kulten seiner der vornehmste sei. Aber wenn so jemand nach oben sieht, dann blickt er meist nur zu seiner eigenen angemaßten Größe hinauf. Auf der ganzen Erde sahen Berufsastronomen zu sich selbst auf. In England und Irland sahen außer Reverend S. H. Saxby drei weitere Amateure von vermutlich nicht mehr als gewöhnlichem Hochmut über sich selbst hinaus und entdeckten den neuen Stern. Sie können es in *English Mechanic* jener Zeit nachschlagen. Wohin die Berufsastronomen der USA auch aufschauten, sie haben nichts Neues gesehen. Aber es gab jemand in den USA, der einen neuen Stern beobachtet hat. *Sidereal Messenger*, 4-246 – ein Amateur in Red Wing, Minnesota. Erst am 31. August wurde der aufstrebende Blick wieder den Sternen zugewandt. Schließlich sah ein Berufsastronom nach oben oder wachte auf, oder er wachte auf und sah hinauf, oder er sah hinauf und wachte auf.
Der ganze Andromedanebel strahlte im Licht eines neuen Sterns. Mehrere Beobachter hielten den hell entflammten Nebel für einen Kometen (*Observatory*, 8-330). Vom Licht des neuen Sterns wurde die ganze Formation erleuchtet wie eine kleine westindische Insel, wenn auf ihr ein Vulkanausbruch stattfindet. Nach den Konventionalisten hat der Nebel einen Durchmesser von 60 x 60 x 24 x 365 x 186000 Meilen, und das Licht von einem neuen Stern, der in seiner Mitte steht, würde vier Jahre brauchen, um das Ganze zu durchqueren. Aber als wäre der Nebel nicht größer als 60 x 186000 Zoll, war keine meßbare Zeitspanne erforderlich, und die ganze Formation wurde auf einmal erhellt.
Andere Hinweise – was wir auch unter »Hinweisen« verstehen mögen – dafür, daß der Andromedanebel der Erde relativ nahe ist:
Schweden – es wurde berichtet, daß Zugvögel so früh wie noch nie in Schweden (16. August) ihren Wanderzug begannen –
Das Flügelschlagen von Wildenten – das Blinzeln eines Sterns – der Stern und der Vogel stammelten eine kleine Geschichte,

die eines Tages von Motoren, die zwischen Wega und Canopus pendeln, wieder aufgegriffen werden mag.
Also begannen Vögel zu fliegen.
Der Grund war eine für die Jahreszeit ungewöhnliche Kälte in Schweden. Ungewöhnliche Kälte ist ein Phänomen, das mit Vulkanausbrüchen auf unserer Erde einhergeht. Es wird dadurch erklärt, daß Vulkanstaub das Sonnenlicht verdeckt. Die Temperatur war niedriger als alles, was man jemals Mitte August in Schweden gemessen hatte (*Nature*, 32-427). Am 31. August erreichte der neue Stern seine größte Leuchtkraft, und an diesem Datum war die Temperatur niedriger als alles, was man bis dahin Ende August in Schottland gemessen hatte (*Nature*, 32-495).
Das ist alles gut und schön - aber die ungewöhnliche Kälte kann auf verschiedene Weise erklärt werden und muß nicht unbedingt mit Vulkanen zu tun haben -
Siehe *Nature*, 32-466, 625 - daß neun Tage nach der ersten Beobachtung des neuen Sterns in Andromeda in Schweden ein Nachglühen beobachtet worden ist. Es lassen sich keine Angaben zu einem Vulkanausbruch auf unserer Erde finden, mit dem man dieses Phänomen in Verbindung bringen könnte.
3. September, 5. September, 6. September 1883 - Nachglühen in England. Die Naturschauspiele setzten sich fort und wurden bis Mitte September in Schweden beobachtet.
Ich weiß nicht, ob diese Daten ausreichen, unsere ganze Existenz in eine neue Epoche zu reißen, oder nicht. Nach allem, was ich über die Geschwindigkeit von Denkprozessen weiß, würde ich die Frage eher verneinen.
Wenn der Auswurf eines Vulkans von Andromeda nach Schweden getrieben ist, dann ist er von einem nördlichen Sternbild zu einem nördlichen Teil der Erde gekommen, als wäre dieser Teil der Erde einem nördlichen Sternbild am nächsten. Wenn aber Andromeda Billionen Meilen entfernt wäre, dann wäre kein Teil unserer Erde dem Sternbild deutlich näher als irgendein anderer Teil. Wenn in Schweden mehrmals ein Nachglühen als Folge von herangewehten Staubmassen aus dem Weltraum

beobachtet wurde, dann hat es sich nur deshalb am Himmel über einem bestimmten Teil der Erde wiederholen können, weil die Erde stationär ist.

Mir fällt ein, daß ich den neuen Stern in Cygnus übersehen habe, der Ende 1876 aufgetaucht ist. Vielleicht habe ich ihn außer acht gelassen, weil er von einem Berufsastronomen entdeckt worden ist. Aber ich habe immerhin genug Material für ein paar boshafte Kommentare. Am Abend des 24. November 1876 sah Dr. Schmidt vom Observatorium in Athen im Sternbild Cygnus einen neuen Stern. Er war von dritter Größe und wuchs zur zweiten Größe heran. Alle Observatorien auf der Erde konnten den prächtig leuchtenden Stern sehen, aber erst nachdem ihn am 9. Dezember ein anderer Astronom gesehen hatte. Er wurde am 9. Dezember in England gesehen, weil am 9. Dezember die Nachricht von Dr. Schmidts Entdeckung in England eintraf. Ob ich nicht berücksichtigen will, daß der Himmel zu dieser Zeit womöglich überall auf der Erde außer in Athen bewölkt war? Ich berücksichtige, daß es zwischen dem 24. November und dem 9. Dezember in England acht klare Nächte gegeben hat.

Zufällig weiß ich auch, was ein englischer Astronom in dieser Zeit getan hat. Am Abend des 25. November hat er zum Himmel hinaufgesehen.

Die Beobachtungen von Meteoren sind konventionelle Ereignisse.

Neue Sterne sind unkonventionell.

Siehe *Nature*, 21. Dezember 1876 – an diesem Abend hat der genannte Astronom Meteore beobachtet.

Am 26. November gab es auf den Philippinen einen Vulkanausbruch. Ungefähr zwei Wochen später ging in Italien roter Regen nieder.

In diesem Buch findet sich einiges, das mit den Lehren der primitivsten Theologie übereinstimmt. Wir haben bemerkt, wie sehr ich manchmal sogar mit den strenggläubigsten Methodisten konform gehe. Der Grund ist, daß die wissenschaftliche Orthodoxie unserer Tage brutal oder mechanisch oder dumm einzig und allein gegen alle Überzeugungen der vorherigen, theologischen Orthodoxie vorgegangen und bei ihrer Reaktion zu weit übers Ziel hinausgeschossen ist. Alle Reaktionen gehen zu weit. Demnach muß eine Reaktion gegen diese Reaktion natürlich ein paar Überzeugungen der früheren Orthodoxie unterstützen oder wiederherstellen.

Vor Katastrophen auf der Erde hat es oft Erscheinungen gegeben, die man als Warnungen interpretieren kann.

Wenn aber eine Gottheit ein freundliches Licht in den Himmel setzt, dann schickt sie in die Köpfe der Erdenmenschen zugleich die Dunkelheit der Wissenschaftler. Diese Dunkelheit verbirgt die Bedeutung der erfolgten Warnungen und sorgt dafür, daß die Warnungen nicht gehört werden. Das ist vielleicht gar nicht so dumm. Vielleicht gehört es zum »göttlichen Plan«, daß überzählige Bevölkerungen ermordet werden. Weniger fromm ausgedrückt, könnten wir dies als Erhaltung des Gleichgewichts bezeichnen.

Wenn es aber in organischem Sinne wünschenswert ist, daß Menschen in Katastrophengebieten länger leben oder langsamer sterben, wenn sie also nicht als überschüssige Menschen einfach beseitigt werden sollen, dann werden ihnen Phänomene gezeigt, die als Warnungen gelten können, deren Studium aber Behinderungen unterworfen ist oder war.

31. August 1886 – »Unmittelbar bevor die Sonne hinter dem Horizont versank, wurde sie von dicken, tintenschwarzen Wolken verdunkelt.« Die Menschen bemerkten diese Erscheinung. Es war wie jene »dichten, wie Gebirge aussehenden Wolken«, die vor dem Erdbeben vom 4. September 1868 in Callao in Peru erschienen sind. Meteore wurden beobachtet. Sie kamen den Menschen vor wie die Feuerkugeln, die manchmal aus irdischen Vulkanen herausschießen. Es erschienen leuchtende Wolken, wie sie zu Zeiten von Vulkanausbrüchen auf der Erde gesehen wurden, und die Menschen haben sie beobachtet. Man dachte nicht an eine Gefahr. Man sah ein Leuchten. Weitere Meteore gingen nieder. Die Stadt Charleston, South Carolina, wurde zerschmettert.

Die Leute rannten aus ihren Häusern – um sie herum kippten Telegraphenmasten um – und verfingen sich in den Drahtschlingen. Straßenlaternen und Lichter in Häusern blinkten droben wie die Lichter einer Fischereiflotte, die ihre Netze ausgeworfen hat. Es war ein Fang von Leichen, zu dem es nur kommen konnte, weil sich die Menschen in den Netzen eines Kultes verfangen hatten, gewoben aus der Unverschämtheit der de Ballores und dem Schweigen der Davisons, und bis auf den heutigen Tag in jeder Schule auf der Erde verbreitet.
Die Erde bebte weiter. Aus unbekannter Quelle kam vielleicht ein vulkanischer Auswurf auf die bebende Erde herunter. Ob es nun Vulkanstaub war oder nicht, in der *New York World*, 4. September, heißt es jedenfalls, daß »Vulkanstaub« in Wilmington, North Carolina, niedergegangen sei.
5. September – ein schweres Beben in Charleston, und ein paar Minuten später fiel ein strahlend heller Meteor, der einen langen Feuerschweif hinter sich herzog. Zugleich wurden in Columbia, South Carolina, zwei strahlende Meteore gesehen. Sie können es in fast jeder Zeitung aus jener Zeit nachschlagen. Ich greife zur Londoner *Times*, 7. September.
Es gab eine weitere Entladung aus der unbekannten Quelle – oder eine »seltsame Wolke« erschien am 8. September vor der Küste von South Carolina. Die Wolke hing schwer am Himmel, und man glaubte, sie sei entstanden, weil auf einer der Inseln vor der Küste Gras brannte. *Charleston News and Courier*, 10. September – daß zwar die Erklärung so lautete, daß man aber nichts von brennendem Gras wüßte.
Wenn auf dem Washington Square in New York ein Heer zu marschieren beginnt, und wenn die Soldaten dann in Harlem eintreffen, und es treffen immer mehr dort ein, dann behaupte ich, daß Harlem trotz aller seiner Verrücktheiten weder von der Prozession wegfliegt, noch sich um die 125. Straße als Achse dreht.
Meteore gingen beharrlich in Charleston nieder. Sie schlugen an diesem bebenden Punkt auf der Erdoberfläche ein, als wäre die Erde ein stationärer Körper. Das außergewöhnlichste Schau-

spiel war am Abend des 22. Oktober zu sehen. Es gab in Charleston ein schweres Erdbeben, während die Meteore niedergingen. Es waren ungefähr fünfzig (*New York Sun*, 1. November). In der Nacht vom 23. auf den 24. Oktober explodierte um Mitternacht über Atlanta, Georgia, ein Meteor und verbreitete ein so helles Licht, daß sogar kleine Gegenstände auf dem Boden zu erkennen waren (*New York Herald*, 25. Oktober). Ein großer Meteor ist am Abend des 24. Oktober in Charleston niedergegangen (*Monthly Weather Review*, 1886-296). Ein außergewöhnlicher Meteor, der in Charleston am Abend des 28. gefallen sei, wird am 29. in *News and Courier* als »seltsamer Besucher aus dem Himmel« bezeichnet.

»Das war nur ein Zufall.«

Es gibt keinen konventionellen Seismologen und keinen orthodoxen Astronomen, der etwas anderes sagen würde.

In *Friend of India*, 22. Juni 1897, ist ein weiterer Bericht über einige Meteore, die in Charleston gesehen wurden, abgedruckt: daß Professor Oswald zur Zeit des großen Erdbebens Meteor auf Meteor aus einem scheinbaren Strahlungspunkt in der Nähe des Sternbildes des Löwen herausschießen sah. Carl McKinley erwähnt in *Descriptive Narrative of the Earthquake of August 31, 1886* einen Bericht von einem Leuchtturm am Cape Romain, wo »in der Nacht ein ungewöhnlicher Niederschlag von Meteoren« beobachtet wurde.

Noch ein vulkanischer Auswurf am gleichen Ort – oder man hat einen Ascheregen gemeldet. In *News and Courier*, 20. November, heißt es, etwa zehn Tage zuvor sei in Summerville, South Carolina, Asche vom Himmel gefallen. Es wird berichtet, daß es sich bei dem Material zweifelsfrei um Asche gehandelt habe. Weiter steht dort, daß es am Tag nach diesem Ereignis »in der Nähe von Summerville einen ausgedehnten Waldbrand« gegeben habe.

Monthly Weather Review, Oktober und November 1886 – unter der Rubrik »Wald- und Präriebrände« wird weder ein kleiner noch ein ausgedehnter Waldbrand in North oder South Carolina erwähnt.

Summerville und nicht Charleston war das Zentrum der Störungen. Die Asche kam von irgendwo und ging genau auf diesem zentralen Punkt nieder.

In *A Study of Recent Earthquakes* veröffentlichte Dr. Charles Davison einen 36 Seiten langen Bericht über die Phänomene von Charleston. Er hat weder Meteore noch sonst etwas untersucht, das am Himmel beobachtet wurde. Er weiß geflissentlich alle anderen Ereignisse zu meiden, die zur gleichen Zeit auf der Erde stattgefunden haben. Bringen Sie eine solche Untersuchung durch Unterlassungen zur Vollendung, und die innere Leere des Geistesschwachen wird zum Ideal des Studenten. Ich schätze die Harmlosigkeit dieses Beitrags.

Die anderen Ereignisse waren gewaltig. Die Schäden in South Carolina waren geringfügig verglichen mit einer Katastrophe in Griechenland. Am Tag der ersten leichten Erschütterung in Charleston (27. August 1886) registrierte man in Griechenland ein heftiges Erdbeben, und zur gleichen Zeit fielen in der Türkei große Wassermassen vom Himmel und schwemmten Häuser, Vieh und Brücken fort (*Levant Herald*, 8. September). Tausende von Häusern brachen zusammen, und Hunderte von Menschen starben. An diesem Tag gab es auch in Srinagar in Kaschmir eine Erschütterung; Erdstöße in Italien und Malta, erhöhte Aktivität des Vesuv. Eine tintenschwarze Wolke von der Art, die in Charleston beobachtet wurde, hat man auch im östlichen Mittelmeerraum während der Katastrophe in Griechenland gesehen – gemeldet vom Kapitän des Dampfschiffs *La Valette* – siehe *Malta Standard*, 2. September – »Eine Masse dichten, schwarzen Qualms, der sich rötlich färbte.« – »Das Meer war zu dieser Zeit völlig ruhig.« Am Himmel über Griechenland war ein Leuchten zu sehen, das dem Licht eines Vulkanausbruchs ähnlich war (*Comptes Rendus*, 103-565).

Ich muß mich zu der kindischen Neigung bekennen, meine Daten in kleine Muster zu bringen und sie gefällig zu arrangieren. Natürlich beruht jede Anordnung von Dingen ebenso auf Lücken wie auf ausgefüllten Stellen. Aber gegen einen Musterknaben wie Dr. Davison muß ich doch den Vorwurf vorbringen, daß seine Auslassungen nachgerade unverschämt sind. Auf den 36 Seiten, die Dr. Davison über die kleinere Katastrophe von Charleston schrieb, spinnt er die dünnen Fäden seiner Argumente zu einem hübschen, stimmigen Muster um die Auslassungen herum. In seiner konventionellen Vorstellung gehen alle Erdbeben auf einen örtlich begrenzten, unterirdischen Ursprung zurück – und so läßt er alle Erscheinungen am Himmel aus und erwähnt kein einziges jener anderen dramatischen Ereignisse, die eine bestimmte Zone rings um die ganze Erde heimgesucht haben. Es ist eine ungeheure Verzerrung, wenn jemand, der Strickmuster entwerfen sollte, für die Linien und Löcher seiner Komposition Katastrophen hernimmt.

Ich bin der Ansicht, daß ein Datenschnippler, der seine Schere verlegt oder versehentlich einen Bericht über eine der zahlreichen örtlich begrenzten Wiederholungen von Meteoreinschlägen zuläßt, uns den Hinweis geben würde, daß die Erde ganz oder beinahe stationär ist.

Es gab ein Erdbeben. Gleichzeitig wurden Erdstöße und niedergehende Meteore beobachtet. Aufgrund meiner Nachforschungen in indischen Zeitungen weiß ich, daß diese wiederholten Meteoreinschläge an keinem anderen Ort beobachtet worden sind. Was sich wiederholende Phänomene in bestimmten Zonen angeht, so möchte ich betonen, daß Charleston und Srinagar mit einer Abweichung von nur einem Grad auf der gleichen Breite liegen. Die Daten können Sie der *Times of India*, 5. November, entnehmen.

Wenn Meteore hintereinander in Richtung Erde fliegen, und der erste kommt in Srinagar herunter, wie kann man dann glauben, daß die anderen exakt am gleichen Ort niedergehen, wenn die Erde sich schnell von ihnen entfernt? Manchmal bin ich fast versucht zu glauben; natürlich nicht an die allgemeine Vernunft, aber wenigstens an meine eigenen Überlegungen, und so bemerke ich, daß man sich andererseits eine lange Kette von Meteoren, die alle am gleichen Punkt niedergehen wie der erste, viel leichter vorstellen kann, wenn sich dieser Punkt nicht von ihnen entfernt. Aber ich ahne, daß mein Problem darin besteht, daß ich so einfältig bin, während meine Gegner, die ich die »Konventionalisten« nenne, gebildeter sind und ihre eigene Sichtweise vorziehen, weil meine zu einleuchtend ist. Natürlich steht die stationäre Erde in einer Hülle aus sich drehenden Sternen, die alles andere als weit entfernt und vielmehr so nahe sind, daß eine Expedition zu ihnen segeln könnte. Aber kein wirklich anspruchsvoller Dialektiker würde sich auf eine so leicht zu belegende Aussage einlassen.

Kehren wir zu den Daten zurück – Geysire sind in Charleston aus dem Boden gebrochen, und man hat Schwefeldämpfe bemerkt. Der Boden entwickelte vulkanische Aktivität und war elektrisch aufgeladen.

Meteore und qualmende Auswürfe und Leuchteffekte und Niederschläge von Asche und gewaltige Wassergüsse wie von einem Vulkan, der sich längs einer Zone über der Erde bewegt –

Und man weiß nicht, wann die Störungen des Jahres 1886 im Sternbild Andromeda begonnen haben.

In *Observatory*, 9-402, heißt es, am 26. September habe ein Astronom im Andromedanebel einen neuen Stern entdeckt, ein anderer Astronom habe jedoch erklärt, daß es keinen solchen Stern gebe. *Astronomical Register*, 1886-269 – daß am 3. Oktober ein neuer Stern im Nebel photographiert worden sei.

Ich stelle mir unsere Existenz als eine Batterie vor – als eine gewaltige Batterie, oder in kosmischem Sinne, eine kleine Batterie. Ich stelle mir vulkanische Regionen vor, oder sich entwickelnde vulkanische Regionen, in einem Land voller Sterne und in einem Land auf der Erde, die wie Elektroden wirken und sich gegenseitig stören. Zwischen ihnen fließen Wasser und andere vulkanische Auswürfe in elektrolytischen oder elektrischteleportierenden Strömungen hin und her. Von den Daten ausgehend, glaube ich, daß manche Teleportationen augenblicklich geschehen, während andere einem langsamen Dahintreiben ähneln. Um zu illustrieren, was ich mit der Stimulation von elektrischen Kräften durch aufeinander einwirkende Vulkane, oder mit Transporten oder elektrischen Teleportationen zwischen sich gegenseitig beeinflussenden Vulkanen meine, will ich einen

Dialog zitieren, der ganz anders als ein bloß menschlicher Dialog gleichzeitig zu sehen und zu hören war.
Es war der Abend des 3. September 1902 auf Martinique, wo der Vulkan Mont Pelée hoch aufragt. Professor Angelo Heilprin berichtet in seinem Buch *Mont Pelée*, er habe nach Süden übers Meer geblickt und elektrische Blitze gesehen. Sie schienen aus der Richtung der 90 Meilen entfernten Insel St. Vincent zu kommen, wo der Vulkan La Soufrière war. La Soufrière hat geblinkt. Dann antwortete Pelée. Pelée antwortete gewaltig und mit Tönen, die zu seiner Größe paßten. Ein dutzendmal flackerte es am südlichen Himmel – dann meldete sich Pelée mit seiner blendenden, elektrischen Meinung zu Wort. Der kleine weibliche Vulkan oder jedenfalls der Vulkan mit dem weiblichen Namen keifte und keifte, und ein Brüllen war die Antwort. Dieses Gezanke hielt eine ganze Weile an.
Am Morgen des 4. September 1902 um 5.00 Uhr wurde am südlichen Horizont eine neue Erscheinung beobachtet. Es war eine dichte Rauchwolke über La Soufrière. Sie trieb langsam. Sie trieb direkt zum Pelée und legte sich um den Berg.
Mit einer kleinen Vulkanin soll man nicht streiten, denn sie wirft sonst mit Verdüsterungen um sich. Aber was die Daten angeht, so werden wir dieses Ereignis sicher sehr nützlich finden.

KAPITEL 27

Es war einmal ein Wissenschaftler, der hat vor langer Zeit eine Geschichte erzählt oder verkündet oder formuliert, die halbwegs vernünftig war. Sie handelte von einer Überschwemmung und davon, daß alle Arten von Tieren auf der Erde in einem großen Boot gerettet wurden. Vielleicht hat der Autor die Geschichte nicht ganz ernst gemeint, und es war eine Satire auf die ehrgeizigen Bootsbauer der heutigen Zeit. Wahrscheinlich sind alle Religionen auf alten Witzen und Lügenmärchen begründet. Aber wenn man sich überlegt, daß den Wissenschaftlern oder den Satirikern früherer Zeiten nur relativ wenige Tiere bekannt waren, dann war diese Geschichte so plausibel, wie man sich die Wissenschaft oder die beste Satire nur wünschen kann. Inzwischen haben wir aber Daten über eine so große Zahl von Tieren, daß die Geschichte mit dem großen Boot nicht mehr plausibel ist.

Beachten Sie, daß unsere Daten sich um Ereignisse drehen, von denen die Gründer der heutigen sogenannten Wissenschaft der Astronomie nur wenig oder nichts gewußt haben. Die orthodoxe Astronomie wurde systematisiert, ohne neue Sterne, ihre Phänomene und ihre Daten zu berücksichtigen. Es ist wie die Geschichte von dem großen Boot. Früher einmal war sie plausibel. Sie ähnelt der Position der Geologie früherer Zeiten, als eine Doktrin formuliert wurde, die Fossilien und Sedimente nicht berücksichtigt hat. Als man aber Fossilien und Sedimente einbezogen hat, war man zu einer radikalen Neuanpassung gezwungen.

Neue Sterne wurden von den Begründern des Systems nicht in die sogenannte Wissenschaft der Astronomie aufgenommen, weil von 1670 bis 1848 kein Astronom jemals einen neuen Stern

gesehen oder gemeldet hat. Wahrscheinlich sind die neuen Sterne in modernen Zeiten nicht auf einen Schlag aufgetaucht. Wahrscheinlich sind in dieser Periode von 178 Jahren viele neue Sterne erschienen, freilich ohne je gesehen zu werden.
Wir werden Daten betrachten, die uns zur Annahme bringen, daß einige von ihnen Nacht auf Nacht mit einer Helligkeit erster Größe geleuchtet haben. Man möchte doch gern erfahren, was die Astronomen in diesen 178 Jahren getan haben, während ein ums andere Mal spektakuläre neue Lichter am Himmel erschienen sind. Wir können diese Frage möglicherweise beantworten, wenn wir uns ansehen, was die Astronomen heute tun.
Die Weisen sind sich nicht einig. Genaugenommen haben die Weisen unserer Stämme keine Erklärung für die neuen Sterne. Meist ist die Rede von der Kollisionstheorie.
Immer wieder – vorausgesetzt, sie wurden von kleinen Jungen und anderen Amateuren informiert – erzählen uns die Weisen, daß Sterne kollidiert sind. Sie haben uns noch nie von Sternen erzählt, die bald kollidieren werden.
Warum hören wir immer nur von Sternen, die schon zusammengestoßen sind? Angenommen, die Sterne sind keine Punkte auf einer sich drehenden Schale, sondern sich rasch bewegende Körper. Dann muß es zu jedem Zeitpunkt Sterne geben, die in ein paar Tagen, Wochen oder Jahren zusammenstoßen werden. Es wäre zuviel des Guten, wollte man annehmen, daß nur dunkle Sterne zusammenstoßen, denn sonst müßten die dunklen Sterne derart in der Überzahl sein, daß der Himmel schwarz wäre von Tintenstraßen. Bislang haben wir keine klare Vorstellung davon, wie oft neue Sterne auftauchen. Man wird vielleicht vorbringen, daß Sterne, die binnen eines Jahres zusammenstoßen werden, schon so dicht beisammen stehen, daß sie aufgrund der enormen Entfernung zur Erde wie ein einziger Lichtpunkt wirken.
Dies führt uns zu einer der erbaulichsten und lächerlichsten Flausen der weisen Männer. Sie haben doch tatsächlich behauptet, sie könnten, nachdem zwei Sterne zusammengestoßen

sind, mit Hilfe eines Spektroskops in dem, was im Teleskop als ein einziger Lichtpunkt erscheint, die Bruchstücke einer angeblichen Kollision, die Geschwindigkeit und die Flugrichtungen der Teile feststellen.

Wenn ein Spektroskop-Benutzer tun kann, was den lesenden Menschen immer erzählt wird, dann soll er für den Augenblick die Teile vergessen, aus denen er schließt, daß es einen Zusammenstoß gegeben hat, und einen Punkt am Himmel finden, der aus Teilen besteht, die demnächst zusammenstoßen werden. Er soll uns verraten, wo ein neuer Stern entstehen wird; wenn er das nicht kann, wird er wohl weiter auf Amateure angewiesen bleiben, die ihm verraten, wo neue Sterne entstanden sind.

Neue Sterne tauchen auf. Es gibt Störungen auf der Erde – es gibt vulkanische Erscheinungen am Himmel – Massen von Rauch und Staub wallen über die Erde.

Und die Bedeutung von all dem könnte eines Tages sein – »Auf zum Himmel!« und Polen und Russen werden die leeren Bereiche von Sternbildern stürmen. Eine schwarze Wolke erscheint am Himmel über der Lyra, und herab schießt eine Flut von Italienern. Skandinavier wehen wie Treibsand auf einen Stern herab.

5. Januar 1892 – eine Feuersbrunst, wie sie oft die Hänge des Vesuv herunterraste, fraß sich durch den Staat Georgia. Es war »ein schwarzer Tornado, erfüllt von Feuer« (*Chicago Tribune*, 7. Januar). Zur gleichen Zeit hat man in Italien Erschütterungen gespürt, und am Abend blickten die Leute in vielen Teilen des Staates New York nach oben und wunderten sich über ein Leuchten am Himmel. Am nächsten Tag bekamen sie einen neuen Grund, sich zu wundern: Erdstöße im Staat New York. Am 8. Januar fiel im Norden von Indiana Staub vom Himmel, der vielleicht vulkanischen Ursprungs war, der aber wahrscheinlich von keinem Vulkan unserer Erde ausgeworfen worden war. Der 14. September – eine »seismische Woge« im Atlantik und ein Erdstoß in Memphis, Tennessee. Schnee fiel in Mobile, Alabama, wo es zuvor in siebzig Jahren nur viermal geschneit hatte. Überschwemmungen in Neuengland. Erdbeben in Japan am

15., 16. und 17. Januar. Zu dieser Zeit begann ein Ausbruch des Tongariro in Neuseeland. Eine seismische Woge im Michigansee am 18. Januar. Sie können es in den New Yorker Zeitungen nachschlagen. Der *Philadelphia Public Ledger*, 27. Januar, berichtete über eine brennende Masse, die am 20. Januar aus heiterem Himmel in einer Stadt in Massachusetts niedergegangen sei. Zu dieser Zeit wurde in Rom ein Erdbeben registriert. Zwei Tage später gab es Erdstöße in Frankreich. Erschütterungen in Italien und Sizilien. Am 24. Januar schoß ein gewaltiger Meteor unter lautem Donnern über die Kapkolonie in Südafrika hinweg (*Cape Argus*, 2. und 4. Februar). Eine Dürre in Durango in Mexiko wurde von einem Regen abgelöst, dem ersten seit vier Jahren. Am Abend des 26. Januar wurden die Menschen in Deutschland durch ein intensives Leuchten am Himmel aufgeschreckt. Das schwerste Erdbeben seit Menschengedenken in Tasmanien am 27. Januar. Erschütterungen in vielen Teilen des australischen Staates Victoria. Am Abendhimmel über England war eine leuchtende Wolke zu sehen (*Nature*, 45-365, 46-127). Ein neuer Stern war entstanden.

In keinem Observatorium der Welt hatte auch nur ein einziger Berufsastronom etwas Ungewöhnliches bemerkt. Aber in Edinburgh blickte ein Mann, der nichts von astronomischen Feinheiten wußte, zum Himmel (*Nature*, 45-365) und sah am Abend des 1. Februar den neuen Stern. Während dieser ganzen Periode, während der Leuchterscheinungen am Himmel und der Erschütterungen und der vermeintlichen Vulkanausbrüche, hatte ein neuer Stern oder ein neuer Himmelsvulkan im Sternbild Auriga geleuchtet. Der Amateur, der Dr. Anderson hieß, erzählte es den Berufsastronomen. Sie untersuchten Photos und fanden heraus, daß sie den neuen Stern schon seit dem 1. Dezember photographiert hatten.

Die Daten scheinen nun zu besagen, daß Vulkanstaub von einem neuen Stern in nicht mehr als 39 Tagen zum irdischen Himmel über Indiana getrieben ist.

Am 8. Januar 1892 fiel vier Stunden lang im Norden Indianas Staub vom Himmel, und wenn er aus Regionen gekommen ist, die außerhalb unserer Erde liegen, dann kam er Stunde um Stunde herab und legte sich auf die Erde, als wäre diese stationär. Ich habe in vielen wissenschaftlichen Zeitschriften und in Zeitungen aller Kontinente gesucht, aber ich konnte keinen irdischen Vulkanausbruch finden, der dies hätte erklären können.

La Nature, 41-206 – daß der Staub analysiert und als Vulkanstaub identifiziert worden sei. *Science*, 21-303 – daß dieser Staub analysiert worden sei, und daß er laut Analyse mitnichten vulkanischen Ursprungs sei. *Monthly Weather Review*, Januar 1892 – »Er war aller Wahrscheinlichkeit nach vulkanischen Ursprungs.«

Ich bin im Besitz von Aufzeichnungen über fünf weitere neue Sterne, die vom 21. Dezember 1896 bis zum 10. August 1899 aufgetaucht sind, während auf der Erde Störungen registriert wurden; Überschwemmungen und Auswürfe von Vulkanen, die nicht auf irdische Vulkane zurückgeführt werden konnten. Zwei dieser Entdeckungen wurden von Amateuren gemacht. Die anderen wurden von Berufsastronomen gemacht, die, nicht unbedingt in Windeseile vorgehend, aus der nachträglichen Untersuchung von photographischen Platten erfuhren, daß neue Sterne, die von Astronomen erblickt wurden, schon vorher von Kameras aufgenommen worden waren. In einem Fall hat ein solcher Prozeß elf Jahre gedauert. Siehe *Nature*, 85-248.

Stern um Stern ist als winzig kleiner Punkt oder als prächtiger Anblick am Himmel entstanden, und die Berufsastronomen waren unaufmerksam. Sie wurden von Amateuren informiert. Wir werden uns Aufzeichnungen über Jugendliche ansehen, die gesehen haben, was die Astronomen nicht beobachtet haben. Das erste dieser klugen Kinder, über die ich Unterlagen habe, ist Seth Chandler aus Boston. Ich will davon ausgehen, daß jemand, der erst 19 Jahre oder meinetwegen auch 29 Jahre alt ist, als junger Mensch gilt. Seth war 19 Jahre alt. Am 12. Mai 1866 unterrichtete ein Amateurastronom namens Birmingham aus Tuam, Irland, die Berufsastronomen, die sich woanders umsahen, daß im Sternbild Nördliche Krone ein neuer Stern erschienen sei. In den Vereinigten Staaten waren die Berufsastronomen eifrig damit beschäftigt, in andere Richtungen zu blicken. Am 14. Mai störte Seth Chandler ihre Beobachtungen und sagte ihnen, daß es etwas anzusehen gäbe. Für die Pessimisten, die sich dafür interessieren, was aus außergewöhnlich klugen Jungen wird, und die die Berichte über viele enttäuschende Karrieren kennen, will ich hinzufügen, daß dieser junge Bursche später Berufsastronom geworden ist.

Was in aller Welt – und anscheinend unbeeindruckt vom Himmel über ihnen – haben die Berufsastronomen im Februar 1901 getan? Der Abend des 22. Februar – und Dr. Anderson, der Amateur, der neun Jahre zuvor *Nova Aurigae* entdeckt hatte, blickte zum Sternbild Perseus hinauf und konnte, obwohl er sich wahrscheinlich in der Zwischenzeit in astronomischen Feinheiten verheddert hatte, etwas Neues sehen und das Neue, das er sah, richtig einschätzen. Es war ein prächtiger neuer Stern. Es war ein Glanz, der boshaft über irdischer Dummheit funkelte – kein Berufastronom in irgendeinem Observatorium auf der Erde wußte von diesem Schauspiel, bevor Dr. Anderson es bekanntgab. Normalerweise heißt es, Dr. Anderson habe den Stern entdeckt, doch wird dieser Anspruch bestritten. In Rußland wurde registriert, daß neun Stunden zuvor, zu einer Zeit also, da auch die schläfrigsten Observatorien noch nicht geschlossen waren oder ihr Nichtbeobachten noch nicht eingestellt hatten, von Andreas Borisiak aus Kiew ein neuer Stern entdeckt worden sei. Andreas war ein Schuljunge.

Vor der Entdeckung dieses neuen Sterns in Perseus, oder *Nova Persei*, hatte es Erscheinungen wie vulkanische Phänomene gegeben, die man allerdings keinem Vulkan auf der Erde hatte zuschreiben können. Am Morgen des 13. Februar sind in Frankreich dunkle grüngelbe Wolken aufgetaucht, die den Himmel stark verdüstert haben (*Bulletin de la Société Astronomique de France*, März 1901). Am 16. ist in Michigan eine schwarze Substanz vom Himmel gefallen (*Monthly Weather Review*, 29-465). Es herrschte eine extreme Kälte, wie sie oft auftritt, wenn das Sonnenlicht durch Vulkanstaub blockiert wird. In Neapel wurden drei Menschen gefunden, die in der Nacht auf den 13. erfroren waren (die Londoner *Daily Mail*, 15. Februar). Eine rote Substanz ist in der Nähe von Mildenhall zusammen mit Schnee vom Himmel gefallen (die Londoner *Daily Mail*, 22. Februar). Es muß funktionell übertragene organische Materie gewesen sein. »Tauben schienen sie zu fressen.«

Ich habe Daten, die mich vermuten lassen, daß dieser neue Stern oder ein Strahl seines Lichts mindestens vier Nächte vor Dr. Andersons Beobachtung und von keinem Observatorium observiert deutlich sichtbar war. Ich glaube dies, weil zwei Personen aus Finchley (London) und Tooting (London) am Abend des 18. Februar etwas sahen, das sie für einen Kometen hielten. Am Abend des 20. Februar sah es auch jemand aus Tottenham. Eine Geschichte über drei Leute, die etwas gesehen haben, das von allen Berufsastronomen der Welt übersehen worden ist, wäre nicht viel wert, wenn man sie nach der Veröffentlichung einer Entdeckung erzählen würde, aber diese drei Beobachtungen wurden in der Londoner *Daily Mail* am Morgen des 22. Februar veröffentlicht, also bevor Dr. Anderson sich zu Wort gemeldet hat.

Sechzehn Tage nach der Beobachtung von Anderson kam Staub auf die Erde - oder fiel vom Himmel -, und zwar in Mengen, die einem Ausbruch erster Größe in der Wega entsprachen. Staub, so rot wie Vulkanstaub häufig ist, und aus keiner afrikanischen Wüste stammend, von der man je gehört hätte - und wenn afrikanische Wüsten wirklich rot sind, dann sollten Farbfilmregisseure, denen an Realismus liegt, oder besser, denen manchmal an Realismus liegt, unbedingt davon erfahren - roter Staub fiel also vom Himmel. Er kam am 9. und 10. März in Sizilien, Tunis, Italien, Deutschland und Rußland herunter. Ein großer orangeroter Fleck wurde aus Ongar, England, am 12. März gemeldet (die Londoner *Daily Mail*, 19. März).

Dann wurde die standardisierte Erklärung veröffentlicht. Ich will ihr mit Ketzerei entgegentreten. In diesem ganzen Buch sage ich immer wieder, daß meine Ansichten nur geistige Phänomene sind, die mitunter sogar recht gräßliche Exemplare

werden können. Aber wenn wir unsere Gegner betrachten und feststellen, daß ihre Ansichten unbefriedigend sind, und wenn meine eigenen Ansichten vieles von dem einschließen, was jene ausschließen, dann sind meine Ansichten befriedigend, ob man das nun unbefriedigend findet oder nicht. Zwei weise Männer schrieben die standardisierte Erklärung. Der rote Staub stammte aus einer afrikanischen Wüste. Siehe *Nature*, 66-41.
Sie schrieben, daß sie diesen Staub zu einem Wirbelsturm in einer afrikanischen Wüste zurückverfolgt hätten und betonten, daß der Staub ja am ersten Tag in Tunis gefallen sei, das den afrikanischen Wüsten am nächsten liegt.
Aber die Meteorologen sind nicht so gehemmt wie die Astronomen. Eine Meldung zu einem Niederschlag, der nicht ganz so nahe an einer angeblichen afrikanischen Wüste beobachtet wurde, finden Sie in *Symons' Meteorological Magazine*, 1902-25 – daß, während der Staub in Tunis herunterkam, gleichzeitig Staub in Rußland fiel. Daß diese Staubwolke aus dem Weltraum auf die Erde gekommen sei – siehe *Chemical News*, 83-159 –, denn laut Dr. Phipson sei sie meteorischen Ursprungs. Das ist für uns fast so gut wie ein vulkanischer Ursprung.
Meine eigene Ansicht –
Daß ein Wirbelsturm, der, vom Mittelmeer bis Dänemark und von England bis Rußland, Staub über Europa gestreut hat, kein laues Lüftchen gewesen sein kann, das in einem Winkel einer afrikanischen Wüste geweht hat, sondern eine vernichtende Kraft gewesen sein muß, die in ganz Nordafrika hätte bemerkt werden müssen –
Lagos Record (Goldküste), März-April 1901 – nichts, was einem Wirbelsturm in Afrika auch nur entfernt ähnlich wäre, wird erwähnt. Die *Egyptian Gazette* (Alexandria) veröffentlichte keine Berichte über atmosphärische Störungen. Die *Sierra Leone News* druckt nichts zu diesem Thema. *Al-Moghreb* (Tanger) meldet den Staubregen in Europa, aber nicht, daß der Staub irgendwo in Afrika aufgestiegen wäre.
Aber ein neuer Stern war entstanden.
Die standardisierte Erklärung ist von Auslassungen durch-

löchert. Es scheint zunächst unvorstellbar, daß der menschliche Verstand durch dieses löchrige Ding so fest an die Erde gefesselt wird, aber dann fällt uns ein, daß alle Netze fein gesponnen sind. In Österreich hat, während der Staub niederging, die Erde gebebt. Was sollte dieses Ereignis mit dem Staub aus einer afrikanischen Wüste zu tun haben? Ausgelassen. Aber zur Zeit des Erdbebens wurde etwas anderes beobachtet, bei dem es sich sehr wohl um eine vulkanische Bombe gehandelt haben mag, die aus einem Stern hervorgeschossen kam. Staub fiel in Tunis - und das wurde berichtet. Weitere Auslassungen - siehe *Levant Herald*, 11. März - daß es in Algerien heftige Erdstöße gab, während in Tunis der Staub herunterkam. Noch etwas anderes wurde ausgelassen - siehe *English Mechanic*, 73-96, und *Bulletin de la Société Astronomique de France*, April 1901 - daß am 12. März im italienischen Avellino Asche vom Himmel gefallen ist.

Der Vesuv im April 1872 -

Der Krakatau im August 1883 -

Charleston im August 1886 -

Immer und immer und immer wieder -

Und dann, im Mai 1902 - stürzten 30000 Menschen in die abgrundtiefe Unwissenheit zweier dieser Konventionalisten.

Mai 1902 - es gab eine weitere Überraschung. Auch ihr gingen Ankündigungen voraus, die von Bergen verbreitet und mit Feuersäulen auf die Wolkentafeln geschrieben wurden.

Im April und Mai des Jahres 1902 gab es in einer Zone auf dieser Erde und auch außerhalb dieser Zone Störungen. Zunächst einmal ist festzuhalten, daß es hier um Bezüge zu Dingen außerhalb der Erde geht. Die Ausbrüche des Mt. Pelée auf Martinique begannen am 20. April, dem Datum der Lyraiden[20]. Aber ich lasse in diesem Buch viele meiner Daten über zu vermutende Beziehungen zwischen Daten über Meteorströme und Katastrophen außen vor. Danach ist der Vulkan La Soufrière auf der Insel St. Vincent, Britisch-Westindien, ausgebrochen. Während

[20] Meteorschauer aus dem Sternbild Leier um den 20. April.

eines Erdbebens in Sibirien (12. April) fiel an weit auseinanderliegenden Orten in den Staaten Pennsylvania, New York, New Jersey und Connecticut Schlamm vom Himmel. Siehe *Science*, 15-872; *New York Herald*, 14. April 1902; *Monthly Weather Review*, Mai 1902.

Möglicherweise hat es einen Ausbruch in einem anderen Teil einer relativ kleinen Existenz oder eines relativ kleinen Organismus gegeben. Vielleicht ist ein neuer Stern entstanden. In *English Mechanic*, 75-291, schrieb ein Korrespondent aus Südafrika, er habe am Abend des 16. April im Sternbild der Zwillinge etwas wie einen neuen roten Stern gesehen. Er dachte allerdings, daß es wahrscheinlich kein Stern war, sondern ein Spiegelbild des roten Lichts vom Leuchtturm von Kapstadt.

Die weißen Häuser von St. Pierre auf Martinique – eine weiße Stadt, ausgebreitet an den Hängen des Mt. Pelée. Anfang Mai gab es eine Panik in St. Pierre. Der Mt. Pelée bekam einen Krampf, und die bebende Stadt St. Pierre spuckte Bewohner aus. Die Herrscher verhinderten allerdings, daß die Stadt völlig aufgegeben wurde. Der Gouverneur der Insel rief zwei weise Männer, Professor Landes und Professor Doze, und fragte sie nach ihrer fachkundigen Meinung.

Sie hatten die Werke von Dr. Davison studiert.

Es gab Erschütterungen in Spanien und Frankreich. La Soufrière zeigte sich beharrlich gewalttätig. Ein Vulkan brach in Mexiko aus. Erdbeben auf den Fidschi-Inseln. Heftige Beben in Irland. Vulkanausbruch in der Cook Bay in Alaska.

Professor Landes und Professor Doze studierten den Mt. Pelée. Ein Ausbruch von Vieh und Häusern und Menschen in Rangun in Burma – oder »der schrecklichste Sturm seit Menschengedenken«. Ein bemerkenswerter Meteor wurde in Kalkutta beobachtet. In Java brach der Rooang-Vulkan aus. Ein erloschener Vulkan in Frankreich begann zu grollen. In Guatemala stürzten unter phantastischen elektrischen Schauspielen gewaltige Wassermassen auf die von Beben erschütterte Erde.

Die Professoren Doze und Landes »gaben bekannt«, daß die Aktivitäten des Mt. Pelée keinen Anlaß gäben, aus der Gegend

zu fliehen. Siehe Heilprin, *Mt. Pelée*, S. 71. Gouverneur Mouttet befahl, die Zufahrtsstraßen mit Soldaten abzuriegeln, damit niemand herauskäme.
Am 7. Mai war der Himmel über Frankreich schwarz vor Warnungen. Schlagen Sie zu anderen »Zufällen« zurück, die mit Katastrophen einhergingen. Von Ruß verfärbtes Wasser, schwarz wie Tinte, kam in Parc Saint Maur vom Himmel (*Comptes Rendus*, 134-1108).
An diesem Tag wurden die Einwohner von St. Pierre von den Auswürfen des Mt. Pelée in Angst und Schrecken versetzt. Niemand durfte die Stadt verlassen, aber wie Heilprin berichtet, gelang dem Kapitän des Dampfschiffs *Orsolina* der Ausbruch. Man versuchte, ihn aufzuhalten. Man las ihm die »Bekanntmachung« vor, und die Beamten bedrohten ihn, aber er konnte mit halb gefüllten Frachträumen entkommen. Seine Ankunft in Le Havre wurde am 22. Juni vom *Daily Messenger* in Paris gemeldet. Das Hafenamt von St. Pierre hatte sich geweigert, ihm die Zollpapiere auszuhändigen, aber er war, verängstigt wegen der Auswürfe des Vulkans, ohne Papiere losgesegelt.
Die Menschen von St. Pierre versuchten zu fliehen, aber sie wurden durch die Postenketten der Soldaten an den Ort gefesselt. Selbst in vorsichtig abgefaßten Berichten ist die Rede von Menschen, die in Gruppen durch die Straßen rannten. Inmitten herabschneiender Asche wurden sie am Stadtrand von Soldaten zurückgewiesen und rannten wild im Kreis herum.
Keine Zurücknahme, keine Modifikation ließen die beiden Professoren verlauten. Sie hatten in Übereinstimmung mit den Dogmen ihres tödlichen Kults gesprochen. Lokal gesehen, war ein Auswurf von Asche nicht besonders erschreckend, und man durfte ja keine Verbindung zu anderen, weit entfernten Störungen zulassen. Die Professoren hatten gesprochen, und die Einwohner von St. Pierre waren an die Stadt gefesselt. Die Leute wurden zurückgeprügelt und gestochen, oder man redete vernünftig mit ihnen und überzeugte sie zu bleiben. Wie es erreicht wurde, muß sich jeder selbst vorstellen. Jedenfalls blieben die Leute.

Nachts herrschte eine trügerische Ruhe. Dann kamen neue Ausbrüche. Die Leute rannten schreiend aus den Häusern. Die engen Straßen der weißen Stadt waren dunkel von Menschen, die sich in die eine Richtung drängten, nur um sich an den militärischen Sperren aufzustauen, und dann wieder in die andere, um abermals von Soldaten zurückgeworfen zu werden. Wäre es dunkel gewesen, hätten einige von ihnen fliehen können, aber selbst auf offenem Meer leuchtete der Vulkan so hell, daß die Mannschaft eines vorbeikommenden Dampfschiffs, der *Lord Antrim*, fast geblendet wurde.

Vom Meer aus konnte man sehen, daß die Straßen, die am Berghang entlangliefen, undeutlich hinter dem Qualm und dem Leuchten, zu beben begannen. Lange schmale Ströme verdunkelten die bebenden Straßen – Falten weißer Gewänder über einem sich windenden Wesen, das angekettet auf seinen Flammentod wartete.

Am Morgen des 8. Mai war die Stadt St. Pierre an den Pfahl des Mt. Pelée gekettet.

Es gab einen Feuersturm. Im vulkanischen Feuer, das die Stadt verbrannte, kamen 30000 Menschen ums Leben.

KAPITEL 28

Anfang Oktober 1902 haben zwischen den Philippinen und Hongkong und zwischen den Philippinen und Australien riesige Rauchsäulen unbekannter Herkunft alle Dinge auf See verhüllt und die Navigation schwierig und gefährlich gemacht. Ich kenne nichts auf der Erde, das, zugleich so dicht und so weitläufig, derartige Effekte hervorgerufen hätte. Der Vesuv hat noch nie das ganze Mittelmeer mit Rauch bedeckt. Verglichen mit dieser Verdunkelung war der Rauch in einiger Entfernung vom Krakatau im August 1883 nicht mehr als ein Dunst. Einen Bericht können Sie in *Journal of the Royal Meteorological Society*, 30-285, nachlesen. Der *Hongkong Telegraph*, 25. Oktober – daß ein Vulkanausbruch auf Sumatra gemeldet worden sei. *Science*, 23-193 – daß man von keinem Ausbruch auf Sumatra wüßte – daß es vielleicht große Waldbrände auf Borneo und Sumatra gegeben habe. *Sarawak Gazette* (Borneo), Oktober-November 1902 – keine Angaben zu einem solchen Brand.

Etwas kam, das vielleicht nicht weitläufiger, aber noch dichter war. Wenn eine Geschichte über einen Sandsturm in der Wüste dramatisch ist, dann haben wir hier eine Geschichte über einen ganzen Kontinent, der melodramatisch wurde. Am 12. November fiel in ganz Australien mit Ausnahme von Queensland Staub und Dreck vom Himmel. Dann begann der Himmel trotz dichtester Dunkelheit zu glühen. Feuer fiel herab.

Manchmal kann man beobachten, daß Fehlgeburten Verwachsungen aufweisen – ein Auge sieht zwischen den Rippen hervor, die Gliedmaßen wild verzerrt. Feuer und Staub und Dunkelheit – Schlamm fiel vom Himmel – Australien war ein Schoß, der eine Fehlgeburt erlitt.

Eine Feuerkugel platzte über einem Hügel, es flackerte, und erschreckte Schafe rannten fort – oder, das Strahlen am Himmel reflektierend, tauchte eine lüsterne Brust auf und brachte eine lange, rote Meute von Tieren hervor. Ein gefurchtes Feld – oder Rippen im Dunst – und ein Starren aus der Glut eines Buschfeuers. Die Bäume an einer Allee, schwer mit Schlamm bepackt, sanken auf eine Straße nieder, auf der Wagen fuhren – oder schwarze Lippen, weit zurückgezogen, schließen sich zu einem vergeblichen Selbstmordversuch um eine Nabelschnur.

Feuerkugeln haben in allen Bezirken Victorias Brände ausgelöst. Sie gingen in Städten nieder und zündeten Häuser an. In Wycheproof »schien die Luft zu brennen«. Am 12. und 13. November 1902 fiel in diesem Teil Australiens den ganzen Tag lang roter Staub; am 13. November kam er auch in Queensland herunter. Qualm wallte am 14. durch Nordaustralien. Eine Substanz, die dem Vernehmen nach Asche war, fiel vom Himmel. Eine der Beschreibungen erwähnt »ein leichtes, krümeliges graues Material« (*Sydney Daily Telegraph*, 18. November).

Wie viele Menschen, die sich für halbwegs belesen halten, haben jemals etwas von dieser Entladung über Australien gehört? Und was sind die Belesenen, wenn nicht die gut Geführten? Nur wenig wurde über dieses gewaltige Ereignis in den Publikationen berichtet, die angeblich wissenschaftlich sind. Ich beziehe mich daher auf australische Zeitungen.

Allerdings gab es in *Nature*, Band 67, einen Bericht über die Feuerkugeln, die vom Himmel gefallen sind. Im *Sidney Herald* vom 14. finde ich Berichte über 50 verdunkelte, gelähmte Orte – »Geschäfte geschlossen« – »ein in der ganzen Geschichte der Kolonie einmaliges Ereignis« – »Leute stolperten mit Laternen herum«. Die Menschen mußten sich zeitweilig ihren Weg ertasten. Postkutschen erreichten Sydney mit neun Stunden Verspätung. Nach Schwefel riechende Asche kam am 13. Oktober in Neuseeland herunter (*Otago Witness*, 19. November). Die Städte, in denen Feuerkugeln niedergingen und Häuser in Brand setzten, waren Boort, Allendale, Denilinquin, Langdale und Chiltern.

In Java qualmte es, und die Erde bebte. Ein Meteor kam im indischen Kamsagar herunter. An jenem 12. Oktober ging in den malaysischen Staaten ein sintflutartiger Regen nieder. An einem Fluß wurden allein sieben Brücken fortgeschwemmt.
Es gab keine Untersuchung. Aber eine flüchtige Art von Aufmerksamkeit dämmerte in einem englischen Kopf. In einer Meldung an die Zeitungen hat Sir Norman Lockyer am 7. Dezember 1902 auf die Ähnlichkeit zwischen dem Staub und den Feuerkugeln in Australien und dem Staub und den Feuerkugeln hingewiesen, die im gleichen Jahr im Mai auf den Karibik-Inseln aus Vulkanen gebrochen waren.
Unsere eigene Ansicht hängt davon ab, ob man all dies auf irgendeinen Ausbruch auf der Erde zurückführen kann oder nicht. Der Rauch im Oktober läßt sich nicht auf diese Weise erklären. Aber gab es am 12. November 1902 irgendwo auf der Erde besondere vulkanische Aktivitäten?
Die heftigste Eruption des Kilauea auf Hawaii seit 20 Jahren war zu dieser Zeit gerade im Gange. Sie hatte am 10. November begonnen. Eine feurige Fontäne sprudelte aus dem Vulkan Santa Maria in Guatemala. Dieser Ausbruch hatte am 26. Oktober 1902 begonnen. Am 6. November 1902 begann der Colima in Mexiko gewaltige Rauchwolken auszustoßen. Der Vulkan Savii in Samoa brach am 13. November aus, nachdem er bereits seit dem 30. Oktober geringere Aktivitäten gezeigt hatte. Nach einer Meldung vom 14. November gab es einen Ausbruch auf den Windward Islands. Der Stromboli brach am 13. November aus. Zur gleichen Zeit gab es eine Eruption des Mt. Chullapata in Peru.
Aber der Rauch, der gleichzeitig mit einem Erdbeben in Java auftrat, war einen Ozean und einen Kontinent weit entfernt. Neuseeland ist allen diesen Vulkanen außer dem Stromboli näher als Australien, aber der Staub und die Asche gingen in Neuseeland erst einen Tag später nieder. Feuerkugeln sind in Australien in großen Mengen heruntergekommen. Keine einzige wird aus Neuseeland gemeldet. Nichts ist zwischen Neuseeland und diesen Vulkanen passiert, aber dichte Rauchwolken

hielten zwischen Australien und den Philippinen bis mindestens zum 20. November Schiffe auf (*Hobart Mercury*, 21. November). So betrachten wir den unerklärlichen Rauch von Oktober und November in Verbindung mit den Ausbrüchen vom 12. November und sehen beides als Absonderungen aus einer Quelle an, die von der Erde aus nicht entdeckt werden kann.
Ein neuer Stern war entstanden.
Popular Astronomy, 30-60 – daß im Oktober 1902 ein neuer Stern im südlichen Sternbild Puppis erschienen sei.
Am 19. November 1902 krachte eine sechs Fuß hohe seismische Woge an die Küste Südaustraliens (*Sydney Morning Herald*, 20. November). An diesem Tag leuchtete der neue Stern mit maximaler Helligkeit (7. Größe).
Betrachten Sie unsere Ansicht zu den Phänomenen vom August 1885. Wenn im November 1902 ein vulkanischer Auswurf, von einem südlichen Sternbild kommend, Australien erreicht hat, dann kam er, als hätte er von einer sternenbesetzten Region aus den nächstgelegenen Punkt auf der Erde angesteuert. Wenn die Sternbilder aber Billionen Meilen entfernt sind, dann ist kein Teil der Erde irgendeinem Stern um eine meßbare Entfernung näher als ein anderer.
Die irdischen vulkanischen Aktivitäten waren zu dieser Zeit so heftig, daß wir sie berücksichtigen müssen. Wie in anderen Fällen ist es auch hier unsere Ansicht, daß einander gegenseitig beeinflussende Ausbrüche sich vom Land der Sterne bis zur Erde und durch die Erde ausgebreitet und Vulkane aktiviert haben, die auf Störungen in einem organischen und relativ kleinen Ganzen reagierten.
In Australien herrschte zu dieser Zeit eine extreme Dürre. Die Gewitter, die nach dem 12. November losbrachen, wurden als heftig beschrieben.
Dank seines immerhin dämmernden Bewußtseins konnte Lockyer von den Feuerkugeln berichten, die zusammen mit dem Staub Australien heimsuchten, und ihm fiel ein, daß es einen Vulkanausbruch gegeben haben müsse. Aber es gab darüber hinaus noch etwas, das er nicht sagen konnte. Er wußte es

nämlich nicht. Es wurde in keiner wissenschaftlichen Publikation erwähnt, und es ist in keine Zeitung außerhalb Australiens gelangt. Nach der ersten Salve der Feuerkugeln gingen noch weitere Feuerkugeln in Australien nieder. Ich habe in Zeitungen von allen Kontinenten gesucht, und ich kann bestätigen, daß von keinem anderen Ort solche Feuerbälle gemeldet worden sind.

Die gleichlautenden Beschreibungen lassen uns vermuten, daß alle Feuerkugeln dem gleichen Strom angehört haben. Vielleicht stammten sie von einem Ausbruch im Sternbild Puppis, aber ich bin in diesem Fall außerdem der Meinung, daß sie sich – wenn alle von einem gemeinsamen Ursprung gekommen, und wenn sie im Abstand von einigen Tagen nur in Australien niedergegangen sind – deshalb auf diese Gegend beschränkt haben, weil die Erde stationär ist.

Weitere Angaben finden Sie im *Sydney Herald* und im *Melbourne Leader.* Am 13. November ist in Parramatta ein Meteor explodiert. Eine Feuerkugel ist abgestürzt und spektakulär in Carcoar explodiert. In Murrumburrah, New South Wales, sind am 18. November Staub und eine große Feuerkugel heruntergekommen. Am Abend des 22. November ist über den Ort Nyngan eine Feuerkugel hinweggezogen, die Himmel und Boden hell erleuchtet hat. Am Abend des 20. November, so meldete Sir Charles Todd vom Observatorium in Adelaide, wurde eine große Feuerkugel gesehen, die sich so langsam bewegt habe, daß man sie vier Minuten lang habe beobachten können. Am Abend des 21. November um 23.00 Uhr wurde in Towitta eine Feuerkugel von der scheinbaren Größe der Sonne beobachtet. Eine Stunde später wurden mehrere Städte vom Schein einer großen Feuerkugel erhellt. Am 23. November ist in Ipswich, Queensland, eine Feuerkugel explodiert. Es ist mir besonders wichtig, auf jene Aufzeichnung hinzuweisen, die besagt, daß eine dieser Bomben oder einer dieser Meteore sich so langsam bewegte, daß er vier Minuten lang zu sehen war.

Vom 12. Februar bis zum 1. März 1903 kamen an der Westküste

Afrikas, in vielen Teilen des europäischen Festlandes und in England Staub und verfärbter Regen herunter. Die konventionelle Erklärung, die veröffentlicht wurde: In Afrika hätte es einen Wirbelsturm gegeben.
Ich habe mehr als zwanzig Jahre lang in den Bibliotheken von New York und London geschuftet. Es gibt Millionen Menschen, die das für ein langweiliges Leben halten würden.
Aber die Herausforderungen - die Erregung - die Funde.
Eine beliebige Erklärung einer beliebigen Orthodoxie wirkt auf mich wie Handschellen. Es sind Hirnschellen. Manchmal kümmert es mich einen Dreck, ob die Sterne Billionen Meilen oder nur zehn Meilen weit entfernt sind - aber sobald jemand mir gebieterisch oder mit einem Anflug von Endgültigkeit verkündet, daß die Sterne Billionen Meilen oder nur zehn Meilen entfernt seien, regt sich oder entzündet sich meine Aufsässigkeit, und wenn es mir nicht gelingt, das Schloß der Verkündungen zu knacken, muß ich mich irgendwie herauswinden, um meinen Egoismus zu retten.
Da wären also die Staubniederschläge vom Februar und März 1903 - und die Wirbelsturm-Erklärung - und andere Egoisten werden verstehen, wie sehr ich leide. Man sage bloß zu mir: »Nichts als Staub aus einer afrikanischen Wüste«, und ich beginne mich zu winden wie ein Entfesselungskünstler.
12. Februar bis 1. März 1903 - »Staub aus einer afrikanischen Wüste«.
Ich mache mich an die Arbeit.
Nature, 75-589 - daß ein Teil dieses Staubes, der in Cardiff niedergegangen war, analysiert wurde, und daß er wahrscheinlich vulkanischen Ursprungs war.
Aber das Wort »analysiert« ist eine Beleidigung für meine Bigotterien - ein konventioneller Chemiker - orthodoxe Verfahren - wissenschaftliche Täuschungen - noch mehr Zwänge.
Mit einem Fund aus dem Londoner *Standard*, 26. Februar 1903, bin ich zufrieden. Es nützt mir nichts, besonders jetzt nicht mehr, aber irgendwie kommt es meiner Bosheit entgegen - ein Brief von Professor T. G. Bonney, in dem er erklärt, daß

der Staub nicht vulkanischen Ursprungs sei, weil sich kein glasartiges Material darin befinde – und ein Brief von jemand anders, der sagt, er habe die Proben des Staubes untersucht und in allen Partikeln Glas gefunden.

»Es war Staub aus einer afrikanischen Wüste.«

Aber ich habe Quellen.

Eine von ihnen heißt *Al-Moghreb*. Wie viele Menschen außer mir haben je von *Al-Moghreb* gehört? *Al-Moghreb* ist meine Entdeckung.

Der Staub kam in England, Österreich, in der Schweiz, in Belgien, Deutschland und an der Westküste Afrikas herunter.

Hier ist nun meine Frage:

Wenn ein afrikanischer Wirbelsturm so kräftig war, daß er Staub in einem großen Teil Europas verstreuen konnte, ist es dann nicht wahrscheinlich, daß man ihn in Afrika wahrgenommen hat?

Al-Moghreb (Tanger) – keine atmosphärischen Störungen werden erwähnt, die die konventionelle Erklärung stützen könnten.

Lagos Weekly Record – *Sierra Leone Weekly News* – *Egyptian Gazette* – kein Wort.

Und dann einer jener Funde, die die Fronarbeit in Büchereien so aufregend machen wie die Goldsuche –

14. Februar desselben Jahres – eines der außergewöhnlichsten Phänomene in der Geschichte Australiens. Seine Größenordnung kam den Ereignissen vom vorangegangenen November gleich. Inmitten schwärzester Finsternis fielen Staub und Schlamm vom Himmel. *Melbourne Age*, 16. Februar – ein dreispaltiger Bericht über Dunkelheit und Staub und fallenden Schlamm in etwa 40 weit auseinanderliegenden Orten in New South Wales und Victoria.

Das Material, das in Australien vom Himmel fiel, kam in ähnlich großen Mengen herunter wie der Staub in Europa. In einem ganzen Dutzend Artikeln, die von Konventionalisten geschrieben wurden, wird das Phänomen nicht ein einziges Mal erwähnt. Es begann zwei Tage nach dem ersten Niederschlag von Staub westlich von Afrika. Es war Zufall, oder es ist ein

Beispiel für zwei gewaltige Staubansammlungen, die vom gleichen Ursprungsort gekommen sind.
In Afrika hat es, offenbar unbemerkt, einen Wirbelsturm gegeben, der Europa bestreut und Australien verfärbt hat, und der an keinem Ort zwischen diesen beiden Kontinenten Niederschläge verursacht hat; oder zwei riesige Staubansammlungen wurden von einer Störung irgendwo jenseits unserer Erde ausgeworfen, trieben zu uns und kamen praktisch gleichzeitig an, was darauf hindeutet, daß die Entfernung zwischen der Quelle des Staubs und unserer stationären Erde nicht ungeheuer groß ist, sondern so klein, daß sie binnen weniger Tage oder Wochen überwunden werden kann.
Es hat meines Wissens zu dieser Zeit keinen Vulkanausbruch auf der Erde gegeben. Wenn trotzdem einer stattgefunden hat, dann muß er stärker gewesen sein als alle bisher auf der Erde bekannten Vulkanausbrüche.
Ein neuer Stern war entstanden.
Er wurde von einem Berufsastronomen auf Photos vom Sternbild der Zwillinge entdeckt, die am 8. März aufgenommen worden waren (*Observatory*, 22-245). Möglicherweise hat der neue Stern schon eine ganze Weile existiert, bevor jemand zufällig diesen Teil des Himmels photographierte und ihn entdeckte.
»Wissenschaftler«, so werden sie manchmal genannt - »und ihr Ideal der Exaktheit« - sie sind eher eine Horde verdorbener Gören, die um fast jeden Preis ihren Kopf durchsetzen wollen. *Cosmos*, 69-422, hat weitere meteorische Phänomene gemeldet, die vor dem schrecklichen Erdbeben beobachtet wurden, das am 8. September 1905 Kalabrien erschüttert hat. Es hieß - oder es »wurde erklärt« -, daß Professor Agamennone die Untersuchungen aufgenommen habe. Es wäre vernichtend für die konventionelle Wissenschaft gewesen, wenn Professor Agamennone diese Berichte bestätigt hätte. Wir wissen, was wir zu erwarten haben.
Nach seinem Bericht in *Cosmos* sind zuerst Meteore niedergegangen, und eine Dreiviertelstunde später schlug an eben diesem Ort auf eben dieser wahrscheinlich stationären Erde

noch einmal ein einzelner großer Meteor ein. Er explodierte und löste ein Beben aus, dem 4000 Menschen und 4600 Gebäude zum Opfer fielen.

Das laute Krachen einstürzender Mauern, angetrieben vom Brüllen niedergehender Dächer, ist wie ein Schiff durch einen Sturm gesegelt. Als es unterging, sprangen Wehklagen von Bord.

Aufgrund der tieferen Einheit aller Dinge können wir die Geräusche der Katastrophe in die Begriffe jeder anderen Gruppe von Phänomenen fassen. Die strukturellen Prinzipien sind immer die gleichen, ob in der phonetischen oder in der biologischen Anatomie. Ein Wehklagen oder ein Insekt oder ein Tausendfüßler, alles kann man als Reihe von Segmenten sehen.

Oder die Trümmer einer Stadt, die zum Friedhof geworden war. Zuckend zum Leben erwacht, begann der Tag der Wiederauferstehung, der aber anders verlief, als religiöse Menschen es sich vorstellen. Stöhnende Klangsäulen stiegen von Begräbnissen empor. Ein Schrei, mit Flüchen besetzt, drang aus einem Loch. Eine Kirche, seit Jahrhunderten die Höhle eines Parasiten, sank zu einem Schutthaufen zusammen. Ein Schlund, der eine Gemeinde verschlungen hat. Heraus drang ein Kirchenlied, das sich emporwand wie ein Bandwurm aus einem zerfetzten Magen.

Chöre brachen in Stöhnen aus, das wie Reihen von Trauerweiden war. Ein Gebet flog über einen Acker des Murmelns und wurde von einer Blasphemie durchbohrt. An Stelle von Rosenkränzen wurden Leitern gebetet, über die Ruchlosigkeiten emporgeklettert sind. Und dann wieder, im Chor, der Niedergang.

In Ländern, die oft von Erdbeben heimgesucht werden, glauben die Menschen, es gebe eine Gottheit, die ihnen rät, sich im Falle einer Katastrophe in der Kirche zu versammeln. Meine eigene Theologie stimmt mit ihrer überein. Dank solcher Menschenansammlungen wird die Beseitigung von überzähligen Menschen nämlich erst möglich. Aber wenn die Marienbilder durch

Bilder von Mrs. Sanger[21] ersetzt würden, dann gäbe es keine derart nützlichen Morde mehr.

In *Bulletin de la Société Astronomique de France*, Oktober 1905, heißt es, dieser Katastrophe in Kalabrien seien Leuchterscheinungen vorausgegangen. Die Beobachtungen über Erscheinungen am Himmel wurden von Professor Alfani gesammelt und in *Revista di Fisca* veröffentlicht. Aber die Welt der Wissenschaft wartete vor allem auf Professor Agamennones Erklärung zu den gemeldeten himmlischen Phänomenen. Hin und wieder war in wissenschaftlichen Zeitschriften eine Bemerkung zu lesen, daß er noch mit der Untersuchung beschäftigt sei.

Man hörte nicht nur etwas von Meteoren. In Tiriolo ist auch Staub vom Himmel gefallen.

Man hat es erklärt.

Der Stromboli war ausgebrochen.

Comptes Rendus, 141-576 - ein Bericht von Monsieur Lacroix, der zu jener Zeit in der Nähe des Stromboli gewohnt hat - daß der Stromboli, als der Staub fiel, keine außergewöhnlichen Aktivitäten gezeigt habe.

Lange danach wurden die Ergebnisse von Professor Agamennones Untersuchung veröffentlicht. Er hatte nur einen einzigen Zeugen finden können.

Es ist nicht leicht, sich eine organische Kontrolle vorzustellen, die ihren Überschuß an Menschen an Orte führt, an denen er besser beseitigt werden kann, und die gleichzeitig Professor Agamennone erlaubt, an diese Menschen gerichtete Warnungen zu erkennen. Aber wenn es in einem Super-Stoffwechsel genau wie in Sub-Organismen einen zerstörerischen Katabolismus gibt, dann gibt es umgekehrt auch die Möglichkeit, etwas wiederherzustellen. Anabolische Schwingungen, die uns Erdenmenschen als »Mitgefühl« und »Barmherzigkeit« bekannt sind, schüttelten aus Taschen, die in weit entfernten kalifornischen

[21] Margaret Sanger, geb. Higgins (1883–1966). Amerikanische Vorkämpferin für Geburtenkontrolle.

Hosen saßen, Geldsummen, die geholfen haben, das blessierte Gewebe Italiens zu heilen.

Etwas anderes, das jeder Konventionalist als »reinen Zufall« wegerklären wird, ist die Tatsache, daß in Kalabrien sintflutartige Niederschläge vom Himmel fielen. Zu dieser Zeit herrschte allenthalben Wassermangel.

Indien – »bemitleidenswert« war das Wort, das in Berichten über eine der schrecklichsten Dürren überhaupt zu lesen war. Eine Provinz welkt dahin – 2000 Menschen verhungern täglich in der Stadt Sind. Die Menschen schrumpeln zusammen, auf den verbrannten Feldern ziehen dunkelhäutige Flüchtlinge dahin. Eine Gruppe Einheimischer in einem verdorrten Hain – Stämme und Äste blattloser kleiner Bäume, geschrumpfte Arme und Beine mischen sich zu einem ausgezehrten Durcheinander.

Ein verdurstender Einwohner liegt auf dem Bauch in einem Feld – er ist von der langen, weißen Staubwolke auf dem ausgetretenen Weg fortgekrochen. Die Hölle kann überall sein, aber manchmal scheint in Indien eine ganz besondere Hölle zu sein. Der Lendenschurz des verdurstenden Einwohners – daran befestigt eine Kette mit Juwelen, die er, obwohl schon im Sterben, gestohlen hat. Eine lange, weiße Staubwolke, die sich wie ein Gürtel über die Landschaft legt – und sie trägt als Schmuck die Elefanten eines Radscha.

Es hat großes Leiden in Lahore gegeben. Alle Götter wurden um Regen angefleht. Am 9. September gab es in Lahore ein Erdbeben. Alle Götter antworteten zugleich und vereinten ihre Gaben mit einer Macht, die viele Häuser zerschmettert hat. Die *Pioneer Mail* aus Allahabad am 15. September – »Häuser brachen in großer Zahl zusammen, und die Einwohner wanderten, obdachlos geworden, umher.« – »Ein solches Ereignis um diese Jahreszeit sucht seinesgleichen. Alle wurden überrascht.« (*Times of India*, 16. September).

Die Main Street – sagen wir in einer einigermaßen großen amerikanischen Stadt – ein stiller Nachmittag – der Frisör und der Tabakladen an der Ecke – nichts rührt sich –

Plötzlich ein Tumult – und die Main Street stürmt aus der Stadt.
Oder ein menschlicher Geist in langweiliger Selbstgefälligkeit – kommt eine Versuchung herbei, oder eine Überzeugung wird zerschmettert, und etwas, das als Prinzip gegolten hat, eilt als Sturzbach zerbrochener Überzeugungen aus diesem Geist heraus –
Daß Delirium oder Fieberwahn – oder alles andere Geistige oder Menschliche – nicht auf Geister oder Menschen beschränkt ist – bloß welche Daten bringen mich auf die Idee, aus einer amerikanischen Stadt könnte jemals die Hauptstraße herausgestürzt kommen?
Ich komme darauf, weil sich etwas ähnliches tatsächlich ereignet hat. Es war zur Zeit der Überschwemmungen in Indien. In Kaschmir ist eine ungeheure Menge Wasser vom Himmel gefallen.
Viele Einwohner der Stadt Srinagar in Kaschmir haben in reihenweise hintereinander befestigten Hausbooten auf dem Fluß Dschilam gelebt, einem trägen schlammigen Strom, der sich kaum zu bewegen schien und zwischen den Booten lag wie glattes Pflaster. Plötzlich stieg er um 17 Fuß. Die beiden langen Reihen von Hausbooten wurden fortgeschwemmt.
Ein anderer Fluß in Kaschmir hat ein Dorf zerschmettert. An den Ufern blieben parallele Reihen der Zerstörung zurück.
Reißen Sie den Flügel eines Schmetterlings entzwei – das ist eine Verstümmelung. Reißen Sie den anderen Flügel auf die nämliche Weise ein – das Gleichgewicht ist wiederhergestellt. Zwei Verstümmelungen können zur Harmonie führen. Das zweifach Schreckliche könnte zum Schönen werden. Wenn an beiden Ufern des Flusses, der eine dahinströmende Achse war, Mütter gleichzeitig über den Leichen ihrer Kinder schrien, dann war diese Korrespondenz der Kern des Geschehens. Zweifacher Schmerz, ordentlich ausbalanciert in den parallelen Linien der Zerstörung, befriedigen die Anforderungen all jener, für welche allein die Harmonie etwas Göttliches ist.

Ein Erdbebengebiet in Europa und Asien wurde überschwemmt. Eine Dürre in der Türkei – Erdbeben – reichlich Regen (*Levant Herald*, 11. und 18. September). Gewaltige Wassermassen fielen vom Himmel, während es in Kalabrien weitere Beben gab. Spanien litt unter Überschwemmungen.
27. September – ein weiteres schweres Beben in Lahore, und an diesem Tag fiel in Kalabrien abermals Staub unbekannter Herkunft vom Himmel. Gleichzeitig spürte man eine heiße Luftströmung. Nach Angaben des *Levant Herald*, 9. Oktober, sind viele Menschen erstickt. Die Schilderungen sprechen von einem vulkanischen Auswurf, den man aber nicht auf einen irdischen Ursprung zurückverfolgen konnte. Wenn er von irgendwo jenseits der Erde gekommen ist, dann ist eine solche Wiederholung in Kalabrien entweder ein Zufall oder ein Hinweis darauf, daß die Erde stationär ist. Da ist es schon einfacher, die Sache als Zufall abzutun.
Ein neuer Stern war entstanden.
Am Abend des 18. August wurde in England ein Strahl eines »Nordlichts« beobachtet, wie es bei Vulkanausbrüchen oder wenn neue Sterne erscheinen, oftmals am Himmel beobachtet wird (*English Mechanic*, 82-88). Am 31. August sah Mrs. Fleming im Observatorium der Universität von Harvard photographische Platten durch und bemerkte, daß am und nach dem 18. August ein neuer Stern aufgenommen worden war. Der neue Stern leuchtete, schwächer werdend, den ganzen September über.
Unsere Ansicht zu Strahlen, die angeblich von »Nordlichtern« ausgegangen sind, sieht so aus, daß schon oft gewaltige Lichtstrahlen am Himmel beobachtet wurden, während irdische Vulkane aktiv waren; daß ähnliche Erscheinungen beobachtet wurden, wenn neue Sterne entstanden sind, und daß man diese Erscheinungen als Lichteffekte von Vulkanen auffassen kann, die sich nicht auf der Erde befinden.
Angaben zu mehreren dieser Strahlen finden Sie in *Nature*, Bände 44 und 45, und in *Popular Astronomy*, 10-249. Einer war am 1. September 1891 zu sehen, während der Stromboli aktiv

war, ein weiterer am 16. Juli 1892 während eines der größten Ausbrüche des Ätna. Eins der jüngsten Beispiele können Sie den Zeitungen vom 16. April 1926 entnehmen: Als auf Hawaii der Mauna Loa ausbrach, war in Nebraska ein Lichtstrahl zu sehen.

Am Himmel leuchtet ein Licht auf, und auf der Erde wird eine Störung registriert, als gäbe es eine Wechselwirkung, die nicht eintreten könnte, wenn Billionen Meilen zwischen den Beteiligten lägen.

»Reiner Zufall.«

Ein Erdbeben auf Formosa und ein Erdbeben in Kalifornien.

»Reiner Zufall«, sagen die Konventionalisten, die sich den örtlich beschränkten Erklärungen verschrieben haben.

18. April 1906 - die Zerstörung von San Francisco. Der Gouverneur von Kalifornien ernannte einen Ausschuß von acht Professoren, die die Katastrophe untersuchen sollten. Die acht Professoren ignorierten rein zufällig alles andere, was zur gleichen Zeit geschehen war, und erklärten die Ereignisse in den üblichen örtlich beschränkten geographischen Begriffen. In *Nature*, 73-608, ist Dr. Charles Davisons Erklärung veröffentlicht, die auf eine örtliche Bodensenkung abhebt. Dr. Davison erwähnt nichts von dem, was zu jener Zeit sonst noch geschehen ist.

Zur gleichen Zeit - ein katastrophales Erdbeben auf Formosa und der heftigste Ausbruch des Vesuv seit April 1872; Aktivitäten in einem lange erloschenen Vulkan auf den Kanarischen Inseln; ein Erdbeben in Alberta, Kanada; ein plötzliches Steigen und Fallen des Wasserspiegels im Genfer See; ein Ausbruch des Mt. Asama in Japan.

Betrachten Sie noch einmal den Ausbruch in St. Pierre auf Martinique im Mai 1902 - 30000 Menschen sind ordentlich zugrunde gegangen; wie es sich gehört, mit akademischer Billigung zu Asche verbrannt.

Januar 1907 - die Ignoranten von Jamaika. Sie haben ihr eigenes Leben gerettet, weil sie es nicht besser wußten.

Am 14. Januar 1907 um 15.00 Uhr fiel plötzlich Dunkelheit über

Kingston auf Jamaika. Die Menschen riefen einander zu, daß ein Erdbeben kommen werde, und viele rannten in Parks und auf offene Plätze. Das Erdbeben kam. Die Menschen, die ins Freie gerannt waren, überlebten, aber um die tausend andere kamen in den einstürzenden Häusern zu Tode.

Ein Netz, das aus Dogmen gesponnen wurde, hat tausend Opfer gefangen. Nach dem Erdbeben glichen die Ruinen von Kingston einer Spinne, von der in langen, schwarzen Linien die Züge der Leichenwagen ausgingen. Aber alle, die in die Parks gelaufen waren, weil sie glaubten, daß die Erscheinungen am Himmel eine Kastrophe auf der Erde ankündigten, haben überlebt. Ich habe Daten erwähnt, die uns vermuten lassen, daß ein de Ballore und alle anderen Konventionalisten diese Leute ausgelacht hätten, weil sie »einen reinen Zufall« auf diese Weise interpretiert haben.

Oktober 1907 und März 1908 – Substanzen wie Ruß und Asche fielen vom Himmel – Katastrophen auf der Erde und neue Sterne, die von Amateuren entdeckt wurden. Siehe *English Mechanic*, 86-237, 260 und *Observatory*, 31-215.

30. Dezember 1910 – ein neuer Stern – ein schreckliches Erdbeben – und vom Himmel fallen große Mengen einer Substanz, die an Asche erinnert. Der neue Stern, *Nova Lacertae*, wurde vom Berufsastronomen Dr. Espin entdeckt. Man schlug in älteren Photographien nach. Der neue Stern hatte fast sechs Wochen unbemerkt von irdischen Observatorien geleuchtet. Er war auch ohne Teleskop sichtbar (5. Größe).

Fast sechs Wochen lang leuchtete ein neuer Stern über den Observatorien unserer Erde, und kein Milchmann hat ihn gemeldet. Aber wir nehmen diese Schlampigkeit ohne Kummer zur Kenntnis, weil es nicht die Aufgabe dieses Buches ist, Lobreden auf den Amateur in der Wissenschaft zu halten. Nur in der Astronomie ist die Demütigung der Hauptberuflichen durch die Amateure verbreitet. Ich habe keine Angaben zu kleinen Jungen, die in Labors rennen und Chemie- oder Physiklehrer mit wichtigen Entdeckungen in Verlegenheit bringen. Die Leistungen der Amateure in der Astronomie sind nur noch mit jemand vergleichbar, der einem Rip van Winkle[22] Informationen über aktuelle Ereignisse gibt. Ich will mich nicht entschuldigen, weil kein Nachtwächter mehrere Stunden an die Vordertür eines Observatoriums gehämmert und die Spinnen unsanft bei der Arbeit gestört hat.

[22] Held der gleichnamigen Prosaskizze, die Washington Irving 1820 veröffentlicht hat. Hier: Anspielung auf die Tatsache, daß Rip van Winkle in einen 20 Jahre langen Schlaf versunken ist.

KAPITEL 29

Warum sehen sie nicht, was manchmal prächtig zu sehen ist? Die Antwort ist die gleiche wie die auf eine andere Frage:

Warum sehen sie manchmal etwas, wo es nichts zu sehen gibt?

Im Jahre 1899 verkündete der Astronom Campbell, der Stern Capella sei in spektroskopischer Hinsicht ein Zwillingsstern, er habe also einen Begleitstern, wie man mit dem Spektroskop feststellen könne. Die Astronomen am Observatorium von Greenwich nahmen die Nachforschungen auf. Einer von ihnen blickte durchs Teleskop und sagte, oder besser, verkündete, daß er es sehen könne. Ein weiterer Astronom suchte nach dem Begleiter. Auch er erklärte, daß er ihn sehen könne. Acht weitere Astronomen folgten. Alle erklärten sie, daß sie den Stern sehen konnten. Aber heute sagen die Astronomen, daß der angebliche Begleiter in keinem Teleskop erkennbar sei. Siehe Duncan, *Astronomy*, S. 335.

Auch wenn sich eine Beschreibung seiner Teile aus nächster Nähe lesen würde wie die Scheidungsstatistik der Vereinigten Staaten, soll der Andromedanebel angeblich so weit weg sein, daß ein Beobachter auf der Erde keine Auflösungserscheinungen wahrnehmen kann. In früher erschienenen astronomischen Büchern sind Reproduktionen von Photographien dieses Nebels aufgetaucht, die so kunstvoll retuschiert worden waren wie, sagen wir, das Leben der Heiligen von den Theologen. Der Nebel hatte eine eindeutig spiralförmige Gestalt, um beim Leser den Eindruck eines Strudels hervorzurufen. Aber die Nebeltheorie der Existenz ist untergegangen. In neueren astronomischen Büchern erkennen wir in Bildern vom Andromedanebel keineswegs etwas so Eindeutiges wie einen Strudel, sondern der Nebel wirkt eher gestreift.

Die Astronomen sehen, was immer sie sehen wollen – soweit sie überhaupt sehen –, und dann sehen sie zu, daß wir das gleiche sehen. Auch wenn man aus unseren Unterlagen andere Schlüsse ziehen könnte, so gibt es doch beachtliche Seher unter den Astronomen.

Wenn ich ein fernes Haus betrachte und hinter den Scheiben Gesichter auftauchen sehe, dann scheint mir irgend etwas zu sagen, daß die Veranda des Hauses nicht in eine Richtung fliegt, das Dach in eine andere davonschießt und jeder Ziegelstein sich auf einen individuellen Streifzug begibt. Natürlich gibt es winzige Bewegungen. Aber wenn das Haus nahe genug ist, daß ich neue Gesichter in den Fenstern auftauchen sehen kann, dann müßten doch andere Veränderungen und Unerklärlichkeiten, beispielsweise wenn das Dach sich ungestüm von der Veranda zu verabschieden suchte, noch viel deutlicher zu sehen sein. Wir freuen uns immer sehr, wenn wir zu etwas eine bescheidene Ansicht entwickeln können.

Der Andromedanebel soll so weit entfernt sein, daß gewaltige Bewegungen seiner Bestandteile nicht sichtbar sind.

Aber mehr als fünfzig neue Sterne wurden beobachtet, die aus ihm herauslugten.

So wird uns klar, wie häufig neue Sterne auftauchen, wenn in einem einzigen kleinen Sternbild schon mehr als fünfzig gesehen wurden. Wenn Amateurastronomen so zahlreich wären wie Golfspieler, dann würden wir noch viel mehr sehen.

Vorausberechnete Veränderungen wie das Erscheinen und Verschwinden von Sternen sind beobachtet worden, aber bisher hat noch niemand eine Veränderung der relativen Position von Sternen beobachtet. Manche Regionen des Himmels sind gleichsam mit kleinen Sternen gepudert. Wenn es nicht so hübsche kleine Dinger wären, dann wäre der Himmel nachgerade verschmutzt von ihnen. Aber kein Körnchen dieses leuchtenden Sandes wurde je dabei gesehen, wie es relativ zu anderen Körnchen seine Position verändert hat. Alle registrierten Positions-

veränderungen sind so geringfügig, daß manche von ihnen auf ungenaue Aufzeichnungen in früheren Zeiten zurückgeführt werden können, und andere auf verschiedene Einflüsse, die aber mit unabhängiger Bewegung nichts zu tun haben.
Wir wollen an dieser Stelle nicht über die angeblichen Phänomene der »Begleitsterne« diskutieren. Aber unsere eigenen Ansichten erfordern es, daß kleine Positionsveränderungen von Sternen existieren, genau wie sich auch irdische Vulkane mit der Zeit leicht verändern. Man hat noch nie gesehen, wie ein Stern vor einem anderen entlangzog, aber Beobachtungen über andere Veränderungen der Sterne werden häufig gemacht.
Angaben zu fünf neuen Sternen binnen fünf Monaten finden Sie in *Popular Astronomy*, März 1920.
Viele der sogenannten neuen Sterne waren schwache alte Sterne, die plötzlich aufgeflackert sind. Solche plötzlichen Ausbrüche hat es auch auf der Erde bei Vulkankratern gegeben, die man für schlafend oder für erloschen gehalten hatte. Dies hat sich ohne Zusammenprall ereignet. Nichts ist vorbeigekommen und hat sie angestoßen.
Abgesehen von unseren Ansichten zu organisch notwendiger Unterdrückung ist zumindest ein Aspekt des Ursprungs der vorherrschenden astronomischen Doktrin gut zu verstehen. Denken wir an die Zeit der Mathematiker, für die astronomische Beobachtungen zweitrangig waren. Der einzige dieser frühen Astronomen, der als fleißiger Beobachter gelten kann, war Tycho Brahé. Er formulierte die Ansicht, daß die Erde stationär sei. Die anderen haben kaum beobachtet und ihre Zeit lieber mit Rechnen verbracht. Heutzutage werden oft neue Sterne beobachtet, aber 178 Jahre lang haben die Rechner keinen einzigen bemerkt. Zu ihrer Zeit galt es als ungeschliffen oder gar unanständig zu sehen. Kluge Menschen geraten eben gegenüber Snobs immer wieder ins Hintertreffen.
Zur Zeit der Begründer astronomischer Dogmen hatte man für Beobachtungen nichts als Spott übrig und nannte sie *Empirismus.* Alles, was vom Weg des geringsten Widerstandes abweicht,

wird mit Verachtung gestraft, bis der Wettbewerb zu größeren Anstrengungen zwingt. Die eleganteste Haltung ist in dieser Hinsicht die des Aristokraten, soweit wir mit Aristokratie das entschlossene Meiden jeglicher Anstrengung meinen. Jedem, der arbeitet, haftet dagegen etwas Ungeschliffenes an. Denken Sie doch mal einen Augenblick nach – man könnte ja schwitzen.

Amateure sehen mit ihren kleinen Ferngläsern auf ihren Hinterhöfen, was die Berufsastronomen übersehen, aber sie erkälten sich dabei. Wenn ein Hinterhofamateur wie W. F. Denning etwas meldet, dann denken wir an Geduld und Spucke. Denning schneuzte sich und hielt die Augen offen. Die Insassen von Observatorien berechnen, wenn sie nicht schlafen. Das ist einfacher fürs Hirn und schont die Nasen. Damals, als kleine Jungen Himmel und Hölle spielten und mit Murmeln schusserten und den neuen Sport, Astronomen astronomische Informationen zu geben, noch nicht erfunden hatten, oder damals, als nur die Astronomen ein wenig Wert auf astronomische Dinge gelegt haben, in einer Zeit also, als man noch nichts von Veränderungen zwischen den Sternen gehört hatte, entstand die Erklärung der weiten Entfernungen, um unbemerkte Veränderungen erklären zu können.

Man muß annehmen, daß die Sterne ihre Positionen relativ zueinander aus dem gleichen Grund nicht verändern, aus dem es auch der Vesuv und der Ätna nicht tun. Oder, daß es nur sehr geringfügige Positionsveränderungen gibt, wie Vesuv und Ätna relativ zu einander auch nur geringfügig ihre Position verändern: daß aber noch kein Stern dabei beobachtet worden ist, wie er über einen anderen Stern hinwegzog, ebensowenig, wie der Vesuv je dabei beobachtet worden wäre, daß er am Himmel über den Ätna dahinzog.

Auch andere Veränderungen zwischen den Sternen, die angeblich so weit entfernt sind, daß man Veränderungen ihrer Positionen nicht sehen kann, wurden registriert. Eine Erörterung von Sternen, die verschwunden sind, finden Sie in *Nature*, 99-159. Eine Liste von ungefähr 40 vermißten Sternen finden Sie in *Monthly Notices of the Royal Astronomical Society*, 77-56. Diese Liste ist nur als Ergänzung zu anderen Listen gedacht.

Am 14. März 1912 berichteten die Zeitungen, daß das Kieler Observatorium die Entdeckung eines neuen Sterns »verkündet« habe. Kein Zeitungsleser jener Zeit hätte etwas anderes vermutet, als daß die wachsamen Astronomen, die ihre Gehälter wert sind, es wissen, wenn ein neuer Stern erscheint.

Am frühen Morgen des 11. März wurden in vielen Gegenden der Vereinigten Staaten ungewöhnlich starke Erdbeben registriert. An der Harvard University verkündeten die Rechenkünstler, daß das Epizentrum des Bebens in der Karibik oder in Mexiko liege. Die Zeitungsleser, soweit sie aufpaßten, waren gebührend beeindruckt von der Fähigkeit der großen Geister in Massachusetts, die wußten, was in der Karibik oder in Mexiko vor sich ging. Aber am nächsten Tag berichteten die Zeitungen über ein Erdbeben am 11. März auf Triangle Island in der Nähe von Vancouver, British Columbia. Kein Wort über die Karibik oder Mexiko. In Victoria, British Columbia, hat man ausgerechnet, daß das Epizentrum des Bebens 400 Meilen westlich im Pazifischen Ozean gelegen habe. Die gleichen Leser, die inzwischen vergessen hatten, wohin die Rechenkünstler von Harvard das Beben verlagert hatten, hielten es für wunderbar, daß die Wissenschaftler solche Dinge herausfinden konnten.

Manchmal färben sich ferne Himmel durch die Schatten von Katastrophen dunkel. Hätte sich dieses Erdbeben in einem dicht bevölkerten Gebiet ereignet, dann hätten wir wahrscheinlich neue Daten über ferne Niederschläge von wahrscheinlich vulkanischem Material bekommen, die während der Katastrophe niedergingen. Am Tag des Erdbebens fiel in der Nähe von Colmer, ungefähr 30 Meilen von London entfernt, schwarzer Regen (*Journal of the Royal Meteorological Society*, 38-275). Der Regen war nicht schlammig, sondern wie verdünnte Tinte. Jemand glaubte, es sei Ruß aus London. Jemand anders war anderer Meinung und wies darauf hin, wenn dies so wäre,

müsse in London selbst häufiger unverdünnte Tinte niedergehen.
Am Abend des 12. März saßen die Astronomen der Erde in ihren Observatorien und rechneten. Wo auch immer in Norwegen die Stadt Dombass liegen mag, die Astronomen in Kiel wurden durch ein Telegramm aufgeschreckt. Es stammte von einem Amateur namens Enebo, der ihnen meldete, daß im Sternbild der Zwillinge ein neuer Stern entstanden sei, der mit bloßem Auge sichtbar war. Die Astronomen in anderen Erdteilen wurden verständigt. Sie blickten von dem auf, was bei ihnen als astronomische Betätigung gilt, und sahen, was der Amateur entdeckt hatte.
Im November 1913 photographierte ein Astronom einen Teil des Sternbildes Schütze. Ich weiß nicht, was er sich dabei gedacht hat. Vielleicht hat er schlafwandelnd photographiert und sich überhaupt nichts dabei gedacht. Sechs Jahre später fand jemand heraus, daß er einen neuen Stern photographiert hatte. Daraufhin wurden die anderen Photos untersucht. Astronomen sind sehr gut darin, etwas zu finden, das man ihnen vorher gezeigt hat, und sie erfuhren nun, daß sie diesen Stern, der von der 10. bis zur 7. Größe immer heller wurde, am 21. und 22. November bereits photographiert hatten.
Gesucht: etwas, das uns Daten liefern kann.
Und wie jeder Theoretiker finden wir, was wir suchen – *Nature*, 94-372 – daß sieben Tage, nachdem der neue Stern seine höchste Leuchtkraft erreicht hatte, am Himmel über Italien, Frankreich, Belgien und England ein Nachglühen beobachtet wurde, das man mit keinem bekannten Vulkanausbruch auf der Erde in Verbindung bringen kann.
25. April 1917 – ein Berufsastronom photographierte einen neuen Stern (Größe 6,5) im Sternbild Herkules. Am nächsten Tag gab es in Italien ein schreckliches Erdbeben. Am 1. Mai 1917 registrierten die Seismographen auf der Erde ein starkes Erdbeben – vielleicht im Sternbild Herkules – dessen Schauplatz die Wissenschaftler dieser Erde aber nicht feststellen konnten (*Nature*, 99-472).

Die Kuppeln von Observatorien sehen aus wie große Schnekkenhäuser. Symbolische Architektur. Die Astronomen brauchten ungefähr drei Jahre, um herauszufinden, daß sie einen neuen Stern im Sternbild Herkules photographiert hatten (*Popular Astronomy*, März 1920). Wenn Zeitungsredakteure wie Astronomen wären, dann würden sie Photographen in die Welt hinaus scheuchen und sich vielleicht erst Jahre später vom Journalismus verabschieden und etwas Zeitungsarbeit machen und die Photographien ansehen. Sie würden dann über einen Brand berichten, der sich lange vorher ereignet hat. Sie würden Anmerkungen zu Kleidern schreiben, die während der Kindheit ihrer Leser in Mode waren. Wie die Verkäufer abgestandener Sterne würden sie sich über das mangelnde öffentliche Interesse wundern.

Am 6. März 1918 fiel in Irland schwarzer Regen vom Himmel (*Symons' Meteorological Magazine*, 53-29). Wenn unsere Vorurteile uns entsprechend leiten, dann bringen wir diesen Vorfall mit rauchigen Abgasen aus Fabrikschornsteinen in Südwales oder irgendwo sonst in Großbritannien in Verbindung – und wir fragen besser nicht, warum schwarzer Regen nicht auch in der Nähe der Industriestadt Pittsburgh häufig vorkommt. Oder wir bemerken, daß am nächsten Tag am Himmel eine leuchtend rote Erscheinung beobachtet wurde, wegen der sich viele Menschen in Europa und Nordamerika ängstigten. Eine Woche lang wurden in den Zeitungen aus New York und London Beschreibungen der Leuchterscheinung und Kommentare veröffentlicht. Die Menschen glaubten, daß irgendwo ein großer Brand wütete. Ich dagegen habe Daten, die vermuten lassen, daß es irgendwo einen Vulkanausbruch gegeben hat.

6. März – schwarzer Regen kommt herunter. 7. März – das Strahlen am Himmel. 9. März – auf die Erde fällt Staub in einer Menge, die dem Glühen proportional ist. Siehe *American Journal of Science*, *Monthly Weather Review* und *Scientific American* aus dieser Zeit.

In Wisconsin und Michigan fiel Staub vom Himmel, ein weiterer Niederschlag von Staub wurde aus Vermont gemeldet. Diese so weit auseinanderliegenden Niederschläge – Irland, Staaten im amerikanischen Westen und Vermont – kommen mir vor wie etwas, das man einen Hinweis auf einen außerirdischen Ursprung nennen könnte. Ich kann keine Aufzeichnungen zu Störungen auf unserer Erde finden, die als Erklärung dienen könnten. Es wurde kein neuer Stern gemeldet, aber es könnte einen stellaren Ausbruch am tagsüber hellen Himmel gegeben haben, der sich nachts als Leuchterscheinung bemerkbar machte. Vielleicht gibt es auch Verbindungen zu einem Ereignis im Juni. In der Zwischenzeit hat es mehrere bemerkenswerte Leuchterscheinungen am Himmel gegeben.

Am 8. Juni 1918, früh am Abend, blickten zwei Männer zum Himmel. Einer befand sich im indischen Madras, der andere in Südafrika. Sie sahen einen hellen neuen Stern im Sternbild Aquila. Beide benachrichtigten Observatorien, in denen man nicht hingesehen hatte. Am Abend des 8. wurde das Observatorium der Harvard University von einem Amateur benachrichtigt. Die Astronomen in Harvard hatten nichts Neues bemerkt, aber Telegramm auf Telegramm ging von anderen Amateuren bei ihnen ein. Ich weiß nicht, was die Astronomen vom Lick Observatory getan haben. Wahrscheinlich haben sie gerechnet. Aber auch sie bekamen Telegramme, und als sie von Amateuren hörten, daß sie zum Himmel hochschauen und einen neuen Stern sehen sollten, da schauten sie zum Himmel hoch und sahen den neuen Stern. Siehe *Publications of the Astrological Society of the Pacific*, August 1918.

Außer dem Amateur in Madras benachrichtigte ein weiterer Amateur in Nordindien die Observatorien (*Nature*, 102-105). *English Mechanic*, 9. August – Berufsastronomen in Neuseeland werden von einem Amateur verständigt. In *Nature*, 101-285, ist eine Liste von Amateuren abgedruckt, die in England den neuen Stern den offiziellen Zentren der Unaufmerksamkeit gemeldet hatten.

Einer der Astronomen vom Greenwich Observatory hatte zum Himmel hinaufgeblickt und den neuen Stern gesehen. *Nature*,

101-285 – daß er ihn gesehen, aber nicht als neuen Stern erkannt habe. Einer der Amateure, die den neuen Stern sahen und als neuen Stern erkannten, war ein Schuljunge namens Wragge (die Londoner *Times*, 21. Juni). Das Observatorium von Lissabon wurde von einem 14jährigen Jungen verständigt (*Observatory*, 41-292).

KAPITEL 30

Ich stelle mir eine Abstraktion vor, die von Aristoteles notiert und von Hegel aufgegriffen und zur Grundlage seiner Philosophie gemacht wurde:
Daß, wo immer ein Konflikt der Extreme entbrennt, die Dinge eine Wendung nehmen, die nicht als absoluter Sieg eines der Kontrahenten gesehen werden kann, sondern ein Kompromiß ist oder das, was Hegel als »die Vereinigung der Gegensätze« bezeichnet hat.
Unsere eigene Kontroverse ist eine Konfrontation von Extremen:
Daß sich unsere Erde schnell bewegt;
Daß unsere Erde stationär ist.
Was solche Kontroversen und ihren Ausgang angeht, so kann ich nicht glauben, daß eine der Seiten vollkommen recht haben oder die andere vollkommen besiegen wird, und daß sich eines Tages eine Möglichkeit ergeben wird, es herauszufinden und die Angelegenheit zu klären.
Zuerst war die Vorstellung von einer stationären Erde da. Dann, als rein mechanische Reaktion – insofern, als Kopernikus nicht eine einzige Information hatte, der ein heutiger Konventionalist irgendeine Bedeutung beimessen würde – entwickelte sich die Vorstellung von einer sich rasch bewegenden Erde. Wahrscheinlich wird eines Tages ein dazwischen liegender Standpunkt auftauchen und den Sieg davontragen.
Meine eigene Ansicht zum Gleichgewicht zwischen diesen Extremen, gestützt durch die Daten, die wir in den vorangehenden Kapiteln gesehen haben, geht dahin, daß unsere rundliche Erde fast zentral, aber nicht absolut reglos, sondern verschiedenen kleinen Bewegungen unterworfen, in einer sich

drehenden, mit Sternen besetzten Schale sitzt, die gemessen an den Überspanntheiten der astronomischen Extremisten nicht sehr weit entfernt ist. Vielleicht rotiert sie tatsächlich, aber im Zeitraum eines Jahres. Wie alle anderen habe auch ich meine Ansichten zu dem, was man als vernünftig ansehen könnte, und was ich gerade sagte, ist meine Vorstellung von einem Kompromiß.

Die erste Sichtweise kann für sich in Anspruch nehmen, daß sie von den hervorragendsten mathematischen Autoritäten ihrer Zeit befürwortet wurde. Das gilt aber auch für die zweite Sichtweise. Die Mathematik hat dem einen wie dem anderen gedient.

Die meisten unserer Daten ergaben schon recht klare Hinweise und Korrelationen, aber es könnte sein, daß es auch visuelle Anzeichen für ein konkaves Land am Himmel oder eine massive Hülle um unsere Erde gibt. Es gibt dunkle Flecken am Himmel, und manche von ihnen sehen aus wie Land. Man nennt sie »Dunkelnebel«. Manche Astronomen haben sich spekulierend über sie geäußert, daß sie Teile einer Abgrenzung des ganzen Systems sein könnten. Schlagen Sie in Kapitel 20 nach, wo wir Dolmage in diesem Zusammenhang zitiert haben.

Ich selbst stelle mir eine begrenzende Substanz als Umriß vor, die ich als »Hülle« bezeichne. »Dunkelnebel« könnten öde oder sternenlose Bereiche auf dieser Hülle sein. Manche von ihnen sind vielleicht auch Gebilde, die aus der Hülle emporragen. Sie hängen wie Super-Stalaktiten in einer riesigen, kugelförmigen Höhle. Mindestens eine dieser Erscheinungen bietet den gleichen Anblick wie ein Berggipfel. Das Objekt ist in mehreren von Astronomen geschriebenen Büchern abgebildet. Sehen Sie es sich in Duncans *Astronomy* an. Es wird als »Pferdekopfnebel« bezeichnet. Es ragt heraus als riesige, bockige Weigerung, sich in das kunterbunte, phosphoreszierende Konfetti zu mischen. Es ist eine massiv wirkende düstere Stelle, wie es an einem beliebigen Wahlabend das Hauptquartier der Republikaner wäre, während die Demokraten auf dem Broadway ausgelassen ihren Sieg feiern.

Über den Gipfel dringt Licht herüber, wie die Morgendämmerung sich über einen Berg heranschleicht. Hinter dieser Formation leuchtet etwas, doch es kann sie ebensowenig durchdringen, wie das Sonnenlicht einen Berg durchdringen kann.
Es ist möglich, daß es nur relativ wenige Sterne gibt, und daß unzählige der winzigen Lichter am Himmel nur Reflexe größerer Sterne auf dem unebenen Land der Schale sind.
Zu den Ansichten, die ich bisher nicht weiter entwickelt habe, zählt auch eine, die mir durch einen Umstand nahegelegt wird, welchen die Astronomen als eigenartig betrachten. Ich meine die Tatsache, daß ein paar veränderliche Sterne eine Periode von etwa einem Jahr zu haben scheinen. Was aber die Veränderungen von Sternen, die angeblich Billionen Meilen entfernt sind, mit einem Zeitabschnitt auf unserer unendlich weit entfernten Erde zu tun haben könnten, das vermag man sich in orthodoxen Begriffen nicht auszumalen. Man könnte sich vorstellen, daß diese Lichter, mit Abweichungen, die auf das Näherrücken und Zurückweichen der Sonne zurückzuführen wären, sich in Spiralen um unsere beinahe stationäre Erde bewegen und das Sonnenlicht von Landstrichen oder aus Seen in erloschenen oder schlafenden Kratern spiegeln. Es könnte sein, daß viele Lichteffekte, die man sich als »Begleiter« erklärt hat, auf Gezeitenphänomene in himmlischen Seen zurückgehen, die aus geschmolzener Lava bestehen könnten, und in denen sich die Sonne oder Sterne spiegeln.
Es gibt im Sternbild Cygnus eine Formation, die schon oft kommentiert wurde. Sie strahlt ein schwaches Licht aus, aber dieses Licht ist laut Professor Hubble eine Reflexion vom Stern Deneb. Sie ist wie Nordamerika geformt und wird deshalb als »Amerikanebel« bezeichnet. Vor ihrem Golf von Mexiko liegen Inseln aus Licht. Eine davon könnte eines Tages ein neues San Salvador sein.[25]

[25] Anspielung auf die heutige Watlingsinsel, indianisch Guanahani, die bei der Entdeckung San Salvador genannt wurde. Dort war Christoph Kolumbus 1492 gelandet.

Wie Alaska für die im Norden heimischen Vögel ragt auch der Pferdekopfnebel aus seiner Umgebung hervor und bietet ein Ziel, zu dem man fliegen kann.
Stern um Stern loderte seine Geschichte heraus, manchmal von Tragödien auf der Erde kündend, die von Schauspielen am Himmel begleitet wurden. Aber wenn diese Mitteilungen in die menschliche Sprache übersetzt werden, dann wird ihnen mit »Bestimmungen« und »Erklärungen« die Kraft genommen. So haben unsere Stämme diese Erzählungen von Feuer und Rauch und Katastrophen den weisen Männern überlassen, die gewaltige Geschichten mit ihren kleinen technischen Dialekten bis zur Unverständlichkeit verzerrt haben.
Die Berufsastrologen werden ihren Ruf nicht vergessen und ihr System nicht aufgeben. Auch bei den Eskimo, den Ainu, bei den Zulu oder den Kaffern gibt kein weiser Mann freiwillig seine einflußreiche Stellung auf.
Was wir auch sind, sie sorgen dafür, daß wir bleiben, was wir sind, so wie die Zulu bleiben müssen, was sie sind. Schlafmützen, die ein ums andere Mal von Schuljungen ausgestochen worden sind, führen uns an der Nase herum.
Am Himmel brennt ein Feuer, und Asche und Qualm und Staub gehen auf der Erde nieder wie manchmal nach einem Ausbruch des Vesuv, und der Auswurf dringt bis Paris vor. Es könnte Vulkane in einem Land am Himmel geben, die unserer Erde so nahe sind, daß, wäre der dazwischenliegende Raum nicht luftleer und extrem kalt, eine Expedition im Nu zu den Sternen segeln könnte, die nicht mehr sind als eine ins Auge fallende prächtige Kleinigkeit.

KAPITEL 31

Abgesehen von dem neuen Stern, der ein so auffälliges Objekt war, daß er außer von Astronomen auch von vielen anderen Menschen entdeckt wurde, gab es im Juni 1918 noch ein weiteres astronomisch bedeutsames Ereignis - eine Sonnenfinsternis. Sie wurde in Oregon beobachtet. Wir können keine so aufwendige Überprüfung erwarten, wie wir sie sechs Jahre später bei ähnlicher Gelegenheit in New York erlebt haben, aber die Leute in Oregon stellten sich immerhin die Wecker und blickten zum Himmel hinauf. Siehe Mitchell's *Eclipses of the Sun*, S. 67 - die Astronomen gaben zu, daß sie sich bei ihrer Voraussage um 14 Sekunden geirrt hatten.
Bei gewöhnlichen feinen Abmessungen geht es um Haaresbreite, aber ein Haar ist ein grobschlächtiges Ding verglichen mit den ätherischen Astronomen, deren Netze aus Spinnweben gewoben sind. Und woher bekommen die Astronomen ihre Fäden? Dieses Buch hier ist voller Geheimnisse, aber was nun folgen soll, ist keines.
Ich bin der Ansicht, daß ein Fehler von nur 14 Sekunden eine sehr lobenswerte Annäherung ist. Aber es ist eine gewaltige und groteske Stümperei, wenn man die Abweichung mit den märchenhaften Feinheiten vergleicht, von denen die Astronomen bei Dingen träumen, die nicht so leicht überprüft werden können.
Den Lesern, denen es womöglich nicht ganz klar ist, will ich noch einmal erklären, daß die Voraussage von Finsternissen nicht zugunsten der Konventionalität und als Einwand gegen unsere Ansichten herangezogen werden kann, denn man kann Finsternisse auf der Grundlage einer sich bewegenden wie auch einer stationären Erde voraussagen - und siehe! - sie treten ein.

Aber siehe! wenn ein intelligenter Mitarbeiter der Consolidated Gas Company in New York oder ein Einwohner Oregons, geweckt von seinem Wecker, zuschaut, dann sind die Voraussagen auf einmal nicht mehr ganz so exakt, wie sie es eigentlich hätten sein sollen.
Wir haben die Astronomen in Berufsastronomen und Amateure eingeteilt; aber wo immer es Unterschiede gibt, existiert auch irgendwo ein Verschmelzungspunkt, der ein Beweis für Kontinuität ist. W. F. Denning ist ein Beispiel für den Verschmelzungspunkt zwischen Berufsastronomen und Amateuren. Er war nie in einem Observatorium beschäftigt – obgleich mir scheint, daß »Beschäftigung« ohnehin nicht das richtige Wort ist –, aber er hat viel über astronomische Themen geschrieben. Er ist Buchhalter in der englischen Stadt Bristol. Er hat nichts mit Observatorien zu tun, aber er hat einen berühmten Hinterhof. Am Abend des 20. August 1920 saß Denning in seinem Hinterhof in einer äußerst unakademisch mit auf Zäunen sitzenden Katzen dekorierten Umgebung – obwohl das Schnarchen, das aus rückwärtigen Fenstern drang, schon wieder sehr an ein Observatorium erinnerte – und entdeckte *Nova Cygni III*. Auch dies ist wieder ein Beispiel für einen neuen Stern, der in der Nähe von anderen neu erschienenen Sternen auftaucht, als wären sie allesamt Eruptionen in einem bestimmten Gebiet eines bestimmten Landes mit besonders starker vulkanischer Aktivität. In dieser Zeit gab es Erdbeben. In den Vereinigten Staaten kam sintflutartiger Regen in einer Art und Weise herunter, die man als »Wolkenbruch« bezeichnet. Am Abend des 28. August fielen auf der Insel Sachalin vor der Küste Sibiriens einer seismischen Woge 200 Menschen zum Opfer.
Vier Nächte lang hatten die Astronomen in sogenannten Observatorien diesen Stern photographiert. Forscher, die sich mit dem Schlafwandeln beschäftigen, werden sich für unsere Daten interessieren. Als Denning die Astronomen weckte, besahen sie sich, was sie unbewußt getan hatten, und fanden heraus, daß der Stern seit dem 16. August von siebenter bis zu dritter Größe

herangewachsen war. Ein Stern der 3. Größe ist ein auffälliger Stern. Am ganzen Himmel gibt es nur (photographisch gemessen) 111 Sterne dieser Leuchtkraft. Zu jeder beliebigen Zeit sind nicht mehr als 40 von ihnen sichtbar. Die Sichtbarkeitsgrenze für das bloße Auge ohne Hilfe eines Teleskops liegt zwischen der 6. und der 7. Größe. So heißt es jedenfalls. Nach unseren Daten hängt die Sichtbarkeitsgrenze davon ab, wer sichtet.

Ich frage mich, welcher Schelm diesen gemütlichen kleinen Zentren der Unaufmerksamkeit den Namen *Observatorien* gegeben hat. Einen Sinn für Komik muß er jedenfalls gehabt haben.

Die Entdeckung eines neuen Sterns, wenn nicht gar eines Kometen, am 7. August 1912 wurde einem hauptberuflichen Weisen zugeschrieben (Direktor Campbell vom Lick-Dormitorium). Aber es war eine strahlende, auffällige Erscheinung. Die meisten neuen Sterne, die Berufsastronomen entdeckt haben oder von den nicht sehr scharfäugigen Frauen in Harvard für sich entdecken ließen, waren kleine Punkte auf photographischen Platten. *English Mechanic*, 114-211 - ein Bericht über die Beobachtungen von vier Amateuren aus der Zeit vor Direktor Campbells »Entdeckung«. Eine dieser Beobachtungen ist um vierundzwanzig Stunden älter.

Vor einer Weile habe ich mal die Klage eines Astronomen über den dichten Verkehr in der Nähe seiner »Sternwarte« gehört. Heute habe ich andere Vorstellungen, warum Astronomen nächtliche Störungen hassen, aber damals war ich noch unerfahren und nahm in meiner Unschuld an, er hätte gemeint, daß seine empfindlichen Geräte beeinflußt würden.

Eine Versammlung von Methodistenpriestern - und wie angenehm wäre es, könnte man inmitten der Präzision und Reinheit einen Pfarrer sehen, der auf dem Kopf steht -

Oder schlagen Sie in *Monthly Notices of the Royal Astronomical Society*, 1922 nach - auf Seite 400 finden Sie eine Zeichnung.

Fehler, die ich mache - und Irrtümer, die Sie begehen -

Und ganz im Gegensatz dazu die so oft betonte Göttlichkeit der Astronomen.

Seite 400 – inmitten einer gelehrten Abhandlung über »adiabatische Expansion« und »konvektives Gleichgewicht« ist eine Zeichnung abgedruckt. Sie steht auf dem Kopf.

Ich habe eine solche Versammlung von Pedanterien besucht, inspiriert natürlich durch meinen religiösen Glauben, daß ich in diesem Schwulst nicht lange nach einem krummen Hund würde suchen müssen, und daß ich bald einen komischen kleinen Zug von Abartigkeit in dieser Unnahbarkeit finden würde; aber vor allem besuchte ich die Versammlung, um etwas herauszufinden, mit dem sich die Astronomen im Jahre 1922 gebrüstet haben und das im Widerspruch zu dem stand, was sie wirklich getan haben. Ich habe mir eine lange Lobrede über einen Astronomen herausgepickt, der die Bewegungen einer Sternengruppe über eine Zeitspanne von 100000000000 Jahren vorausgesagt und dafür eine Goldmedaille bekommen hat. Dem gegenüber steht –

20. September 1922 – eine Sonnenfinsternis – siehe Mitchells *Eclipses of the Sun*, S. 67 – und die Voraussagen der Astronomen. Einer hat sich um 16 Sekunden geirrt, der andere um 20 Sekunden.

Es gibt Menschen, die nicht an die gewöhnlichen Wahrsager glauben. Aber ohne auch nur einmal an der Glaubwürdigkeit zu zweifeln, lesen sie einen Bericht über einen astronomischen Handleser, der das Schicksal eines Sterns in den nächsten 100000000000 Jahren voraussagt, obwohl dieser Stern nach konventionellen Maßstäben 60 x 60 x 24 x 365 x 100000mal weiter entfernt ist als der Mond, dessen Bewegungen bis heute kein Mensch exakt vorausberechnen kann.

Die Sonnenfinsternis vom 20. September 1922 wurde von Polizeiwachtmeistern in Australien überwacht. Aber die Finsternis vom 21. Oktober 1930 wurde in Niuafou beobachtet. Dieses Mal war in den Meldungen der Astronomen von einem »absoluten Erfolg« die Rede, denn »die Finsternis begann genau zur vorausberechneten Zeit.«

Es gibt Angaben zu neuen Sternen, die anscheinend wie heftige Vulkanausbrüche aufgeflammt und dann wieder erloschen sind. Dr. Andersons Bericht über eine dieser Erscheinungen am 8. Mai 1922 finden Sie in *Popular Astronomy*, 31-422. Am 7. Mai war der Ätna aktiv; Erdbeben in Anatolien; außergewöhnliches Steigen und Fallen des Wasserspiegels im Mittelmeer bei Gibraltar. Die »Observatorien« konnten Dr. Andersons Beobachtungen nicht nachvollziehen, aber in einem war immerhin am Abend des 5. Mai ein neuer Stern photographiert worden. Ich habe mir leider nicht notiert, ob dieser Stern auf der photographischen Platte sofort entdeckt worden ist. Siehe *Popular Astronomy*, 31-420.

Am 13. Februar 1923 wurde eine Verstärkung der Leuchtkraft des Sterns *Beta Ceti* registriert. Die Beobachtung erregte die Aufmerksamkeit einiger Zeitungen. Himmelskarten wurden abgedruckt. Wenn Zeitungen auf der Titelseite über astronomische Ereignisse berichten und Tatortphotos und Umrißzeichnungen von Ermordeten beiseite lassen, dann werden die Leute neugierig. Das ist für Astronomen gefährlich, aber solange ihre Methoden standhalten, haben sie nichts zu befürchten.

Trotzdem könnte es Nachfragen geben, was denn die »Observatorien« jeweils gemacht haben, wenn ein ums andere Mal Amateure die Beobachtungen geliefert haben. Die »Observatorien« hatten diese Veränderung von *Beta Ceti* natürlich verpaßt, doch als ein Amateur ihnen sagte, wo sie nachschauen mußten, konnten die Berufsastronomen in Yerkes und Juvisy die Veränderung bestätigen. Den ausführlichsten Bericht finden Sie in *Bulletin de la Société Astronomique de France* aus dieser Zeit.

Am 22. Februar 1923 fiel in Westfalen gelber Staub vom Himmel, möglicherweise der Auswurf nach erhöhter vulkanischer Aktivität in Cetus (siehe Londoner *Evening Standard*, 27. Februar). Dieses Mal war der Amateur ein 16jähriger Schuljunge.

Der Abend des 27. Mai 1925 – die Rip van Winkles des südamerikanischen »Observatoriums« wurden von einem Amateur aus ihrem Tiefschlaf geweckt. Er berichtete ihnen, daß im südlichen Sternbild des Malers ein neuer Stern erschienen sei. Derart geweckt, blickten die Rips nach oben und sahen den neuen Stern und blieben lange genug wach, um festzustellen,

daß sie ihn schon seit Monaten gleichsam schlafwandelnd photographiert hatten. Er hatte schon ein paar Monate über den »Observatorien« von vier Kontinenten gestrahlt.
Die Sternwarten haben drehbare Kuppeldächer mit einem Spalt. Das starre Grinsen eines Clowns – der Spalt in der Kuppel eines Observatoriums.
21. September 1930 – die Astronomen konnten feststellen, daß die Wärmestrahlung, die von einem Stern der 13. Größe ausging, 631mal größer ist als die Wärmestrahlung, die von einem mit bloßem Auge gerade noch sichtbaren Stern ausgeht – daß dieser schwächste, gerade noch sichtbare Stern auf die ganzen Vereinigten Staaten die gleiche Wärmestrahlung abgibt wie die Sonne auf einen einzigen Quadratmeter besagter Vereinigter Staaten.
Ein Grinsen im Dunkeln – oder der sardonische Spalt in irgendeinem Observatorium bei Nacht. Wahrscheinlich haben die Insassen keine Ahnung, was er symbolisiert. Aber wir wollen die angebliche Wahrnehmung vom 631fachen einer Unvorstellbarkeit mit etwas vergleichen, das wir in *Popular Astronomy*, 1925, auf Seite 540 finden:
Daß *Nova Pictoris* schon 44 Nächte vor der Entdeckung durch den Amateur als Stern der 3. Größe am Himmel stand und von keinem Astronomen bemerkt wurde.
La maison qui rit – so würde ein moderner Victor Hugo ein Observatorium mit seinem Spalt heute nennen. Das lachende Haus.
Im Gesicht das starre Grinsen des Clowns – und, der Konvention des Theaters folgend, im Kopf ganz ernst.
24. September 1930 – hören wir, was aus einem *Maison qui rit* herauskam, obwohl die Kuppel voller Astronomen war:
Daß laut spektroskopischer Bestimmung des Mt. Wilson Observatory ein weit von der Erde entfernter Nebel sich mit einer Geschwindigkeit von 6800 Meilen pro Sekunde von der Erde entfernte; daß die Entfernung des Nebels am Tage der Berechnungen 75000000 x 60 x 60 x 24 x 365 x 186000 Meilen betrug.
Um die Clownhaftigkeit dieser Angaben wirklich zu würdigen, sollten Sie unsere Daten nachschlagen, aus denen hervorgeht,

daß das Spektroskop ungefähr die gleiche Aussagekraft hat wie Teeblätter in einer Teetasse – was beachtlich sein kann, wenn man beachtlich sein will. Um die Tragikomik zu verstehen, können Sie sich einen grinsenden alten Clown vorstellen, dessen Scherze aus der Mode gekommen sind, und der zu den rüdesten Späßen greifen muß, um sein Publikum bei der Stange zu halten.

Allgemein sind wir der Ansicht, daß die Insassen der »Observatorien« unserer Erde keine Astronomen, sondern Mathematiker sind. Seit dem Mittelalter hat es keinen Umsturz dieses System von alten Legenden gegeben, der mit dem Lyellismus in der Geologie, dem Darwinismus in der Biologie oder dem Umdenken in Physik und Chemie aufgrund der Radioaktivität vergleichbar wäre. Einsteins Ideen waren ein kleiner Schock, aber dabei geht es um Unterschiede von winzigen Quanten.

Die Mathematiker sind unheilbar. Sie sind unempfänglich für alles Neue, weil das Neue eine Überraschung ist, und weil Mathematiker sich lieber mit dem Erwarteten beschäftigen. Mir fällt ein, daß es eine gute Idee wäre, wenn der nächste Millionär, der einem Observatorium etwas spenden will, kein großes Teleskop stiftet, sondern lieber große Mengen schwarzen Kaffees herumschicken läßt; aber andererseits fügen sich blinzelnde Sterne und müde nickende Köpfe so gut zusammen, daß ich die Harmonie kaum stören mag.

Nova Pictoris war, wie so viele sogenannte neue Sterne, ein alter Stern, der an Leuchtkraft gewonnen hatte. Fünfundzwanzig Jahre lang war er gelegentlich als Lichtfleck 12. Größe photographiert worden.

Keiner einzigen photographischen Platte war zu entnehmen, daß dieser Stern mit einem anderen zusammenprallen sollte. Er brach aus, genau wie nur trübe leuchtende oder nur wenig aktive Vulkane auf der Erde manchmal ausbrechen.

Man hat noch nie beobachtet, daß ein Stern einen anderen gequert hätte, aber bei Sternen wurden ganz ähnliche Veränderungen beobachtet wie bei Vulkanen auf der Erde. In ihren Büchern erwähnen die Astronomen meist etwas, das sie

»Eigenbewegung« nennen. Sie bemühen sich nach Kräften, den Eindruck zu erwecken, als bewegten sich die Sterne mit ungeheurer Geschwindigkeit. Aber hören wir, was Newcomb in *Astronomy for Everybody*, S. 327, zu diesem Thema zu sagen hat: »Und wenn Ptolemäus auferstehen sollte, nachdem er beinahe achtzehnhundert Jahre geschlafen hat, er könnte nicht den geringsten Unterschied in der Anordnung auch nur eines einzigen Sternbildes feststellen.«

Und wenn Ptolemäus auferstehen sollte und gebeten würde, die Länder am Mittelmeer, wie sie heute sind, mit dem Aussehen der Länder zu seiner Zeit zu vergleichen, dann würde er nicht den geringsten Unterschied in der Gestalt der Länder erkennen – obwohl sie die ganze Zeit über der Erosion ausgesetzt waren.

Was einmal Orion war, das ist immer noch Orion, und zwar in dem gleichen Sinne, in dem Italien immer noch das ist, was es war – in dem Sinne, daß Italien seit ewigen Zeiten Sizilien zu treten versucht, aber nie ein Tor erzielt.

In unserem Bindestrich-Dasein auf der Ebene der Phänomene gibt es weder Konsistenz noch Inkonsistenz, sondern bloß Konsistenz-Inkonsistenz. Jedes Ding, das mit einem anderen inkonsistent ist, ist mit wieder einem anderen konsistent. Angesichts der Einheit des Ganzen mache ich mich in gewisser Weise oder in gewissem Maße schuldig, wenn ich etwas angreife, bin zugleich aber auch von ihm infiziert und leide unter ihm. Nun bin ich aber außerdem auch ein Aristokrat. Soll doch jemand anders, der so vornehm ist wie ich es gerade bin, dieses Buch lesen und die Prinzipien der orthodoxen Astronomie den in diesem Buch dargelegten Ansichten gegenüberstellen und sich fragen:

Was ist die einfachere und faulere Art und Weise, was erfordert die kleineren Anstrengungen und den geringeren Einsatz des Gehirns, was ist also demnach die aristokratischere Sichtweise:

Daß sich die Sterne seit, sagen wir, achtzehnhundert Jahren kaum bewegt haben, weil sie, obwohl Veränderungen an ihnen oft beobachtet worden sind, viel zu weit weg sind, als daß man Veränderungen an ihnen beobachten könnte;

Oder daß die Sterne sich kaum bewegt haben, weil sie Punkte auf einem schalenähnlichen Gebilde sind, das sie an Ort und Stelle hält?

Aber die orthodoxe Vorstellung, daß die Sterne mit gewaltiger Geschwindigkeit in verschiedene Richtungen davonrasen und dennoch niemals irgendwo ankommen, entspricht so sehr den Schwächen aller anderen Dinge auf der phänomenalen Ebene, daß meine Ketzereien wie Seifenblasen platzen würden, wären da nicht noch andere Daten –

Aber was ist los mit diesen anderen Daten – oder mit anderen Begleitumständen?

Heutzutage ist man allenthalben mißtrauisch gegenüber »Indizienbeweisen«, übersieht dabei aber meistens, daß die ganze orthodoxe Astronomie auf nichts als Indizienbeweisen gegründet ist. Alle unsere Daten und die Wiederholungen und Übereinstimmungen von Daten sind ebenfalls nichts weiter als Indizienbeweise. Sobald »Indizienbeweise« in Zusammenhang mit einem Mordprozeß erwähnt werden, blicken die meisten zweifelnd drein. Folglich kann ich nur Ansichten anbieten und zum Akzeptieren einladen.

Andere Daten – oder andere Begleitumstände –

Der 31. März 1928 – daß *Nova Pictoris* sich in zwei Teile aufgespalten habe.

Man konnte sehen, daß sich ein Teil vom anderen gelöst hatte, ähnlich den Absonderungen, die man bei Vulkanen unserer Erde beobachten kann.

Wenn also Sterne ihre Positionen verändern, dann sind die Sterne nicht so weit entfernt, als daß man Positionsveränderungen nicht mehr sehen könnte.

Zehn kleine Astronomen linsen durch ein Rohr – oder beschäftigen sich auf andere berufstypische Weise – oder sehen in einen Spiegel. Höchste Autoritäten hatten ihnen zu verstehen gegeben, daß der Stern Capella einen Begleiter habe. So sprachen sie – oder verkündeten sie – daß sie ihn sahen – oder ihn wahrnahmen. Da ich mich inzwischen etwas beruhigt habe nach all dem »Staub aus einer afrikanischen Wüste«, da ich aber anscheinend immer etwas brauche, über das ich mich aufregen kann, richte ich meine Empörung nun auf »Begleitsterne«.

Die meisten Menschen finden in ihrem Alltagsleben genug Dinge, über die sie sich aufregen können, aber es scheint, als müßte ich in meinen Ärgernissen eine gewisse Exklusivität wahren. Wenn Sterne Vulkane in einem konkaven Land sind, das die Erde umgibt, dann kann mich die Anspielung auf »Begleitsterne« vielleicht erzürnen, weil ich mir keinen Vulkan vorstellen kann, der einen anderen Vulkan umkreist. Wenn wirklich ein paar Sterne um andere Sterne kreisen, dann kann ich dieses Buch gleich ganz sein lassen – oder ich werde einiges erklären müssen.

Was mir allerdings keine große Mühe bereiten wird. Erklären heißt, das Gleichgewicht herstellen. Das tun alle Dinge auf der Ebene der Phänomene. Ich habe jetzt eine Theorie, daß irgendwann einmal ein schlimmer Fehler begangen und unsere Existenz begründet wurde, und daß alles in ihr sich seitdem zu entschuldigen oder auf die eine oder andere Weise das Gleichgewicht herzustellen sucht. Das ist für ein menschliches Wesen so natürlich wie die Ausrichtung von Eisenspänen an einem Magneten.

Es soll doch zum Beispiel mal jemand die »Bestimmungen« zu Algols »dunklem Begleiter« nachschlagen. Er wird keine Angaben zu einer einzigen Theorie finden, sondern zu Theorie auf Theorie, die einander abgelöst haben. Was die hellen Begleiter angeht, so möge er dann die Daten über den »hellen Begleiter« des Sirius nachschlagen. Er wird in den Lehrbüchern lesen, daß um Sirius ein heller Stern kreist, dessen Umlaufzeit exakt bekannt sei, was die Brauchbarkeit der mathematischen Astronomie beweise. Aber in wissenschaftlichen Zeitschriften, die der Propaganda nicht ganz so kompromißlos verfallen sind, kann man nachlesen, daß dem nicht so ist. Ein schwaches Licht wurde mehrmals in der Nähe des Sirius beobachtet, freilich an Positionen, die nicht mit der berechneten Umlaufbahn übereinstimmten. Wenn Sie diese Diskrepanz nicht erwähnt sehen

wollen, dürfen Sie nur die Bücher lesen, die in großer Auflage verbreitet worden sind.
März 1928 - *Nova Pictoris* spaltet sich. In einem südlichen Sternbild ist es zur Katastrophe gekommen. Zugleich haben sich Katastrophen in südlichen Gebieten der Erde zugetragen. Schlagen Sie zurück zu anderen Bemerkungen über scheinbare Beziehungen zwischen Teilen der Erde und Teilen des Himmels, die einander benachbart wären, wenn die Sterne nicht etwa Billionen Meilen entfernt wären, sondern wenn sie Punkte auf einer Hülle wären, auf der es Land gibt und die nicht ungeheuer weit entfernt ist, sondern uns kaum näher sein könnte. Ich habe alle Daten aus New Yorker Zeitungen. Ein Erdbeben in Italien und ein Leuchten am Himmel (31. März 1928), während in Smyrna ein Erdbeben stattfindet - »der Himmel stand in Flammen«. Die schwersten Regenfälle seit 50 Jahren in Honduras am 9. April 1928 - an diesem Tag bebte Peru - heftiger Schneefall in Chile, daß den Berichten nach 200 Menschen und Tausende Stück Vieh von Schneewehen verschüttet wurden - Beben und Panik in Mexiko -
Laut Orthodoxie - alles reiner Zufall -
Unsere Ansicht dagegen - daß Nebelringe von *Nova Pictoris* ausgegangen sind, genau wie während eines Ausbruchs Rauchringe und Staub vom Vesuv ausgehen.
Am 14. April 1928 gab es große Zerstörungen in Bulgarien. Weitere Erdbeben in Bulgarien - Erdbeben in Mexiko - ganze Städte zitterten im Süden Mexikos - die Beben in Peru gingen weiter. Erdbeben in Griechenland am 19. April 1928 - ein heftiger Schneesturm in Polen am gleichen Tag. Wolkenbrüche gingen auf das bebende Bulgarien nieder. Ein de Ballore oder ein Davison oder ein Milne würde diese Güsse in einem Bericht über das Erdbeben nicht erwähnen. Am 21. April gab es in Johannesburg die heftigsten Erschütterungen, die jemals dort registriert worden sind. Am nächsten Tag wurde das griechische Korinth zerschmettert, und auch dort kamen während des Bebens Wolkenbrüche herunter.
Nova Pictoris zerbrach in vier Teile - und die Städte Griechen-

lands stießen Menschen aus wie Klageschreie. Etwas Ähnliches wie Auswürfe entfernte sich vom neuen Stern – und »ein fünf Stunden anhaltender Schlammregen füllte die Straßen knöcheltief und löste heute in Lemberg und Czernowitz Angst und Schrecken aus« (*New York Sun*, 27. April).

Klageschreie der Städte in Griechenland – und sie verstummten und wichen triefnasser Verzweiflung und den Prozessionen von Bahren. Irgendwo in einem zusammengebrochenen Gebäude fiel ein Spatz zur Erde.

Die Straße nach Korinth – Flüchtlinge und ihre Habseligkeiten –

Verschreckte Maultiere bäumen sich auf und trommeln mit den Hufen auf durcheinanderfliegende Bündel – Schreie und Gebete und das Gelächter von Spaßvögeln – eine kreischende Frau schlenkert ihre blutenden Hände – die Finger wurden ihr abgehackt, der Ringe wegen. Schreiende Kinder, deren Eltern zerschmettert wurden – Gebete zu Gott oder zu diesem oder jenem Heiligen – die Schreie der Frau mit den Fingerstummeln –

Plötzlich wird den Menschen ein Pulsieren bewußt.

Ein rhythmisch pulsierender Glanz erscheint im fernen Sonnenlicht.

Sterne, die man durch die Fenster von Gefängnissen beobachtet – oder durch Öffnungen in irgendeiner anderen Hölle auf Erden – und es kann sein, daß alle Höllen der Erde aus der Existenz geschleudert werden, wenn alle Sterne gleichzeitig blinzeln.

Ein rhythmisches Funkeln ferner Bajonette. Auf der Straße marschiert ein Trupp Soldaten.

Der Rhythmus des Funkelns schläfert die Panik ein. Funkelnd entstehen neue Formationen. Lange Linien von Funken im Sonnenlicht – Blechtassen bewegen sich zu Suppenschüsseln hin.

Woanders liegt ein verletzter Spatz. Vorratslager in seinem Körper befriedigen aus ihrer Substanz seine Bedürfnisse – beruhigen den Herzschlag und dämpfen das Fieber – bauen das Gewebe wieder auf.

Eine britische Schwadron taucht in der Bucht von Korinth auf – ein italienisches Kriegsschiff – ein amerikanischer Kreuzer. Aus Zentren der amerikanischen Nahosthilfe strömen 6000 Dekken – 10500 Zelte – 5000 Kisten Kondensmilch – Wagenladungen voll Mehl.
Wenn wir uns vorstellen können, daß um diese Erde, gar nicht so weit entfernt, eine sternenbesetzte Hülle liegt, dann sehen wir hierin die Umrisse, in denen wir uns unsere Existenz als Organismus vorstellen müssen.
28. November 1930 – ein gewaltiger Niederschlag von Staub und Schlamm in Frankreich. Vielleicht sollte ich mich nicht schon wieder aufregen, aber ich muß doch erwähnen, daß man den Niederschlag einem Wirbelsturm in der Sahara zugeschrieben hat.
5. Dezember 1930 – Giftgas in Belgien. Schlagen Sie zum Bericht in diesem Buch zurück.
Akzeptieren Sie, daß diese beiden Phänomene wahrscheinlich vulkanische Entladungen aus Regionen außerhalb unserer Erde waren – wenn es für sie keine irdische Erklärung gibt – die relativ nahe beieinander, einmal in Frankreich und einmal in Belgien, allerdings im Abstand von einer Woche, heruntergekommen sind – und Sie haben einen weiteren Hinweis darauf, daß unsere Erde stationär ist.
Die Erde ist aktiv geworden, als hätte sie auf Störungen an einem anderen Ort reagiert – es gab Vulkanausbrüche und schreckliche Erdbeben.
24. bis 26. Dezember 1930 – heftige Erdbeben in Argentinien und Alaska, und zwischen diesen weit voneinander entfernten Orten kam auf spektakuläre Weise etwas an, das durchaus eine Vulkanbombe aus einem Sternenvulkan gewesen sein kann. *New York Times*, 26. Dezember 1930 – der große Meteor, der in Idaho gesehen und gehört wurde. »Das Krachen, das über Meilen zu hören war, wurde als ›einem Erdbeben ähnlich‹ beschrieben.«
Die Sintflut, die »rein zufällig« auf das bebende Argentinien niederging: »Der Regen fiel so stark, daß das Wasser in mehreren

Stadtteilen von Mendoza City drei Fuß hoch stand.« Ein »seltsames Glühen« wurde am Himmel beobachtet. »Bunte Lichtspeere blitzten über den Himmel.«
Die Störungen auf unserer Erde erstreckten sich bis in den Januar 1931. Möglicherweise ist ein neuer Stern entstanden. Ich habe die Autorität eines Amateurs, an so etwas zu denken. *New York Times*, 7. Januar 1931 – am Morgen des 6. Januar 1931 wurde in San Juan auf Puerto Rico von zehn Uhr bis Mittag am westlichen Himmel ein seltsamer Stern beobachtet. Nach Ansicht des Wetteramtes hat es sich vielleicht nicht um einen Stern, sondern um den Planeten Venus gehandelt. Die Venus-Erklärung für Licht, das tagsüber am Himmel gesehen wird, ist die Standarderklärung; aber nach den Aufzeichnungen ist sie nicht sehr oft benutzt worden.
Katastrophen und Wolkenbrüche – und wenn wir akzeptieren können, daß es um unsere Erde nur eine schmale Zone extremer Kälte gibt, die durch Turbulenzen aufgrund von Stürmen und anderen unberechenbaren Dingen oft von irdischen Ausdünstungen durchdrungen wird, so daß die Erde austrocknen müßte, käme nicht Nachschub von außerhalb liegenden Reservoiren – wenn wir dies akzeptieren können, dann können wir einen Mechanismus notwendiger Transporte von Fluten von den Sternen auf unsere Erde begreifen.
Insektenschwärme und herunterprasselnde Frösche und die Pilgerväter, die den Atlantik überquert haben. Stoffwechsel in einem Froschschenkel – und in den USA eine ähnliche Neuanpassung unter dem Namen »Bürgerkrieg«. Philosophen und Theologen und Wissenschaftler und in gewissem Maße auch alle anderen Menschen sind sich eines Zustandes der Ganzheit bewußt – und ich bin der Ansicht, daß die Fehlinterpretation im Versuch bestanden hat, sich etwas Universelles oder das Absolute vorzustellen. Gebt mir noch mehr Daten, damit ich mir vorstellen kann, daß um diese Erde eine sternenbesetzte Hülle liegt, die nicht unendlich weit entfernt ist, und ich finde die Grundlage für eine Korrelation aller Dinge auf der Ebene der Phänomene.

KAPITEL 32

Stern auf Stern auf Stern – und die Zeichen, die zu lesen waren, als sie erschienen sind. Beben auf Beben auf Beben – und die Zeichen am Himmel, als die Erde gebebt hat. Stern auf Erdbeben auf Sintflut – der Himmel sprudelt vor Andeutungen – es gibt Stürme von Hinweisen.

Am Himmel erscheint ein Lichtstrahl und taucht in einen Stern ein. Er spuckt Teiche aus Tinte aus und kritzelt Informationen. Die Geschichte besagt, daß ein großes, bewohnbares Land unsere Erde umgibt. Es ist fruchtbar, wenn Schauer organischer Substanzen, die vom Himmel gefallen sind, von dort stammen. Die veränderlichen Sterne sind Blinkzeichen, die auf gewaltige Grundstücksangebote hinweisen. Die Geschichte wird von Meteoren verkündet, aber die meisten dickschädeligen Menschen lassen sich von einem solch aufsehenerregenden Appell an die Emotionen nicht überzeugen. Eher schemenhaft wurde die Geschichte von Staubwolken erzählt, die ihre Fracht über Europa streuten. Die meisten Menschen können einen Hinweis nicht einmal dann verstehen, wenn er so groß ist wie ein Kontinent.

Die Suchscheinwerfer der Sonne spielen über ein freudiges Ereignis am Himmel. Es mußte Ewigkeiten warten, ehe es eine Bedeutung annehmen durfte. Im Augenblick als Milchstraße bekannt, wird es dereinst der Broadway des Himmels sein, auf dem Forscher von der Erde aufmarschieren werden –

Falls unsere Erde stationär ist.

Ausgehend von vielen Angaben in diesem Buch könnte das aber eine Angelegenheit sein, die im Grunde unwichtig ist und keine Konsequenzen hat. Wenn wir akzeptieren, daß Teleportation als »natürliche Kraft« existiert und vermuten, daß einige Menschen von dieser Kraft gewußt und sie eingesetzt haben; und wenn wir uns vorstellen, daß am Ende Teleportationsfirmen mit der kommerziellen und dem Vergnügen dienenden Teleportation von Objekten und Lebewesen werben werden, dann brauchen wir uns um andere Überlegungen nicht mehr zu sorgen und müssen uns nur noch vorstellen, daß die Bewohner der Erde sich auf den Mars wünschen werden - wenn es denn so gehandhabt werden sollte - oder auf den Mond oder zum Polarstern.

Aber ich nehme einmal an, daß es eine tiefere Ironie wenn nicht gar einen Sadismus in unserer Existenz gibt, so daß die am leichtesten anzutreibenden Geschöpfe der Erde dazu getrieben wurden, unter gewaltigen Mühen und Kosten etwas Unnötiges zu tun - beispielsweise Telegraphensysteme zu bauen, die zwei Drähte benutzten - dann die Reduzierung auf einen Draht - und dann die Entdeckung, daß man die gleichen Effekte auch ganz ohne Draht erzielen kann. Die Mühen und Leiden der frühen Arktisforscher, die sich über Berge aus Eis mit einer Geschwindigkeit von drei oder vier Meilen am Tag nordwärts kämpften - und dann kommt Byrd[24] und tut es gleichsam im Handumdrehen.

Konsequenterweise beschäftige ich mich mit Daten, die zu einem neuen Gebiet gehören, auf dem es abermals gewaltige Mühen und großes Leiden geben kann, das Menschenleben und Vermögen verschlingen wird, bis schließlich das Bewußtsein dämmert, daß all dies unnötig war.

Vor dem Hintergrund dieser mechanischen und wahrscheinlich unnötigen Reisen - es sei denn, es gibt einen Grund, warum die Katastrophen für die Wesen auf der Erde notwendig sind - ist die wichtigste Frage die, ob unsere Erde stationär ist. Es kann keine mechanische oder leidende Forschung von etwas ausgehen, das an einem Tag irgendwo ist und sich am nächsten Tag um 60 x 60 x 24 x 19 Meilen entfernt hat.

[24] Richard Evelyn Byrd (1888-1957), amerikanischer Marineoffizier und Flieger. Flog am 8. Mai 1926 von Spitzbergen nach dem Nordpol und zurück und überflog 1929 den Südpol.

Dann stellt sich die Frage nach den Bedingungen rings um unsere Erde. Wenn die allgemein verbreiteten Ansichten stimmen, oder wenn unsere Erde von einer Leere umgeben ist, die äußerst kalt ist, dann ist das Vordringen zu irgendeinem Punkt dahinter zumindest im Augenblick nicht möglich.
Ich vergleiche die Vorstellungen vom Weltraum mit früheren Annahmen zu Gegenden in der Arktis. Die Widerstände gegen den Vorschlag, an so einem Ort zu forschen, sind ähnlich. Aber im Winter ist es in der Arktis nicht kälter als in einigen bewohnten Gebieten Kanadas.
Der kanadische Polarforscher Stefansson hat geschrieben, die schlimmsten Schneestürme seines Lebens habe er in North Dakota erlebt. Die vorherrschenden Ideen über die große Kälte rings um unsere Erde, die angeblich die Forschung behindert, könnten so abwegig sein wie die vorherrschenden Vorstellungen von der Kälte in der Arktis.
Möglicherweise ist der Weltraum auch nicht durchgängig kalt. Vielleicht gibt es Schichten, Strömungen oder Bahnen, auf denen es wärmer ist. Alles, was man nicht gut kennt, legt sich die Verkleidung der Homogenität an. Aber falls jemand irgend etwas für homogen hält, dann hat er sich damit einen Anlaß geschaffen, sich noch ausgiebig zu wundern.
In der Londoner *Daily Mail*, 29. Januar 1924, schreibt Alan Cobham über einen seiner Flüge in Indien. »Die Luft war ziemlich warm in 17000 Fuß Höhe, aber als wir sanken, wurde sie allmählich kälter, und in 12000 Fuß Höhe war sie eiskalt.«
»Je höher je kälter«, das ist eine fixe Idee, wie es eine fixe Idee war, daß es um so kälter würde, je weiter man nach Norden käme. Viele Berichte von Fliegern und Bergsteigern stimmen darin überein. Wer etwas Außergewöhnliches getan hat, muß nachher behaupten können, gelitten zu haben. Das ist eine Art Lohn für die Mühe. Aber fixe Ideen haben keine Chance, fixiert zu bleiben.
Ich würde wirklich gern wissen, wie Astronomen ihre Idee, daß Kometen hauptsächlich aus Gasen bestehen, retten wollen,

wenn sich Gase bei den Temperaturen, unter denen Kometen angeblich fliegen, verfestigen.

Aber die stationäre Erde – und was sollen all diese Spekulationen und das Sammeln von Daten nützen, wenn auch der allerbeweglichste Forscher bei seiner Rückkehr nicht auf eine Welt klettern kann, die ihm mit einer Geschwindigkeit von 19 Meilen pro Sekunde davonschießt?

In früheren Zeiten brachten die Befürworter der stationären Erde vor, daß ein sich rasch bewegender Planet seine Atmosphäre verlieren würde. Aber dann hieß es, daß die Luft an den Bewegungen des Planeten teilnähme. Dennoch stimmte man darin überein, daß die Luft, so sie weit genug von der Erdoberfläche entfernt noch vorkäme, nicht an den Bewegungen der Erde teilnehmen würde.

Kein Flieger hat je beobachtet, daß sich die Luft von der Erde entfernt hätte, aber dann heißt es wieder, es sei eben keiner hoch genug aufgestiegen. Aber müßte nicht ein Flieger, der in der Nähe des Äquators aufsteigt und nach Norden fliegt, von der Eigendrehung der Erde von sagen wir 1000 Meilen pro Stunde ergriffen werden? Und wenn er einen Ort erreichen will, wo die Drehgeschwindigkeit nur noch 800 Meilen pro Stunde beträgt, müßte er sich dann nicht der westlichen Bewegung entgegenstemmen, mit der er gestartet ist und die an seinem Ziel immerhin um 200 Meilen pro Stunde langsamer ist? Wie könnte er je dort ankommen, ohne sich schon zu Beginn seines Fluges bewußt dieser quer auf ihn einwirkenden Kraft entgegenzustemmen?

Im Winter 1927/1928 hat Charles Lindbergh, nachdem er erst nach Süden und dann wieder nach Norden geflogen ist, keinen Beweis für unterschiedliche Drehgeschwindigkeit gefunden. Ob die Erde nun stationär ist oder nicht, seine Erfahrung war so, wie sie gewesen wäre, wenn die Erde stationär wäre.

Oder Admiral Byrd am Südpol der Erde. Von einem Punkt, an dem es theoretisch keine Eigendrehung gibt, flog er nach Norden. Er flog über Land, das sich relativ zu seinem Fortschritt laut den Konventionalisten mit immer größerer Geschwindigkeit unter ihm hätte wegdrehen sollen. Man kann nicht unbedingt sagen, daß die Luft um ihn herum an der angeblichen Bewegung teilgenommen hat, weil Windböen in verschiedene Richtungen geblasen haben. Admiral Byrd flog von einem Punkt aus, wo es keine Achsendrehung gibt, nach Norden. Er wurde selbst nicht von der Achsendrehung erfaßt, und während er nach Norden flog, schwang auch das Land unter ihm nicht fort. Die Luft hat sich in verschiedene Richtungen bewegt.

Es gibt noch ein weiteres Feld von Daten. Am Himmel hat es Ereignisse gegeben, die nach Ansicht der Konventionalisten die Vorstellung, die Erde sei stationär, widerlegen und sogar die Eigenbewegung der Erde beweisen. Ich will gar nicht erst versuchen, etwas zu beweisen. Wir werden uns eine Ansicht zu nächtens leuchtenden Wolken und Meteorschauern bilden.

Man hat des Nachts schon ziemlich oft leuchtende Wolken beobachtet, oder Wolken, die nachts leuchteten, weil sie wahrscheinlich das Licht der untergegangenen Sonne reflektierten, wobei aber die Sonne für die Beobachter auf der Erde schon so weit hinter dem Horizont versunken war, daß die Wolken den Berechnungen zufolge hätten 50 bis 60 Meilen hoch sein müssen, um das Licht in der beschriebenen Weise zu reflektieren.

In dieser Höhe aber, so räumt man ein, wird die Luft nicht mehr von der Eigendrehung der Erde ergriffen. Wenn die Erde sich von West nach Ost dreht, dann müßten diese fernen Wolken, die ja von der Drehung der Erde nicht erfaßt werden, dem Beobachter so erscheinen, als würden sie zurückfallen, sich also von Ost nach West bewegen. Einen Artikel über dieses Thema finden Sie in der *New York Times* vom 8. April 1928.

Die Aussage, daß diese Wolken nicht von der Drehung der Erde ergriffen werden und sich scheinbar von Ost nach West bewegen, ist von Konventionalisten veröffentlicht worden. Einem Beobachter in Mitteleuropa müßten sie demnach so erscheinen, als fielen sie mit einer Geschwindigkeit von ungefähr 500 Meilen pro Stunde zurück, was der Drehung der Erde entspräche, und als bewegten sich von Ost nach West. Es gibt wirklich eine Beobachtung, aus der hervorgeht, daß eine dieser Wolken sich

anscheinend auf die Art und Weise von Ost nach West bewegt habe, wie sie sich bewegen sollte.
Ich gebe zu Protokoll, daß leuchtende Wolken nach Norden, Süden, Osten und Westen gezogen sind, manchmal schnell und manchmal langsam. Wenn jemand mit unangreifbaren Daten beweisen könnte, daß mehr als einmal leuchtende Wolken mit einer Geschwindigkeit von 500 Meilen pro Stunde von Ost nach West gezogen sind, und zwar auf einem Breitengrad, wo sie sich mit einer Geschwindigkeit von 500 Meilen pro Stunde bewegen müßten, dann müßte ich vielleicht zugeben, daß ich die falsche Theorie unterstützt habe – aber so leicht läßt sich ein Theoretiker nicht unterkriegen – denn ich werde mich auf die Hinterbeine stellen und erklären, daß dies nichts als ein Wunschtraum der Konventionalisten ist, die vergessen haben, in ihre mit 500 Meilen pro Stunde rotierende Erde die angebliche Umlaufgeschwindigkeit der Erde von 19 Meilen pro Sekunde hineinzurechnen.
Alle Daten, die mir über dieses Thema zur Verfügung stehen, lassen sich dahingehend interpretieren, daß die Erde stationär ist. Schlagen Sie beispielsweise in *Nature* und in anderen englischen und französischen wissenschaftlichen Zeitschriften die Beobachtungen über den großen Meteorschauer vom 22. Februar 1909 nach. Diese Erscheinung soll so hoch gewesen sein, wie man es sich von einer leuchtenden Wolke nur wünschen kann. Sie war so hoch, daß man sie in Frankreich und England gleichzeitig beobachten konnte.
Etwas kam von draußen heran und konnte deshalb nicht von den angeblichen Bewegungen der Erde mitgerissen werden. Demnach hätte es sich, faßt man die beiden Eigenbewegungen der Erde zusammen, aus der Sicht der Beobachter von ihnen entfernen müssen. Ob es aber nun eine stationäre Erde erreicht hat oder nicht, es hing am Himmel, als hätte es eine stationäre Erde erreicht. Zwar ist es mit einiger Geschwindigkeit dahingetrieben, blieb aber insgesamt ungefähr zwei Stunden sichtbar.
Glaubt man diesem Bericht – der nur einer unter vielen ist –,

dann könnte ein Forscher von der Erde aus bis in 50 oder 60 Meilen Höhe aufsteigen, und obwohl sich die Erde laut orthodoxer Verkündigung unter ihm wegdrehen müßte, würde sie sich nicht unter ihm wegdrehen.

Es gibt Daten, die uns auf die Idee bringen, daß Flieger, die so weit aufgestiegen sind, wie sie es vermochten, dennoch nicht auf die Kälte gestoßen sind, die man droben vermutet hat, sondern auf warme Luftschichten, die sich womöglich bis hin zu einer gar nicht so weit entfernten sternenbesetzten Hülle erstrecken. Man könnte jetzt fragen, warum solche Daten, wenn es sie schon gibt, nicht allgemein bekannt sind. Aber wer dieses Buch gründlich gelesen hat, wird eine solche Frage nicht stellen.

Ich bin der Ansicht, daß alle menschlichen Leistungen mit Zielen in Verbindung stehen. Wenn jemand eine Woche ohne Essen auskommt, ist das ein Rekord in menschlicher Zähigkeit. Jemand anders setzt sich eine Woche und einen Tag als Ziel und überlebt, dem Tode nahe. Weiter und weiter geht es, und schließlich lebt jemand einen Monat ohne Essen und erreicht damit die Grenze der menschlichen Zähigkeit. Flieger haben es sich immer wieder in den Kopf gesetzt, die Rekorde ihrer Vorgänger zu brechen. Setzt man sich einen Stern als Ziel, dann wäre es möglich, daß eine Expedition von der Erde tatsächlich dort ankommt und damit die Grenze der menschlichen Belastbarkeit erreicht.

Current Literature, September 1924 – daß die Luft in 50 Meilen Höhe zehnmal so dicht ist wie sie sein sollte, und daß es dort droben erheblich wärmer ist als in niedrigeren Luftschichten.

Siehe *Nature*, 27. Februar 1908, und folgende Ausgaben – Experimente mit Ballons, die man mit Instrumenten zur Aufzeichnung der Temperatur hat steigen lassen. Nach Mr. W. H. Dines sind ungefähr 30 Ballons, die im Juni 1907 in Großbritannien hochgeschickt wurden, zunächst durch zunehmende Kälte, dann aber durch etwas wärmere Schichten geflogen. Diese Veränderung ist in einer Höhe von ungefähr 40000 Fuß aufgetreten.

Monthly Weather Review, 1923, Seite 316 – daß weit von der

Erde entfernt die Temperatur nur bis zu einer Höhe von sieben Meilen fällt, wo sie zwischen 60 und 70 Grad unter Null (Fahrenheit) liege. »Aber von dieser Höhe an bis zur größten Steighöhe der Ballons von etwa 15 Meilen blieb die Temperatur ungefähr gleich.«

Es heißt, aus den Beobachtungen der Lichteffekte in Meteorschauern könne man schließen, daß in einer Region, die ungefähr 30 bis 50 Meilen über der Erde liegt, milde, wenn nicht gar über dem Gefrierpunkt liegende Temperaturen vorherrschten.

Daten aus einem anderen Forschungsgebiet, die darauf hinweisen, daß eine nicht allzu weit entfernte Hülle die Erde umgibt, finden Sie in den Zeitungen vom 20. August 1925. Nach den Daten, die vom Naval Research Laboratory gesammelt wurden, gibt es irgendwo am Himmel irgend etwas, das elektromagnetische Funkwellen auf ähnliche Weise reflektiert, wie Schallwellen in der Kuppel des Kapitols in Washington reflektiert werden. Die veröffentlichte Erklärung lautet, daß eine »ionisierte Schicht« unsere Erde einschließe. Die Wellen prallen an irgend etwas ab. Weitere Einzelheiten wurden in den Zeitungen vom 21. Mai 1927 veröffentlicht. Die Existenz einer »Decke am Himmel« wurde durch Experimente des Carnegie Instituts bestätigt.

5. September 1930 – ein Vortrag von Professor E. V. Appleton auf einer Sitzung der British Association for the Advancement of Science. Die »ionisierte Schicht« sei eine unbefriedigende Erklärung. »Diese Angelegenheit ist ebenso verwirrend wie faszinierend, und bisher können wir noch keine endgültige Antwort auf das Problem geben.« Aus Norwegen wurde über Experimente mit abgestrahlten Kurzwellen berichtet, die ebenfalls zurück auf die Erde reflektiert wurden. Sie sind zurückgekommen, als würden sie reflektiert von einer Art Hülle, die, keineswegs unermeßlich weit entfernt, die Erde umgibt.

REGISTER

Dieses Buch, einschließlich Vorsatzpapier
und Einband, wurde auf Recyclingpapier gedruckt,
das zu 100% aus Altpapier besteht. Das Kapitalband
und das Leseband wurden aus ungefärbter und
ungebleichter Baumwolle gefertigt.